René Guénon

ÉCRITS
SOUS LA SIGNATURE
T Palingénius

- Recueil posthume –

René Guénon
(1886-1951)

Écrits sous la signature
T Palingénius
- Recueil posthume -

Publié par
Omnia Veritas Ltd

www.omnia-veritas.com

- LE DÉMIURGE 9
  - I 9
  - LE DÉMIURGE II 13
  - LE DÉMIURGE III 16
  - LE DÉMIURGE IV 21
- LA GNOSE ET LES ÉCOLES SPIRITUALISTES 25
- À PROPOS D'UNE MISSION DANS L'ASIE CENTRALE 28
  - À PROPOS D'UNE MISSION DANS L'ASIE CENTRALE (SUITE) 32
- LA GNOSE ET LA FRANC-MAÇONNERIE 37
- LE DALAÏ-LAMA 41
- L'ORTHODOXIE MAÇONNIQUE 45
- REMARQUES SUR LA NOTATION MATHÉMATIQUE 49
  - REMARQUES SUR LA NOTATION MATHÉMATIQUE (SUITE) 54
- LES HAUTS GRADES MAÇONNIQUES 59
- REMARQUES SUR LA PRODUCTION DES NOMBRES 62
  - REMARQUES SUR LA PRODUCTION DES NOMBRES (SUITE) 67
- LA RELIGION ET LES RELIGIONS 73
- LA PRIÈRE ET L'INCANTATION 78
- LE SYMBOLISME DE LA CROIX 85
  - LE SYMBOLISME DE LA CROIX (SUITE) 90
  - LE SYMBOLISME DE LA CROIX (SUITE) 100
  - LE SYMBOLISME DE LA CROIX (SUITE) 106
  - LE SYMBOLISME DE LA CROIX (SUITE) 110
- À PROPOS DU GRAND ARCHITECTE DE L'UNIVERS 114
  - À PROPOS DU GRAND ARCHITECTE DE L'UNIVERS (SUITE) 120
- LES NÉO-SPIRITUALISTES 125
  - LES NÉO-SPIRITUALISTES (SUITE) 129
  - LES NÉO-SPIRITUALISTES (SUITE) 135
  - LES NÉO-SPIRITUALISTES (SUITE) 145
- LA CONSTITUTION DE L'ÊTRE HUMAIN ET SON ÉVOLUTION POSTHUME SELON LE VÉDÂNTA 155

LA CONSTITUTION DE L'ÊTRE HUMAIN ET SON ÉVOLUTION POSTHUME SELON LE VÉDÂNTA (SUITE) 166
LA CONSTITUTION DE L'ÊTRE HUMAIN ET SON ÉVOLUTION POSTHUME SELON LE VÉDÂNTA (SUITE) 177

CONCEPTIONS SCIENTIFIQUES ET IDÉAL MAÇONNIQUE 188

LES CONDITIONS DE L'EXISTENCE CORPORELLE 197

    LES CONDITIONS DE L'EXISTENCE CORPORELLE (SUITE) 206

COMPTE-RENDU DE LIVRE 219

LETTRE CONTRE DEVILLÈRE, PASTEUR GNOSTIQUE 223

LETTRE CONTRE ALBERT JOUNET 225

NOTRE PROGRAMME 227

À NOS LECTEURS 228

PROJET D'EXPLICATION DES TERMES TECHNIQUES DES DIFFÉRENTES DOCTRINES TRADITIONNELLES 231

CE QUE NOUS NE SOMMES PAS 234

PHILOSOPHUMENA 236

    OU RÉFUTATION DE TOUTES LES HÉRÉSIES ŒUVRE ATTRIBUÉE À ORIGÈNE 236
    LIVRE PREMIER 236
        I – THALÈS 239
        II – PYTHAGORE 240
        III – EMPÉDOCLE 244
        IV – HÉRACLITE 244
        V – ANAXIMANDRE 245
        VI – ANAXIMÈNE 246
        VII – ANAXAGORE 247
        VIII – ARCHÉLAÜS 249
        IX – PARMÉNIDE 251
        X – LEUCIPPE 251
        XI – DÉMOCRITE 252
        XII – XÉNOPHANE 252
        XIII – ECPHANTE 253
        XIV – HIPPON 253
        XV – SOCRATE 254
        XVI – PLATON 254

L'ARCHÉOMÈTRE 263

L'ARCHÉOMÈTRE (SUITE)	277
L'ARCHÉOMÈTRE (SUITE)	287
L'ARCHÉOMÈTRE (SUITE)	298
L'ARCHÉOMÈTRE (SUITE)	313
L'ARCHÉOMÈTRE (SUITE)	321
L'ARCHÉOMÈTRE (SUITE)	327
L'ARCHÉOMÈTRE (SUITE)	337
L'ARCHÉOMÈTRE (SUITE)	340
L'ARCHÉOMÈTRE (SUITE)	345
L'ARCHÉOMÈTRE (SUITE)	357
L'ARCHÉOMÈTRE (SUITE)	365
DÉJÀ PARUS	**371**

LE DÉMIURGE

Paru dans La Gnose, *de novembre 1909 à février 1910 (n° 1 à 4 1909-1910).*

I

Il est un certain nombre de problèmes qui ont constamment préoccupé les hommes, mais il n'en est peut-être pas qui ait semblé généralement plus difficile à résoudre que celui de l'origine du Mal, auquel se sont heurtés comme à un obstacle infranchissable la plupart des philosophes, et surtout les théologiens : « *Si Deus est, unde Malum ? Si non est, unde Bonum ?* » Ce dilemme est en effet insoluble pour ceux qui considèrent la Création comme l'œuvre directe de Dieu, et qui, par suite, sont obligés de le rendre également responsable du Bien et du Mal. On dira sans doute que cette responsabilité est atténuée dans une certaine mesure par la liberté des créatures ; mais, si les créatures peuvent choisir entre le Bien et le Mal, c'est que l'un et l'autre existent déjà, au moins en principe, et, si elles sont susceptibles de se décider parfois en faveur du Mal au lieu d'être toujours inclinées au Bien, c'est qu'elles sont imparfaites ; comment donc Dieu, s'il est parfait, a-t-il pu créer des êtres imparfaits ?

Il est évident que le Parfait ne peut pas engendrer l'imparfait, car, si cela était possible, le Parfait devrait contenir eu lui-même l'imparfait à l'état principiel, et alors il ne serait plus le Parfait. L'imparfait ne peut donc pas procéder du Parfait par voie d'émanation ; il ne pourrait alors que résulter de la création « *ex nihilo* » ; mais comment admettre que quelque chose puisse venir de rien, ou, en d'autres termes, qu'il puisse exister quelque chose qui n'ait point de principe ? D'ailleurs, admettre la création « *ex nihilo* », ce serait admettre par là même l'anéantissement final des êtres créés, car ce qui a eu un commencement doit aussi avoir une fin, et rien n'est plus illogique que de parler d'immortalité dans une telle hypothèse ; mais la création ainsi entendue n'est qu'une absurdité, puisqu'elle est contraire au principe de causalité, qu'il est impossible à tout homme raisonnable de nier sincèrement, et nous pouvons dire avec Lucrèce : « *Ex nihilo nihil, ad nihilum nil posse reverti.* »

Il ne peut rien y avoir qui n'ait un principe ; mais quel est ce principe ? et n'y a-t-il en réalité qu'un Principe unique de toutes choses ? Si l'on envisage l'Univers total, il est bien évident qu'il contient toutes choses, car toutes les parties sont contenues dans le Tout ; d'autre part, le Tout est nécessairement illimité, car, s'il avait une limite, ce qui serait au-delà de cette limite ne serait pas compris dans le Tout, et cette supposition est absurde. Ce qui n'a pas de limite peut être appelé l'Infini, et, comme il contient tout, cet Infini est le principe de toutes choses. D'ailleurs, l'Infini est nécessairement un, car deux infinis qui ne seraient pas identiques s'excluraient l'un l'autre ; il résulte donc de là qu'il n'y a qu'un Principe unique de toutes choses, et ce Principe est le Parfait, car l'Infini ne peut être tel que s'il est le Parfait.

Ainsi, le Parfait est le Principe suprême, la Cause première ; il contient toutes choses en puissance, et il a produit toutes choses ; mais alors, puisqu'il n'y a qu'un Principe unique, que deviennent toutes les oppositions que l'on envisage habituellement dans l'Univers : l'Être et le Non-Être, l'Esprit et la Matière, le Bien et le Mal ? Nous nous retrouvons donc ici en présence de la question posée dès le début, et nous pouvons maintenant la formuler ainsi d'une façon plus générale : comment l'Unité a-t-elle pu produire la Dualité ?

Certains ont cru devoir admettre deux principes distincts, opposés l'un à l'autre ; mais cette hypothèse est écartée par ce que nous avons dit précédemment. En effet, ces deux principes ne peuvent pas être infinis tous deux, car alors ils s'excluraient ou se confondraient ; si un seul était infini, il serait le principe de l'autre ; enfin, si tous deux étaient finis, ils ne seraient pas de véritables principes, car dire que ce qui est fini peut exister par soi-même, c'est dire que quelque chose peut venir de rien, puisque tout ce qui est fini a un commencement, logiquement, sinon chronologiquement. Dans ce dernier cas, par conséquent, l'un et l'autre, étant finis, doivent procéder d'un principe commun, qui est infini, et nous sommes ainsi ramené à la considération d'un Principe unique. D'ailleurs, beaucoup de doctrines que l'on regarde habituellement comme dualistes ne sont telles qu'en apparence ; dans le Manichéisme comme dans la religion de Zoroastre, le dualisme n'était qu'une doctrine purement exotérique, recouvrant la véritable doctrine ésotérique de l'Unité : Ormuzd et Ahriman sont engendrés tous deux par Zervané-Akérêné, et ils doivent se confondre en lui à la fin des temps.

La Dualité est donc nécessairement produite par l'Unité, puisqu'elle ne peut pas exister par elle-même ; mais comment peut-elle être produite ? Pour le comprendre, nous devons en premier lieu envisager la Dualité sous son aspect le moins particularisé, qui est l'opposition de l'Être et du Non-Être ; d'ailleurs, puisque l'un et l'autre sont forcément contenus dans la Perfection totale, il est évident tout d'abord que cette opposition ne peut être qu'apparente. Il vaudrait donc mieux parler seulement de distinction ; mais en quoi consiste cette distinction ? existe-t-elle en réalité indépendamment de nous, ou n'est-elle simplement que le résultat de notre façon de considérer les choses ?

Si par Non-Être on n'entend que le pur néant, il est inutile d'en parler, car que peut-on dire de ce qui n'est rien ? Mais il en est tout autrement si l'on envisage le Non-Être comme possibilité d'être ; l'Être est la manifestation du Non-Être ainsi entendu, et il est contenu à l'état potentiel dans ce Non-Être. Le rapport du Non-Être à l'Être est alors le rapport du non-manifesté au manifesté, et l'on peut dire que le non-manifesté est supérieur au manifesté dont il est le principe, puisqu'il contient en puissance tout le manifesté, plus ce qui n'est pas, n'a jamais été et ne sera jamais manifesté. En même temps, on voit qu'il est impossible de parler ici d'une distinction réelle, puisque le manifesté est contenu en principe dans le non-manifesté ; cependant, nous ne pouvons pas concevoir le non-manifesté directement, mais seulement à travers le manifesté ; cette distinction existe donc pour nous, mais elle n'existe que pour nous.

S'il en est ainsi pour la Dualité sous l'aspect de la distinction de l'Être et du Non-Être, il doit en être de même, à plus forte raison, pour tous les autres aspects de la Dualité. On voit déjà par là combien est illusoire la distinction de l'Esprit et de la Matière, sur laquelle on a pourtant, surtout dans les temps modernes, édifié un si grand nombre de systèmes philosophiques, comme sur une base inébranlable : si cette distinction disparaît, de tous ces systèmes il ne reste plus rien. De plus, nous pouvons remarquer en passant que la Dualité ne peut pas exister sans le Ternaire, car si le Principe suprême, en se différenciant, donne naissance à deux éléments, qui d'ailleurs ne sont distincts qu'en tant que nous les considérons comme tels, ces deux éléments et leur Principe commun forment un Ternaire, de sorte qu'en réalité c'est le Ternaire et non le Binaire qui est immédiatement produit par la première différenciation de l'Unité primordiale.

Revenons maintenant à la distinction du Bien et du Mal, qui n'est, elle aussi, qu'un aspect particulier de la Dualité. Lorsqu'on oppose le Bien au Mal, on fait généralement consister le Bien dans la Perfection, ou du moins, à un degré inférieur, dans une tendance à la Perfection, et alors le Mal n'est pas autre chose que l'imparfait ; mais comment l'imparfait pourrait-il s'opposer au Parfait ? Nous avons vu que le Parfait est le Principe de toutes choses, et que, d'autre part, il ne peut pas produire l'imparfait, d'où il résulte qu'en réalité l'imparfait n'existe pas, ou que du moins il ne peut exister que comme élément constitutif de la Perfection totale ; mais alors il ne peut pas être réellement imparfait, et ce que nous appelons imperfection n'est que relativité. Ainsi, ce que nous appelons erreur n'est que vérité relative, car toutes les erreurs doivent être comprises dans la Vérité totale, sans quoi celle-ci, étant limitée par quelque chose qui serait en dehors d'elle, ne serait pas parfaite, ce qui équivaut à dire qu'elle ne serait pas la Vérité. Les erreurs, ou plutôt les vérités relatives, ne sont que des fragments de la Vérité totale ; c'est donc la fragmentation qui produit la relativité, et, par suite, on pourrait dire qu'elle est la cause du Mal, si relativité était réellement synonyme d'imperfection ; mais le Mal n'est tel que si on le distingue du Bien.

Si on appelle Bien le Parfait, le relatif n'en est point réellement distinct, puisqu'il y est contenu en principe ; donc, au point de vue universel, le Mal n'existe pas. Il existera seulement si l'on envisage toutes choses sous un aspect fragmentaire et analytique, en les séparant de leur Principe commun, au lieu de les considérer synthétiquement comme contenues dans ce Principe, qui est la Perfection. C'est ainsi qu'est créé l'imparfait ; en distinguant le Mal du Bien, on les crée tous deux par cette distinction même, car le Bien et le Mal ne sont tels que si on les oppose l'un à l'autre, et, s'il n'y a point de Mal, il n'y a pas lieu non plus de parler de Bien au sens ordinaire de ce mot, mais seulement de Perfection. C'est donc la fatale illusion du Dualisme qui réalise le Bien et le Mal, et qui, considérant les choses sous un point de vue particularisé, substitue la Multiplicité à l'Unité, et enferme ainsi les êtres sur lesquels elle exerce son pouvoir dans le domaine de la confusion et de la division ; ce domaine, c'est l'Empire du Démiurge.

(*À suivre.*)

LE DÉMIURGE II[1]

Ce que nous avons dit au sujet de la distinction du Bien et du Mal permet de comprendre le symbole de la Chute originelle, du moins dans la mesure où ces choses peuvent être exprimées. La fragmentation de la Vérité totale, ou du Verbe, car c'est la même chose au fond, fragmentation qui produit la relativité, est identique à la segmentation de l'Adam Kadmon, dont les parcelles séparées constituent l'Adam Protoplastes, c'est-à-dire le premier formateur ; la cause de cette segmentation, c'est Nahash, l'Égoïsme ou le désir de l'existence individuelle. Ce Nahash n'est point une cause extérieure à l'homme, mais il est en lui, d'abord à l'état potentiel, et il ne lui devient extérieur que dans la mesure où l'homme lui-même l'extériorise ; cet instinct de séparativité, par sa nature qui est de provoquer la division, pousse l'homme à goûter le fruit de l'Arbre de la Science du Bien et du Mal, c'est-à-dire à créer la distinction même du Bien et du Mal. Alors, les yeux de l'homme s'ouvrent, parce que ce qui lui était intérieur est devenu extérieur, par suite de la séparation qui s'est produite entre les êtres ; ceux-ci sont maintenant revêtus de formes, qui limitent et définissent leur existence individuelle, et ainsi l'homme a été le premier formateur. Mais lui aussi se trouve désormais soumis aux conditions de cette existence individuelle, et il est revêtu également d'une forme, ou, suivant l'expression biblique, d'une tunique de peau ; il est enfermé dans le domaine du Bien et du

---

[1] [Paru en décembre 1909 (n° 2 1909-1910).]

Mal, dans l'Empire du Démiurge.

On voit par cet exposé, d'ailleurs très abrégé et très incomplet, qu'en réalité le Démiurge n'est point une puissance extérieure à l'homme ; il n'est en principe que la volonté de l'homme en tant qu'elle réalise la distinction du Bien et du Mal. Mais ensuite l'homme, limité en tant qu'être individuel par cette volonté qui est la sienne propre, la considère comme quelque chose d'extérieur à lui, et ainsi elle devient distincte de lui ; bien plus, comme elle s'oppose aux efforts qu'il fait pour sortir du domaine où il s'est lui-même enfermé, il la regarde comme une puissance hostile, et il l'appelle Shathan ou l'Adversaire. Remarquons d'ailleurs que cet Adversaire, que nous avons créé nous-mêmes et que nous créons à chaque instant, car ceci ne doit point être considéré comme ayant eu lieu en un temps déterminé, que cet Adversaire, disons-nous, n'est point mauvais en lui-même, mais qu'il est seulement l'ensemble de tout ce qui nous est contraire.

À un point de vue plus général, le Démiurge, devenu une puissance distincte et envisagé comme tel, est le Prince de ce Monde dont il est parlé dans l'Évangile de Jean ; ici encore, il n'est à proprement parler ni bon ni mauvais, ou plutôt il est l'un et l'autre, puisqu'il contient en lui-même le Bien et le Mal. On considère son domaine comme le Monde inférieur, s'opposant au Monde supérieur ou à l'Univers principiel dont il a été séparé ; mais il faut avoir soin de remarquer que cette séparation n'est jamais absolument réelle ; elle n'est réelle que dans la mesure où nous la réalisons, car ce Monde inférieur est contenu à l'état potentiel dans l'Univers principiel, et il est évident qu'aucune partie ne peut réellement sortir du Tout. C'est d'ailleurs ce qui empêche que la chute se continue indéfiniment ; mais ceci n'est qu'une expression toute symbolique, et la profondeur de la chute mesure simplement le degré auquel la séparation est réalisée. Avec cette restriction, le Démiurge s'oppose à l'Adam Kadmon ou à l'Humanité principielle, manifestation du Verbe, mais seulement comme un reflet, car il n'est point une émanation, et il n'existe pas par lui-même ; c'est ce qui est représenté par la figure des deux vieillards du Zohar, et aussi par les deux triangles opposés du Sceau de Salomon.

Nous sommes donc amené à considérer le Démiurge comme un reflet ténébreux et inversé de l'Être, car il ne peut pas être autre chose en réalité. Il n'est donc pas un être ; mais, d'après ce que nous avons dit précédemment, il peut être envisagé comme la collectivité des êtres dans la mesure où ils sont distincts, ou, si l'on préfère, en tant qu'ils ont une existence individuelle. Nous sommes des êtres distincts en tant que nous créons nous-mêmes la distinction, qui n'existe que dans la mesure où nous la créons ; en tant que nous créons cette distinction, nous sommes des éléments du Démiurge, et, en tant qu'êtres distincts, nous appartenons au domaine de ce même Démiurge, qui est ce qu'on appelle la Création.

Tous les éléments de la Création, c'est-à-dire les créatures, sont donc contenus dans le Démiurge lui-même, et en effet il ne peut les tirer que de lui-même, puisque la création *ex nihilo* est impossible. Considéré comme Créateur, le Démiurge produit d'abord la division, et il n'en est point réellement distinct, puisqu'il n'existe qu'autant que la division elle-même existe ; puis, comme la division est la source de l'existence individuelle, et que celle-ci est définie par la forme, le Démiurge doit être envisagé comme formateur et alors il est identique à l'Adam Protoplastes, ainsi que nous l'avons vu. On peut encore dire que le Démiurge crée la Matière, en entendant par ce mot le chaos primordial qui est le réservoir commun de toutes les formes ; puis il organise cette Matière chaotique et ténébreuse où règne la confusion, en en faisant sortir les formes multiples dont l'ensemble constitue la Création.

Doit-on dire maintenant que cette Création soit imparfaite ? on ne peut assurément pas la considérer comme parfaite ; mais, si l'on se place au point de vue universel, elle n'est qu'un des éléments constitutifs de la Perfection totale. Elle n'est imparfaite que si on la considère analytiquement comme séparée de son Principe, et c'est d'ailleurs dans la même mesure qu'elle est le domaine du Démiurge ; mais, si l'imparfait n'est qu'un élément du Parfait, il n'est pas vraiment imparfait, et il résulte de là qu'en réalité le Démiurge et son domaine n'existent pas au point de vue universel, pas plus que la distinction du Bien et du Mal. Il en résulte également que, au même point de vue, la Matière n'existe pas : l'apparence matérielle n'est qu'illusion, d'où il ne faudrait d'ailleurs pas conclure que les êtres qui ont cette apparence n'existent pas, car ce serait tomber dans une autre illusion, qui est celle d'un idéalisme exagéré et mal compris.

Si la Matière n'existe pas, la distinction de l'Esprit et de la Matière disparaît par là même ; tout doit être Esprit en réalité, mais en entendant ce mot dans un sens tout différent de celui que lui ont attribué la plupart des philosophes modernes. Ceux-ci, en effet, tout en opposant l'Esprit à la Matière, ne le considèrent point comme indépendant de toute forme, et l'on peut alors se demander en quoi il se différencie de la Matière ; si l'on dit qu'il est inétendu, tandis que la Matière est étendue, comment ce qui est inétendu peut-il être revêtu d'une forme ? D'ailleurs, pourquoi vouloir définir l'Esprit ? que ce soit par la pensée ou autrement, c'est toujours par une forme qu'on cherche à le définir, et alors il n'est plus l'Esprit. En réalité, l'Esprit universel est l'Être, et non tel ou tel être particulier ; mais il est le Principe de tous les êtres, et ainsi il les contient tous ; c'est pourquoi tout est Esprit.

Lorsque l'homme parvient à la connaissance réelle de cette vérité, il identifie lui-même et toutes choses à l'Esprit universel, et alors toute distinction disparaît pour lui, de telle sorte qu'il contemple toutes choses comme étant en lui-même, et non plus comme extérieures, car l'illusion s'évanouit devant la Vérité comme l'ombre devant le soleil. Ainsi, par cette connaissance même, l'homme est affranchi des liens de la Matière et de l'existence individuelle, il n'est plus soumis à la domination du Prince de ce Monde, il n'appartient plus à l'Empire du Démiurge.

(*À suivre.*)

LE DÉMIURGE III[2]

Il résulte de ce qui précède que l'homme peut, dès son existence terrestre, s'affranchir du domaine du Démiurge ou du Monde hylique, et que cet affranchissement s'opère par la Gnose, c'est-à-dire par la Connaissance intégrale. Remarquons d'ailleurs que cette Connaissance n'a rien de commun avec la science analytique et ne la suppose nullement ; c'est une illusion trop

---

[2] [Paru en janvier 1910 (n° 3 1909-1910).]

répandue de nos jours de croire qu'on ne peut arriver à la synthèse totale que par l'analyse ; au contraire, la science ordinaire est toute relative, et, limitée au Monde hylique, elle n'existe pas plus que lui au point de vue universel.

D'autre part, nous devons aussi remarquer que les différents Mondes, ou, suivant l'expression généralement admise, les divers plans de l'Univers, ne sont point des lieux ou des régions, mais des modalités de l'existence ou des états d'être. Ceci permet de comprendre comment un homme vivant sur la terre peut appartenir en réalité, non plus au Monde hylique, mais au Monde psychique ou même au Monde pneumatique. C'est ce qui constitue la seconde naissance ; cependant, celle-ci n'est à proprement parler que la naissance au Monde psychique, par laquelle l'homme devient conscient sur deux plans, mais sans atteindre encore au Monde pneumatique, c'est-à-dire sans s'identifier à l'Esprit universel. Ce dernier résultat n'est obtenu que par celui qui possède intégralement la triple Connaissance, par laquelle il est délivré à tout jamais des naissances mortelles ; c'est ce qu'on exprime en disant que les Pneumatiques seuls sont sauvés. L'état des Psychiques n'est en somme qu'un état transitoire ; c'est celui de l'être qui est déjà préparé à recevoir la Lumière, mais qui ne la perçoit pas encore, qui n'a pas pris conscience de la Vérité une et immuable.

Lorsque nous parlons des naissances mortelles, nous entendons par là les modifications de l'être, son passage à travers des formes multiples et changeantes ; il n'y a là rien qui ressemble à la doctrine de la réincarnation telle que l'admettent les spirites et les théosophistes, doctrine sur laquelle nous aurons quelque jour l'occasion de nous expliquer. Le Pneumatique est délivré des naissances mortelles, c'est-à-dire qu'il est affranchi de la forme, donc du Monde démiurgique ; il n'est plus soumis au changement, et, par suite, il est sans action ; c'est là un point sur lequel nous reviendrons plus loin. Le Psychique, au contraire, ne dépasse pas le Monde de la Formation, qui est désigné symboliquement comme le premier Ciel ou la sphère de la Lune ; de là, il revient au Monde terrestre, ce qui ne signifie pas qu'en réalité il prendra un nouveau corps sur la Terre, mais simplement qu'il doit revêtir de nouvelles formes, quelles qu'elles soient, avant d'obtenir la délivrance.

Ce que nous venons d'exposer montre l'accord, nous pourrions même dire l'identité réelle, malgré certaines différences dans l'expression, de la doctrine gnostique avec les doctrines orientales, et plus particulièrement avec le Védânta, le plus orthodoxe de tous les systèmes métaphysiques fondés sur le Brahmanisme. C'est pourquoi nous pouvons compléter ce que nous avons indiqué au sujet des divers états de l'être, en empruntant quelques citations au *Traité de la Connaissance de l'Esprit* de Sankarâtchârya : « Il n'y a aucun autre moyen d'obtenir la délivrance complète et finale que la Connaissance ; c'est le seul instrument qui détache les liens des passions ; sans la Connaissance, la Béatitude ne peut être obtenue.

« L'action n'étant pas opposée à l'ignorance, elle ne peut l'éloigner ; mais la Connaissance dissipe l'ignorance, comme la Lumière dissipe les ténèbres ».

L'ignorance, c'est ici l'état de l'être enveloppé dans les ténèbres du Monde hylique, attaché à l'apparence illusoire de la Matière et aux distinctions individuelles ; par la Connaissance, qui n'est point du domaine de l'action, mais lui est supérieure, toutes ces illusions disparaissent, ainsi que nous l'avons dit précédemment.

« Quand l'ignorance qui naît des affections terrestres est éloignée, l'Esprit, par sa propre splendeur, brille au loin dans un état indivisé, comme le Soleil répand sa clarté lorsque le nuage est dispersé ».

Mais, avant d'en arriver à ce degré, l'être passe par un stade intermédiaire, celui qui correspond au Monde psychique ; alors, il croit être, non plus le corps matériel, mais l'âme individuelle, car toute distinction n'a pas disparu pour lui, puisqu'il n'est pas encore sorti du domaine du Démiurge.

« S'imaginant qu'il est l'âme individuelle, l'homme devient effrayé, comme une personne qui prend par erreur un morceau de corde pour un serpent ; mais sa crainte est éloignée par la perception qu'il n'est pas l'âme, mais l'Esprit universel. »

Celui qui a pris conscience des deux Mondes manifestés, c'est-à-dire du

Monde hylique, ensemble des manifestations grossières ou matérielles, et du Monde psychique, ensemble des manifestations subtiles, est deux fois né, *Dwidja* ; mais celui qui est conscient de l'Univers non manifesté ou du Monde sans forme, c'est-à-dire du Monde pneumatique, et qui est arrivé à l'identification de soi-même avec l'Esprit universel, *Âtmâ*, celui-là seul peut être dit *Yogi*, c'est-à-dire uni à l'Esprit universel.

« Le Yogi, dont l'intellect est parfait, contemple toutes choses comme demeurant en lui-même, et ainsi, par l'œil de la Connaissance, il perçoit que toute chose est Esprit ».

Notons en passant que le Monde hylique est comparé à l'état de veille, le Monde psychique à l'état de rêve, et le Monde pneumatique au sommeil profond ; nous devons rappeler à ce propos que le non-manifesté est supérieur au manifesté, puisqu'il en est le principe. Au-dessus de l'Univers pneumatique, il n'y a plus, suivant la doctrine gnostique, que le Plérôme, qui peut être regardé comme constitué par l'ensemble des attributs de la Divinité. Il n'est pas un quatrième Monde, mais l'Esprit universel lui-même, Principe suprême des Trois Mondes, ni manifesté, ni non-manifesté, indéfinissable, inconcevable et incompréhensible.

Le Yogi ou le Pneumatique, car c'est la même chose au fond, se perçoit, non plus comme une forme grossière ni comme une forme subtile, mais comme un être sans forme ; il s'identifie alors à l'Esprit universel, et voici en quels termes cet état est décrit par Sankarâtchârya.

« Il est Brahma, après la possession duquel il n'y a rien à posséder ; après la jouissance de la félicité duquel il n'y a point de félicité qui puisse être désirée ; et après l'obtention de la connaissance duquel il n'y a point de connaissance qui puisse être obtenue.

« Il est Brahma, lequel ayant été vu, aucun autre objet n'est contemplé ; avec lequel étant devenu identifié, aucune naissance n'est éprouvée ; lequel étant perçu, il n'y a plus rien à percevoir.

« Il est Brahma, qui est répandu partout, dans tout : dans l'espace moyen, dans ce qui est au-dessus et dans ce qui est au-dessous ; le vrai, le vivant, l'heureux, sans dualité, indivisible, éternel et un.

« Il est Brahma, qui est sans grandeur, inétendu, incréé, incorruptible, sans figure, sans qualités ou caractère.

« Il est Brahma, par lequel toutes choses sont éclairées, dont la lumière fait briller le Soleil et tous les corps lumineux, mais qui n'est pas rendu manifeste par leur lumière.

« il pénètre lui-même sa propre essence éternelle, et il contemple le Monde entier apparaissant comme étant Brahma.

« Brahma ne ressemble point au Monde, et hors Brahma il n'y a rien ; tout ce qui semble exister en dehors de lui est une illusion.

« De tout ce qui est vu, de tout ce qui est entendu, rien n'existe que Brahma, et, par la connaissance du principe, Brahma est contemplé comme l'Être véritable, vivant, heureux, sans dualité.

« L'œil de la Connaissance contemple l'Être véritable, vivant, heureux, pénétrant tout ; mais l'œil de l'ignorance ne le découvre point, ne l'aperçoit point, comme un homme aveugle ne voit point la lumière.

« Quand le Soleil de la Connaissance spirituelle se lève dans le ciel du cœur, il chasse les ténèbres, il pénètre tout, embrasse tout et illumine tout ».

Remarquons que le Brahma dont il est question ici est le Brahma supérieur ; il faut avoir bien soin de le distinguer du Brahma inférieur, car celui-ci n'est pas autre chose que le Démiurge, envisagé comme le reflet de l'Être. Pour le Yogi, il n'y a que le Brahma supérieur, qui contient toutes choses, et hors duquel il n'y a rien ; le Démiurge et son œuvre de division n'existent plus.

« Celui qui a fait le pèlerinage de son propre esprit, un pèlerinage dans lequel il n'y a rien concernant la situation, la place ou le temps, qui est partout, dans lequel ni le chaud ni le froid ne sont éprouvés, qui accorde une félicité perpétuelle, et une délivrance de toute peine ; celui-là est sans action ; il connaît toutes choses, et il obtient l'éternelle Béatitude ».

(*À suivre.*)

LE DÉMIURGE IV[3]

Après avoir caractérisé les trois Mondes et les états de l'être qui y correspondent, et avoir indiqué, autant que cela est possible, ce qu'est l'être affranchi de la domination démiurgique, nous devons revenir encore à la question de la distinction du Bien et du Mal, afin de tirer quelques conséquences de l'exposé précédent.

Tout d'abord, on pourrait être tenté de dire ceci : si la distinction du Bien et du Mal est tout illusoire, si elle n'existe pas en réalité, il doit en être de même de la morale, car il est bien évident que la morale est fondée sur cette distinction, qu'elle la suppose essentiellement. Ce serait aller trop loin ; la morale existe, mais dans la même mesure que la distinction du Bien et du Mal, c'est-à-dire pour tout ce qui appartient au domaine du Démiurge ; au point de vue universel, elle n'aurait plus aucune raison d'être. En effet, la morale ne peut s'appliquer qu'à l'action ; or l'action suppose le changement, qui n'est possible que dans le formel ou le manifesté ; le Monde sans forme est immuable, supérieur au changement, donc aussi à l'action, et c'est pourquoi l'être qui n'appartient plus à l'Empire du Démiurge est sans action.

Ceci montre qu'il faut avoir bien soin de ne jamais confondre les divers plans de l'Univers, car ce qu'on dit de l'un pourrait n'être pas vrai pour l'autre. Ainsi, la morale existe nécessairement dans le plan social, qui est essentiellement le domaine de l'action ; mais il ne peut plus en être question lorsqu'on envisage le plan métaphysique ou universel, puisque alors il n'y a

---

[3] [Paru en février 1910 (n° 4 1909-1910).]

plus d'action.

Ce point étant établi, nous devons faire remarquer que l'être qui est supérieur à l'action possède cependant la plénitude de l'activité ; mais c'est une activité potentielle, donc une activité qui n'agit point. Cet être est, non point immobile comme on pourrait le dire à tort, mais immuable, c'est-à-dire supérieur au changement ; en effet, il est identifié à l'Être, qui est toujours identique à lui-même : suivant la formule biblique, « l'Être est l'Être ». Ceci doit être rapproché de la doctrine taoïste, d'après laquelle l'Activité du Ciel est non-agissante ; le Sage, en qui se reflète l'Activité du Ciel, observe le non-agir. Cependant, ce Sage, que nous avons désigné comme le Pneumatique ou le Yogi, peut avoir les apparences de l'action, comme la Lune a les apparences du mouvement lorsque les nuages passent devant elle ; mais le vent qui chasse les nuages est sans influence sur la Lune, De même, l'agitation du Monde démiurgique est sans influence sur le Pneumatique ; à ce sujet, nous pouvons encore citer ce que dit Sankarâtchârya.

« Le Yogi, ayant traversé la mer des passions, est uni avec la Tranquillité et se réjouit dans l'Esprit.

« Ayant renoncé à ces plaisirs qui naissent des objets externes périssables, et jouissant de délices spirituels, il est calme et serein comme le flambeau sous un éteignoir, et il se réjouit dans sa propre essence.

« Pendant sa résidence dans le corps, il n'est pas affecté par ses propriétés, comme le firmament n'est pas affecté par ce qui flotte dans son sein ; connaissant toutes choses, il demeure non-affecté par les contingences. »

Nous pouvons comprendre par là le véritable sens du mot Nirvâna, dont on a donné tant de fausses interprétations ; ce mot signifie littéralement extinction du souffle ou de l'agitation, donc état d'un être qui n'est plus soumis à aucune agitation, qui est définitivement libéré de la forme. C'est une erreur très répandue, du moins en Occident, que de croire qu'il n'y a plus rien quand il n'y a plus de forme, tandis qu'en réalité c'est la forme qui n'est rien et l'informel qui est tout ; ainsi, le Nirvâna, bien loin d'être l'anéantissement comme l'ont prétendu certains philosophes, est au contraire la plénitude de l'Être.

De tout ce qui précède, on pourrait conclure qu'il ne faut point agir ; mais ce serait encore inexact, sinon en principe, du moins dans l'application qu'on voudrait en faire. En effet, l'action est la condition des êtres individuels, appartenant à l'Empire du Démiurge ; le Pneumatique ou le Sage est sans action en réalité, mais, tant qu'il réside dans un corps, il a les apparences de l'action ; extérieurement, il est en tout semblable aux autres hommes, mais il sait que ce n'est là qu'une apparence illusoire, et cela suffit pour qu'il soit réellement affranchi de l'action, puisque c'est par la Connaissance que s'obtient la délivrance. Par là même qu'il est affranchi de l'action, il n'est plus sujet à la souffrance, car la souffrance n'est qu'un résultat de l'effort, donc de l'action, et c'est en cela que consiste ce que nous appelons l'imperfection, bien qu'il n'y ait rien d'imparfait en réalité.

Il est évident que l'action ne peut pas exister pour celui qui contemple toutes choses en lui-même, comme existant dans l'Esprit universel, sans aucune distinction d'objets individuels, ainsi que l'expriment ces paroles des Védas : « Les objets diffèrent simplement en désignation, accident et nom, comme les ustensiles terrestres reçoivent différents noms, quoique ce soient seulement différentes formes de terre. » La terre, principe de toutes ces formes, est elle-même sans forme, mais les contient toutes en puissance d'être ; tel est aussi l'Esprit universel.

L'action implique le changement, c'est-à-dire la destruction incessante de formes qui disparaissent pour être remplacées par d'autres ; ce sont les modifications que nous appelons naissance et mort, les multiples changements d'état que doit traverser l'être qui n'a point encore atteint la délivrance ou la transformation finale, en employant ce mot transformation dans son sens étymologique, qui est celui de passage hors de la forme. L'attachement aux choses individuelles, ou aux formes essentiellement transitoires et périssables, est le propre de l'ignorance ; les formes ne sont rien pour l'être qui est libéré de la forme, et c'est pourquoi, même pendant sa résidence dans le corps, il n'est point affecté par ses propriétés.

« Ainsi il se meut libre comme le vent, car ses mouvements ne sont point empêchés par les passions.

« Quand les formes sont détruites, le Yogi et tous les êtres entrent dans l'essence qui pénètre tout.

« Il est sans qualités et sans action ; impérissable, sans volition ; heureux, immuable, sans figure ; éternellement libre et pur.

« Il est comme l'éther, qui est répandu partout, et qui pénètre en même temps l'extérieur et l'intérieur des choses ; il est incorruptible, impérissable ; il est le même dans toutes choses, pur, impassible, sans forme, immuable.

« Il est le grand Brahma, qui est éternel, pur, libre, un, incessamment heureux, non deux, existant, percevant et sans fin. »

Tel est l'état auquel l'être parvient par la Connaissance spirituelle ; ainsi il est libéré à tout jamais des conditions de l'existence individuelle, il est délivré de l'Empire du Démiurge.

LA GNOSE ET LES ÉCOLES SPIRITUALISTES

Paru dans La Gnose, *décembre 1909 (n° 2 1909-1910).*

La Gnose, dans son sens le plus large et le plus élevé, c'est la Connaissance ; le véritable gnosticisme ne peut donc pas être une école ou un système particulier, mais il doit être avant tout la recherche de la Vérité intégrale. Cependant, il ne faudrait pas croire pour cela qu'il doive accepter toutes les doctrines quelles qu'elles soient, sous le prétexte que toutes contiennent une parcelle de vérité, car la synthèse ne s'obtient point par un amalgame d'éléments disparates, comme le croient trop facilement les esprits habitués aux méthodes analytiques de la science occidentale moderne.

On parle beaucoup actuellement d'union entre les diverses écoles dites spiritualistes ; mais tous les efforts tentés jusqu'ici pour réaliser cette union sont restés vains. Nous pensons qu'il en sera toujours de même, car il est impossible d'associer des doctrines aussi dissemblables que le sont toutes celles que l'on range sous le nom de spiritualisme ; de tels éléments ne pourront jamais constituer un édifice stable. Le tort de la plupart de ces doctrines soi-disant spiritualistes, c'est de n'être en réalité que du matérialisme transposé sur un autre plan, et de vouloir appliquer au domaine de l'Esprit les méthodes que la science ordinaire emploie pour étudier le Monde hylique. Ces méthodes expérimentales ne feront jamais connaître autre chose que de simples phénomènes, sur lesquels il est impossible d'édifier une théorie métaphysique quelconque, car un principe universel ne peut pas s'inférer de faits particuliers. D'ailleurs, la prétention d'acquérir la connaissance du Monde spirituel par des moyens matériels est évidemment absurde ; cette connaissance, c'est en nous-mêmes seulement que nous pourrons en trouver les principes, et non point dans les objets extérieurs.

Certaines études expérimentales ont assurément leur valeur relative, dans le domaine qui leur est propre ; mais, en dehors de ce même domaine, elles ne peuvent plus avoir aucune valeur. C'est pourquoi l'étude des forces dites psychiques, par exemple, ne peut présenter pour nous ni plus ni moins d'intérêt que l'étude de n'importe quelles autres forces naturelles, et nous n'avons aucune raison de nous solidariser avec le savant qui poursuit cette étude, pas plus qu'avec le physicien ou le chimiste qui étudient d'autres forces. Il est bien entendu que nous parlons seulement de l'étude scientifique de ces forces dites psychiques, et non des pratiques de ceux qui, partant d'une idée préconçue, veulent y voir la manifestation des morts ; ces pratiques n'ont même plus l'intérêt relatif d'une science expérimentale, et elles ont le danger que présente toujours le maniement d'une force quelconque par des ignorants.

Il est donc impossible à ceux qui cherchent à acquérir la Connaissance spirituelle de s'unir à des expérimentateurs, psychistes ou autres, non point qu'ils aient du mépris pour ces derniers, mais simplement parce qu'ils ne travaillent pas sur le même plan qu'eux. Il leur est non moins impossible d'admettre des doctrines à prétentions métaphysiques s'appuyant sur une base expérimentale, doctrines auxquelles on ne peut pas sérieusement accorder une valeur quelconque, et qui conduisent toujours à des conséquences absurdes.

La Gnose doit donc écarter toutes ces doctrines et ne s'appuyer que sur la Tradition orthodoxe contenue dans les Livres sacrés de tous les peuples, Tradition qui en réalité est partout la même, malgré les formes diverses qu'elle revêt pour s'adapter à chaque race et à chaque époque. Mais, ici encore, il faut avoir bien soin de distinguer cette Tradition véritable de toutes les interprétations erronées et de tous les commentaires fantaisistes qui en ont été donnés de nos jours par une foule d'écoles plus ou moins occultistes, qui ont malheureusement voulu parler trop souvent de ce qu'elles ignoraient. Il est facile d'attribuer une doctrine à des personnages imaginaires pour lui donner plus d'autorité, et de se prétendre en relation avec des centres initiatiques perdus dans les régions les plus reculées du Thibet ou sur les cimes les plus inaccessibles de l'Himâlaya ; mais ceux qui connaissent les centres initiatiques réels savent ce qu'il faut penser de ces prétentions.

Ceci suffit pour montrer que l'union des écoles dites spiritualistes est impossible, et que d'ailleurs, si même elle était possible, elle ne produirait aucun résultat valable, et par conséquent serait bien loin d'être aussi souhaitable que le croient des gens bien intentionnés, mais insuffisamment renseignés sur ce que sont véritablement ces diverses écoles. En réalité, la seule union possible, c'est celle de tous les centres initiatiques orthodoxes qui ont conservé la vraie Tradition dans toute sa pureté originelle ; mais cette union n'est pas seulement possible, elle existe actuellement comme elle a existé de tout temps. Lorsque le moment sera venu, la Thébah mystérieuse où sont contenus tous les principes s'ouvrira, et montrera à ceux qui sont capables de contempler la Lumière sans en être aveuglés, l'édifice immuable de l'universelle Synthèse.

René Guénon

À PROPOS D'UNE MISSION DANS L'ASIE CENTRALE

Paru dans La Gnose, *janvier, février 1910 (n*os *3, 4 1909-1910).*

On parle beaucoup en ce moment des découvertes que M. Paul Pelliot, ancien élève de l'école française d'Extrême-Orient, a faites, paraît-il, au cours d'une récente exploration dans l'Asie centrale. Tant de missions françaises et étrangères se sont déjà succédé dans ces régions sans résultats appréciables, qu'il était permis de se montrer tout d'abord quelque peu sceptique : sans doute, les explorateurs ont bien rapporté des documents assez intéressants au point de vue géographique, des photographies surtout, et aussi des échantillons zoologiques, botaniques et minéralogiques, mais rien de plus. Mais voici que M. Pelliot lui-même raconte son expédition, d'abord dans une conférence faite à la Sorbonne le 11 décembre dernier, puis dans un article paru dans l'*Écho de Paris* des 15 et 16 décembre ; pour savoir ce que peuvent être ses découvertes archéologiques, le mieux est de nous en rapporter à son propre récit.

Il trouva d'abord, dit-il, près du village de Toumchouq, dans le Turkestan chinois, un groupe de ruines presque entièrement ensevelies, dans lesquelles il put dégager des sculptures bouddhiques, présentant des traces très nettes de l'influence hellénique. Ensuite, à Koutchar, l'une des principales oasis du Turkestan chinois, il fouilla « des grottes artificielles, aménagées en sanctuaires bouddhiques et décorées de peintures murales », et aussi des temples en plein air, « dans la cour d'un desquels apparurent un jour des manuscrits gisant en couche épaisse, enchevêtrés, mêlés de sable et de cristaux salins », en somme en assez mauvais état. « Pour séparer les feuillets, il faudra beaucoup de temps et les soins de mains expertes ; aussi ces documents ne sont-ils pas déchiffrés. Tout ce qu'on en peut dire actuellement, c'est qu'ils sont écrits avec l'écriture hindoue dite hrahmî, mais rédigés pour la plupart dans ces idiomes mystérieux d'Asie centrale que la philologie européenne commence à peine à interpréter ».

Ainsi, M. Pelliot reconnaît lui-même que les philologues, dont il est, n'ont de certains idiomes asiatiques qu'une connaissance fort imparfaite ; c'est là un point sur lequel nous reviendrons par la suite. Pour le moment, remarquons seulement qu'on nous affirme d'autre part que M. Pelliot « connaît parfaitement les anciens idiomes chinois, brahmi, ouïgours et thibétains » (*Écho de Paris* du 10 décembre) ; il est vrai que ce n'est pas lui-même qui le dit, il est sans doute trop modeste pour cela.

Quoi qu'il en soit, il semble bien que M. Pelliot, dans cette première partie de son exploration, ait découvert uniquement, comme ses prédécesseurs russes, anglais, allemands et japonais, « les restes, conservés dans les sables de ce pays desséché, d'une civilisation essentiellement bouddhique, qui avait fleuri là-bas dans les dix premiers siècles de notre ère, et que, brusquement, vers l'an 1000, l'Islam avait anéantie ». Il ne s'agit donc que d'une civilisation relativement récente, « où se mêlent les influences de l'Inde, de la Perse, de la Grèce et de l'Extrême-Orient », et qui est simplement venue se superposer à des civilisations antérieures, datant de plusieurs milliers d'années. En effet, le Turkestan chinois n'est pas loin du Thibet ; M. Pelliot ignore-t-il l'âge véritable de la civilisation thibétaine, et la croit-il aussi « essentiellement bouddhique », comme l'ont prétendu beaucoup de ses confrères ? La réalité est que le bouddhisme n'a jamais eu, dans ces régions, qu'une influence toute superficielle, et, au Thibet même, on aurait peine à en retrouver quelques traces, malheureusement pour ceux qui, maintenant encore, voudraient en faire le centre de la religion bouddhique. Les antiques civilisations auxquelles nous venons de faire allusion ont dû aussi laisser des restes enfouis sous les sables, mais, pour les découvrir, il aurait sans doute fallu creuser un peu plus profondément ; il est vraiment regrettable qu'on n'y ait pas pensé.

Après quelque temps passé à Ouroumtchi, capitale du Turkestan chinois, M. Pelliot se rendit à Touen-houang, dans le Kan-sou occidental, sachant « qu'il y avait là, à une vingtaine de kilomètres au sud-est de la ville, un groupe considérable de grottes bouddhiques, dites Ts'ien-fo-tong ou grottes des milles Bouddhas ». Ici encore, c'est donc de la civilisation bouddhique qu'il s'agit ; il semblerait vraiment qu'il n'y en eût jamais eu d'autres dans ces contrées, ou du moins que ce fût la seule qui y eût laissé des vestiges, et cependant tout nous prouve le contraire ; mais il faut croire qu'il y a des choses qui, fort apparentes pour certains, sont complètement invisibles pour d'autres. « Ces grottes bouddhiques, dit M. Pelliot, nous les avons étudiées longuement ; il y en avait près de cinq cents, allant du VIe au XIe siècle, couvertes encore des peintures et des inscriptions dont les donateurs les avaient ornées ». Donc, à Touen-houang comme dans le Turkestan, rien d'antérieur à l'ère chrétienne ; tout cela est presque moderne, étant donné que, de l'aveu des sinologues eux-mêmes, « une chronologie rigoureusement contrôlée permet de remonter dans l'histoire chinoise jusqu'à quatre mille ans derrière nous », et encore ces quatre mille ans ne sont rien auprès de la période dite légendaire qui les a précédés.

Mais voici la découverte la plus importante : dès Ouroumtchi, M. Pelliot avait entendu dire que d'anciens manuscrits avaient été trouvés quelques années auparavant dans l'une des grottes de Touen-houang. « En 1900, un moine, qui déblayait une des grandes grottes, était tombé, par hasard, sur une niche murée qui, une fois ouverte, avait apparu bondée de manuscrits et de peintures ». Chose singulière, tout cela, de 1900 à 1908, était resté à la même place, sans que personne se fût avisé que ces manuscrits et ces peintures pouvaient présenter un intérêt quelconque ; en admettant que le moine fût complètement illettré, comme le croit M. Pelliot, ce qui d'ailleurs serait fort étonnant, il n'avait pourtant pas été sans faire part de sa trouvaille à des personnes plus capables d'en apprécier la valeur. Mais ce qui est encore plus étonnant, c'est que ce moine permit à des étrangers d'examiner ces documents et d'emporter tout ce qui leur paraissait le plus intéressant ; jamais aucun explorateur n'avait jusqu'ici rencontré pareille complaisance chez des Orientaux, qui généralement gardent avec un soin jaloux tout ce qui se rapporte au passé et aux traditions de leur pays et de leur race. Cependant, nous ne pouvons pas mettre en doute le récit de M. Pelliot ; mais nous devons croire que tout le monde n'attachait pas autant d'importance que lui-même à ces documents, sans quoi ils eussent été depuis longtemps mis en sûreté dans quelque monastère, disons bouddhique, pour ne pas enlever aux sinologues toutes leurs illusions. On a sans doute fait trouver ces manuscrits à M. Pelliot, comme on fait voir beaucoup de choses aux voyageurs curieux qui visitent le Thibet, afin qu'ils se déclarent satisfaits et ne poussent pas leurs recherches trop loin ; c'est à la fois plus habile et plus poli que de les écarter brutalement, et l'on sait que, sous le rapport de la politesse, les Chinois ne le cèdent en rien à aucun autre peuple.

Il y avait un peu de tout dans cette niche de Touen-houang : « des textes en écriture brahmi, en thibétain, en ouïgour, mais aussi beaucoup de chinois, des manuscrits bouddhiques et taoïstes sur papier et sur soie, un texte du christianisme nestorien, un fragment manichéen, des œuvres d'histoire, de géographie, de philosophie, de littérature, les archétypes des classiques (?), les plus anciens estampages connus en Extrême-Orient, des actes de vente, des baux, des comptes, des notes journalières, de nombreuses peintures sur soie, enfin quelques imprimés xylographiques du X_e et même du VIII_e siècle, les plus anciens qui soient au monde ». Dans cette énumération, les manuscrits taoïstes semblent se trouver là un peu par hasard, au même titre que les textes nestoriens et manichéens, dont la présence est assez surprenante. D'autre part, comme la xylographie était connue en Chine bien avant l'ère chrétienne, il est peu probable que les imprimés dont il est ici question soient vraiment « les plus anciens du monde », comme le croit M. Pelliot. Celui-ci, satisfait de sa découverte, qu'il déclare lui-même « la plus formidable que l'histoire de l'Extrême-Orient ait jamais eu à enregistrer », s'empressa de regagner la Chine propre ; les lettrés de Pékin, trop polis pour se permettre de douter de la valeur des documents qu'il rapportait, le prièrent de leur en envoyer des photographies, qui serviraient de base à une grande publication.

M. Pelliot est maintenant revenu en France avec sa collection de peintures, de bronzes, de céramiques, de sculptures, recueillie tout le long de sa route, et surtout avec les manuscrits trouvés à Koutchar et à Touen-houang. En admettant que ces manuscrits aient toute la valeur qu'on veut bien leur attribuer, il nous reste à nous demander comment les philologues vont s'y prendre pour les déchiffrer et les traduire, et ce travail ne semble pas devoir être des plus faciles.

(*À suivre.*)

À PROPOS D'UNE MISSION
DANS L'ASIE CENTRALE (suite)[4]

Malgré toutes les prétentions des savants, les progrès tant vantés de la philologie semblent plutôt douteux, à en juger par ce qu'est aujourd'hui encore l'enseignement officiel des langues orientales. En ce qui concerne en particulier la sinologie, on suit toujours la route tracée par les premiers traducteurs, et il ne paraît pas que l'on ait beaucoup avancé depuis plus d'un demi-siècle. Nous pouvons prendre pour exemple les traductions de Lao-tseu, dont la première, celle de G. Pauthier, est assurément, malgré des imperfections inévitables, la plus méritante et la plus consciencieuse. Cette traduction, avant même d'avoir été publiée entièrement, fut violemment critiquée par Stanislas Julien, qui semble s'être efforcé de la déprécier au profit de la sienne propre, cependant bien inférieure, et qui ne date d'ailleurs que de 1842, tandis que celle de Pauthier est de 1833. Stanislas Julien, dans l'introduction dont il faisait précéder sa traduction du *Tao-te-king*, s'associait du reste à la déclaration suivante, faite par A. Rémusat dans un *Mémoire sur Lao-tseu*, et que pourraient encore répéter les sinologues actuels : « Le texte du *Tao* est si plein d'obscurités, nous avons si peu de moyens pour en acquérir l'intelligence parfaite, si peu de connaissance des circonstances auxquelles l'auteur a voulu faire allusion ; nous sommes si loin, à tous égards, des idées sous l'influence desquelles il écrivait, qu'il y aurait de la témérité à prétendre retrouver exactement le sens qu'il avait en vue. » Malgré cet aveu d'incompréhension, c'est encore la traduction de Stanislas Julien (nous verrons tout à l'heure ce qu'elle vaut en elle-même) qui fait autorité et à laquelle se rapportent le plus volontiers les sinologues officiels.

En réalité, à part la très remarquable traduction du *Yi-king* et de ses commentaires traditionnels par M. Philastre, traduction malheureusement trop peu compréhensible pour l'intellectualité occidentale, il faut bien reconnaître que rien de vraiment sérieux n'avait été fait à ce point de vue jusqu'aux travaux de Matgioi ; avant ce dernier, la métaphysique chinoise était entièrement inconnue en Europe, on pourrait même dire tout à fait insoupçonnée sans risquer d'être accusé d'exagération. La traduction des deux livres du *Tao* et du

---

[4] [Paru en février 1910 (n° 4 1909-1910).]

Te par Matgioi ayant été vue et approuvée, en Extrême-Orient, par les sages qui détiennent l'héritage de la Science taoïste, ce qui nous en garantit la parfaite exactitude, c'est à cette traduction que nous devrons comparer celle de Stanislas julien. Nous nous contenterons de renvoyer aux notes suffisamment éloquentes dont est accompagnée la traduction du *Tao* et du *Te* publiée dans *La Haute Science* (2ème année, 1894), notes dans lesquelles Matgioi relève un certain nombre de contresens dans le genre de celui-ci : « Il est beau de tenir devant soi une tablette de jade, et de monter sur un char à quatre chevaux », au lieu de : « Unis ensemble, ils vont plus vite et fort que quatre chevaux. » Nous pourrions citer au hasard une foule d'exemples analogues, où un terme signifiant « un clin d'œil » devient « la corne d'un rhinocéros », où l'argent devient « un roturier » et sa valeur juste « une voiture », et ainsi de suite ; mais voici qui est encore plus éloquent : c'est l'appréciation d'un lettré indigène, rapportée en ces termes par Matgioi : « Ayant en main la paraphrase française de M. Julien, j'ai eu jadis l'idée de la retraduire littéralement, en chinois vulgaire, au docteur qui m'enseignait. Il se mit d'abord à sourire silencieusement à la mode orientale, puis s'indigna, et me déclara finalement que : "il fallait que les Français fussent bien ennemis des Asiatiques, pour que leurs savants s'amusassent à dénaturer sciemment les œuvres des philosophes chinois et à les changer en fabulations grotesques, pour les livrer en risée à la foule française. " Je n'ai pas essayé de faire croire à mon docteur que M. julien s'était imaginé avoir fait une traduction respectueuse, car il eût alors douté de la valeur de tous nos savants ; j'ai préféré le laisser douter de la loyauté du seul M. julien ; et c'est ainsi que ce dernier a payé posthumement l'imprudence que, vivant, il avait commise, en s'attaquant à des textes dont le sens et la portée devaient lui échapper inévitablement. »

L'exemple de Stanislas julien, qui fut membre de l'Institut, donne, pensons-nous, une juste idée de la valeur des philologues en général ; cependant, il se peut qu'il y ait d'honorables exceptions, et nous voulons même croire que M. Pelliot en est une ; c'est à lui de nous en donner maintenant la preuve en interprétant exactement les textes qu'il a rapportée de son expédition. Quoi qu'il en soit, pour ce qui est des textes taoïstes, il ne devrait plus être possible aujourd'hui de faire preuve, à l'endroit de la métaphysique chinoise, d'une ignorance qui était peut-être excusable jusqu'à un certain point au temps de Rémusat et de Stanislas Julien, mais qui ne saurait plus l'être après les travaux de Matgioi, et surtout après la publication de ses deux ouvrages les plus importants à ce point de vue, *La Voie Métaphysique* et *La Voie Rationnelle*. Mais les savants officiels, toujours dédaigneux de ce qui n'émane point d'un des leurs, sont peu capables d'en tirer profit, en raison même de leur mentalité spéciale ; c'est fort regrettable pour eux, et, s'il nous était permis de donner un conseil à M. Pelliot, nous l'engagerions de toutes nos forces à ne pas suivre les fâcheux errements de ses prédécesseurs.

Si des manuscrits chinois nous passons aux textes écrits dans les idiomes de l'Asie centrale, ou même dans certaines langues sacrées de l'Inde, nous nous trouvons en présence de difficultés plus graves encore, car, comme nous l'avons fait remarquer précédemment, M. Pelliot lui-même reconnaît que « la philologie européenne commence à peine d'interpréter ces idiomes mystérieux ». Nous pouvons même aller plus loin, et dire que, parmi ces langues dont chacune a une écriture qui lui est propre, sans compter les systèmes cryptographiques fort usités dans tout l'Orient et qui rendent dans certains cas le déchiffrage complètement impossible (on trouve même en Europe des inscriptions de ce genre qui n'ont jamais pu être interprétées), parmi ces langues, disons-nous, il en est un grand nombre dont tout, jusqu'aux noms, est et demeurera longtemps encore ignoré des savants occidentaux. Il est probable que, pour traduire ces textes, on aura recours aux méthodes qu'ont déjà appliquées, dans d'autres branches de la philologie, les égyptologues et les assyriologues ; les discussions interminables qui s'élèvent à chaque instant entre ceux-ci, l'impossibilité où ils sont de se mettre d'accord sur les points les plus essentiels de leur science, et aussi les absurdités évidentes que l'on rencontre dans toutes leurs interprétations, montrent suffisamment le peu de valeur des résultats auxquels ils sont parvenus, résultats dont ils sont pourtant si fiers. Le plus curieux, c'est que ces savants ont la prétention de comprendre les langues dont ils s'occupent mieux que ceux-là même qui autrefois parlaient et écrivaient ces langues ; nous n'exagérons rien, car nous en avons vu signaler dans des manuscrits de prétendues interpolations qui, selon eux, prouvaient que le copiste s'était mépris sur le sens du texte qu'il transcrivait.

Nous sommes loin ici des prudentes réserves des premiers sinologues, que nous avons rapportées plus haut ; et cependant, si les prétentions des philologues vont toujours en grandissant, il s'en faut de beaucoup que leur science fasse d'aussi rapides progrès. Ainsi, en égyptologie, on en est encore à la méthode de Champollion, qui n'a que le tort de s'appliquer uniquement aux inscriptions des époques grecque et romaine, où l'écriture égyptienne devint purement phonétique par suite de la dégénérescence de la langue, tandis qu'antérieurement elle était hiéroglyphique, c'est-à-dire idéographique, comme l'est l'écriture chinoise. D'ailleurs, le défaut de tous les philologues officiels est de vouloir interpréter les langues sacrées, presque toujours idéographiques, comme ils le feraient pour des langues vulgaires, à caractères simplement alphabétiques ou phonétiques. Ajoutons qu'il y a des langues qui combinent les deux systèmes idéographique et alphabétique ; tel est l'hébreu biblique, ainsi que l'a montré Fabre d'Olivet dans *La Langue hébraïque restituée*, et nous pouvons remarquer en passant que ceci suffit pour faire comprendre que le texte de la Bible, dans sa signification véritable, n'a rien de commun avec les interprétations ridicules qui en ont été données, depuis les commentaires des théologiens tant protestants que catholiques, commentaires basés d'ailleurs sur des versions entièrement erronées, jusqu'aux critiques des exégètes modernes, qui en sont encore à se demander comment il se fait que, dans la Genèse, il y a des passages où Dieu est appelé אלהים et d'autres où il est appelé יהוה, sans s'apercevoir que ces deux termes, dont le premier est d'ailleurs un pluriel, ont un sens tout différent, et qu'en réalité ni l'un ni l'autre n'a jamais désigné Dieu.

D'autre part, ce qui rend presque impossible la traduction des langues idéographiques, c'est la pluralité des sens que présentent les caractères hiérogrammatiques, dont chacun correspond à une idée différente, bien qu'analogue, suivant qu'on le rapporte à l'un ou l'autre des plans de l'Univers, d'où il résulte que l'on peut toujours distinguer trois sens principaux, se subdivisant en un grand nombre de significations secondaires plus particularisées. C'est ce qui explique qu'on ne puisse pas à proprement parler traduire les Livres sacrés ; on peut simplement en donner une paraphrase ou un commentaire, et c'est à quoi devraient se résigner les philologues et les exégètes, s'il leur était seulement possible d'en saisir le sens le plus extérieur ; malheureusement, jusqu'ici, ils ne semblent pas même avoir obtenu ce modeste résultat. Espérons pourtant que M. Pelliot sera plus heureux que ses collègues, que les manuscrits dont il est possesseur ne resteront pas pour lui lettre morte, et souhaitons-lui bon courage dans la tâche ardue qu'il va entreprendre.

LA GNOSE ET LA FRANC-MAÇONNERIE

Paru dans La Gnose, *mars 1910 (n° 5 1909-1910).*

« La Gnose, a dit le T∴ III∴ F∴ Albert Pike, est l'essence et la moëlle de la Franc-Maçonnerie. » Ce qu'il faut entendre ici par Gnose, c'est la Connaissance traditionnelle qui constitue le fonds commun de toutes les initiations, et dont les doctrines et les symboles se sont transmis, depuis l'antiquité la plus reculée jusqu'à nos jours, à travers toutes les Fraternités secrètes dont la longue chaîne n'a jamais été interrompue.

Toute doctrine ésotérique ne peut se transmettre que par une initiation, et toute initiation comprend nécessairement plusieurs phases successives, auxquelles correspondent autant de grades différents. Ces grades et ces phases peuvent toujours se ramener à trois ; on peut les considérer comme marquant les trois âges de l'initié, ou les trois époques de son éducation, et les caractériser respectivement par ces trois mots : naître, croître, produire. Voici ce, que dit à ce sujet le F∴ Oswald Wirth :

« L'initiation maçonnique a pour but d'éclairer les hommes, afin de leur apprendre à travailler utilement, en pleine conformité avec les finalités mêmes de leur existence. Or, pour éclairer les hommes, il faut les débarrasser tout d'abord de tout ce qui peut les empêcher de voir la Lumière. On y parvient en les soumettant à certaines purifications, destinées à éliminer les scories hétérogènes, causes de l'opacité des enveloppes qui servent d'écorces protectrices au noyau spirituel humain. Dès que celles-ci deviennent limpides, leur transparence parfaite laisse pénétrer les rayons de la Lumière extérieure jusqu'au centre conscient de l'initié. Tout son être, alors, s'en sature progressivement, jusqu'à ce qu'il soit devenu un Illuminé, dans le sens le plus élevé du mot, autrement dit un Adepte, transformé désormais lui-même en un foyer rayonnant de Lumière.

« L'initiation maçonnique comporte ainsi trois phases distinctes, consacrées successivement à la découverte, à l'assimilation et à la propagation de la Lumière. Ces phases sont représentées par les trois grades d'Apprenti, Compagnon et Maître, qui correspondent à la triple mission des Maçons, consistant à rechercher d'abord, afin de posséder ensuite, et pouvoir finalement répandre la Lumière.

« Le nombre de ces grades est absolu : il ne saurait y en avoir que trois, ni plus ni moins. L'invention des différents systèmes dits de hauts grades ne repose que sur une équivoque, qui a fait confondre les grades initiatiques, strictement limités au nombre de trois, avec les degrés de l'initiation, dont la multiplicité est nécessairement indéfinie.

« Les grades initiatiques correspondent au triple programme poursuivi par l'initiation maçonnique. Ils apportent dans leur ésotérisme une solution aux trois questions de l'énigme du Sphinx : d'où venons-nous ? que sommes-nous ? où allons-nous ? et ils répondent par là à tout ce qui peut intéresser l'homme. Ils sont immuables dans leurs caractères fondamentaux, et forment dans leur trinité un tout complet, auquel il n'y a rien à ajouter ni à retrancher : l'Apprentissage et le Compagnonnage sont les deux piliers qui supportent la Maîtrise.

« Quant aux degrés de l'initiation, ils permettent à l'initié de pénétrer plus ou moins profondément dans l'ésotérisme de chaque grade ; il en résulte un nombre indéfini de manières différentes d'entrer en possession des trois grades d'Apprenti, de Compagnon et de Maître. On peut n'en posséder que la forme extérieure, la lettre incomprise ; en Maçonnerie, comme partout, il y a, sous ce rapport, beaucoup d'appelés et peu d'élus, car il n'est donné qu'aux initiés véritables de saisir l'esprit intime des grades initiatiques. Chacun n'y parvient pas, du reste, avec le même succès ; on sort à peine, le plus souvent, de l'ignorance ésotérique, sans s'avancer d'une manière décidée vers la Connaissance intégrale, vers la Gnose parfaite.

« Celle-ci, que figure en Maçonnerie la lettre G∴ de l'Étoile Flamboyante, s'applique simultanément au programme de recherches intellectuelles et d'entraînement moral des trois grades d'Apprenti, Compagnon et Maître. Elle cherche, avec l'Apprentissage, à pénétrer le mystère de l'origine des choses ; avec le Compagnonnage, elle dévoile le secret de la nature de l'homme, et révèle, avec la Maitrise, les arcanes de la destinée future des êtres. Elle enseigne, en outre, à l'Apprenti à élever jusqu'à leur plus haute puissance les forces qu'il porte en lui-même ; elle montre au Compagnon comment il peut attirer à lui les forces ambiantes, et apprend au Maître à régir en souverain la nature soumise au sceptre de son intelligence. Il ne faut pas oublier, en cela, que l'initiation maçonnique se rapporte au Grand Art, à l'Art Sacerdotal et Royal des anciens initiés. » (*L'Initiation Maçonnique*, article publié dans *L'Initiation*, 4ème année, n° 4, janvier 1891.)

L'organisation initiatique, telle qu'elle est ici indiquée dans ses traits essentiels, existait dès l'origine dans le Gnosticisme comme dans toutes les autres formes de Tradition. C'est ce qui explique les liens qui ont toujours uni le Gnosticisme et la Maçonnerie, liens que nous montrerons mieux encore en reproduisant quelques discours maçonniques (déjà publiés autrefois dans La *Chaîne d'Union*) du F∴ Jules Doinel (☦ Valentin), qui fut, en même temps que Patriarche de l'Église Gnostique, membre du Conseil de l'Ordre du Grand Orient de France.

Sans vouloir traiter ici la question si complexe des origines historiques de la Maçonnerie, nous rappellerons simplement que la Maçonnerie moderne, sous la forme que nous lui connaissons actuellement, est résultée d'une fusion partielle des Rose-Croix, qui avaient conservé la doctrine gnostique depuis le moyen-âge, avec les anciennes corporations de Maçons Constructeurs, dont les outils avaient déjà été employés d'ailleurs comme symboles par les philosophes hermétiques, ainsi qu'on le voit en particulier dans une figure de Basile Valentin. (Voir à ce sujet *Le Livre de l'Apprenti*, par le F∴ Oswald Wirth, pp. 24 à 29 de la nouvelle édition.)

Mais, en laissant de côté pour le moment le point de vue restreint du Gnosticisme, nous insisterons surtout sur le fait que l'initiation maçonnique, comme d'ailleurs toute initiation, a pour but l'obtention de la Connaissance intégrale, qui est la Gnose au sens véritable du mot. Nous pouvons dire que c'est cette Connaissance même qui, à proprement parler, constitue réellement le secret maçonnique, et c'est pourquoi ce secret est essentiellement incommunicable.

Pour terminer, et afin d'écarter toute équivoque, nous dirons que, pour nous, la Maçonnerie ne peut et ne doit se rattacher à aucune opinion philosophique particulière, qu'elle n'est pas plus spiritualiste que matérialiste, pas plus déiste qu'athée ou panthéiste, dans le sens que l'on donne d'ordinaire à ces diverses dénominations, parce qu'elle doit être purement et simplement la Maçonnerie. Chacun de ses membres, en entrant dans le Temple, doit se dépouiller de sa personnalité profane, et faire abstraction de tout ce qui est étranger aux principes fondamentaux de la Maçonnerie, principes sur lesquels tous doivent s'unir pour travailler en commun au Grand Œuvre de la Construction universelle.

Écrits sous la signature de Palingénius

LE DALAÏ-LAMA

Paru dans La Gnose, *mars 1910 (n° 5 1909-1910).*

Depuis quelque temps, des informations de source anglaise, donc évidemment intéressées, nous représentent le Thibet comme envahi par une armée chinoise, et le Dalaï-Lama fuyant devant cette invasion et s'apprêtant à demander secours au gouvernement des Indes pour rétablir son autorité menacée. Il est très compréhensible que les Anglais prétendent rattacher le Thibet à l'Inde, dont il est pourtant séparé par des obstacles naturels difficilement franchissables, et qu'ils cherchent un prétexte pour pénétrer dans l'Asie centrale, où personne ne pense à réclamer leur intervention. La vérité est que le Thibet est une province chinoise, que depuis des siècles il dépend administrativement de la Chine, et que par conséquent celle-ci n'a pas à le conquérir. Quant au Dalaï-Lama, il n'est pas et n'a jamais été un souverain temporel, et sa puissance spirituelle est hors de l'atteinte des envahisseurs, quels qu'ils soient, qui pourraient s'introduire dans la région thibétaine. Les nouvelles alarmantes que l'on s'efforce de répandre actuellement sont donc dénuées de tout fondement ; en réalité, il y a eu simplement quelques déprédations commises par une bande de pillards, mais, comme le fait est assez fréquent dans cette contrée, personne ne songe même à s'en inquiéter.

Nous profiterons de cette occasion pour répondre à certaines questions qui nous ont été posées au sujet du Dalaï-Lama ; mais, pour qu'on ne puisse pas nous accuser d'émettre des affirmations douteuses et ne reposant sur aucune autorité, nous nous bornerons à reproduire les principaux passages d'une *Correspondance d'Extrême-Orient* publiée dans *La Voie* (n$_{os}$ 8 et 9). Cette correspondance parut en 1904, au moment où une expédition anglaise, commandée par le colonel Younghusband, revenait de Lhassa avec un prétendu traité au bas duquel ne figurait aucune signature thibétaine. « Les Anglais rapportaient du Plateau thibétain un traité qui n'avait été signé que par leur chef seul, et qui n'était donc pour les Thibétains, ni un engagement, ni une obligation. L'intrusion anglaise à Lhassa ne pouvait avoir aucune influence sur le gouvernement thibétain, et moins encore sur la partie de la religion thibétaine qu'il faut considérer comme l'ancêtre de tous les dogmes, et moins encore sur le vivant symbole de la Tradition. »

Voici quelques détails sur le palais du Dalaï-Lama, où aucun étranger n'a jamais pénétré : « Ce palais n'est pas dans la ville de Lhassa, mais sur le sommet d'une colline isolée au milieu de la plaine, et située à environ un quart d'heure au nord de la ville. Il est comme entouré et enfermé dans un grand nombre de temples bâtis comme des dinh (pagodes confuciennes), où habitent les Lamas qui sont du service du Dalaï-Lama ; les pèlerins ne franchissent jamais l'entrée de ces dinh. L'espace qui est au centre de ces temples rangés en cercle les uns à côté des autres, est une grande cour presque toujours déserte, au milieu de laquelle se trouvent quatre temples, de formes différentes, mais rangés régulièrement en carré ; et au centre de ce carré est la demeure personnelle du Dalaï-Lama.

« Les quatre temples sont de grandes dimensions, mais pas très élevés, et sont bâtis à peu près sur le modèle des habitations des vice-rois ou des gouverneurs des grandes provinces de l'Empire Chinois ; ils sont occupés par les douze Lamas appelés Lamas-Namshans, qui forment le *conseil circulaire* du Dalaï-Lama. Les appartements intérieurs sont richement décorés, mais on n'y voit que les couleurs lamaïques le jaune et le rouge ; ils sont partagés en plusieurs pièces dont les plus grandes sont les *salles de prières*. Mais, sauf de très rares exceptions, les douze Lamas-Namshans ne peuvent recevoir personne dans les appartements intérieurs ; leurs serviteurs mêmes demeurent dans les appartements *dits extérieurs*, parce que, de ces appartements, on ne peut apercevoir le palais central. Celui-ci occupe le milieu du second carré, et il est de tous côtés isolé des appartements des douze Lamas-Namshans ; il faut un appel spécial et personnel du Dalaï-Lama pour franchir ce dernier espace intérieur.

« Le palais du Dalaï-Lama ne se révèle aux yeux des habitants des appartements intérieurs que par un grand péristyle qui en fait tout le tour, comme dans tous les édifices du sud de l'Asie ; ce péristyle est soutenu par quatre rangs de colonnes, qui sont, du haut en bas, recouvertes d'or. Personne n'habite le rez-de-chaussée du palais, qui se compose seulement de vestibules, de salles de prières et d'escaliers gigantesques. Au-devant du quadruple péristyle, le palais s'élève sur trois étages ; le premier étage est couleur de pierre, le second est rouge, le troisième est jaune. Par dessus le troisième étage, et en guise de toiture, s'élève une coupole tout à fait ronde et recouverte de lames d'or ; on voit ce dôme depuis Lhassa, et de très loin dans la vallée ; mais les temples intérieurs et extérieurs cachent la vue des étages. Seuls les douze Lamas-Namshans savent la distribution des étages du palais central, et ce qui s'y passe ; c'est à l'étage rouge, et au centre, que se tiennent les séances du conseil circulaire. L'ensemble de ces constructions est très grandiose et majestueux ; ceux qui ont l'autorisation d'y circuler sont tenus de garder le silence ». (Nguyèn V. Cang, *Le Palais du Dalaï-Lama*, n° 8, 15 novembre 1904).

Voici maintenant pour ce qui concerne le Dalaï-Lama lui-même : « Quant à la personne du Dalaï-Lama, que déjà l'on croyait voir (lors de l'intrusion anglaise) contrainte et polluée par des regards étrangers, il faut dire que cette crainte est naïve, et que, ni maintenant, ni plus tard, elle ne saurait être admise. *La personne du Dalaï-Lama ne se manifeste qu'à l'étage rouge du grand palais sacré, quand les douze Lamas-Namshans y sont réunis dans de certaines conditions, et sur l'ordre même de celui qui les régit. Il suffirait de la présence d'un autre homme, quel qu'il soit, pour que le Dalaï-Lama ne parût point ; et il y a plus qu'une impossibilité matérielle à profaner sa présence ; il ne peut être là où sont ses ennemis ou seulement des étrangers.* Le Pape de l'Orient, comme disent (fort improprement) les fidèles du Pape de l'Occident, n'est pas de ceux que l'on dépouille ou que l'on contraint, car il n'est sous le pouvoir ni sous le contrôle humain ; et il est toujours le même, aujourd'hui comme au jour assez lointain où il se révéla à ce Lama prophétique, que les Thibétains appellent Issa, et que les Chrétiens appellent Jésus ». (Nguyèn V. Cang, *Le Dalaï-Lama*, n° 9, 15 décembre 1904).

Ceci montre suffisamment que le Dalaï-Lama ne peut pas être en fuite, pas plus maintenant qu'au moment où ces lignes ont été écrites, et qu'il ne peut aucunement être question de le destituer ni de lui élire un successeur ; on voit également par là ce que valent les affirmations de certains voyageurs qui, ayant plus ou moins exploré le Thibet, prétendent avoir vu le Dalaï-Lama ; il n'y a pas lieu d'attribuer la moindre importance à de semblables récits. Nous n'ajouterons rien aux paroles que nous venons de citer, paroles qui émanent d'une source très autorisée ; on comprendra d'ailleurs que cette question n'est pas de celles qu'il convient de traiter publiquement sans réserve, mais nous avons pensé qu'il n'était ni inutile ni inopportun d'en dire ici quelques mots.

L'ORTHODOXIE MAÇONNIQUE

Paru dans La Gnose, *avril 1910 (n° 6 1909-1910).*

On a tant écrit sur la question de la régularité maçonnique, on en a donné tant de définitions différentes et même contradictoires, que ce problème, bien loin d'être résolu, n'en est devenu peut-être que plus obscur. Il semble qu'il ait été mal posé, car on cherche toujours à baser la régularité sur des considérations purement historiques, sur la preuve vraie ou supposée d'une transmission ininterrompue de pouvoirs depuis une époque plus ou moins reculée ; or il faut bien avouer que, à ce point de vue, il serait facile de trouver quelque irrégularité à l'origine de tous les Rites pratiqués actuellement. Mais nous pensons que cela est loin d'avoir l'importance que certains, pour des raisons diverses, ont voulu lui attribuer, et que la véritable régularité réside essentiellement dans l'orthodoxie maçonnique ; et cette orthodoxie consiste avant tout à suivre fidèlement la Tradition, à conserver avec soin les symboles et les formes rituéliques qui expriment cette Tradition et en sont comme le vêtement, à repousser toute innovation suspecte de modernisme. C'est à dessein que nous employons ici ce mot de modernisme, pour désigner la tendance trop répandue qui, en Maçonnerie comme partout ailleurs, se caractérise par l'abus de la critique, le rejet du symbolisme, la négation de tout ce qui constitue la Science ésotérique et traditionnelle.

Toutefois, nous ne voulons point dire que la Maçonnerie, pour rester orthodoxe, doive s'enfermer dans un formalisme étroit, que le rituélisme doive être quelque chose d'absolument immuable, auquel on ne puisse rien ajouter ni retrancher sans se rendre coupable d'une sorte de sacrilège ; ce serait faire preuve d'un dogmatisme qui est tout à fait étranger et même contraire à l'esprit maçonnique. La Tradition n'est nullement exclusive de l'évolution et du progrès ; les rituels peuvent et doivent donc se modifier toutes les fois que cela est nécessaire, pour s'adapter aux conditions variables de temps et de lieu, mais, bien entendu, dans la mesure seulement où les modifications ne touchent à aucun point essentiel. Les changements dans les détails du rituel importent peu, pourvu que l'enseignement initiatique qui s'en dégage n'en subisse aucune altération ; et la multiplicité des Rites n'aurait pas de graves inconvénients, peut-être même aurait-elle certains avantages, si malheureusement elle n'avait pas trop souvent pour effet, en servant de prétexte à de fâcheuses dissensions entre Obédiences rivales, de compromettre l'unité, idéale si l'on veut, mais réelle pourtant, de la Maçonnerie universelle.

Ce qui est regrettable surtout, c'est d'avoir trop souvent à constater, chez un grand nombre de Maçons, l'ignorance complète du symbolisme et de son interprétation ésotérique, l'abandon des études initiatiques, sans lesquelles le rituélisme n'est plus qu'un ensemble de cérémonies vides de sens, comme dans les religions exotériques. Il y a aujourd'hui à ce point de vue, particulièrement en France et en Italie, des négligences vraiment impardonnables ; nous pouvons citer comme exemple celle que commettent les Maîtres qui renoncent au port du tablier, alors que pourtant, comme l'a si bien montré récemment le T∴ III∴ F∴ D_r Blatin, dans une communication qui doit être encore présente à la mémoire de tous les FF∴, ce tablier est le véritable habillement du Maçon, tandis que le cordon n'est que son décor. Une chose plus grave encore, c'est la suppression ou la simplification exagérée des épreuves initiatiques, et leur remplacement par l'énonciation de formules vagues et à peu près insignifiantes ; et, à ce propos, nous ne saurions mieux faire que de reproduire les quelques lignes suivantes, qui nous donnent en même temps une définition générale du symbolisme que nous pouvons considérer comme parfaitement exacte : « Le Symbolisme maçonnique est la forme sensible d'une synthèse philosophique d'ordre transcendant ou abstrait. Les conceptions que représentent les Symboles de la Maçonnerie ne peuvent donner lieu à aucun enseignement dogmatique ; elles échappent aux formules concrètes du langage parlé et ne se laissent point traduire par des mots. Ce sont, comme on dit très justement, des Mystères qui se dérobent à la curiosité profane, c'est-à-dire des Vérités que l'esprit ne peut saisir qu'après y avoir été judicieusement préparé. La préparation à l'intelligence des Mystères est allégoriquement mise en scène dans les initiations maçonniques par les épreuves des trois grades fondamentaux de l'Ordre. Contrairement à ce qu'on s'est imaginé, ces épreuves n'ont aucunement pour objet de faire ressortir le courage ou les qualités morales du récipiendaire ; elles figurent un enseignement que le penseur devra discerner, puis méditer au cours de toute sa carrière d'Initié. » (*Rituel interprétatif pour le Grade d'Apprenti*, rédigé par le Groupe Maçonnique d'Etudes Initiatiques, 1893.)

On voit par là que l'orthodoxie maçonnique, telle que nous l'avons définie, est liée à l'ensemble du symbolisme envisagé comme un tout harmonique et complet, et non exclusivement à tel ou tel symbole particulier, ou même à une formule telle que A∴ L∴ G∴ D∴ G∴ A∴ D∴ L∴ U∴, dont on a voulu parfois faire une caractéristique de la Maçonnerie régulière, comme si elle pouvait constituer à elle seule une condition nécessaire et suffisante de régularité, et dont la suppression, depuis 1877, si été si souvent reprochée à la Maçonnerie française. Nous profiterons de cette occasion pour protester hautement contre une campagne encore plus ridicule qu'odieuse, menée depuis quelque temps contre cette dernière, en France même, au nom d'un prétendu spiritualisme qui n'a que faire en cette circonstance, par certaines gens qui se parent de qualités maçonniques plus que douteuses ; si ces gens, à qui nous ne voulons pas faire l'honneur de les nommer, croient que leurs procédés assureront la réussite de la pseudo-Maçonnerie qu'ils essayent vainement de lancer sous des étiquettes variées, ils se trompent étrangement.

Nous ne voulons pas traiter ici, du moins pour le moment, la question du G∴ A∴ de l'U∴, qui a d'ailleurs été étudiée, à divers points de vue, par de plus autorisés que nous. Cette question a même fait, dans les derniers numéros de *L'Acacia*, l'objet d'une discussion fort intéressante entre les FF∴ Oswald Wirth et Ch.·M. Limousin ; malheureusement, cette discussion a été interrompue par la mort de ce dernier, mort qui fut un deuil pour la Maçonnerie tout entière. Quoi qu'il en soit, nous dirons seulement que le symbole du G∴ A∴ de l'U∴ n'est point l'expression d'un dogme, et que, s'il est compris comme il doit l'être, il peut être accepté par tous les Maçons, sans distinction d'opinions philosophiques, car cela n'implique nullement de leur part la reconnaissance de l'existence d'un Dieu quelconque, comme on l'a cru trop souvent. Il est regrettable que la Maçonnerie française se soit méprise à ce sujet, mais il est juste de reconnaître qu'elle n'a fait en cela que partager une erreur assez générale ; si l'on parvient à dissiper cette confusion, tous les Maçons comprendront que, au lieu de supprimer le G∴ A∴ de l'U∴, il faut, comme le dit le F∴ Oswald Wirth, aux conclusions duquel nous adhérons entièrement, chercher à s'en faire une idée rationnelle, et le traiter en cela comme tous les autres symboles initiatiques.

Nous pouvons espérer qu'un jour viendra, et qu'il n'est pas loin, où l'accord s'établira définitivement sur les principes fondamentaux de la Maçonnerie et sur les points essentiels de la doctrine traditionnelle. Toutes les branches de la Maçonnerie universelle reviendront alors à la véritable orthodoxie, dont certaines d'entre elles se sont quelque peu écartées, et toutes s'uniront enfin pour travailler à la réalisation du Grand Œuvre, qui est l'accomplissement intégral du Progrès dans tous les domaines de l'activité humaine.

Écrits sous la signature de Palingénius

REMARQUES SUR LA NOTATION MATHÉMATIQUE

Paru dans La Gnose, *avril, mai 1910 (n_{os} 6, 7 1909-1910).*

Les mathématiciens modernes, du moins ceux qui s'en tiennent aux données de la science officielle, semblent ignorer presque complètement ce qu'est le nombre ; ils réduisent toutes les mathématiques au calcul, ils remplacent le nombre par le chiffre, qui n'en est en réalité que le vêtement ; nous disons le vêtement, et non pas même le corps, car c'est la forme géométrique qui est le véritable corps du nombre, et les savants dont nous parlons ne soupçonnent même pas les rapports des nombres avec les formes géométriques. Ils emploient trop souvent une notation purement conventionnelle, qui ne correspond à rien de réel ; telle est, par exemple, la considération des nombres dits négatifs, ainsi que nous le verrons par la suite. Nous ne voulons pas dire cependant que les chiffres mêmes soient des signes entièrement arbitraires, dont la forme ne serait déterminée que par la fantaisie d'un ou de plusieurs individus ; il doit en être des caractères numériques comme des caractères alphabétiques, dont ils ne se distinguent d'ailleurs pas dans certaines langues, telles que l'hébreu et le grec, et nous étudierons peut-être un jour la question de l'origine hiéroglyphique, c'est-à-dire idéographique, de toutes les écritures ; pour le moment, nous nous contenterons de renvoyer, sur ce point, aux travaux de Court de Gébelin et de Fabre d'Olivet.

Ce qu'il y a de certain, c'est que les mathématiciens emploient dans leur notation des symboles dont ils ne connaissent plus le sens ; ces symboles semblent des vestiges de traditions oubliées, du Pythagorisme, ou de la Kabbale, qui, par les Arabes du moyen âge, sont parvenus jusqu'à nous, mais dont bien peu ont su reconnaître la véritable valeur. Nous ne faisons que signaler en passant, sauf à y revenir plus tard, le rapport de la numération décimale avec la génération du cercle par le rayon émané du centre ; il y aurait lieu d'indiquer à ce propos comment la production successive des nombres à partir de l'unité peut servir à symboliser l'évolution universelle ; mais nous nous bornerons maintenant à considérer le zéro, l'unité, et ce qu'on appelle à tort l'infini.

Nous disons ce qu'on appelle à tort l'infini, car ce que les mathématiciens représentent par le signe ne peut pas être l'Infini au sens métaphysique de ce mot ; ce signe est une figure fermée, donc finie, tout aussi bien que le cercle dont certains ont voulu faire un symbole de l'éternité, tandis qu'il ne peut être qu'une figuration d'un cycle temporel. D'ailleurs, l'idée d'un nombre infini, c'est-à-dire, d'après les mathématiciens, d'un nombre plus grand que tout autre nombre, est une idée contradictoire, car, si grand que soit un nombre , le nombre est toujours plus grand. Il est évidemment absurde de vouloir définir l'Infini, car une définition est nécessairement une limitation, les mots mêmes le disent assez clairement, et l'Infini est ce qui na pas de limites ; chercher à le faire entrer dans une formule, c'est-à-dire à le revêtir d'une forme, c'est s'efforcer de faire entrer le Tout universel dans une de ses parties les plus infimes, ce qui est impossible ; enfin, concevoir l'Infini comme une quantité, c'est le concevoir comme susceptible d'augmentation ou de diminution, ce qui est encore absurde. Avec de semblables considérations, on en arrive vite à envisager plusieurs infinis qui coexistent sans se confondre ni s'exclure, des infinis qui sont plus grands ou plus petits que d'autres infinis, et même, l'infini ne suffisant plus, on invente le transfini, c'est-à-dire le domaine des nombres plus grands que l'infini : autant de mots, autant d'absurdités.

Ce que nous venons de dire pour l'infiniment grand est vrai aussi pour ce qu'on appelle l'infiniment petit : si petit que soit un nombre $\frac{1}{N}$, le nombre $\frac{1}{N+1}$ sera encore plus petit. Il n'y a en réalité ni infiniment grand ni infiniment petit, mais on peut envisager la suite des nombres comme croissant ou décroissant indéfiniment, de sorte que le prétendu infini mathématique n'est que l'indéfini. Il importe de remarquer que l'indéfini est encore limité ou fini : bien que nous n'en connaissions pas les limites, nous savons cependant que ces limites existent, car l'indéfini, ou un indéfini, n'est qu'une partie du Tout, qui est limitée par l'existence même des autres parties ; ainsi, un monde tel que le monde matériel envisagé dans son ensemble est indéfini, tout en n'étant qu'un point par rapport à l'Infini. On peut même ajouter les uns aux autres un nombre quelconque d'indéfinis, ou les multiplier les uns par les autres ; le rapport du résultat obtenu à l'Infini est toujours nul, car la Possibilité universelle comprend une infinité de possibilités particulières dont chacune est indéfinie. Il est facile de comprendre par là ce que signifient réellement les absurdités que nous avons signalées précédemment, et qui cessent d'être des absurdités lorsqu'on remplace le prétendu infini mathématique par l'indéfini. En même temps, nous avons montré d'une façon précise l'impossibilité d'arriver à la Synthèse par l'analyse : on aura beau ajouter les uns aux autres un nombre indéfini d'éléments, on n'obtiendra jamais le Tout, parce que le Tout est infini, et non pas indéfini ; on ne peut pas le concevoir autrement que comme infini, car il ne pourrait être limité que par quelque chose qui lui serait extérieur, et alors il ne serait plus le Tout ; il est bien la somme de tous ses éléments, mais en entendant le mot somme au sens d'intégrale, et une intégrale ne se calcule pas en prenant ses éléments un à un ; si même on a parcouru analytiquement un ou plusieurs indéfinis, on n'a pas avancé d'un pas au point de vue universel, on est toujours au même point par rapport à l'Infini.

Nous avons dit que la série des nombres peut être considérée comme indéfinie dans les deux sens ; on peut ainsi envisager d'une part les nombres entiers, indéfiniment croissants, et d'autre part leurs inverses, indéfiniment décroissants. Ces deux séries partent l'une et l'autre de l'unité, qui seule est à elle-même son propre inverse, et il y a autant de nombres dans une des séries que dans l'autre, de sorte qu'on peut dire que l'unité occupe exactement le milieu dans la suite des nombres. En effet, à tout nombre de l'une des séries correspond dans l'autre série un nombre $\dfrac{1}{n}$, tel que l'on ait :

$$n \times \frac{1}{n} = 1 \ ;$$

l'ensemble des deux nombres inverses, se multipliant l'un par l'autre, reproduit l'unité. On peut généraliser encore, et, au lieu de considérer seulement la série des nombres entiers et de leurs inverses comme nous venons de le faire, envisager d'un côté tous les nombres plus grands que l'unité, et de l'autre tous les nombres plus petits que l'unité. Ici encore, à tout nombre $\dfrac{a}{b} > 1$, il correspondra dans l'autre groupe un nombre inverse $\dfrac{b}{a} < 1$, et réciproquement, de telle façon que l'on ait :

$$\frac{a}{b} \times \frac{b}{a} = 1,$$

et il y aura exactement autant de nombres dans l'un et l'autre des deux groupes indéfinis séparés par l'unité. On peut dire encore que l'unité, occupant le milieu, correspond à l'équilibre parfait, et qu'elle contient en puissance tous les nombres, lesquels émanent d'elle par couples de nombres inverses ou complémentaires, chacun de ces couples constituant une unité relative en son indivisible dualité ; nous développerons par la suite les conséquences qui se déduisent de ces diverses considérations.

Pour le moment, nous pouvons nous borner à considérer, comme nous l'avions fait tout d'abord, la série des nombres entiers et de leurs inverses ; on pourrait dire qu'ils tendent d'une part vers l'indéfiniment grand et de l'autre vers l'indéfiniment petit, en entendant par là les limites mêmes du domaine dans lequel on considère ces nombres, car une quantité variable ne peut tendre que vers une limite. Ne connaissant pas ces limites, nous ne pouvons pas les fixer d'une façon précise, mais nous pouvons considérer un nombre comme pratiquement indéfini lorsqu'il ne peut plus être exprimé par le langage ni par l'écriture, ce qui arrive nécessairement à un moment donné lorsque ce nombre va toujours en croissant. À ce propos, il y aurait lieu de se demander pourquoi la langue chinoise représente symboliquement l'indéfini par le nombre dix mille ; en grec, la même chose se produit, et un seul mot, avec une simple différence d'accentuation, sert à exprimer les deux idées : μύριοι, dix mille ; μυρίοι, une indéfinité ; nous essayerons plus tard, de donner l'explication de ce fait. Quoi qu'il en soit, l'indéfiniment grand est, comme nous l'avons dit, ce que représente le signe ∞ ; quant à l'indéfiniment petit, qui peut être regardé comme tout ce qui diminue au-delà des limites de nos moyens d'évaluation, et que par suite nous sommes conduits à considérer comme inexistant par rapport à nous, on peut, sans faire intervenir ici la notation différentielle ou infinitésimale, le représenter dans son ensemble par le symbole , bien que ce ne soit là qu'une des significations du zéro.

La série des nombres, telle que nous l'avons considérée, est donc la suivante :

$$0 \dots \frac{1}{5}, \frac{1}{4}, \frac{1}{3}, \frac{1}{2}, 1, 2, 3, 4, 5, \dots \infty$$

deux nombre équidistants de l'unité centrale sont inverses ou complémentaires, donc reproduisent l'unité par multiplication, de sorte que, pour les deux extrémités de la série, on est amené à écrire :

$$0 \times \infty = 1.$$

Cependant, les signes et représentent chacun un domaine, et non un nombre déterminé, ceci résulte immédiatement de ce qui précède ; par suite, l'expression $0 \times \infty$ constitue ce qu'on appelle une forme indéterminée, et l'on doit écrire :

$$0 \times \infty = n,$$

étant un nombre quelconque. On voit encore très nettement ici que le symbole ne représente point l'Infini, car l'Infini ne peut pas plus s'opposer au zéro qu'à l'unité ou à un nombre quelconque ; étant le Tout, il contient aussi bien le Non-Être que l'Être, de sorte que le zéro lui-même doit être considéré comme compris dans l'Infini.

Nous avons dit que l'indéfiniment petit n'est pas l'unique signification du zéro, et même ce n'est pas la plus importante au point de vue métaphysique ; il est étrange que les mathématiciens aient l'habitude d'envisager le zéro comme un pur néant, et que cependant il leur soit impossible de ne pas le regarder comme doué d'une puissance indéfinie, puisque, placé à la droite d'un autre chiffre dit significatif, il contribue à former la représentation d'un nombre qui, par la répétition de ce même zéro, peut croître indéfiniment. Si réellement le zéro était un pur néant, il ne pourrait pas en être ainsi, et même il ne serait alors qu'un signe inutile, dépourvu de toute valeur ; mais il en est tout autrement si on le regarde comme représentant le Non-Être, envisagé comme possibilité d'être, donc comme contenant l'Être en puissance, ainsi que nous l'avons dit dans notre étude sur le Démiurge. On peut alors dire que le Non-Être est supérieur à l'Être, ou, ce qui revient au même, que le non-manifesté est supérieur au manifesté, puisqu'il en est le principe. Ainsi, si on considère l'Être comme représenté par l'unité, on pourra dire que le zéro est l'unité non manifestée, ou encore que l'unité n'est que le zéro affirmé, cette affirmation étant le point de départ de toutes les manifestations qui se déploieront dans la multiplicité indéfinie des nombres. L'unité non manifestée, ou l'unité en soi, qui contient tous les nombres en principe, mais qui n'est aucun des nombres, c'est ce qu'on appelle l'Absolu, à la fois Être et Non-Être, bien que n'étant ni l'un ni l'autre, tout en puissance et rien en acte ; c'est aussi la Possibilité universelle, qui est infinie, et l'on comprend ainsi que, dans l'Absolu, le zéro est égal à l'Infini. C'est ce qu'on a appelé à tort l'identité des contraires ; en réalité, il n'y a point de contraires, et, si les extrêmes se rejoignent, c'est qu'il n'y a qu'un extrême ; c'est là ce que la tradition extrême-orientale représente par la figure de l'Yn-yang, le symbole du Grand Extrême, Taï-ki.

(À suivre.)

REMARQUES SUR LA NOTATION MATHÉMATIQUE (suite)[5]

Laissons maintenant de côté ce que nous pourrions appeler le zéro métaphysique, qui est au zéro mathématique, dont nous avons parlé précédemment en envisageant la double série des nombres croissants ou décroissants, ce que l'Infini est au simple indéfini. Le domaine du zéro mathématique, ou de l'indéfiniment petit, comprend, dans la suite indéfinie des nombres, tout ce qui est au-delà de nos moyens d'évaluation dans un certain sens, comme le domaine de l'indéfiniment grand comprend, dans cette même suite, tout ce qui est au-delà de ces mêmes moyens d'évaluation dans l'autre sens. Il n'y a donc pas lieu de parler de nombres moindres que zéro, pas plus que de nombres plus grands que l'indéfini ; c'est cependant ce qu'on a voulu faire, bien que dans un sens un peu différent de celui que nous venons d'indiquer, en introduisant en mathématiques la considération des nombres

---

[5] [Paru en mai 1910 (n° 7 1909-1910).]

dits négatifs.

On a même donné de ces nombres négatifs une représentation géométrique, en comptant, sur une droite, les distances comme positives ou comme négatives suivant qu'elles sont parcourues dans un sens ou dans l'autre, et en fixant sur cette droite un point pris comme origine, à partir duquel les distances sont positives d'un côté et négatives de l'autre, l'origine étant affectée du coefficient zéro ; sur un cercle, on distingue de même un sens positif et un sens négatif de rotation. La droite étant indéfinie dans les deux sens, on est amené à envisager un indéfini positif et un indéfini négatif, que l'on représente par $+\infty$ et $-\infty$, et que l'on désigne par les expressions absurdes « plus l'infini » et « moins l'infini » ; on se demande ce que pourrait être un infini négatif. Il est vrai qu'on est ensuite conduit, en particulier dans l'étude de la variation des fonctions, à regarder l'indéfini négatif comme confondu avec l'indéfini positif, de sorte qu'un mobile partant de l'origine et s'éloignant dans le sens positif reviendrait du côté négatif au bout d'un temps indéfini, ou inversement, d'où il résulte que ce que l'on considère ici comme une droite doit être en réalité une figure fermée ; pour le moment, nous n'insisterons pas sur ce point.

Quels que soient les avantages de l'emploi des nombres négatifs, on ne devrait jamais oublier que cette notation, dite algébrique par opposition à la notation arithmétique qui considère les nombres comme essentiellement positifs, n'est qu'un procédé artificiel pour simplifier les calculs ; si on veut en faire une réalité, elle présente de graves inconvénients, et nous nous contenterons de signaler les confusions multiples résultant de l'introduction des quantités dites imaginaires, qui se présentent comme racines des nombres négatifs, et qui correspondent cependant à quelque chose de réel. C'est encore là un point que nous ne pouvons qu'indiquer maintenant ; nous insisterons seulement sur les conséquences de l'emploi des nombres négatifs au point de vue de la mécanique, et sur la possibilité d'y substituer une autre notation plus logique et plus conforme à la réalité.

Disons d'ailleurs tout de suite que les prétendus principes sur lesquels les mathématiciens modernes font reposer la mécanique telle qu'ils la conçoivent ne sont que des hypothèses plus ou moins ingénieuses, ou de simples cas particuliers de lois beaucoup plus générales, qui dérivent elles-mêmes des véritables principes universels, dont elles ne sont que des applications. Nous pouvons citer, comme exemple du premier cas, le soi-disant principe de l'inertie, que rien ne justifie, ni l'expérience qui montre au contraire qu'il n'y a point d'inertie dans la nature, ni l'entendement qui ne peut concevoir cette prétendue inertie. Un exemple du second cas est ce qu'on appelle le principe de l'égalité de l'action et de la réaction, qui se déduit immédiatement de la loi générale de l'équilibre des forces naturelles : chaque fois que cet équilibre est rompu, il tend aussitôt à se rétablir, d'où une réaction dont l'intensité est équivalente à celle de l'action qui l'a provoquée ; c'est précisément sur cette question de l'équilibre que nous devons insister ici.

On représente habituellement deux forces qui se font équilibre par deux vecteurs opposés : si deux forces appliquées en un même point ont la même intensité et la même direction, mais en sens contraires, elles se font équilibre. Comme elles sont alors sans action sur leur point d'application, on dit même qu'elles se détruisent, sans prendre garde que, si l'on supprime l'une de ces forces, l'autre agit aussitôt, ce qui prouve qu'elle n'était nullement détruite. On caractérise les forces par des coefficients proportionnels à leurs intensités, respectives, et deux forces de sens contraires sont affectées de coefficients de signes différents, l'un positif et l'autre négatif : l'un étant f l'autre sera $-f'$. Dans le cas que nous venons de considérer, les deux forces opposées ayant la même intensité, les coefficients qui les caractérisent doivent être égaux « en valeur absolue » (encore une expression au moins étrange), et l'on a : $f = f'$, d'où l'on déduit comme condition de l'équilibre :

$$f - f' = 0,$$

c'est-à-dire que la somme des deux forces est nulle, de telle sorte que l'équilibre est ainsi défini par zéro. Comme les mathématiciens regardent, à tort d'ailleurs, le zéro comme un symbole du néant (comme si le néant pouvait être symbolisé par quelque chose), il semble résulter de là que l'équilibre est l'état de non-existence, ce qui est une conséquence assez singulière ; c'est sans doute pour cette raison qu'on dit que deux forces qui se font équilibre se détruisent, ce qui est contraire à la réalité, ainsi que nous venons de le faire voir.

La véritable notion de l'équilibre est tout autre : pour la comprendre, il suffit de remarquer que toutes les forces naturelles sont ou attractives ou répulsives ; les premières peuvent être considérées comme forces compressives ou de condensation, les secondes comme forces expansives ou de dilatation. Il est facile de comprendre que, dans un milieu homogène, à toute compression se produisant en un point correspondra nécessairement en un autre point une expansion équivalente, et inversement, de sorte qu'on devra toujours envisager deux centres de forces dons l'un ne peut pas exister sans l'autre ; c'est là le principe de la loi de la polarité, qui est applicable à tous les phénomènes naturels, et qui est surtout évidente dans les phénomènes électriques et magnétiques. Si deux forces, l'une compressive et l'autre expansive, agissent sur un même point, la condition pour qu'elles se fassent équilibre ou se neutralisent, c'est-à-dire pour qu'en ce point il ne se produise ni condensation ni dilatation, est que les intensités de ces deux forces soient, non pas égales, mais équivalentes. On peut caractériser les forces par des coefficients proportionnels à la condensation où à la dilatation qu'elles produisent, de telle sorte que, si l'on envisage une force compressive et une force expansive, la première sera affectée d'un coefficient $n > 1$, et la seconde d'un coefficient $n < 1$; chacun de ces coefficients peut être le rapport de la densité que prend le milieu ambiant au point considéré sous l'action de la force correspondante à la densité primitive de ce même milieu, supposé homogène lorsqu'il ne subit l'action d'aucune force. Lorsqu'il ne se produit ni condensation ni dilatation, ce rapport est égal à l'unité ; pour que deux forces agissant en un point se fassent équilibre, il faut donc que leur résultante ait pour coefficient l'unité. Il est facile de voir que le coefficient de cette résultante est le produit des coefficients des deux forces considérées ; ces deux coefficients n et n' devront donc être deux nombres inverses l'un de l'autre : $n' = \dfrac{1}{n}$ et l'on aura comme condition de l'équilibre :

$$nn' = 1 \, ;$$

ainsi, l'équilibre sera défini, non plus par zéro, mais par l'unité.

On voit que cette définition de l'équilibre par l'unité, la seule réelle, correspond au fait que l'unité occupe le milieu dans la suite des nombres, ainsi que nous l'avons dit précédemment. Bien loin d'être l'état de non-existence, l'équilibre est l'existence envisagée en dehors de ses manifestations multiples ; remarquons d'ailleurs qu'il est encore un état inférieur à ce que nous avons appelé le Non-Être, au sens métaphysique de ce mot, car l'existence, quoique indépendante de toute manifestation, en est cependant le point de départ. L'unité, telle que nous venons de la considérer, et dans laquelle réside l'équilibre, est ce que la tradition extrême-orientale appelle l'Invariable Milieu, Tchoung-young ; d'après divers textes chinois, cet équilibre ou cette harmonie est, dans chaque modalité de l'être, le reflet de l'Activité du Ciel. (Nous avons trouvé récemment, dans une revue que nous ne nommerons pas, la paraphrase suivante d'un des textes auxquels nous faisons allusion, paraphrase digne de feu Stanislas julien : « la musique est une imitation de ce qui se passe au Ciel » ! Pour éviter un semblable contresens, il aurait suffi de connaître, même très vaguement, le sens de l'idéogramme *Tien*, qu'on traduit par Ciel.)

Nous bornerons là ces quelques remarques sur la notation mathématique ; ce que nous venons de dire au sujet de la mécanique ne doit être regardé que comme une simple indication, mais nous sommes certain que, si on approfondissait cette étude dans ce sens, on pourrait en tirer beaucoup de conséquences intéressantes.

LES HAUTS GRADES MAÇONNIQUES

Paru dans La Gnose, *mai 1910 (n° 7 1909-1910).*

Nous avons vu, dans un précédent article, que, l'initiation maçonnique comportant trois phases successives, il ne peut y avoir que trois grades, qui représentent ces trois phases ; il semble résulter de là que tous les systèmes de hauts grades sont complètement inutiles, du moins théoriquement, puisque les rituels des trois grades symboliques décrivent, dans leur ensemble, le cycle complet de l'initiation. Cependant, en fait, l'initiation maçonnique, étant symbolique, forme des Maçons qui ne sont que le symbole des véritables Maçons, et elle leur trace simplement le programme des opérations qu'ils auront à effectuer pour parvenir à l'initiation réelle. C'est à ce dernier but que tendaient, du moins originairement, les divers systèmes de hauts grades, qui semblent avoir été précisément institués pour réaliser en pratique le Grand Œuvre dont la Maçonnerie symbolique enseignait la théorie.

Cependant, il faut reconnaître que bien peu de ces systèmes atteignaient réellement le but qu'ils se proposaient ; dans la plupart, on rencontre des incohérences, des lacunes, des superfétations, et certains rituels sont d'une bien faible valeur initiatique, surtout lorsqu'on les compare à ceux des grades symboliques. Ces défauts sont d'ailleurs d'autant plus sensibles que le système comprend un plus grand nombre de degrés ; et, s'il en est déjà ainsi dans l'Écossisme à 25 et 33 degrés, que sera-ce dans les Rites à 90, 97, ou même 120 degrés ? cette multiplicité de degrés est d'autant plus inutile qu'on est obligé de les conférer par séries. Au XVIIIe siècle, chacun voulut inventer un système à lui, toujours greffé, bien entendu, sur la Maçonnerie symbolique, dont il ne faisait que développer les principes fondamentaux, interprétés trop souvent dans le sens des conceptions personnelles de l'auteur, comme on le voit dans presque tous les Rites hermétiques, kabbalistiques et philosophiques, et dans les Ordres de Chevalerie et d'Illuminisme. C'est de là que naquit, en effet, cette prodigieuse diversité de Rites, dont beaucoup n'existèrent jamais que sur le papier, et dont il est presque impossible de débrouiller l'histoire ; tous ceux qui ont essayé de faire un peu d'ordre dans ce chaos ont dû y renoncer, à moins que, pour des raisons quelconques, ils n'aient préféré donner des origines des hauts grades des explications plus ou moins fantaisistes, parfois même tout à fait fabuleuses.

Nous ne relèverons pas à ce propos toutes les assertions soi-disant historiques que nous avons rencontrées chez divers auteurs ; mais, en tout cas, ce qui est certain, c'est que, contrairement à ce qu'on a souvent prétendu, le chevalier Ramsay ne fut point l'inventeur des hauts grades, et que, s'il en est responsable, ce n'est qu'indirectement, parce que ceux qui conçurent le système de l'Écossisme s'inspirèrent d'un discours qu'il avait prononcé en 1737, et dans lequel il rattachait la Maçonnerie à la fois aux Mystères de l'antiquité et, plus immédiatement, aux Ordres religieux et militaires du moyen âge. Mais Ramsay est tout aussi peu l'auteur des rituels des grades écossais qu'Élias Ashmole l'est de ceux des grades symboliques, comme le voudrait une opinion assez généralement admise, et reproduite par Ragon et d'autres historiens. « Elias Ashmole, savant antiquaire, adepte de l'hermétisme et des connaissances secrètes alors en vogue, fut reçu Maçon le 16 octobre 1646, à Warrington, petite ville du comté de Lancastre. Il ne reparut en loge qu'au bout de 35 ans, le 11 mars 1682, pour la seconde et dernière fois de sa vie, comme en témoigne son journal, qu'il n'a jamais cessé de tenir jour par jour avec une scrupuleuse minutie. » (Oswald Wirth, *Le Livre de l'Apprenti*, page 30 de la seconde édition.)

Nous pensons d'ailleurs que les rituels initiatiques ne peuvent pas être considérés comme l'œuvre d'une ou de plusieurs individualités déterminées, mais qu'ils se sont constitués progressivement, par un processus qu'il nous est impossible de préciser, qui échappe à toute définition. Par contre, les rituels de ceux d'entre les hauts grades qui sont à peu près insignifiants présentent tous les caractères d'une composition factice, artificielle, créée de toutes pièces par la mentalité d'un individu. En somme, sans s'attarder à des considérations sans grand intérêt, il suffit d'envisager tous les systèmes, dans leur ensemble, comme les diverses manifestations de la tendance réalisatrice d'hommes qui ne se contentaient pas de la pure théorie, mais qui, en voulant passer à la pratique, oubliaient trop souvent que l'initiation réelle doit nécessairement être en grande partie personnelle.

Nous avons simplement voulu dire ici ce que nous pensons de l'institution des hauts grades et de leur raison d'être ; nous les considérons comme ayant une utilité pratique incontestable, mais à la condition, malheureusement trop peu souvent réalisée, surtout aujourd'hui, qu'ils remplissent vraiment le but pour lequel ils ont été créés. Pour cela, il faudrait que les Ateliers de ces hauts grades fussent réservés aux études philosophiques et métaphysiques, trop négligées dans les Loges symboliques ; on ne devrait jamais oublier le caractère initiatique de la Maçonnerie, qui n'est et ne peut être, quoi qu'on en ait dit, ni un club politique ni une association de secours mutuels. Sans doute, on ne peut pas communiquer ce qui est inexprimable par essence, et c'est pourquoi les véritables arcanes se défendent d'eux-mêmes contre toute indiscrétion ; mais on peut du moins donner les clefs qui permettront à chacun d'obtenir l'initiation réelle par ses propres efforts et sa méditation personnelle, et l'on peut aussi, suivant la tradition et la pratique constantes des Temples et Collèges initiatiques de tous les temps et de tous les pays, placer celui qui aspire à l'initiation dans les conditions les plus favorables de réalisation, et lui fournir l'aide sans laquelle il lui serait presque impossible de parfaire cette réalisation. Nous ne nous étendrons pas davantage sur ce sujet, pensant en avoir dit assez pour faire entrevoir ce que pourraient être les hauts grades maçonniques, si, au lieu de vouloir les supprimer purement et simplement, on en faisait des centres initiatiques véritables, chargés de transmettre la science ésotérique et de conserver intégralement le dépôt sacré de la Tradition orthodoxe, une et universelle.

René Guénon

REMARQUES SUR LA PRODUCTION DES NOMBRES

Paru dans La Gnose, *juin, juillet-août 1910 (n$_{os}$ 8, 9 1909-1910).*

« Au commencement, avant l'origine de toutes choses, était l'Unité », disent les théogonies les plus élevées de l'Occident, celles qui s'efforcent d'atteindre l'Être au-delà de sa manifestation ternaire, et qui ne s'arrêtent point à l'universelle apparence du Binaire. Mais les théogonies de l'Orient et de l'Extrême-Orient disent :

« Avant le commencement, avant même l'Unité primordiale, était le Zéro », car elles savent qu'au-delà de l'Être il y a le Non-Être, qu'au-delà du manifesté il y a le non-manifesté qui en est le principe, et que le Non-Être n'est point le Néant, mais qu'il est au contraire la Possibilité infinie, identique au Tout universel, qui est en même temps la Perfection absolue et la Vérité intégrale.

D'après la Kabbale, l'Absolu, pour se manifester, se concentra en un point infiniment lumineux, laissant les ténèbres autour de lui ; cette lumière dans les ténèbres, ce point dans l'étendue métaphysique sans bornes, ce rien qui est tout dans un tout qui n'est rien, si l'on peut s'exprimer ainsi, c'est l'Être au sein du Non-Être, la Perfection active dans la Perfection passive. Le point lumineux, c'est l'Unité, affirmation du Zéro métaphysique, qui est représenté par l'étendue illimitée, image de l'infinie Possibilité universelle. L'Unité, dès qu'elle s'affirme, pour se faire le centre d'où émaneront comme de multiples rayons les manifestations indéfinies de l'Être, est unie au Zéro qui la contenait en principe, à l'état de non-manifestation ; ici déjà apparaît en potentialité le Dénaire, qui sera le nombre parfait, le complet développement de l'Unité primordiale.

La Possibilité totale est en même temps la Passivité universelle, car elle contient toutes les possibilités particulières, dont certaines seront manifestées, passeront de la puissance à l'acte, sous l'action de l'Être-Unité. Chaque manifestation est un rayon de la circonférence qui figure la manifestation totale ; et cette circonférence, dont les points sont en nombre indéfini, est encore le Zéro par rapport à son centre qui est l'Unité. Mais la circonférence n'était point tracée dans l'Abyme du Non-Être, et elle marque seulement la limite de la manifestation, du domaine de l'Être au sein du Non-Être ; elle est donc le Zéro réalisé, et, par l'ensemble de sa manifestation suivant cette circonférence indéfinie, l'Unité parfait son développement dans le Dénaire.

D'autre part, dès l'affirmation de l'Unité, avant même toute manifestation, si cette Unité s'opposait au Zéro qui la contient en principe, on verrait apparaître le Binaire au sein de l'Absolu même, dans la première différenciation qui aboutit à la distinction du Non-Être et de l'Être ; mais nous avons vu dans notre étude sur le Démiurge ce qu'est cette distinction. Nous avons montré alors que l'Être, ou la Perfection active, Khien, n'est point réellement distinct du Non-Être, ou de la Perfection passive, Khouen, que cette distinction, point de départ de toute manifestation, n'existe que dans la mesure où nous la créons nous-mêmes, parce que nous ne pouvons concevoir le Non-Être qu'à travers l'Être, le non-manifesté qu'à travers le manifesté ; la différenciation de l'Absolu en Être et Non-Être n'exprime donc que la façon dont nous nous représentons les choses, et rien de plus.

En outre, si on envisage les choses sous cet aspect, on peut dire que l'Absolu est le principe commun de l'Être et du Non-Être, du manifesté et du non-manifesté, bien qu'en réalité il se confonde avec le Non-Être, puisque celui-ci est le principe de l'Être, qui est lui-même à son tour le principe premier de toute manifestation. Donc, si l'on voulait considérer ici le Binaire, on se trouverait immédiatement en présence du Ternaire ; mais, pour qu'il y eût véritablement là un Ternaire, c'est-à-dire déjà une manifestation, il faudrait que l'Absolu fût l'Unité primordiale, et nous avons vu que l'Unité représente seulement l'Être, affirmation de l'Absolu. C'est cet Être-Unité qui se manifestera dans la multiplicité indéfinie des nombres, qu'il contient tous en puissance d'être, et qu'il émanera comme autant de sous-multiples de lui-même ; et tous les nombres sont compris dans le Dénaire, réalisé par le parcours du cycle de la manifestation totale de l'Être, et dont nous allons avoir à considérer la production à partir de l'Unité primordiale.

Dans une étude précédente, nous avons vu que tous les nombres peuvent être considérés comme émanant par couples de l'Unité ; ces couples de nombres inverses ou complémentaires, que l'on peut regarder comme symbolisant les syzygies des Éons au sein du Plérôme, existent dans l'Unité à l'état indifférencié ou non manifesté :

$$1 = \frac{1}{2} \times 2 = \frac{1}{3} \times 3 = \frac{1}{4} \times 4 = \frac{1}{5} \times 5 = \cdots = 0 \times \infty$$

Chacun de ces groupes, $\frac{1}{n} \times n$, n'est point distinct de l'Unité, ni distinct des autres dans l'Unité, et il ne le devient qu'en tant que l'on considère séparément les deux éléments qui le constituent ; c'est alors que naît la Dualité, distinguant l'un de l'autre deux principes, non point opposés comme on le dit d'ordinaire à tort, mais complémentaires : actif et passif, positif et négatif, masculin et féminin. Mais ces deux principes coexistent dans l'Unité, et leur indivisible dualité est elle-même une unité secondaire, reflet de l'Unité primordiale ; ainsi, avec l'Unité qui les contient, les deux éléments complémentaires constituent le Ternaire, qui est la première manifestation de l'Unité, car deux, étant issu de un, ne peut pas être sans que trois soit aussitôt par là même :

$$1 + 2 = 3.$$

Et, de même que nous ne pouvons concevoir le Non-Être qu'à travers l'Être, nous ne pouvons concevoir l'Être-Unité qu'à travers sa manifestation ternaire, conséquence nécessaire et immédiate de la différenciation ou de la polarisation que notre intellect crée dans l'Unité. Cette manifestation ternaire, quel que soit l'aspect sous lequel on l'envisage, est toujours une indissoluble Trinité, c'est-à-dire une Tri-Unité, puisque ses trois termes ne sont point réellement distincts, qu'ils ne sont que la même Unité conçue comme contenant en elle-même les deux pôles par lesquels se produira toute manifestation.

Cette polarisation se retrouve aussitôt dans le Ternaire, car, si l'on considère les trois termes de celui-ci comme ayant une existence indépendante, on obtiendra par là même le nombre sénaire, impliquant un nouveau ternaire qui est le reflet du premier :

$$1 + 2 + 3 = 6$$

Ce second ternaire n'a point d'existence réelle par lui-même ; il est au premier ce que le Démiurge est au Logos émanateur, une image ténébreuse et inversée, et nous verrons en effet par la suite que le Sénaire est le nombre de la Création. Contentons-nous, pour le moment, de remarquer que ce nombre est réalisé par nous, en tant que nous distinguons entre eux les trois termes de la Tri-Unité, au lieu d'envisager synthétiquement l'Unité principielle, indépendamment de toute distinction, c'est-à-dire de toute manifestation.

Si l'on regarde le Ternaire comme manifestation de l'Unité, il faut envisager en même temps l'Unité en tant que non manifestée, et alors cette Unité, jointe au Ternaire, produit le Quaternaire, qui peut être figuré ici par le centre et les trois sommets d'un triangle. On peut dire aussi que le Ternaire, symbolisé par un triangle dont les trois sommets correspondent aux trois premiers nombres, suppose nécessairement le Quaternaire, dont le premier terme, non exprimé, est alors le Zéro, qui en effet ne peut pas être représenté. On peut ainsi, dans le Quaternaire, envisager le premier terme, soit comme le Zéro, soit comme l'Unité primordiale ; dans le premier cas, le second terme sera l'Unité en tant qu'elle se manifeste, et les deux autres constitueront sa double manifestation ; au contraire, dans le second cas, ces deux derniers, les deux éléments complémentaires dont nous avons parlé plus haut, devront précéder logiquement le quatrième terme, qui n'est autre que leur union, réalisant entre eux l'équilibre dans lequel se reflète l'Unité principielle. Enfin, si l'on considère le Ternaire sous son aspect le plus inférieur, comme formé par les deux éléments complémentaires et le terme équilibrant, ce dernier, étant l'union des deux autres, participe de l'un et de l'autre, de sorte qu'on peut le regarder comme double, et, ici encore, le Ternaire implique immédiatement un Quaternaire qui est son développement.

Quelle que soit la façon dont on envisage le Quaternaire, on peut dire qu'il contient tous les nombres, car, si on regarde ses quatre termes comme distincts, on voit qu'il contient le Dénaire :

$$1 + 2 + 3 + 4 = 10$$

C'est pourquoi toutes les traditions disent : un a produit deux, deux a produit trois, trois a produit tous les nombres ; l'expansion de l'Unité dans le Quaternaire réalise immédiatement sa manifestation totale, qui est le Dénaire.

Le Quaternaire est représenté géométriquement par le carré, si on l'envisage à l'état statique, et par la croix, si on l'envisage à l'état dynamique ; lorsque la croix tourne autour de son centre, elle engendre la circonférence, qui, avec le centre, représente le Dénaire. C'est là ce qu'on appelle la circulature du quadrant, et c'est la représentation géométrique du fait arithmétique que nous venons d'énoncer ; inversement, le problème hermétique de la quadrature du cercle sera représenté par la division du cercle en quatre parties égales au moyen de deux diamètres rectangulaires, et il s'exprimera numériquement par l'équation précédente écrite en sens inverse :

$$10 = 1 + 2 + 3 + 4.$$

Le Dénaire, considéré comme formé par l'ensemble des quatre premiers nombres, est ce que Pythagore appelait la Tétraktys ; le symbole qui la représentait était dans son ensemble de forme ternaire, chacun de ses côtés extérieurs comprenant quatre éléments, et se composait en tout de dix éléments ; nous en avons donné la figure, en note, dans la traduction du chapitre des *Philosophumena* relatif à Pythagore.

Si le Ternaire est le nombre qui représente la première manifestation de l'Unité principielle, le Quaternaire en figure l'expansion totale, symbolisée par la croix dont les quatre branches sont formées par deux droites indéfinies rectangulaires ; elles s'étendent ainsi indéfiniment, orientées vers les quatre points cardinaux de l'indéfinie circonférence plérômatique de l'Être, points que la Kabbale représente par les quatre lettres du Tétragramme יהוה. Le quaternaire est le nombre du Verbe manifesté, de l'Adam Kadmon, et l'on peut dire qu'il est essentiellement le nombre de l'Émanation, car l'Émanation est la manifestation du Verbe ; de lui dérivent les autres degrés de la manifestation de l'Être, en succession logique, par le développement des nombres qu'il contient en lui-même, et dont l'ensemble constitue le Dénaire.

(*À suivre.*)

REMARQUES SUR LA PRODUCTION DES NOMBRES (suite)[6]

Si l'on considère l'expansion quaternaire de l'Unité comme distincte de cette Unité même, elle produit, en s'y ajoutant, le nombre cinq ; c'est ce que symbolise encore la croix par son centre et ses quatre branches. D'ailleurs, il en sera de même pour chaque nouveau nombre, lorsqu'on le regardera comme distinct de l'Unité, bien qu'il ne le soit point réellement, puisqu'il n'en est qu'une manifestation ; ce nombre, en s'ajoutant à l'Unité primordiale, donnera naissance au nombre suivant ; ayant signalé une fois pour toutes ce mode de production successive des nombres, nous n'aurons plus à y revenir par la suite.

Si le centre de la croix est envisagé comme le point de départ des quatre branches, il représente l'Unité primordiale ; si au contraire il est envisagé seulement comme leur point d'intersection, il ne représente que l'équilibre, reflet de cette Unité. À ce second point de vue, il est marqué kabbalistiquement par la lettre ש, qui, se plaçant au centre du Tétragramme יהוה dont les quatre lettres figurent sur les quatre branches de la croix, forme le nom pentagrammatique יהשוה, sur la signification duquel nous n'insisterons pas ici, n'ayant voulu que signaler ce fait en passant. Les cinq lettres du Pentagramme se placent aux cinq pointes de l'Étoile Flamboyante, figure du Quinaire, qui symbolise plus particulièrement le Microcosme ou l'homme individuel. La raison en est la suivante : si l'on considère le quaternaire comme l'Émanation ou la manifestation totale du Verbe, chaque être émané, sous-multiple de cette Émanation, sera également caractérise par le nombre quatre :

---

[6] [Paru en juillet-août 1910 (n° 9 1909-1910).]

il deviendra un être individuel dans la mesure où il se distinguera de l'Unité ou du centre émanateur, et nous venons de voir que cette distinction du quaternaire d'avec l'Unité est précisément la genèse du Quinaire.

Nous avons dit, dans notre étude sur le Démiurge, que la distinction qui donne naissance à l'existence individuelle est le point de départ de la Création : en effet, celle-ci existe dans la mesure où l'ensemble des êtres individuels, caractérisés par le nombre cinq, se considère comme distinct de l'Unité, ce qui donne naissance au nombre six. Ce nombre peut, ainsi que nous l'avons vu précédemment, être regardé comme formé de deux ternaires dont l'un est le reflet inversé de l'autre ; c'est ce que représentent les deux triangles du Sceau de Salomon, symbole du Macrocosme ou du Monde créé.

Les choses sont distinctes de nous dans la mesure où nous les en distinguons ; c'est dans cette même mesure qu'elles nous deviennent extérieures, et qu'en même temps elles deviennent aussi distinctes entre elles ; elles apparaissent alors comme revêtues de formes, et cette Formation, qui est la conséquence immédiate de la Création, est caractérisée par le nombre qui suit le Sénaire, c'est-à-dire par le Septénaire. Nous ne ferons qu'indiquer la concordance de ce qui précède avec le premier chapitre de la Genèse : les six lettres du mot בראשית, les six phases de la Création, et le rôle formateur des sept Elohim, représentant l'ensemble des forces naturelles, et symbolisés par les sept sphères planétaires, que l'on pourrait aussi faire correspondre aux sept premiers nombres, la sphère la plus inférieure, qui est celle de la Lune, étant désignée comme le Monde de la Formation.

Le Septénaire, tel que nous venons de le considérer, peut être figuré, soit par le double triangle avec son centre, soit par une étoile à sept pointes, autour de laquelle sont inscrits les signes des sept planètes ; c'est le symbole des forces naturelles, c'est-à-dire du Septénaire à l'état dynamique. Si on l'envisageait à l'état statique, on pourrait le regarder comme formé par la réunion d'un Ternaire et d'un Quaternaire, et il serait alors représenté par un carré surmonté d'un triangle ; il y aurait beaucoup à dire sur la signification de toutes ces formes géométriques, mais ces considérations nous entraîneraient trop loin du sujet de la présente étude.

La Formation aboutit à ce qu'on peut appeler la réalisation matérielle, qui marque pour nous la limite de la manifestation de l'Être, et qui sera alors caractérisée par le nombre huit. Celui-ci correspond au Monde terrestre, compris à l'intérieur des sept sphères planétaires, et qui doit être considéré ici comme symbolisant l'ensemble du Monde matériel tout entier ; il est d'ailleurs bien entendu que chaque Monde n'est point un lieu, mais un état ou une modalité de l'être. Le nombre huit correspond aussi à une idée d'équilibre, parce que la réalisation matérielle est, comme nous venons de le dire, une limitation, un point d'arrêt en quelque sorte dans la distinction que nous créons dans les choses, distinction dont le degré mesure ce qui est désigné symboliquement comme la profondeur de la chute ; nous avons déjà dit que la chute n'est pas autre chose qu'une façon d'exprimer cette distinction elle-même, qui crée l'existence individuelle en nous séparant de l'Unité principielle.

Le nombre huit est représenté, à l'état statique, par deux carrés dont l'un est inscrit dans l'autre, de façon que ses sommets soient les milieux des côtés de celui-ci. À l'état dynamique, il est figuré par deux croix ayant même centre, de telle sorte que les branches de l'une soient les bissectrices des angles droits formés par les branches de l'autre.

Si le nombre huit s'ajoute à l'Unité, il forme le nombre neuf, qui, limitant ainsi pour nous la manifestation de l'Être, puisqu'il correspond à la réalisation matérielle distinguée de l'Unité, sera représenté par la circonférence, et désignera la Multiplicité. Nous avons dit d'autre part que cette circonférence, dont les points en nombre indéfini sont toutes les manifestations formelles de l'Être (nous ne disons plus ici toutes les manifestations, mais seulement les manifestations formelles), peut être regardée comme le Zéro réalisé. En effet, le nombre neuf, en s'ajoutant à l'Unité, forme le nombre dix, qui résulte aussi de l'union du Zéro avec l'Unité, et qui est figuré par la circonférence avec son centre.

D'autre part, le Novénaire peut encore être envisagé comme un triple Ternaire ; à ce point de vue, qui est le point de vue statique, il est représenté par trois triangles superposés, de telle sorte que chacun soit le reflet de celui qui lui est immédiatement supérieur, d'où il résulte que le triangle intermédiaire est inversé. Cette figure est le symbole des trois Mondes et de leurs rapports ; c'est pourquoi le Novénaire est souvent considéré comme le nombre de la hiérarchie.

Enfin, le Dénaire, correspondant à la circonférence avec son centre, est la manifestation totale de l'Être, le développement complet de l'Unité ; on peut donc le regarder comme n'étant pas autre chose que cette Unité réalisée dans la Multiplicité. À partir de là, la série des nombres recommence pour former un nouveau cycle :

$$11 = 10 + 1, 12 = 10 + 2, \ldots, 20 = 10 + 10;$$

puis vient un troisième cycle, et ainsi de suite indéfiniment. Chacun de ces cycles peut être envisagé comme reproduisant le premier, mais à un autre stade, ou, si l'on veut, dans une autre modalité ; on les symbolisera donc par autant de cercles placés parallèlement les uns au-dessus des autres, dans des plans différents ; mais, comme en réalité il n'y a point de discontinuité entre eux, il faut que ces cercles ne soient point fermés, de façon que la fin de chacun d'eux soit en même temps le commencement du suivant. Ce ne sont plus alors des cercles, mais les spires successives d'une hélice tracée sur un cylindre, et ces spires sont en nombre indéfini, le cylindre lui-même étant indéfini ; chacune de ces spires se projette sur un plan perpendiculaire à l'axe du cylindre suivant un cercle, mais, en réalité, son point de départ et son point d'arrivée ne sont pas dans le même plan. Nous aurons d'ailleurs à revenir sur ce sujet lorsque, dans une autre étude, nous envisagerons la représentation géométrique de l'évolution.

Il nous faudrait maintenant considérer un autre mode de production des nombres, la production par multiplication, et plus particulièrement par la multiplication d'un nombre par lui-même, donnant naissance successivement aux diverses puissances de ce nombre. Mais ici la représentation géométrique nous entraînerait à des considérations sur les dimensions de l'espace, qu'il est préférable d'étudier séparément ; nous aurons alors à considérer en particulier les puissances successives du Dénaire, ce qui nous conduira à envisager sous un nouvel aspect la question des limites de l'indéfini, et du passage de l'indéfini à l'Infini.

Dans les remarques précédentes, nous avons simplement voulu indiquer comment la production des nombres à partir de l'Unité symbolise les différentes phases de la manifestation de l'Être dans leur succession logique à partir du principe, c'est-à-dire de l'Être lui-même, qui est identique à l'Unité ; et même, si l'on fait intervenir le Zéro comme précédant l'Unité primordiale, on peut remonter ainsi au-delà de l'Être, jusqu'au Non-Être, c'est-à-dire jusqu'à l'Absolu.

P.S. – Dans la première partie de cette étude, il est un point qui peut prêter à une confusion, d'autant plus facile à faire que ces idées sont extrêmement difficiles à exprimer clairement et d'une façon précise dans les langues occidentales, si peu propres à l'exposition des doctrines métaphysiques. Cette confusion porte sur la phrase suivante : « L'Être, ou perfection active, n'est pas réellement distinct du Non-Être, ou perfection passive. » Afin de la dissiper, notre Maître et collaborateur Matgioi a bien voulu nous donner sur ce point une note explicative, dont nous le remercions vivement, et que nous insérons ci-dessous, persuadé que nos lecteurs en comprendront toute l'importance.

P.

Le Non-Être, que nous appelons ainsi faute de mieux, et que nous pouvons représenter par le Zéro Métaphysique, ne s'appelle ni Khien ni Khouen. Il n'a pas de nom : « Le nom qui a un nom n'est pas le Nom », dit Lao-tseu, dont il faut toujours se souvenir.

Mais, pour y penser, il faut bien rendre intelligible la conception du Non-Être. Cette conceptibilité est Khien (possibilité de la volonté dans le Non-Être, et naturellement de toute-puissance).

Mais, pour en parler, il faut bien sensibiliser cette conception. C'est Khouen (possibilité de l'action comme motif et comme but). D'ailleurs, du moment qu'on dit : perfection active, ou : perfection passive, on ne dit plus : Perfection.

Khien est donc la volonté capable de se manifester ; Khouen est l'objet intelligent de cette manifestation. Disons, si vous voulez, que Khien est la faculté agissante (Ciel), et que Khouen est la faculté plastique (Terre).

Mais, quel que soit le Principe par quoi on les détermine, sachons que Khien et Khouen n'existent métaphysiquement que parce que nous sommes là et que nous désirons savoir.

Ce sont là les termes du Binaire. Leur conjonction (Ternaire) préside à la réalisation de toutes choses (Quaternaire). Cette réalisation s'écoule dans le Courant des Formes, suivant la Voie, vortex sphérique et non circulaire[7], dont le Zéro

P.

Métaphysique, qui n'a ni commencement, ni fin, ni mouvement, est cependant, en puissance, le générateur, le but, et le moteur.

MATGIOI.

---

[7] C'est là un point sur lequel nous aurons à revenir dans d'autres études, qui compléteront celle-ci, et auxquelles, d'ailleurs, nous avons déjà fait allusion dans le présent article ; nous donnerons alors à ce sujet toutes les explications nécessaires.

Écrits sous la signature de Palingénius

LA RELIGION ET LES RELIGIONS

Paru dans La Gnose, *septembre-octobre 1910 (n° 10 1909-1910).*

« Honorez la Religion, défiez-vous des religions » : telle est une des maximes principales que le Taoïsme a inscrites sur la porte de tous ses temples ; et cette thèse (qui est d'ailleurs développée dans cette Revue même par notre Maître et collaborateur Matgioi) n'est point spéciale à la métaphysique extrême-orientale, mais se dégage immédiatement des enseignements de la Gnose pure, exclusive de tout esprit de secte ou de système, donc de toute tendance à l'individualisation de la Doctrine.

Si la Religion est nécessairement une comme la Vérité, les religions ne peuvent être que des déviations de la Doctrine primordiale ; et il ne faut point prendre pour l'Arbre même de la Tradition les végétations parasitaires, anciennes ou récentes, qui s'enlacent à son tronc, et qui, tout en vivant de sa propre substance, s'efforcent de l'étouffer : vains efforts, car des modifications temporaires ne peuvent affecter en rien la Vérité immuable et éternelle.

De ceci, il résulte évidemment qu'aucune autorité ne peut être accordée à tout système religieux qui se réclame d'un ou de plusieurs individus, puisque, devant la Doctrine vraie et impersonnelle, les individus n'existent pas ; et, par là, on comprend aussi toute l'inanité de cette question, pourtant si souvent posée : « les circonstances de la vie des fondateurs de religions, telles qu'elles nous sont rapportées, doivent-elles être regardées comme des faits historiques réels, ou comme de simples légendes n'ayant qu'un caractère purement symbolique ? »

Que l'on ait introduit dans le récit de la vie du fondateur, vrai ou supposé, de telle ou telle religion, des circonstances qui n'étaient primitivement que de purs symboles, et qui ont ensuite été prises pour des faits historiques par ceux qui en ignoraient la signification, cela est fort vraisemblable, probable même dans bien des cas. Il est également possible, il est vrai, que de semblables circonstances se soient parfois réalisées, dans l'existence de certains êtres d'une nature toute spéciale, tels que doivent l'être les Messies ou les Sauveurs ; mais peu nous importe, car cela ne leur enlève rien de leur valeur symbolique, qui procède de tout autre chose que des faits matériels.

Nous irons plus loin : l'existence même de tels êtres, considérés sous l'apparence individuelle, doit être aussi regardée comme symbolique. « Le Verbe s'est fait chair », dit l'Évangile de Jean ; et dire que le Verbe, en se manifestant, s'est fait chair, c'est dire qu'il s'est matérialisé, ou, pour parler d'une façon plus générale et en même temps plus exacte, qu'il s'est en quelque sorte cristallisé dans la forme ; et la cristallisation du Verbe, c'est le Symbole. Ainsi, la manifestation du Verbe, à quelque degré et sous quelque aspect que ce soit, envisagée par rapport à nous, c'est-à-dire au point de vue individuel, est un pur symbole ; les individualités qui représentent le Verbe pour nous, qu'elles soient ou non des personnages historiques, sont toutes symboliques en tant qu'elles manifestent un principe, et c'est le principe seul qui importe.

Nous n'avons donc nullement à nous préoccuper de l'histoire des religions, ce qui ne veut pas dire d'ailleurs que cette science n'ait pas autant d'intérêt relatif que n'importe quelle autre ; il nous est même permis, mais à un point de vue qui n'a rien de gnostique, de souhaiter qu'elle réalise un jour des progrès plus vrais que ceux qui ont fait la réputation, insuffisamment justifiée peut-être, de certains de ses représentants, et qu'elle se débarrasse promptement de toutes les hypothèses par trop fantaisistes, pour ne pas dire fantastiques, dont l'ont encombrée des exégètes mal avisés. Mais ce n'est point ici le lieu d'insister sur ce sujet, qui, nous ne saurions trop le répéter, est tout à fait en dehors de la Doctrine et ne saurait la toucher en quoi que ce soit, car c'est là une simple question de faits, et, devant la Doctrine, il n'existe rien autre que l'idée pure.

∴

Si les religions, indépendamment de la question de leur origine, apparaissent comme des déviations de la Religion, il faut se demander ce qu'est celle-ci dans son essence.

Étymologiquement, le mot *Religion*, dérivant de *religare*, relier, implique une idée de lien, et, par suite, d'union. Donc, nous plaçant dans le domaine exclusivement métaphysique, le seul qui nous importe, nous pouvons dire que la Religion consiste essentiellement dans l'union de l'individu avec les états supérieurs de son être, et, par là, avec l'Esprit Universel, union par laquelle l'individualité disparaît, comme toute distinction illusoire ; et elle comprend aussi, par conséquent, les moyens de réaliser cette union, moyens qui nous sont enseignés par les Sages qui nous ont précédés dans la Voie.

Cette signification est précisément celle qu'a en sanscrit le mot *Yoga*, quoi que prétendent ceux qui veulent que ce mot désigne, soit « une philosophie », soit « une méthode de développement des pouvoirs latents de l'organisme humain ».

La Religion, remarquons-le bien, est l'union avec le Soi intérieur, qui est lui-même un avec l'Esprit universel, et elle ne prétend point nous rattacher à quelque être extérieur à nous, et forcément illusoire dans la mesure où il serait considéré comme extérieur. A fortiori n'est-elle pas un lien entre des individus humains, ce qui n'aurait de raison d'être que dans le domaine social ; ce dernier cas est, par contre, celui de la plupart des religions, qui ont pour principale préoccupation de prêcher une morale, c'est-à-dire une loi que les hommes doivent observer pour vivre en société. En effet, si l'on écarte toute considération mystique ou simplement sentimentale, c'est à cela que se réduit la morale, qui n'aurait aucun sens en dehors de la vie sociale, et qui doit se modifier avec les conditions de celle-ci. Si donc les religions peuvent avoir, et ont certainement en fait, leur utilité à ce point de vue, elles auraient dû se borner à ce rôle social, sans afficher aucune prétention doctrinale ; mais, malheureusement, les choses ont été tout autrement, du moins en Occident.

Nous disons en Occident, car, en Orient, il ne pouvait se produire aucune confusion entre les deux domaines métaphysique et social (ou moral), qui sont profondément séparés, de telle sorte qu'aucune réaction de l'un sur l'autre n'est possible ; et, en effet, on ne peut y trouver rien qui corresponde, même approximativement, à ce que les Occidentaux appellent une religion. Par contre, la Religion, telle que nous l'avons définie, y est honorée et pratiquée constamment, tandis que, dans l'Occident moderne, la très grande majorité l'ignore parfaitement, et n'en soupçonne pas même l'existence, pas même peut-être la possibilité.

On nous objectera sans doute que le Bouddhisme est pourtant quelque chose d'analogue aux religions occidentales, et il est vrai que c'est ce qui s'en rapproche le plus (c'est peut-être pour cela que certains savants veulent voir, en Orient, du Bouddhisme un peu partout, même parfois dans ce qui n'en présente pas la moindre trace); mais il en est encore bien éloigné, et les philosophes ou les historiens qui l'ont montré sous cet aspect l'ont singulièrement défiguré. Il n'est pas plus déiste qu'athée, pas plus panthéiste que néantiste, au sens que ces dénominations ont pris dans la philosophie moderne, et qui est aussi celui où les ont employées des gens qui ont prétendu interpréter et discuter des théories qu'ils ignoraient. Ceci n'est point dit, d'ailleurs, pour réhabiliter outre mesure le Bouddhisme, qui est (surtout sous sa forme originelle, qu'il n'a conservée que dans l'Inde, car les races jaunes l'ont tellement transformé qu'on le reconnaît à peine) une hérésie manifeste, puisqu'il rejette l'autorité de la Tradition orthodoxe, en même temps qu'il permet l'introduction de certaines considérations sentimentales dans la Doctrine. Mais il faut avouer qu'au moins il ne va point jusqu'à poser un Être Suprême extérieur à nous, erreur (au sens d'illusion) qui a donné naissance à la conception anthropomorphique, ne tardant pas même à devenir toute matérialiste, et de laquelle procèdent toutes les religions occidentales.

D'autre part, il ne faut pas se tromper sur le caractère, nullement religieux malgré les apparences, de certains rites extérieurs, qui se rattachent étroitement aux institutions sociales ; nous disons rites extérieurs, pour les distinguer des rites initiatiques, qui sont tout autre chose. Ces rites extérieurs, par là même qu'ils sont sociaux, ne peuvent pas être religieux, quel que soit le sens qu'on donne à ce mot (à moins qu'on ne veuille dire par là qu'ils constituent un lien entre des individus), et ils n'appartiennent à aucune secte à l'exclusion des autres ; mais ils sont inhérents à l'organisation de la société, et tous les membres de celle-ci y participent, à quelque communion ésotérique qu'ils puissent appartenir, aussi bien que s'ils n'appartiennent à aucune. Comme exemple de ces rites au caractère social (comme les religions, mais totalement différents de celles-ci, comme on peut en juger en comparant les résultats des uns et des autres dans les organisations sociales correspondantes), nous pouvons citer, en Chine, ceux dont l'ensemble constitue ce qu'on appelle le Confucianisme, qui n'a rien d'une religion.

Ajoutons que l'on pourrait retrouver les traces de quelque chose de ce genre dans l'antiquité gréco-romaine elle-même, où chaque peuple, chaque tribu, et même chaque cité, avait ses rites particuliers, en rapport avec ses institutions : ce qui n'empêchait point qu'un homme pût pratiquer successivement des rites fort divers, suivant les coutumes des lieux où il se trouvait, et cela sans que personne songeât seulement à s'en étonner. Il n'en eût pas été ainsi, si de tels rites avaient constitué une sorte de religion d'État, dont la seule idée aurait sans doute été un non-sens pour un homme de cette époque, comme elle le serait encore aujourd'hui pour un Oriental, et surtout pour un Extrême-Oriental.

Il est facile de voir par là combien les Occidentaux modernes déforment les choses qui leur sont étrangères, lorsqu'ils les envisagent à travers la mentalité qui leur est propre ; il faut cependant reconnaître, et ceci les excuse jusqu'à un certain point, qu'il est fort difficile à des individus de se débarrasser de préjugés dont leur race est pénétrée depuis de longs siècles. Aussi n'est-ce point aux individus qu'il faut reprocher l'état actuel des choses, mais bien aux facteurs qui ont contribué à créer la mentalité de la race ; et, parmi ces facteurs, il semble bien qu'il faille assigner le premier rang aux religions : leur utilité sociale, assurément incontestable, suffit-elle à compenser cet inconvénient intellectuel ?

René Guénon

LA PRIÈRE ET L'INCANTATION

Paru dans La Gnose, *janvier 1911.*

Dans une précédente étude (*La Religion et les religions*, 1ère année, n° 10), nous avons dit que les religions ne sont que des déviations de la Religion primordiale, des déformations de la Doctrine traditionnelle, et que, par le mélange à celle-ci de considérations d'ordre moral et social, elles ont établi une déplorable confusion entre le domaine métaphysique et le domaine sentimental, et finalement donné à celui-ci la prépondérance, tout en conservant des prétentions doctrinales que rien ne justifie plus. Comme le sentiment est chose essentiellement relative et individuelle (voir *L'erreur métaphysique des religions à forme sentimentale*, par Matgioi, 1ère année, n°9), il en résulte que les religions sont des particularisations de la Doctrine, par rapport à laquelle elles constituent des hérésies à divers degrés, puisqu'elles s'écartent toutes plus ou moins de l'Universalisme (on pourrait dire du Catholicisme, si ce mot avait conservé son sens étymologique, au lieu de prendre, lui aussi, la signification spéciale qu'on lui connaît).

Nous disons des hérésies à divers degrés, car on peut être hérétique de bien des façons et pour des raisons multiples ; mais, toujours, les opinions hétérodoxes procèdent d'une tendance de plus en plus accentuée au particularisme, à l'individualisme [8], substituant la diversité des croyances illusoires à l'unité de la certitude fondée sur la Connaissance métaphysique, seule admise par l'orthodoxie. Pour cette dernière, l'infaillibilité n'appartient qu'à la seule doctrine, universelle et impersonnelle, qui ne s'incarne jamais dans un homme, et n'est représentée que par de purs symboles ; elle ne peut à aucun titre être attribuée à des individus, et les hommes n'y participent qu'en tant

---

[8] Il est bien entendu qu'il ne s'agit ici de l'individualisme qu'au point de vue doctrinal, et nullement au point de vue social ; les deux domaines doivent, comme toujours, rester profondément séparés.

qu'ils parlent au nom de la Doctrine ; mais les religions, méconnaissant celle-ci, ont prétendu revêtir une individualité du caractère infaillible, puis, après avoir confondu l'autorité spirituelle avec le Pouvoir matériel, elles ont été jusqu'à accorder la première à tous les hommes indistinctement et au même degré[9]. En même temps, les Livres sacrés ont été traduits dans les langues vulgaires, et ces traductions, devenant d'autant plus fausses qu'elles s'éloignent davantage du texte primitif, aboutissent, par l'anthropomorphisme (conception tout individualiste), au matérialisme et à la négation de l'ésotérisme, c'est-à-dire de la vraie Religion.

Mais le caractère le plus important peut-être, celui que l'on découvre à l'origine et au fond de toutes les religions, c'est le sentimentalisme, dont l'exagération constitue ce qu'on appelle habituellement le mysticisme ; c'est pourquoi on ne saurait trop protester contre cette tendance, aussi dangereuse, quoique d'une autre façon, que la mentalité des critiques et des exégètes modernes (laquelle résulte de la défiguration profane des Écritures traditionnelles, dont on n'a plus laissé subsister que la lettre matérielle et grossière). C'est le sentimentalisme que nous trouvons, en particulier, joint d'ailleurs à l'anthropomorphisme dont il ne se sépare guère, comme point de départ de la prière telle qu'elle est comprise dans les religions exotériques : sans doute, il est tout naturel que les hommes cherchent à obtenir, s'il est possible, certaines faveurs individuelles, tant matérielles que morales ; mais ce qui l'est beaucoup moins, c'est que, au lieu de s'adresser pour cela à des institutions sociales, ils aillent demander ces faveurs à des entités extra-terrestres.

Ceci nécessite quelques explications, et nous devons surtout, sur ce point, établir une distinction très nette entre la prière et ce que nous appellerons l'incantation, employant ce terme à défaut d'un autre plus précis, et nous réservant de le définir exactement plus loin. Nous devons exposer d'abord de quelle façon il nous est possible de comprendre la prière, et dans quelles

---

[9] Ainsi, l'anarchie, alors même qu'elle se présente comme une réaction contre l'absolutisme, n'est pourtant, au point de vue intellectuel, qu'un produit des mêmes erreurs poussées jusqu'à leurs conséquences extrêmes ; on pourrait en dire autant du matérialisme envisagé par rapport au mysticisme, auquel il prétend s'opposer, tandis qu'en réalité il n'en est souvent qu'une simple transposition.

conditions elle peut être admise par l'orthodoxie.

Considérons une collectivité quelconque, soit religieuse, soit simplement sociale : chaque membre de cette collectivité lui est lié dans une certaine mesure, déterminée par l'étendue de la sphère d'action de la collectivité, et, dans cette même mesure, il doit logiquement participer en retour à certains avantages, entièrement matériels dans quelques cas (tels que celui des nations actuelles, et des associations basées sur la solidarité pure et simple), mais qui peuvent aussi, dans d'autres cas, se rapporter à des modalités non matérielles de l'individu (consolations ou autres faveurs d'ordre sentimental, et même quelquefois d'un ordre plus élevé, comme nous le verrons par la suite), ou, tout en étant matériels, s'obtenir par des moyens en apparence immatériels (l'obtention d'une guérison par la prière est un exemple de ce dernier cas). Nous parlons des modalités de l'individu seulement, car ces avantages ne peuvent jamais dépasser le domaine individuel, le seul qu'atteignent les collectivités, quel que soit leur caractère, qui ne se consacrent pas exclusivement à l'enseignement de la Doctrine pure, et qui se préoccupent des contingences et des applications spéciales présentant un intérêt pratique à un point de vue quelconque.

On peut donc regarder chaque collectivité comme disposant, en outre des moyens d'action purement matériels au sens ordinaire du mot, d'une force constituée par les apports de tous ses membres passés et présents, et qui, par conséquent, est d'autant plus considérable que la collectivité est plus ancienne et se compose d'un plus grand nombre de membres. Chacun de ceux-ci pourra, lorsqu'il en aura besoin, utiliser à son profit une partie de cette force, et il lui suffira pour cela de mettre son individualité en harmonie avec l'ensemble de la collectivité dont il fait partie, résultat qu'il obtiendra en observant les rites, c'est-à-dire les règles établies par celle-ci et appropriées aux diverses circonstances qui peuvent se présenter. Donc, si l'individu formule alors une demande, il l'adressera à l'esprit de la collectivité, qu'on peut appeler, si l'on veut, son dieu ou son entité suprême, mais à la condition de ne pas regarder ces mots comme désignant un être qui existerait indépendamment et en dehors de la collectivité elle-même.

Parfois, la force dont nous venons de parler peut se concentrer en un lieu et sur un symbole déterminés, et y produire des manifestations sensibles, comme celles que rapporte la Bible hébraïque au sujet du Temple de Jérusalem et de l'Arche d'Alliance, qui jouèrent ce rôle pour le peuple d'Israël. C'est aussi cette force qui, à des époques plus récentes, et de nos jours encore, est la cause des prétendus miracles des religions, car ce sont là des faits qu'il est ridicule de chercher à nier contre toute évidence, comme beaucoup le font, alors qu'il est facile de les expliquer d'une façon toute naturelle, par l'action de cette force collective[10]. Ajoutons que l'on peut créer des circonstances particulièrement favorables à cette action, que provoqueront, pour ainsi dire à leur gré, ceux qui sont les dispensateurs de cette force, s'ils en connaissent les lois et s'ils savent la manier, de la même façon que le physicien ou le chimiste manient d'autres forces, en se conformant aux lois respectives de chacune d'elles. Il importe de remarquer qu'il ne s'agit ici que de phénomènes purement physiques, perceptibles par un ou plusieurs des cinq sens ordinaires ; de tels phénomènes sont d'ailleurs les seuls qui puissent être constatés par la masse du peuple ou des croyants, dont la compréhension ne s'étend pas au-delà des limites de l'individualité corporelle.

Les avantages obtenus par la prière et la pratique des rites d'une collectivité sociale ou religieuse (rites n'ayant aucun caractère initiatique) sont essentiellement relatifs, mais ne sont nullement négligeables pour l'individu ; celui-ci aurait donc tort de s'en priver volontairement, s'il appartient à quelque groupement capable de les lui procurer. Ainsi, il n'est nullement blâmable, même pour celui qui est autre chose qu'un simple croyant, de se conformer, dans un but intéressé (puisque individuel), et en dehors de toute considération doctrinale, aux prescriptions d'une religion quelconque, pourvu qu'il ne leur attribue que leur juste importance. Dans ces conditions, la prière, adressée à l'entité collective, est parfaitement licite, même au regard de la plus rigoureuse orthodoxie ; mais elle ne l'est plus lorsque, comme c'est le cas le plus fréquent, celui qui prie croit s'adresser à un être extérieur et possédant une existence

---

[10] Il est bien entendu que les faits dits miraculeux ne peuvent en aucune façon être contraires aux lois naturelles ; la définition ordinaire du miracle, impliquant cette contradiction, est une absurdité.

indépendante, car la prière devient alors un acte de superstition.

∴

Les indications qui précèdent feront mieux comprendre ce que nous dirons maintenant au sujet de l'incantation ; mais, tout d'abord, nous devons faire remarquer que ce que nous appelons ainsi n'a rien de commun avec les pratiques magiques auxquelles on donne parfois le même nom, car ce qui constitue en réalité un acte magique, c'est, dans les conditions que nous avons dites, la prière ou l'accomplissement d'autres rites équivalents. L'incantation dont nous parlons, au contraire, n'est point une demande, et ne suppose l'existence d'aucune chose extérieure, parce que l'extériorité ne peut se comprendre que par rapport à l'individu ; elle est une aspiration de l'être vers l'Universel, dans le but d'obtenir ce que nous pourrions appeler, dans un langage quelque peu théologique, une grâce spirituelle, c'est-à-dire une illumination intérieure, qui sera plus ou moins complète suivant les cas. Si nous employons ce terme d'incantation, c'est parce qu'il est celui qui traduit le moins improprement l'idée exprimée par le mot sanscrit *mantra*, qui n'a pas d'équivalent exact dans les langues occidentales. Par contre, il n'y a en sanscrit, non plus que dans la plupart des autres langues orientales, aucun mot répondant à l'idée de prière, et cela est facile à comprendre, puisque, là où les religions n'existent pas, l'obtention des avantages individuels, même à l'aide de certains rites appropriés, ne relève que des institutions sociales.

L'incantation, que nous avons définie comme tout intérieure en principe, peut cependant, dans un grand nombre de cas, être exprimée extérieurement par des paroles ou des gestes, constituant certains rites initiatiques, et que l'on doit considérer comme déterminant des vibrations qui ont une répercussion à travers un domaine plus ou moins étendu dans la série indéfinie des états de l'être. Le résultat obtenu peut, comme nous l'avons déjà dit, être plus ou moins complet ; mais le but final à atteindre est la réalisation en soi de l'Homme Universel, par la communion parfaite de la totalité des états de l'être, harmoniquement et conformément hiérarchisés, en épanouissement intégral dans les deux sens de l'ampleur et de l'exaltation[11].

Ceci nous amène à établir une autre distinction, en considérant les divers degrés auxquels on peut parvenir suivant l'étendue du résultat obtenu en tendant vers ce but, et que l'on pourrait considérer en quelque sorte comme autant de degrés initiatiques. Et tout d'abord, au bas et en dehors de cette hiérarchie, il faut mettre la foule des profanes, c'est-à-dire de tous ceux qui, comme les simples croyants des religions, ne peuvent obtenir de résultats que par rapport à leur individualité corporelle, et dans les limites de cette portion d'individualité, puisque leur conscience ne va ni plus loin ni plus haut que le domaine renfermé dans ces limites restreintes. Pourtant, parmi les croyants, il en est, en petit nombre d'ailleurs, qui acquièrent quelque chose de plus (et c'est là le cas de quelques mystiques, que l'on pourrait considérer comme plus intellectuels que les autres) : sans sortir de leur individualité corporelle, ils perçoivent indirectement certaines réalités d'ordre supérieur, non pas telles qu'elles sont en elles-mêmes, mais traduites symboliquement et sous forme sensible. Ce sont encore là des phénomènes (c'est-à-dire des apparences, relatives et illusoires en tant que formelles), mais des phénomènes hyperphysiques, qui ne sont pas constatables pour tous, et qui entraînent parfois chez ceux qui les perçoivent quelques certitudes, toujours incomplètes, mais pourtant supérieures à la croyance pure et simple à laquelle elles se substituent. Ce résultat, que l'on peut appeler une initiation symbolique au sens propre du terme (pour la distinguer de l'initiation réelle et effective dont nous allons parler), s'obtient passivement, c'est-à-dire sans intervention de la volonté, et par les moyens ordinaires qu'indiquent les religions, en particulier

---

[11] Cette phrase contient l'expression de la signification ésotérique du signe de la croix, symbole de ce double épanouissement de l'être, horizontalement, dans l'ampleur ou l'extension de l'individualité intégrale (développement indéfini d'une possibilité particulière, qui n'est pas limitée à la partie corporelle de l'individualité), et verticalement, dans la hiérarchie indéfinie des états multiples (correspondant à l'indéfinité des possibilités particulières comprises dans l'Homme Universel). – Ceci montre en même temps comment doit être comprise dans son principe la Communion, qui est un rite éminemment initiatique, et dont la figuration symbolique elle-même n'a pu perdre ce caractère que par suite d'une regrettable confusion qu'ont commise les religions exotériques, et qui constitue à proprement parler une profanation.

par la prière et l'accomplissement des œuvres prescrites[12].

À un degré plus élevé se placent ceux qui, ayant étendu leur conscience jusqu'aux limites extrêmes de l'individualité intégrale, arrivent à percevoir directement les états supérieurs de leur être, mais sans y participer effectivement ; c'est la une initiation réelle, mais encore toute théorique, puisqu'elle n'aboutit pas à la possession de ces états supérieurs. Elle produit des certitudes plus complètes et plus développées que la précédente, car elle n'appartient plus au domaine phénoménique ; mais, ici encore, ces certitudes ne sont reçues qu'au gré des circonstances, et non par un effet de la volonté consciente de celui qui les acquiert. Celui-ci peut donc être comparé à un homme qui ne connaît la lumière que par les rayons qui parviennent jusqu'à lui (dans le cas précédent, il ne la connaissait que par des reflets, ou des ombres projetées dans le champ de sa conscience individuelle restreinte, comme les prisonniers de la caverne symbolique de Platon), tandis que, pour connaître parfaitement la lumière dans sa « réalité intime », il faut remonter jusqu'à sa source, et s'identifier avec cette source même.

Ce dernier cas est celui qui correspond à la plénitude de l'initiation réelle et effective, c'est-à-dire à la prise de possession consciente et volontaire de la totalité des états de l'être, selon les deux sens que nous avons indiqués. C'est là le résultat complet et final de l'incantation, bien différent, comme l'on voit, de tous ceux que les mystiques peuvent atteindre par la prière, car il n'est pas autre chose que la compréhension et la certitude parfaites, impliquant la Connaissance métaphysique intégrale. Le *Yogi* véritable est celui qui est parvenu à ce degré suprême, et qui a ainsi réalisé dans son être la totale possibilité de l'Homme Universel.

---

[12] En sanscrit, on donne le nom de *Bhakti-Yoga* à une forme inférieure et incomplète de *Yoga*, qui se réalise, soit par les œuvres (*karma*), soit par tout autre moyen d'acquérir des mérites, c'est-à-dire de réaliser un développement individuel. Bien que ne pouvant dépasser le domaine de l'individualité, cette réalisation est quelque chose de plus que celle dont nous venons de parler, car elle s'étend à l'individualité intégrale, et non plus seulement à l'individualité corporelle ; mais elle ne peut jamais être équivalente à la communion totale dans l'Universel, qui est la *Râdja-Yoga*.

LE SYMBOLISME DE LA CROIX

Paru dans La Gnose, *de février à juin 1911.*

Nous avons montré, dans notre étude sur *La Prière et L'Incantation,* que le signe de la Croix symbolise l'épanouissement intégral de l'être dans les deux sens de l'ampleur et de l'exaltation, c'est-à-dire la réalisation complète de l'Homme Universel[13]. C'est pourquoi, d'ailleurs, la Kabbale caractérise l'Adam Kadmon par le Quaternaire, qui est le nombre de l'Émanation, et qui produit le Dénaire, totale manifestation de l'Unité principielle, qu'il contenait en puissance, étant lui-même l'expansion de cette Unité ; le Quaternaire en action est, en effet, représenté par la Croix[14]. Ceci prouve clairement que la Croix n'est pas seulement, comme certains auteurs l'ont prétendu, « un symbole de la jonction cruciale que forme l'écliptique avec l'équateur », et « une image des équinoxes, lorsque le Soleil, dans sa course annuelle, couvre successivement ces deux points »[15]. Elle est cela sans doute, mais elle est bien autre chose aussi ; et même, si elle est cela, c'est que les phénomènes astronomiques doivent eux-mêmes être considérés comme des symboles, et qu'on peut y retrouver, comme en toutes choses, et en particulier dans l'homme corporel, la similitude de l'Homme Universel, chacune des parties de l'Univers, monde ou être individuel, étant analogue au Tout[16].

---

[13] Voir la note de la p. 26 (2ème année, n° 1[(note 4)]). – Pour compléter ce que nous y avons dit au sujet du rite de la Communion, nous pouvons ajouter ceci : la Hiérurgie ou la Messe n'est, en réalité, ni une prière ni un acte magique, mais elle constitue à proprement parler une incantation, dans le sens que nous avons donné à ce mot.

[14] Voir nos *Remarques sur la production des Nombres* (1ère année, n° 8, p. 156).

[15] Ragon, *Rituel du Grade de Rose-Croix*, pp. 25 à 28.

[16] Pour ce qui concerne la signification astronomique de la Croix, voir l'étude sur l'*Archéomètre*, en particulier p. 187 (1ère année, n° 9) et p. 245 (1ère année, n° 11). – Il est bon de rappeler que c'est cette interprétation, insuffisante quand elle est exclusive, qui a donné naissance à la trop fameuse théorie du « mythe solaire », reproduite jusque aujourd'hui par

D'autre part, nous avons dit que l'individualité corporelle n'est qu'une portion, une modalité de l'individualité intégrale, et que celle-ci est susceptible d'un développement indéfini, se manifestant dans des modalités dont le nombre est également indéfini. Chaque modalité est déterminée par un ensemble de conditions dont chacune, considérée isolément, peut s'étendre au-delà du domaine de cette modalité, et se combiner alors avec des conditions différentes pour constituer les domaines d'autres modalités, faisant partie de la même individualité intégrale, chacun de ces domaines pouvant d'ailleurs contenir des modalités analogues appartenant à une indéfinité d'autres individus, dont chacun, de son côté, est un état d'un des êtres de l'Univers. L'ensemble des domaines contenant toutes les modalités d'une individualité, domaines qui, comme nous venons de le dire, sont en nombre indéfini, et dont chacun est encore indéfini, cet ensemble, disons-nous, constitue un degré de l'Existence universelle, lequel, dans son intégralité, contient une indéfinité d'individus.

Nous pouvons représenter ce degré de l'Existence par un plan horizontal, s'étendant indéfiniment suivant deux dimensions, qui correspondent aux deux indéfinités que nous avons ici à considérer : d'une part, celle des individus, que l'on peut représenter par l'ensemble des droites parallèles à l'une des dimensions, définie, si l'on veut, par la direction de l'intersection du plan horizontal avec un plan vertical de front ; et, d'autre part, celle des domaines particuliers aux différentes modalités des individus, qui sera alors représentée par l'ensemble des droites du plan horizontal perpendiculaires à la direction précédente, c'est-à-dire parallèles à l'axe visuel ou antéropostérieur, dont la direction définit l'autre dimension. Chacune de ces deux catégories comprend une indéfinité de droites parallèles, toutes indéfinies ; chaque point du plan sera déterminé par l'intersection de deux droites appartenant respectivement à ces deux catégories, et représentera, par conséquent, une modalité particulière d'un des individus compris dans le degré considéré.

L'Existence universelle, bien qu'unique en elle-même, est multiple dans ses manifestations, et comporte une indéfinité de degrés, dont chacun pourra

---

les principaux représentants de la « science des religions ».

être représenté, dans une étendue à trois dimensions, par un plan horizontal. Nous venons de voir que la section d'un tel plan par un plan vertical de front représente un individu, ou plutôt, pour parler d'une façon plus générale et en même temps plus exacte, un état d'un être, état qui peut être individuel ou non individuel, suivant les conditions du degré de l'Existence auquel il appartient. Ce plan vertical de front peut donc être regardé comme représentant un être dans sa totalité ; cet être comprend un nombre indéfini d'états, figurés alors par toutes les droites horizontales du plan, dont les verticales sont formées par les ensembles de modalités qui se correspondent dans tous ces états. D'ailleurs, il y a une indéfinité de tels plans, représentant l'indéfinité des êtres contenus dans l'Univers total.

On voit donc que, dans cette représentation géométrique à trois dimensions. Chaque modalité d'un état d'être n'est indiquée que par un point ; elle est cependant susceptible, elle aussi, de se développer dans le parcours d'un cycle de manifestation comportant une indéfinité de modifications : pour la modalité corporelle de notre individualité humaine actuelle, par exemple, ces modifications seront tous les moments de son existence, ou, ce qui revient au même, tous les gestes qu'elle accomplira au cours de cette existence. Il faudrait, pour représenter ces modifications, figurer la modalité considérée, non par un point, mais par une droite entière, dont chaque point serait une de ces modifications, en ayant bien soin de remarquer que cette droite, quoique indéfinie, est limitée, comme l'est d'ailleurs tout indéfini, et même, si l'on peut s'exprimer ainsi, toute puissance de l'indéfini. L'indéfinité simple étant représentée par la ligne droite, la double indéfinité, ou l'indéfini à la seconde puissance, le sera par le plan, et la triple indéfinité, ou l'indéfini à la troisième puissance, par l'étendue à trois dimensions. Si donc chaque modalité est figurée par une droite, un état d'être, comportant une double indéfinité, sera maintenant figuré, dans son intégralité, par un plan horizontal, et un être, dans sa totalité, le sera par une étendue à trois dimensions.

Dans cette nouvelle représentation, plus complète que la première, nous voyons tout d'abord que par chaque point de l'étendue considérée passent trois droites respectivement parallèles à ses trois dimensions ; chaque point pourrait donc être pris comme sommet d'un trièdre trirectangle, constituant un système de coordonnées auquel toute l'étendue serait rapportée, et dont les trois axes formeraient une croix à trois dimensions. Supposons que l'axe vertical de ce système soit déterminé ; il rencontrera chaque plan horizontal en un point, qui sera l'origine des coordonnées rectangulaires auxquelles le plan sera rapporté, et dont les deux axes formeront une croix à deux dimensions. On peut dire que ce point est le centre du plan, et que l'axe vertical est le lieu des centres de tous les plans horizontaux ; toute verticale, c'est-à-dire toute parallèle à cet axe, contient aussi des points qui se correspondent dans ces mêmes plans. Si, outre l'axe vertical, on détermine un plan horizontal particulier, le trièdre trirectangle dont nous venons de parler sera également déterminé par là même. Il y aura une croix à deux dimensions formée par deux des trois axes, dans chacun des trois plans de coordonnées, dont l'un est le plan horizontal considéré, et dont les deux autres sont deux plans orthogonaux passant chacun par l'axe vertical et par un des deux axes horizontaux ; et ces trois croix auront pour centre commun le sommet du trièdre, qui est le centre de la croix à trois dimensions, et que l'on peut considérer aussi comme le centre de l'étendue. Chaque point pourrait être centre, et on peut dire qu'il l'est en puissance ; mais, en fait, il faut qu'un point particulier soit déterminé, nous dirons comment par la suite, pour qu'on puisse tracer la croix, c'est-à-dire mesurer toute l'étendue, ou, analogiquement, réaliser la compréhension totale de l'être.

Dans cette nouvelle représentation à trois dimensions, où nous avons considéré seulement un être, la direction horizontale suivant laquelle se développent les modalités de tous les états de cet être implique, ainsi que les plans verticaux qui lui sont parallèles, une idée de succession logique, tandis que les plans verticaux qui lui sont perpendiculaires correspondent, corrélativement, à l'idée de simultanéité logique. Si on projette toute l'étendue sur celui des trois plans de coordonnées qui est dans ce dernier cas, chaque modalité de chaque état d'être se projettera suivant un point d'une droite horizontale, et l'état dont le centre coïncide avec celui de l'être total sera figuré par l'axe horizontal situé dans le plan sur lequel se fait la projection. Nous sommes ainsi ramené à notre première représentation, celle où l'être est situé dans un plan vertical ; un plan horizontal pourra alors de nouveau être un degré de l'Existence universelle, comprenant le développement entier d'une possibilité particulière, dont la manifestation constitue, dans son ensemble, ce qu'on peut appeler un Macrocosme, tandis que, dans l'autre représentation, il est seulement le développement de cette même possibilité dans un être, ce qui constitue un état de celui-ci, individualité intégrale ou état non individuel, que l'on peut, dans tous les cas, appeler un Microcosme. Mais le Macrocosme lui-même, comme le Microcosme, n'est, lorsqu'on l'envisage isolément, qu'un des éléments de l'Univers, comme chaque possibilité particulière n'est qu'un élément de la Possibilité totale.

Celle des deux représentations qui se rapporte à l'Univers peut être appelée, pour simplifier le langage, la représentation macrocosmique, et celle qui se rapporte à un être, la représentation microcosmique. Nous avons vu comment, dans cette dernière, est tracée la croix à trois dimensions : il en sera de même dans la représentation macrocosmique, si l'on y détermine les éléments correspondants, c'est-à-dire un axe vertical, qui sera l'axe de l'Univers, et un plan horizontal, qu'on pourra désigner, par analogie, comme son équateur ; et nous devons faire remarquer que chaque Macrocosme a ici son centre sur l'axe vertical, comme l'avait chaque Microcosme dans l'autre représentation.

On voit, par ce qui vient d'être exposé, l'analogie qui existe entre le Macrocosme et le Microcosme, chaque partie de l'Univers étant analogue aux autres parties, et ses propres parties lui étant analogues aussi, parce que toutes sont analogues à l'Univers total, comme nous l'avons dit au début. Il en résulte que, si nous considérons le Macrocosme, chacun des domaines définis qu'il comprend lui est analogue ; de même, si nous considérons le Microcosme, chacune de ses modalités lui est aussi analogue. C'est ainsi que, en particulier, la modalité corporelle ou physique de notre individualité humaine actuelle peut symboliser cette même individualité envisagée intégralement, si l'on fait correspondre ses trois parties, tête, poitrine et abdomen, respectivement aux trois éléments dont est composée l'individualité : élément pneumatique ou intellectuel, élément psychique ou émotif, élément hylique ou matériel[17]. C'est

---

[17] Voir, dans l'étude sur l'*Archéomètre* (2ème année, n° 1, p. 17), la correspondance de ces mêmes éléments de l'individualité avec les divisions de la société humaine, que l'on peut regarder comme une individualité collective, et comme un des analogues, dans le Macrocosme, de ce qu'est dans le Microcosme une de ses modalités.

là la division la plus générale de l'individualité, et on pourrait l'appliquer au Macrocosme comme au Microcosme, selon la loi des analogies ; mais il ne faut pas oublier que chacun de ces trois éléments comporte un nombre indéfini de modalités coexistantes, de même que chacune des trois parties du corps se compose d'un nombre indéfini de cellules, dont chacune aussi a son existence propre.

Ceci étant établi, si nous considérons un état d'être, figuré par un plan horizontal de la représentation microcosmique, il nous reste maintenant à dire à quoi correspond le centre de ce plan, ainsi que l'axe vertical qui passe par ce centre. Mais, pour en arriver là, il nous faudra avoir encore recours à une autre représentation géométrique, un peu différente de la précédente, et dans laquelle nous ferons intervenir, non plus seulement, comme nous l'avons fait jusqu'ici, le parallélisme ou la correspondance, mais encore la continuité de toutes les modalités de chaque état d'être entre elles, et aussi de tous les états d'être entre eux, dans la constitution de l'être total.

(*À suivre.*)

LE SYMBOLISME DE LA CROIX (suite)[18]

Au lieu de représenter les différentes modalités d'un même état d'être par des droites parallèles, comme nous l'avons fait précédemment, nous pouvons les représenter par des cercles concentriques tracés dans le même plan horizontal, et ayant pour centre commun le centre même de ce plan, c'est-à-dire, selon ce que nous avons établi, son point de rencontre avec l'axe vertical. De cette façon, on voit bien que chaque modalité est finie, limitée, puisqu'elle est figurée par une circonférence, qui est une courbe fermée ; mais, d'autre part, cette circonférence est formée d'un nombre indéfini de points, représentant l'indéfinité des modifications que comporte la modalité considérée. De plus, les cercles concentriques doivent ne laisser entre eux aucun intervalle, si ce n'est la distance infinitésimale de deux points immédiatement voisins (nous reviendrons un peu plus loin sur cette question), de sorte que leur ensemble

---

[18] [Paru en mars 1911.]

comprenne tous les points du plan, ce qui suppose qu'il y a continuité entre tous ces cercles ; mais, pour qu'il y ait vraiment continuité, il faut que la fin de chaque circonférence coïncide avec le commencement de la circonférence suivante, et, pour que ceci soit possible sans que les deux circonférences successives soient confondues, il faut que ces circonférences, ou plutôt les courbes que nous avons considérées comme telles, soient en réalité des courbes non fermées.

D'ailleurs, nous pouvons aller plus loin : il est matériellement impossible de tracer une courbe fermée, et, pour le prouver, il suffit de remarquer que, dans l'espace où est située notre modalité corporelle, tout est toujours en mouvement (par la combinaison des conditions espace et temps), de telle façon que, si nous voulons tracer un cercle, et si nous commençons ce tracé en un certain point de l'espace, nous nous trouverons en un autre point lorsque nous l'achèverons, et nous ne repasserons jamais par le point de départ. De même, la courbe qui symbolise le parcours d'un cycle évolutif quelconque ne devra jamais passer deux fois par un même point, ce qui revient à dire qu'elle ne doit pas être une courbe fermée (ni une courbe contenant des points multiples). Cette représentation montre qu'il ne peut pas y avoir deux possibilités identiques dans l'Univers, ce qui reviendrait d'ailleurs à une limitation de la Possibilité totale, limitation impossible, puisque, devant comprendre la Possibilité, elle ne pourrait y être comprise[19]. Deux possibilités qui seraient identiques ne différeraient par aucune de leurs conditions ; mais, si toutes les conditions sont les mêmes, c'est aussi la même possibilité ; et ce raisonnement peut s'appliquer à tous les points de notre représentation, chacun de ces points figurant une modification particulière qui réalise une possibilité déterminée[20].

Le commencement et la fin de l'une quelconque des circonférences que

---

[19] Une limitation de la Possibilité universelle est, au sens propre du mot, une impossibilité ; nous verrons par ailleurs que ceci exclut la théorie réincarnationniste, au même titre que le « retour éternel » de Nietzsche, et que la répétition simultanée, dans l'espace, d'individus supposés identiques, comme l'imagina Blanqui.

[20] Nous envisageons ici la possibilité dans son acception la plus restreinte et la plus spécialisée ; il s'agit, non d'une possibilité particulière susceptible d'un développement indéfini, mais seulement de l'un quelconque des éléments que comporte ce développement.

nous avons à considérer ne sont donc pas le même point, mais deux points consécutifs d'un même rayon, et, en réalité, ils n'appartiennent pas à la même circonférence : l'un appartient à la circonférence précédente, dont il est la fin, et l'autre à la circonférence suivante, dont il est le commencement ; ceci peut s'appliquer, en particulier, à la naissance et à la mort de notre modalité corporelle. Ainsi, les deux modifications extrêmes de chaque modalité ne coïncident pas, mais il y a simplement correspondance entre elles dans l'ensemble de l'état d'être dont cette modalité fait partie, cette correspondance étant indiquée par la situation de leurs points représentatifs sur un même rayon issu du centre du plan. Par suite, le même rayon contiendra les modifications extrêmes de toutes les modalités de l'état d'être considéré, modalités qui ne doivent d'ailleurs pas être regardées comme successives à proprement parler (car elles peuvent tout aussi bien être simultanées), mais simplement comme s'enchaînant logiquement. Les courbes qui figurent ces modalités, au lieu d'être des circonférences comme nous l'avions supposé tout d'abord, sont les spires successives d'une spirale indéfinie tracée dans le plan horizontal ; d'une spire à l'autre, le rayon varie d'une quantité infinitésimale, qui est la distance de deux points consécutifs de ce rayon, distance qu'il est d'ailleurs impossible de considérer comme nulle, puisque les deux points ne sont pas confondus.

On peut dire que cette distance de deux points immédiatement voisins est la limite de l'étendue dans le sens des quantités indéfiniment décroissantes ; elle est la plus petite étendue possible, ce après quoi il n'y a plus d'étendue, c'est-à-dire plus de condition spatiale. Donc, lorsqu'on divise l'étendue indéfiniment (mais non à l'infini, ce qui serait une absurdité, la divisibilité étant nécessairement une qualité propre à un domaine limité, puisque la condition spatiale, dont elle dépend, est elle-même limitée), ce n'est pas au point qu'on aboutit ; c'est à la distance élémentaire entre deux points, d'où il résulte que, pour qu'il y ait étendue ou condition spatiale, il faut qu'il y ait deux points, et l'étendue (à une dimension) ou la distance est le troisième élément qui unit ces deux points. Cependant, l'élément primordial, celui qui existe par lui-même, c'est le point : on peut dire qu'il contient une potentialité d'étendue, qu'il ne peut développer qu'en se dédoublant d'abord, puis en se multipliant indéfiniment, de telle sorte que l'étendue manifestée procède de sa différenciation (ou, plus exactement, de lui en tant qu'il se différencie). Le point, considéré en lui-même, n'est pas soumis à la condition spatiale ; au contraire, c'est lui qui réalise l'espace, qui crée l'étendue par son acte, lequel, dans la condition temporelle, se traduit par le mouvement ; mais, pour réaliser l'espace, il faut qu'il se situe lui-même dans cet espace, qu'il remplira tout entier du déploiement de ses potentialités. Il peut, successivement dans la condition temporelle, ou simultanément hors de cette condition (ce qui nous ferait d'ailleurs sortir de l'espace ordinaire à trois dimensions), s'identifier, pour les réaliser, à tous les points virtuels de cette étendue, celle-ci étant envisagée statiquement, comme la potentialité totale du point, le lieu ou le contenant des manifestations de son activité. Le point qui réalise toute l'étendue comme nous venons de l'indiquer s'en fait le centre, en la mesurant selon toutes ses dimensions, par l'extension indéfinie des branches de la Croix vers les points cardinaux de cette étendue ; c'est l'Homme Universel, mais non l'homme individuel (celui-ci ne pouvant rien atteindre en dehors de son propre état d'être), qui est, suivant la parole d'un philosophe grec, la mesure de toutes choses. Nous aurons à revenir, dans une autre étude, sur la question des limitations de la condition spatiale (ainsi que des autres conditions de l'existence corporelle), et nous montrerons alors comment, de la remarque que nous venons de faire, se déduit la démonstration de l'absurdité de la théorie atomiste.

Revenons à la nouvelle représentation géométrique qui nous a induit en cette digression : il est à remarquer qu'elle équivaut à remplacer par des coordonnées polaires les coordonnées rectangulaires du plan horizontal de notre précédente représentation microcosmique. Toute variation du rayon correspond à une variation équivalente sur l'axe traversant toutes les modalités, c'est-à-dire perpendiculaire à la direction suivant laquelle s'effectuait le parcours de chaque modalité. Quant aux variations sur l'axe parallèle à cette dernière direction, elles sont remplacées par les positions différentes qu'occupe le rayon en tournant autour du pôle, c'est-à-dire par les variations de son angle de rotation, mesuré à partir d'une certaine position prise pour origine. Cette position, qui sera la normale au départ de la spirale (celle-ci partant du centre tangentiellement à la position perpendiculaire du rayon), sera celle du rayon qui contient, comme nous l'avons dit, les modifications extrêmes (commencement et fin) de toutes les modalités.

Mais, dans ces modalités, il n'y a pas que le commencement et la fin qui se correspondent, et chaque modification ou élément d'une modalité a sa correspondance dans toutes les autres modalités, les modifications correspondantes étant toujours représentées par des points situés sur un même rayon. Si on prenait ce rayon, quel qu'il soit, comme normale à l'origine de la spirale, on aurait toujours la même spirale, mais la figure aurait tourné d'un certain angle. Pour représenter la parfaite continuité qui existe entre toutes les modalités, il faudrait supposer que la figure occupe simultanément toutes les positions possibles autour du pôle, toutes ces figures similaires s'interpénétrant, puisque chacune d'elles comprend tous les points du plan ; ce n'est qu'une même figure dans une indéfinité de positions différentes, positions qui correspondent à l'indéfinité des valeurs de l'angle de rotation, en supposant que celui-ci varie d'une façon continue jusqu'à ce que le rayon, après une révolution complète, soit revenu se superposer à sa position première. On aurait alors l'image exacte d'un mouvement vibratoire se propageant indéfiniment, en ondes concentriques, autour de son point de départ, dans un plan horizontal tel que la surface libre (théorique) d'un liquide ; et ce serait aussi le symbole géométrique le plus exact que nous puissions donner de l'intégralité d'un état d'être. Nous pourrions même montrer que la réalisation de cette intégralité correspondrait à l'intégration de l'équation différentielle exprimant la relation qui existe entre les variations correspondantes du rayon et de son angle de rotation, l'un et l'autre variant d'une façon continue, c'est-à-dire de quantités infinitésimales. La constante arbitraire qui figure dans l'intégrale serait déterminée par la position du rayon prise pour origine, et cette même quantité, qui n'est constante que pour une position déterminée de la figure, devrait varier d'une façon continue de à pour toutes ses positions, de sorte que, si l'on considère celles-ci comme pouvant être simultanées (ce qui revient à supprimer la condition temporelle, qui donne à l'activité de manifestation la forme du mouvement), il faut laisser la constante indéterminée entre ces deux valeurs extrêmes.

Cependant, on doit avoir bien soin de remarquer que ces représentations géométriques sont toujours imparfaites, comme l'est d'ailleurs toute représentation ; en effet, nous sommes obligés de les situer dans un espace particulier, dans une étendue déterminée, et l'espace, même envisagé dans toute son extension, n'est qu'une condition contenue dans un des degrés de l'Existence universelle, et à laquelle (unie d'ailleurs à d'autres conditions) sont soumis certains des domaines multiples compris dans ce degré de l'Existence, domaines dont chacun est, dans le Macrocosme, ce qu'est dans le Microcosme la modalité correspondante de l'état d'être situé dans ce même degré. La représentation est nécessairement imparfaite, par là même qu'elle est enfermée dans des limites plus restreintes que ce qui est représenté (s'il en était autrement, elle serait inutile)[21] ; mais elle est d'autant moins imparfaite que, tout en étant comprise dans les limites du concevable actuel, elle devient cependant moins limitée, ce qui revient à dire qu'elle fait intervenir une puissance plus élevée de l'indéfini[22]. Ceci se traduit, dans les représentations spatiales, par l'adjonction d'une dimension ; d'ailleurs, cette question sera encore éclaircie par la suite de notre exposé.

Mais, dans notre nouvelle représentation, nous n'avons considéré jusqu'ici qu'un plan horizontal, et il nous faut maintenant figurer la continuité de tous les plans horizontaux, qui représentent l'indéfinie multiplicité des états de l'être. Cette continuité s'obtiendra géométriquement d'une façon analogue : au lieu de supposer le plan horizontal fixe dans l'étendue à trois dimensions (hypothèse que le fait du mouvement rend aussi irréalisable matériellement que le tracé d'une courbe fermée), on suppose qu'il se déplace insensiblement, parallèlement à lui-même, de façon à rencontrer successivement l'axe vertical en tous ses points consécutifs, le passage d'un point à un autre correspondant au parcours d'une des spires que nous avons considérées (le mouvement spiroïdal étant supposé isochrone pour simplifier la représentation, et, en même temps, pour traduire l'équivalence des multiples modalités de l'être en chacun de ses états, lorsqu'on les envisage dans l'Universalité). Nous pouvons

---

[21] C'est pourquoi le supérieur ne peut symboliser l'inférieur, mais est, au contraire, toujours symbolisé par celui-ci, comme le montre d'ailleurs Saint-Martin dans le chapitre X du *Tableau Naturel* ; et ceci suffit pour renverser la théorie astro-mythologique de Dupuis. – Ajoutons que, selon la loi de l'analogie, l'inférieur, c'est-à-dire le symbole, est toujours inversé par rapport au supérieur ou à ce qui est symbolisé.

[22] Dans les quantités infinitésimales, il y a quelque chose qui correspond (en sens inverse) à ces puissances (croissantes) de l'indéfini : c'est ce qu'on appelle les différents ordres (décroissants) de quantités infinitésimales.

même, pour plus de simplicité, considérer de nouveau et provisoirement chacune de ces spires comme nous l'avions déjà envisagée tout d'abord dans le plan horizontal fixe, c'est-à-dire comme une circonférence. Cette fois encore, la circonférence ne se fermera pas, car, lorsque le rayon qui la décrit reviendra se superposer à lui-même (ou plutôt à sa position initiale), il ne sera plus dans le même plan horizontal (supposé fixe comme parallèle à une direction de coordonnées et marquant la situation sur l'axe perpendiculaire à cette direction) ; la distance élémentaire qui séparera les deux extrémités de cette circonférence, ou plutôt de la courbe supposée telle, sera mesurée, non plus sur un rayon issu du pôle, mais sur une parallèle à l'axe vertical. Ces points extrêmes n'appartiennent pas au même plan horizontal, mais à deux plans horizontaux superposés, parce qu'ils marquent la continuité de chaque état d'être avec celui qui le précède et celui qui le suit immédiatement dans la hiérarchisation de l'être total. Si l'on considère les rayons qui contiennent les extrémités des modalités de tous les états d'être, leur superposition forme un plan vertical dont ils sont les droites horizontales, et ce plan vertical est le lieu de tous les points extrêmes dont nous venons de parler, et qu'on pourrait appeler des points-limites pour les différents états d'être, comme ils l'étaient précédemment, à un autre point de vue, pour les diverses modalités de chaque état d'être. La courbe que nous avions provisoirement considérée comme une circonférence est en réalité une spire, de hauteur infinitésimale, d'une hélice tracée sur un cylindre de révolution dont l'axe n'est autre que l'axe vertical de notre représentation. La correspondance entre les points des spires successives est ici marquée par leur situation sur une même génératrice du cylindre, c'est-à-dire sur une même verticale ; les points correspondants, à travers la multiplicité des états d'être, paraissent confondus lorsqu'on les envisage, dans la totalité de l'étendue à trois dimensions, en projection verticale sur un plan de base du cylindre, c'est-à-dire, en d'autres termes, en projection orthogonale sur un plan horizontal déterminé.

Pour compléter notre représentation, il suffit maintenant d'envisager simultanément, d'une part, ce mouvement hélicoïdal, s'effectuant sur un système cylindrique vertical constitué par une indéfinité de cylindres circulaires concentriques (le rayon de base ne variant de l'un à l'autre que d'une quantité infinitésimale), et, d'autre part, le mouvement spiroïdal que nous avons considéré précédemment dans chaque plan horizontal supposé fixe. Par suite, la base plane du système vertical ne sera autre que la spirale horizontale, équivalant à une indéfinité de circonférences concentriques non fermées ; mais, en outre, pour pousser plus loin l'analogie des considérations relatives respectivement aux étendues à deux et trois dimensions, et aussi pour mieux symboliser la parfaite continuité de tous les états d'être entre eux, il faudra envisager la spirale, non pas dans une seule position, mais dans toutes les positions qu'elle peut occuper autour de son centre, ce qui donne une indéfinité de systèmes verticaux tels que le précédent, ayant le même axe, et s'interpénétrant tous lorsqu'on les regarde comme coexistants, puisque chacun deux comprend tous les points d'une même étendue à trois dimensions, dans laquelle ils sont tous situés ; ce n'est que le même système considéré simultanément dans toutes les positions qu'il occupe en accomplissant une rotation autour de l'axe vertical.

Nous verrons cependant que, en réalité, l'analogie n'est pas encore tout à fait complète ainsi ; mais, avant d'aller plus loin, remarquons que tout ce que nous venons de dire pourrait s'appliquer à la représentation macrocosmique, aussi bien qu'à la représentation microcosmique. Alors, les spires successives de la spirale indéfinie tracée dans un plan horizontal, au lieu de représenter les diverses modalités d'un état d'être, représenteraient les domaines multiples d'un degré de l'Existence universelle, tandis que la correspondance verticale serait celle de chaque degré de l'Existence, dans chacune des possibilités d'être déterminées qu'il comprend, avec tous les autres degrés. Cette concordance entre les deux représentations (macrocosmique et microcosmique) sera d'ailleurs également vraie pour tout ce qui va suivre.

Si nous revenons au système vertical complexe que nous avons considéré en dernier lieu, nous voyons que, autour du point pris pour centre de l'étendue à trois dimensions que remplit ce système, cette étendue n'est pas isotrope, ou, en d'autres termes, que, par suite de la détermination d'une direction particulière, qui est celle de l'axe du système, c'est-à-dire la direction verticale, la figure n'est pas homogène dans toutes les directions à partir de ce point. Au contraire, dans le plan horizontal, lorsque nous considérions simultanément toutes les positions de la spirale autour du centre, ce plan était envisagé d'une façon homogène et sous un aspect isotrope par rapport à ce centre. Pour qu'il en soit de même dans l'étendue à trois dimensions, il faut remarquer que toute droite passant par le centre pourrait être prise pour axe d'un système tel que celui dont nous venons de parler, de sorte que toute direction peut jouer le rôle de la verticale ; de même, tout plan qui passe par le centre étant perpendiculaire à l'une de ces droites, il en résulte que toute direction de plans pourra jouer le rôle de la direction horizontale, et même celui de la direction parallèle à l'un quelconque des trois plans de coordonnées. En effet, tout plan passant par le centre peut devenir l'un de ces trois plans dans une indéfinité de systèmes de coordonnées trirectangulaires, car il contient une indéfinité de couples de droites orthogonales se coupant au centre (ce sont tous les rayons issus du pôle dans la figuration de la spirale), qui peuvent tous former deux quelconques des trois axes d'un de ces systèmes. De même que chaque point de l'étendue est centre en puissance[23], toute droite de cette même étendue est axe en puissance, et, même lorsque le centre aura été déterminé, chaque droite passant par ce point sera encore, en puissance, l'un quelconque des trois axes ; quand on aura choisi l'axe central (ou principal) d'un système, il restera à fixer les deux autres axes dans le plan perpendiculaire au premier et passant également par le centre ; mais, ici aussi, il faut que les trois axes soient déterminés pour que la Croix puisse être tracée effectivement, c'est-à-dire pour que l'étendue tout entière puisse être réellement mesurée selon ses trois dimensions.

On peut envisager comme coexistants (car ils le sont en effet à l'état potentiel, et, d'ailleurs, cela n'empêche nullement de choisir ensuite trois axes de coordonnées déterminés, auxquels on rapportera toute l'étendue) tous les systèmes tels que notre représentation verticale, ayant respectivement pour axes centraux toutes les droites passant par le centre ; ici encore, ce ne sont en réalité que les différentes positions du même système, lorsque son axe prend toutes les directions possibles autour du centre, et ils s'interpénètrent pour la même raison que précédemment, c'est-à-dire parce que chacun d'eux comprend tous les points de l'étendue. On peut dire que c'est le point-principe dont nous avons parlé (représentant l'être en soi) qui crée ou réalise cette étendue, jusqu'alors virtuelle (comme une pure possibilité de développement), en remplissant le

---

[23] Voir le numéro précédent, p. 57.

volume total, indéfini à la troisième puissance, par la complète expansion de ses potentialités dans toutes les directions[24]. Comme, avec cette nouvelle considération, ces directions jouent toutes le même rôle, le déploiement qui s'effectue à partir du centre peut être regardé comme sphérique, ou mieux sphéroïdal : le volume total est un sphéroïde qui s'étend indéfiniment dans tous les sens, et dont la surface ne se ferme pas, non plus que les courbes que nous avons décrites auparavant ; d'ailleurs, la spirale plane, envisagée simultanément dans toutes ses positions, n'est pas autre chose qu'une section de cette surface par un plan passant par le centre. Nous avons vu que la réalisation de l'intégralité d'un plan se traduisait par le calcul d'une intégrale simple ; ici, comme il s'agit d'un volume, et non plus d'une surface, la réalisation de la totalité de l'étendue se traduirait par le calcul d'une intégrale double[25] ; les deux constantes arbitraires qui s'introduiraient dans ce calcul pourraient être déterminées par le choix de deux axes de coordonnées, le troisième axe se trouvant fixé par là même. Nous devons encore remarquer que le déploiement de ce sphéroïde n'est, en somme, que la propagation indéfinie d'un mouvement vibratoire (ou ondulatoire), non plus seulement dans un plan horizontal, mais dans toute l'étendue à trois dimensions, dont le point de départ de ce mouvement peut être actuellement regardé comme le centre ; et, si l'on considère cette étendue comme un symbole géométrique (c'est-à-dire spatial) de la Possibilité totale (symbole nécessairement imparfait, puisque limité), la représentation à laquelle nous avons ainsi abouti sera la figuration de la Voie, « vortex sphérique universel »[26].

(*À suivre.*)

---

[24] La parfaite homogénéité s'obtient précisément dans la plénitude de l'expansion ; sur cette corrélation, voir *Pages dédiées au Soleil*, dans le précédent numéro, p. 61.

[25] Un point qu'il importe de retenir, c'est qu'une intégrale ne peut jamais se calculer en prenant ses éléments un à un, analytiquement ; l'intégration ne peut s'effectuer que par une unique opération synthétique ; ceci montre encore que, comme nous l'avons déjà dit à diverses reprises, l'analyse ne peut en aucun cas conduire à la synthèse.

[26] Voir la note de Matgioi placée à la suite de nos *Remarques sur la production des Nombres* (1ère année, n° 9, p. 194).

LE SYMBOLISME DE LA CROIX (suite)[27]

Mais insister plus longuement sur ces considérations et leur donner ici tout le développement qu'elles pourraient comporter nous entraînerait trop loin du sujet que nous nous sommes actuellement proposé de traiter, et dont, jusqu'à présent, nous ne nous sommes d'ailleurs écarté qu'en apparence. C'est pourquoi, après avoir poussé jusqu'à ses extrêmes limites concevables l'universalisation de notre symbole géométrique, en y introduisant graduellement, en plusieurs phases successives (ou du moins présentées successivement dans notre exposé), une indétermination de plus en plus grande (correspondant à ce que nous avons appelé des puissances de plus en plus élevées de l'indéfini, mais toutefois sans sortir de l'étendue à trois dimensions), c'est pourquoi, disons-nous, il nous va maintenant falloir refaire en quelque sorte le même chemin en sens inverse, pour rendre à la figure la détermination de tous ses éléments, détermination sans laquelle, tout en existant en puissance d'être, elle ne peut être tracée effectivement. Mais cette détermination, qui, à notre point de départ, n'était qu'hypothétique (c'est-à-dire envisagée comme une pure possibilité), deviendra maintenant réelle, car nous pourrons marquer la signification de chacun des éléments constitutifs du symbole crucial.

Tout d'abord, nous envisagerons, non l'universalité des êtres, mais un seul être dans sa totalité ; nous supposerons que l'axe vertical soit déterminé, et ensuite que soit également déterminé le plan passant par cet axe et contenant les points extrêmes des modalités de chaque état d'être ; nous reviendrons ainsi au système vertical ayant pour base plane la spirale horizontale considérée dans une seule position, système que nous avions déjà décrit précédemment[28]. Ici, les directions des trois axes de coordonnées sont déterminées, mais l'axe vertical seul est effectivement déterminé en position ; l'un des deux axes horizontaux sera situé dans le plan vertical dont nous venons de parler, et l'autre lui sera naturellement perpendiculaire ; mais le plan horizontal qui contiendra ces deux droites rectangulaires reste encore indéterminé. Si nous le déterminions, nous déterminerions aussi par là même le centre de l'étendue,

---

[27] [Paru en avril 1911.]
[28] Voir le numéro précédent, p. 98.

c'est-à-dire l'origine du système de coordonnées auquel cette étendue est rapportée, puisque ce point n'est autre que l'intersection du plan horizontal de coordonnées avec l'axe vertical ; tous les éléments de la figure seraient alors déterminés en effet, ce qui permettrait de tracer la Croix à trois dimensions, mesurant l'étendue dans sa totalité.

Nous devons encore rappeler que nous avions eu à considérer, pour constituer notre système représentatif de l'être total, d'abord une spirale horizontale, et ensuite une hélice cylindrique verticale. Si nous considérons isolément une spire quelconque d'une telle hélice, nous pourrons, en négligeant la différence élémentaire de niveau entre ses extrémités, la regarder comme une circonférence tracée dans un plan horizontal ; on pourra de même prendre pour une circonférence chaque spire de l'autre courbe, la spirale horizontale, si l'on néglige la variation élémentaire du rayon entre ses extrémités. Par suite, toute circonférence tracée dans un plan horizontal et ayant pour centre le centre même de ce plan (c'est-à-dire son intersection avec l'axe vertical) pourra être, avec les mêmes approximations, envisagée comme une spire appartenant à la fois à une hélice verticale et à une spirale horizontale[29] ; il résulte de là que la courbe que nous représentons comme une circonférence n'est, en réalité, ni fermée ni plane.

Une telle circonférence représentera une modalité quelconque d'un état d'être également quelconque, envisagée suivant la direction de l'axe vertical, qui se projettera lui-même horizontalement en un point, centre de la circonférence. Si on envisageait celle-ci suivant la direction de l'un ou de l'autre des deux axes horizontaux, elle se projetterait en un segment, symétrique par rapport à l'axe vertical, d'une droite horizontale formant la croix (à deux dimensions) avec ce dernier, cette droite horizontale étant la trace, sur le plan vertical de projection, du plan dans lequel est tracée la circonférence considérée.

La circonférence avec le point central est la figure du Dénaire, envisagé comme le développement complet de l'Unité, ainsi que nous l'avons vu dans

---

[29] Cette circonférence est la même chose que celle qui limite la figure de l'*Yn-yang* (voir plus loin).

une précédente étude [30] ; le centre et la circonférence correspondent respectivement aux deux principes actif et passif (l'Être et sa Possibilité), représentés aussi par les deux chiffres 1 et 0 qui forment le nombre 10. Il est à remarquer, d'autre part, que, dans la numération chinoise, le même nombre est représenté par la croix, dont la barre verticale et la barre horizontale correspondent alors respectivement (comme dans la figuration cruciale du Tétragramme hébraïque יהוה [31] aux deux mêmes principes actif et passif, ou masculin et féminin. Nous avons d'ailleurs, dans la même étude[32], indiqué aussi le rapport qui existe entre le Quaternaire et le Dénaire, ou entre la croix et la circonférence, et qui s'exprime par l'équation de la « circulature du quadrant » :

$$1 + 2 + 3 + 4 = 10 \ ^{33}$$

De ceci, nous déduisons déjà que, dans notre représentation géométrique, le plan horizontal (que l'on suppose fixe, et qui, comme nous l'avons dit, est quelconque) jouera un rôle passif par rapport à l'axe vertical, ce qui revient à dire que l'état d'être correspondant se réalisera dans son développement intégral sous l'action du principe qui est représenté par l'axe ; ceci sera beaucoup mieux compris par la suite, mais il importait de l'indiquer dès maintenant. Nous voyons en même temps que la Croix symbolise bien, comme on l'a dit assez souvent, l'union des deux principes complémentaires, du masculin et du féminin ; mais, ici encore, comme lorsqu'il s'agissait de la signification astronomique[34], nous devons répéter que cette interprétation, si elle devenait exclusive et systématique, serait à la fois insuffisante et fausse ; elle

---

[30] *Remarques sur la production des Nombres*, 1ère année, n° 9, p. 193.
[31] Voir la figure de la p. 172 (1ère année, n° 8). [Voici cette figure :

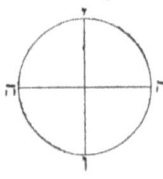
]
[32] 1ère année, n° 8, p. 156.
[33] Voir aussi le chapitre XVIII du *Tableau Naturel* de L.-Cl. de Saint-Martin, où l'on trouvera d'autres considérations sur ce sujet, envisagé à un point de vue différent.
[34] 2ème année, n° 2, p. 55.

ne doit être qu'un cas particulier du symbolisme de l'« union des contrastes et des antinomies »[35]. Avec cette restriction, on peut regarder la Croix (de même que la circonférence avec le point central), à un certain point de vue, comme l'équivalent du symbole qui unit le *Linga* et la *Yoni* ; mais il est bien entendu que ce symbole doit être pris dans une acception purement spirituelle, comme il l'est chez les Hindous[36], et non dans le sens d'un grossier naturalisme, qui est totalement étranger aux conceptions orientales.

Pour en revenir à la détermination de notre figure, nous n'avons en somme à considérer particulièrement que deux choses : d'une part, l'axe vertical, et, d'autre part, le plan horizontal de coordonnées. Nous savons qu'un plan horizontal représente un état d'être, dont chaque modalité correspond à une spire plane que nous avons confondue avec une circonférence ; d'un autre côté, les extrémités de cette spire, en réalité, ne sont pas contenues dans le plan de la courbe, mais dans deux plans immédiatement voisins, car cette même courbe, envisagée dans le système cylindrique vertical, est « une spire, une fonction d'hélice, mais dont le pas est infinitésimal. C'est pourquoi, étant donné que nous vivons, agissons et raisonnons à présent sur des contingences, nous pouvons et devons même considérer le graphique de l'évolution individuelle[37] comme une surface. Et, en réalité, elle en possède tous les attributs et qualités, et ne diffère de la surface que considérée de l'Absolu[38]. Ainsi, à notre plan, le "circulus vital" est une vérité immédiate, et le cercle est bien la représentation du cycle individuel humain[39]. » Mais, bien entendu, « il ne faut jamais perdre de vue que, si, pris à part, l'*Yn-yang*[40] peut être considéré comme un cercle, il est, dans la succession des modifications individuelles[41], un élément d'hélice : toute modification individuelle est essentiellement un

---

[35] Voir *Pages dédiées au Soleil*, 2ème année, n° 2, pp. 60 et 61.

[36] C'est un des principaux symboles du Shivaïsme.

[37] Soit pour une modalité particulière de l'individu, soit en envisageant l'individualité intégrale isolément dans l'être ; lorsqu'on ne considère qu'un seul état, la représentation doit être plane.

[38] En envisageant l'être dans sa totalité.

[39] Matgioi, *La Voie Métaphysique*, p. 128.

[40] Le symbole cyclique de l'évolution individuelle.

[41] Considérées simultanément dans les différents états d'être.

"vortex" à trois dimensions ; il n'y a qu'une seule stase humaine (individuelle), et l'on ne repasse jamais par le chemin déjà parcouru[42]. »

Les deux extrémités de la spire d'hélice de pas infinitésimal sont, comme nous l'avons dit, deux points immédiatement voisins sur une génératrice du cylindre, une parallèle à l'axe vertical (d'ailleurs située dans un des plans de coordonnées). Ces deux points n'appartiennent pas à l'individu, ou, d'une façon plus générale, à l'état d'être représenté par le plan horizontal que l'on considère. « L'entrée dans l'*Yn-yang* et la sortie de l'*Yn-yang* ne sont pas à la disposition de l'individu ; car ce sont deux points qui appartiennent, bien qu'à l'*Yn-yang*, à la spire d'hélice inscrite sur la surface latérale du cylindre, et qui sont soumis à l'attraction de la Volonté du Ciel. Et, en réalité, en effet, l'homme n'est pas libre de sa naissance ni de sa mort[43]... Il n'est libre d'aucune des conditions de ces deux actes : la naissance le lance invinciblement sur le circulus d'une existence qu'il n'a ni demandée ni choisie ; la mort le retire de ce circulus et le lance invinciblement dans un autre, prescrit et prévu par la Volonté du Ciel, sans qu'il puisse rien en modifier. Ainsi, l'homme terrestre est esclave quant à sa naissance et quant à sa mort, c'est-à-dire par rapport aux deux actes principaux de sa vie individuelle, aux seuls qui résument en somme son évolution spéciale au regard de l'Infini[44]. »

Par conséquent, le pas de l'hélice, élément par lequel les extrémités d'un cycle individuel échappent au domaine de l'individu, est la mesure mathématique de « la force attractive de la Divinité »[45] ; l'action de la Volonté du Ciel dans l'évolution de l'être se mesure donc parallèlement à l'axe vertical. Celui-ci représente alors le lieu métaphysique de la manifestation de la Volonté du Ciel, et il traverse chaque plan horizontal en son centre, c'est-à-dire au point où se réalise l'équilibre en lequel réside cette manifestation, ou, en d'autres termes, l'harmonisation complète de tous les éléments constitutifs de l'état

---

[42] *Ibid.*, p. 131, note.

[43] *Ibid.*, p. 132.

[44] *Ibid.*, p, 133. – Mais, entre sa naissance et sa mort, l'individu est libre, dans l'émission et dans le sens de tous ses actes terrestres ; dans le « circulus vital » de l'espèce et de l'individu, l'attraction de la Volonté du Ciel ne se fait pas sentir.

[45] *Ibid.*, p. 95.

d'être correspondant : c'est l'Invariable Milieu, où se reflète, en se manifestant, l'Unité suprême, qui, en elle-même, est la Perfection Active, la Volonté du Ciel non manifestée[46]. Nous pouvons donc dire que l'axe vertical est le symbole de la Voie personnelle, qui conduit à la Perfection, et qui est une spécialisation de la Voie universelle, représentée précédemment par une figure sphéroïdale ; cette spécialisation s'obtient, d'après ce que nous avons dit, par la détermination d'une direction particulière dans l'étendue.

Cet axe est donc déterminé comme expression de la Volonté du Ciel dans l'évolution totale de l'être, ce qui détermine en même temps la direction des plans horizontaux, représentant les différents états d'être, et la correspondance horizontale et verticale de ceux-ci, établissant leur hiérarchisation. Par suite de cette correspondance, les points-limites de ces états d'être sont déterminés comme extrémités des modalités particulières ; le plan vertical qui les contient est un des plans de coordonnées, ainsi que celui qui lui est perpendiculaire suivant l'axe ; ces deux plans verticaux tracent dans chaque plan horizontal une croix (à deux dimensions), dont le centre est dans l'Invariable Milieu. Il ne reste donc plus qu'un seul élément indéterminé : c'est la position du plan horizontal particulier qui sera le troisième plan de coordonnées ; à ce plan correspond, dans l'être total, un certain état, dont la détermination permettra de tracer la Croix symbolique à trois dimensions, c'est-à-dire de réaliser la totalisation même de l'être.

Remarquons en passant qu'on pourrait expliquer par là la parole de l'Évangile selon laquelle le Verbe (la Volonté du Ciel en action) est (par rapport à nous) « la Voie, la Vérité et la Vie ». Si nous reprenons pour un instant notre représentation microcosmique du début[47], et si nous considérons ses trois axes de coordonnées, la « Voie » sera représentée, comme ici, par l'axe vertical ; des deux axes horizontaux, l'un représentera la « Vérité », et l'autre la « Vie ». Tandis que la « Voie » se rapporte à l'Homme Universel (אדם), auquel s'identifie le Soi, la « Vérité » se rapporte à l'homme intellectuel (איש), et la

---

[46] Sur l'Invariable Milieu (*Tchoung-young*), voir *Remarques sur la Notation mathématique*, 1ère année, n° 7, p. 142.
[47] 2ème année, n° 2, p. 58.

« Vie » à l'homme corporel (שׁיאב) ; de ces deux derniers, qui appartiennent au domaine d'un état d'être particulier (celui dans lequel nous sommes actuellement), le premier doit ici être assimilé à l'individualité intégrale, dont l'autre n'est qu'une modalité. La « Vie » sera donc représentée par l'axe parallèle à la direction suivant laquelle se développe chaque modalité, et la « Vérité » le sera par l'axe qui réunit toutes les modalités en les traversant perpendiculairement à cette même direction. Ceci suppose, d'ailleurs, que le tracé de la Croix à trois dimensions est rapporté à l'individualité humaine terrestre, car c'est par rapport à celle-ci seulement que nous venons de considérer ici la « Vie » et la « Vérité » ; ce tracé figure l'action du Verbe dans la réalisation de l'être total et son identification avec l'Homme Universel.

(À suivre.)

LE SYMBOLISME DE LA CROIX (suite)[48]

Si nous considérons la superposition des plans horizontaux représentatifs de tous les états d'être, nous pouvons dire encore que l'axe vertical symbolise, par rapport à ceux-ci, envisagés séparément ou dans leur ensemble, le Rayon Céleste « qui constitue l'élément supérieur non incarné de l'homme, et qui lui sert de guide à travers les phases de l'évolution universelle »[49]. Le cycle universel, représenté par l'ensemble de notre figure, et « dont l'humanité (au sens individuel) ne constitue qu'une phase, a un mouvement propre[50], indépendant de notre humanité, de toutes les humanités, de tous les plans, dont

---

[48] [Paru en mai 1911.]

[49] Simon et Théophane, *Les Enseignements secrets de la Gnose*, p. 10.

[50] Indépendant d'une volonté individuelle quelconque (particulière ou collective), qui ne peut agir que dans son plan spécial : « L'homme, en tant qu'homme, ne saurait disposer de mieux et de plus que de son destin hominal, dont il est libre d'arrêter, en effet, la marche individuelle. Mais cet être contingent, doué de vertus et de possibilités contingentes, ne saurait se mouvoir, ou s'arrêter, ou s'influencer soi-même en dehors du plan contingent spécial où, pour l'heure, il est placé et exerce ses facultés. Il est déraisonnable de supposer qu'il puisse modifier, a fortiori arrêter la marche éternelle du cycle universel. » (*Ibid.*, p. 50). — Voir aussi ce qui a été dit précédemment au sujet des deux points extrêmes du cycle individuel (2ème année, n° 4, p. 119).

il forme la Somme indéfinie (qui est l'Homme Universel). Ce mouvement propre, qu'il tient de l'affinité essentielle du Rayon Céleste vers son origine, l'aiguille invinciblement vers sa Fin, qui est identique à son Commencement, avec une force directrice ascensionnelle et divinement bienfaisante. C'est ce que la Gnose connaît sous le nom de Voie Rédemptrice[51]. »

Le Rayon Céleste traverse tous les états d'être, marquant le point central de chacun d'eux par sa trace sur le plan correspondant, ainsi que nous l'avons déjà dit[52] ; mais cette action n'est effective que s'il produit, par sa réflexion sur un de ces plans, une vibration qui, se propageant et s'amplifiant dans la totalité de l'être, illumine son chaos, cosmique ou humain. Nous disons cosmique ou humain, car ceci peut s'appliquer au Macrocosme aussi bien qu'au Microcosme ; le plan de réflexion, dont le centre (point d'incidence du Rayon Céleste) sera le point de départ de cette vibration indéfinie, sera alors le plan central dans l'ensemble des états d'être, c'est-à-dire le plan horizontal de coordonnées dans notre représentation géométrique, et c'est ce plan central, où sont tracées les branches horizontales de la Croix, qui est représenté dans toutes les traditions comme la surface des Grandes Eaux[53]. Par l'opération de l'Esprit, projetant le Rayon Céleste qui se réfléchit à travers le miroir des Eaux[54], au sein

---

[51] *Ibid.*, p. 50.

[52] Le lieu de ces points centraux est l'Invariable Milieu (voir 2ème année, n° 4, p. 120).

[53] Ou le plan de séparation des Eaux inférieures et des Eaux supérieures, c'est-à-dire des deux chaos, formel et informel, individuel et principiel, des états manifestés et des états non-manifestés dont l'ensemble constitue la Possibilité totale de l'Homme Universel. L'Océan des Grandes Eaux, la Mer symbolique, est, selon Fabre d'Olivet, l'image de la Passivité Universelle : *Mare, Mariah, Mâyâ* (voir aussi *L'Archéomètre*). C'est la Grande Nature primordiale (*Moûla-Prakritî* ou Racine procréatrice, *Bhoûta-Yoni* ou Matrice des êtres), manifestation du Principe féminin, image réfléchie, c'est-à-dire inversée (selon la loi de l'analogie), de la Vierge de Lumière : celle-ci, « Océan spirituel d'en haut, de tous ses effluves dégage les êtres de l'Océan sentimental d'en bas » (*Ibid.*, p. 58).

[54] « L'Esprit ne se meut pas dans le chaos ; il se meut au-dessus des Eaux, c'est-à-dire au-dessus d'un plan de réflexion, agissant à la façon d'un miroir, sur lequel l'image renversée du mouvement de l'Esprit (ou de l'Activité du Ciel) se révèle au chaos. Cette révélation produit immédiatement le *Fiat Lux*. – Dans le chaos cosmique, le *Fiat Lux* se traduit par la vibration lumineuse capable de déterminer les formes. Dans le chaos humain, le *Fiat Lux* se traduit par la vibration sentimentale capable d'engendrer le désir de sortir de l'agnosticisme. » (*Ibid.*, p. 9.)

de celles-ci est enfermée une étincelle divine, germe spirituel incréé, Verbe fragmentaire, si l'on peut ainsi s'exprimer, qui, se développant pour s'identifier en acte au Verbe total, (auquel il est en effet identique en puissance, réalisera dans son expansion le parfait épanouissement de toutes les possibilités de l'être. Ce principe divin involué dans les êtres, c'est le Verbe Rédempteur[55], *Christos*, « conçu du Saint-Esprit et né de la Vierge Marie »[56] ; c'est *Agni*[57] se manifestant au centre du *Swastika*, qui est la croix tracée dans le plan horizontal, et qui, par sa rotation autour de ce centre, génère le cycle évolutif constituant chacun des éléments du cycle universel[58]. Le centre, seul point restant immobile dans ce mouvement de rotation, est, en raison même de son immobilité, le moteur de la « roue d'existence » ; il est la Loi (c'est-à-dire l'expression ou la manifestation de la Volonté du Ciel) pour le cycle correspondant au plan horizontal dans lequel s'effectue cette rotation, et son action se mesure par le pas de l'hélice évolutive à axe vertical[59].

---

[55] C'est du moins sous cet aspect qu'on l'envisage plus particulièrement par rapport à l'être humain ; mais, lorsqu'il s'agit de l'organisation du chaos cosmique, il est considéré sous son aspect de Créateur (*Brahmâ*).

[56] Ces paroles du *Credo* catholique s'expliquent d'elles-mêmes par ce qui vient d'être dit ; mais il est bien entendu, et nous tenons à le déclarer formellement pour éviter toute méprise, que cette interprétation symbolique n'a rien à faire avec les doctrines du Catholicisme actuel, pour lequel il n'y a pas et il ne peut pas y avoir d'ésotérisme, ainsi que nous l'expliquerons dans une autre étude.

[57] Il est figuré comme un principe igné (de même d'ailleurs que le Rayon lumineux qui le fait naître), le feu étant l'élément actif par rapport à l'eau, élément passif.

[58] Pour la figure du *Swastika*, voir 1ère année, n° 11, p. 245 [(*L'Archéomètre*)].

[59] « Il n'y a pas de moyen direct d'apprécier cette mesure ; on ne la connaîtrait que par analogie (principe d'harmonie), si l'Univers, dans sa modification présente, se souvenait de sa modification passée, et pouvait ainsi juger de la quantité métaphysique acquise, et, par suite, pouvait mesurer la force ascensionnelle. Il n'est pas dit que la chose soit impossible ; mais elle n'est pas dans les facultés de la présente humanité. – On voit ainsi que ceux qui prennent le *cercle* pour symbole de l'Évolution font donc simplement oubli de la *cause première*. » (*La Voie Métaphysique*, pp. 95 et 96.) – Le pas de l'hélice est la distance verticale entre les deux extrémités d'une Spire, distance qui, dans la totalité de l'Évolution, doit être regardée comme infinitésimale (voir numéro précédent, pp. 118 et 119). Cet élément « est dû expressément à la somme d'une mort et d'une naissance, et à la coïncidence de cette mort et de cette naissance » ; d'ailleurs, « ces phénomènes mort et naissance, considérés en eux-

La réalisation des possibilités de l'être par l'action du Verbe (action toujours intérieure, puisqu'elle s'exerce à partir du centre de chaque plan) est figurée dans les différents symbolismes par l'épanouissement d'une fleur à la surface des Eaux : cette fleur symbolique est ordinairement le lotus dans la tradition orientale, la rose dans la tradition occidentale[60]. Considéré d'abord dans le plan central (plan horizontal de réflexion du Rayon Céleste), comme intégration de l'état d'être correspondant, cet épanouissement pourra être figuré, pour le Microcosme, par celui d'une fleur à cinq pétales, formant le Pentagramme ou l'Étoile Flamboyante, et, pour le Macrocosme, par celui d'une fleur à six pétales, formant le double triangle du Sceau de Salomon[61] ; mais il

---

mêmes et en dehors des cycles, sont parfaitement égaux » (*La Voie Métaphysique*, pp. 138 et 139).

[60] Quelquefois aussi le lis (à six pétales) : voir *L'Archéomètre*, 1ère année, n° 10, p. 218, note 3[(note 34)]. – Le lis est un symbole macrocosmique comme le lotus, tandis que la rose est le plus souvent un symbole microcosmique.

[61] Cependant, le lotus a le plus habituellement huit pétales ; dans tous les cas, il en a toujours un nombre pair ; mais nous ne pouvons entrer dans l'explication détaillée de ce symbolisme. Nous rappellerons seulement que 8 est le nombre de l'équilibre parfait ; les huit pétales du Lotus peuvent aussi être rapportées aux huit *Koua*, c'est-à-dire aux huit trigrammes de Fo-hi (voir *La Voie Métaphysique*, pp. 39 et 40). D'autre part, « 5, qui est le nombre de la chute, est aussi le nombre de la volonté, laquelle est l'instrument de la réintégration », c'est-à-dire de la réalisation de l'Homme Universel (voir *Commentaires sur le Tableau Naturel de L.-Cl. de Saint-Martin*, 1ère année, n° 8, p. 173). et 6 est le nombre de la Création (voir *Remarques sur la production des Nombres*, 1ère année, n° 9, p. 191). Remarquons encore que ces nombres 5 et 6, qui correspondent respectivement aux symboles du Microcosme et du Macrocosme, sont les valeurs numériques des lettres hébraïques ה et ו, les deux lettres médianes du Tétragramme יהוה, qui, prises dans l'ordre inverse, en sont aussi les deux dernières. En arabe, les deux lettres correspondantes forment le pronom *Hôa*, « Lui », dont le nombre est ainsi égal à 11 (sur ce nombre 11, voir *L'Archéomètre*, 2ème année, n° 3, p. 88, note 2). En hébreu, le même pronom (qui s'emploie aussi comme verbe, pour signifier « Il est ») s'écrit הוא, joignant à ces deux lettres, qui représentent ici l'union (ou l'unification) du Microcosme et du Macrocosme, la lettre א, qui, par son nombre 1, correspond au centre de l'épanouissement de l'être ; par sa forme, cette même lettre א rappelle le symbole du *Swastika*. Le pronom hébraïque הוא a pour nombre total 12 ; sans étudier ici les diverses significations de ce nombre, nous remarquerons seulement que la lettre ל, dont il marque le rang alphabétique, exprime hiéroglyphiquement les idées d'expansion et de développement, ainsi que l'involution du principe spirituel (voir la douzième lame du Tarot), et que ce même nombre s'écrit ordinairement יב (10 + 2), unissant les initiales des noms des deux Colonnes

s'étendra hors de ce plan, à la totalité des états d'être, suivant le développement indéfini, dans toutes les directions à partir du point central, du vortex sphérique universel dont nous avons parlé précédemment[62].

(À *suivre*.)

LE SYMBOLISME DE LA CROIX (suite)[63]

Avant de terminer cette étude déjà longue, nous devons insister sur un point qui, pour nous, est d'une importance capitale : c'est que notre conception diffère essentiellement, dans son principe même et par ce principe, de toutes les conceptions anthropomorphiques et géocentriques sur lesquelles reposent les religions occidentales[64]. Nous pourrions même dire qu'elle en diffère infiniment, et ce ne serait point là un abus de langage, mais au contraire une expression plus juste que toute autre, et plus adéquate à la conception à laquelle nous l'appliquons. En effet, il ne peut évidemment y avoir aucune commune mesure entre, d'une part, le Soi, envisagé comme la totalisation de l'être s'intégrant suivant les trois dimensions de la Croix, pour se réintégrer finalement en son Unité première, réalisée dans cette plénitude même de l'expansion que symbolise l'espace tout entier, et, d'autre part, une modification individuelle quelconque, représentée par un élément infinitésimal du même espace, ou même l'intégralité d'un état d'être, dont la figuration plane (avec les restrictions que nous avons faites, c'est-à-dire si on considère cet état isolément) comporte encore un élément infinitésimal par rapport à l'espace à

---

du Temple, ce qui symbolise l'union des deux principes complémentaires masculin (ʾ) et féminin (ב) en l'Androgynité de l'Adam Kadmon. Nous avons vu que ces deux principes sont aussi représentés dans la Croix par les directions verticale et horizontale (2ème année, n° 4, p. 118) ; enfin, 12 = 3 × 4 représente encore l'expansion de la Croix, symbole du quaternaire, selon les trois dimensions de l'espace.

[62] 2ème année, n° 3, p. 100. – Ceci complète l'explication du symbole de la Rose-Croix ; ici encore, comme pour la croix (voir 2ème année, n° 2, p. 55), nous devons constater combien est insuffisante l'interprétation donnée par Ragon au sujet de la rose (*Rituel du Grade de Rose-Croix*, pp. 28 et 29).

[63] [Paru en juin 1911.]

[64] Sur cette même question, voir, dans le numéro précédent, la note de notre collaborateur Abdul-Hâdi, intitulée : *L'Islam et les religions anthropomorphiques* (pp. 152 et 153).

trois dimensions (en replaçant cette figuration dans l'espace, son plan horizontal étant alors regardé comme se déplaçant effectivement d'une quantité infinitésimale suivant la direction de l'axe vertical) ; et, puisqu'il s'agit d'éléments infinitésimaux, même dans un symbolisme géométrique forcément restreint et limité, on voit que, en réalité, c'est bien là, pour ce qui est symbolisé respectivement par les deux termes que nous venons de comparer entre eux, une incommensurabilité absolue, ne dépendant d'aucune convention arbitraire[65]. Chaque intégration ajoute une dimension à la représentation spatiale correspondante ; donc, s'il a fallu une première intégration pour passer de la ligne à la surface, qui est mesurée par la croix à deux dimensions décrivant le cercle indéfini qui ne se ferme pas, il faut une seconde intégration pour passer de la surface au volume, dans lequel la Croix à trois dimensions crée, par l'irradiation de son centre suivant toutes les directions de l'espace où il est situé, le sphéroïde indéfini dont un mouvement vibratoire nous donne l'image, le volume toujours ouvert en tous sens qui symbolise le vortex universel de la Voie.

Dans ce qui précède, nous n'avons pas établi une distinction nette entre les significations respectives des deux termes espace et étendue : si nous avons appelé espace ce qui n'est en réalité qu'une étendue particulière à trois dimensions, c'est parce que, même dans le plus haut degré de généralisation de notre symbole spatial, nous n'avons pas dépassé les limites de cette étendue, prise pour donner une figuration, nécessairement imparfaite, de l'être total. Cependant, si l'on voulait s'astreindre à un langage rigoureux, on devrait n'employer le mot espace que pour désigner l'ensemble de toutes les étendues particulières ; ainsi, la possibilité spatiale, dont la réalisation (au sens de passage de la puissance à l'acte) constitue une des conditions spéciales de certains états de manifestation (tels que notre état corporel, en particulier), contient dans son indéfinité toutes les étendues possibles. Mais ce n'est d'ailleurs, même dans toute cette généralité, qu'une possibilité déterminée, indéfinie sans doute, mais néanmoins finie[66], puisque, comme le montre la production des nombres (tant

---

[65] Un indéfini est pris ici pour symbole de l'Infini, dans la mesure où il est permis de dire que l'Infini peut être symbolisé ; mais ceci ne revient nullement à les confondre, et nous ferons d'ailleurs remarquer cette distinction plus explicitement dans la suite.

[66] S'il en était autrement, la coexistence d'une indéfinité d'autres possibilités, qui ne sont pas

en série décroissante qu'en série croissante), l'indéfini procède du fini, ce qui n'est possible qu'à la condition que le fini contienne en puissance cet indéfini. S'il nous est impossible d'admettre le point de vue étroit du géocentrisme, nous n'approuvons pas davantage cette sorte de lyrisme scientifique, ou soi-disant tel, qui paraît surtout cher à certains astronomes, et où il est sans cesse question de l'« espace infini » et du « temps éternel », qui sont de pures absurdités ; là encore, il ne faut voir, comme nous le montrerons par ailleurs, qu'un autre aspect de la tendance à l'anthropomorphisme.

Une autre remarque importante dans cet ordre d'idées, c'est que les considérations que nous avons exposées ne nous conduisent nullement, comme certains pourraient le croire à tort si nous ne prenions la précaution d'y insister quelque peu, à envisager l'espace, ainsi que l'a fait Pascal, comme « une sphère dont le centre est partout et la circonférence nulle part ». En effet, il est vrai que, dans la représentation géométrique (c'est-à-dire spatiale) de l'être total, chaque point est, en puissance, centre de l'être que représente cette étendue où il est situé ; mais il ne faut pas oublier que, comme nous l'avons déjà dit[67], entre le fait (ou l'objet, ce qui est la même chose) pris pour symbole et le principe métaphysique que l'on veut symboliser, l'analogie est toujours inversée. Ainsi, dans l'espace considéré dans sa réalité actuelle (c'est bien ainsi que Pascal l'entendait) et non plus comme symbole de l'être total, tous les points appartiennent au domaine de la manifestation, par le fait qu'ils appartiennent à l'espace, qui est une des possibilités dont la réalisation est comprise dans ce domaine, lequel constitue ce que nous pouvons appeler l'extériorité de l'Existence universelle. Parler ici d'intérieur et d'extérieur est encore, sans doute, un langage symbolique, et d'un symbolisme spatial ; mais l'impossibilité de se passer de tels symboles ne prouve pas autre chose que l'imperfection de nos moyens d'expression ; nous ne pouvons évidemment communiquer nos conceptions à autrui (dans le monde manifesté et formel, puisqu'il s'agit d'un état individuel restreint, hors duquel il ne pourrait d'ailleurs être question d'» autrui ») qu'à travers des figurations (manifestant ces conceptions dans des

---

comprises dans celle-là, et dont chacune est également susceptible d'un développement indéfini, serait manifestement impossible ; et cette seule considération suffirait à démontrer l'absurdité de cet « espace infini » dont on a tant abusé.

[67] Voir 2ème année, n° 3, p. 96, note [(note 8)].

formes), c'est-à-dire par des analogies. Nous pouvons alors, et nous devons même, pour conformer notre expression au rapport normal de ces analogies (que nous appellerions volontiers, en termes géométriques, un rapport d'homothétie inverse), renverser l'énoncé de la phrase de Pascal, et dire que, non seulement dans l'espace, mais dans tout ce qui est manifesté, c'est l'extérieur (ou la circonférence) qui est partout, tandis que le centre n'est nulle part, car il est non-manifesté[68] ; mais ce point, qui n'est rien de manifesté, contient en puissance toutes les manifestations, il est le moteur immobile de toutes choses, le principe immuable de toute différenciation. Ce point produit tout l'espace (et les autres manifestations) en sortant de lui-même, en quelque sorte, par le déploiement de ses virtualités, et ainsi il remplit cet espace tout entier ; pourtant, en principe, il n'est point soumis à l'espace, puisque c'est lui qui le crée, et il ne cesse point d'être identique à lui-même ; et, quand il a réalisé sa possibilité totale, c'est pour revenir à cette Unité première qui contenait tout en puissance, Unité qui est lui-même (le Soi), et dont, par conséquent, envisagé en lui-même, il n'était point sorti. C'est par la conscience de cette Identité de l'Être, permanente à travers toutes les modifications multiples de l'Existence une, que se manifeste, au centre même de notre état d'être actuel, comme de tous les autres états d'être, cet élément supérieur de l'homme, incréé et non-incarné, que nous avons appelé le Rayon Céleste ; et c'est cette conscience, supérieure à toute faculté créée, et impliquant l'assentiment de la loi d'harmonie qui relie et unit logiquement toutes choses dans l'Univers, c'est, disons-nous, cette conscience qui, pour notre être individuel, mais indépendamment de lui et de ses conditions, constitue « la sensation de l'éternité »[69].

---

[68] C'est « le lieu qui n'est pas » (אין), en lequel réside l'équilibre de la Balance, comme il est dit au commencement du *Siphra D'sénioutha* (voir *L'Archéomètre*, 2ème année, n° 5, p. 146).
[69] Voir *Pages dédiées au Soleil*, 2ème année, n° 2, p. 65.

À PROPOS DU
GRAND ARCHITECTE DE L'UNIVERS

Paru dans La Gnose, *juillet, août 1911.*

Vers la fin de notre précédente étude[70], nous avons fait allusion à certains astronomes contemporains à qui il arrive parfois de s'écarter du domaine qui leur est propre, pour se livrer à des digressions empreintes d'une philosophie qu'il n'est certes pas injuste de déclarer toute sentimentale, car elle est essentiellement poétique dans son expression. Qui dit sentimentalisme dit toujours anthropomorphisme, car il en est de plusieurs sortes ; et celui dont nous parlons a ceci de particulier qu'il s'est d'abord manifesté comme une réaction contre la cosmogonie géocentrique des religions révélées et dogmatiques, pour aboutir aux conceptions étroitement systématiques de savants qui veulent borner l'Univers à la mesure de leur compréhension actuelle[71], d'une part, et, d'autre part, à des croyances pour le moins aussi singulières et peu rationnelles (en raison même de leur caractère tout sentimental de croyances) que celles qu'elles prétendent remplacer[72]. Sur l'un et sur l'autre de ces deux produits d'une même mentalité, nous aurons également à revenir par la suite ; mais il est bon de constater qu'ils s'unissent parfois, et il est à peine besoin de rappeler, pour en donner un exemple, la fameuse « religion positiviste » qu'Auguste Comte institua vers la

---

[70] Voir *Le Symbolisme de la Croix*, 2ème année, n° 6, p. 166.

[71] « l'homme est la mesure de toutes choses », a dit un philosophe grec ; mais il est bien évident que ceci doit s'entendre en réalité, non de l'homme individuel contingent, mais de l'Homme Universel.

[72] Citons comme exemple, pour ne pas sortir des conceptions directement suggérées par l'astronomie, l'étrange théorie de la migration de l'être individuel à travers les divers systèmes planétaires ; il y a là une erreur tout à fait analogue à celle de la réincarnation (voir à ce propos 2ème année, n° 3, p. 94, note 1[(note 6)]). Pour l'exposé de cette conception, outre les ouvrages de M. Flammarion, voir Figuier, *Le Lendemain de la Mort ou la Vie future selon la Science.*

fin de sa vie. Qu'on ne croie point, d'ailleurs, que nous sommes hostile le moins du monde aux positivistes ; nous avons au contraire pour eux, quand ils sont strictement positivistes[73], et alors même que leur positivisme reste forcément incomplet, une tout autre estime que pour les philosophes doctrinaires modernes, qu'ils se déclarent monistes ou dualistes, spiritualistes ou matérialistes.

Mais revenons à nos astronomes ; parmi eux, l'un des plus connus du grand public (et c'est pour ce seul motif que nous le citons de préférence à tout autre, eût-il une valeur scientifique bien supérieure) est assurément M. Camille Flammarion, que nous voyons, même dans ceux de ses ouvrages qui sembleraient devoir être purement astronomiques, écrire des choses comme celles-ci :

« ... Si les mondes mouraient pour toujours, si les soleils une fois éteints ne se rallumaient plus, il est probable qu'il n'y aurait plus d'étoiles au ciel.

« Et pourquoi ?

« Parce que la création est si ancienne, que nous pouvons la considérer comme éternelle dans le passé[74]. Depuis l'époque de leur formation, les innombrables soleils de l'espace ont eu largement le temps de s'éteindre. Relativement à l'éternité passée (*sic*), il n'y a que les nouveaux soleils qui brillent. Les premiers sont éteints. L'idée de succession s'impose donc d'elle-même à notre esprit[75].

---

[73] Mais, bien entendu, le positiviste, s'il veut rester toujours logique avec lui-même, ne peut jamais prendre, en quelque façon que ce soit, une attitude négatrice, autrement dit systématique (car qui dit négation dit limitation, et réciproquement).

[74] C'est une singulière conception que celle d'une soi-disant éternité temporelle, qui se compose de durées successives, et qui semble se partager en deux moitiés, l'une passée et l'autre future ; ce n'est là, en réalité, que l'indéfinité de la durée, à laquelle correspond l'immortalité humaine. Nous aurons l'occasion de revenir sur cette idée d'une pseudo-éternité divisible, et sur les conséquences qu'ont voulu en tirer quelques philosophes contemporains.

[75] Il est presque superflu d'attirer l'attention sur la quantité de pures hypothèses qui sont

« Quelle que soit la croyance intime que chacun de nous ait acquise dans sa conscience sur la nature de l'Univers, il est impossible d'admettre l'ancienne théorie d'une création faite une fois pour toutes[76]. L'idée de Dieu n'est-elle pas, elle-même, synonyme de l'idée de Créateur ? Aussitôt que Dieu existe, il crée ; s'il n'avait créé qu'une fois, il n'y aurait plus de soleils dans l'immensité, ni de planètes puisant autour d'eux la lumière, la chaleur, l'électricité et la vie[77]. Il faut, de toute nécessité, que la création soit perpétuelle[78]. Et, si Dieu n'existait pas, l'ancienneté, l'éternité de l'Univers s'imposerait avec plus de force encore[79]. »

L'auteur déclare que l'existence de Dieu est « une question de philosophie pure et non de science positive », ce qui ne l'empêche pas de vouloir démontrer ailleurs[80], sinon scientifiquement, du moins par des arguments scientifiques, cette même existence de Dieu, ou plutôt d'un dieu, devrions-nous dire, et encore d'un dieu fort peu lumineux[81], puisqu'il n'est qu'un aspect du Démiurge ; c'est l'auteur lui-même qui le déclare, en affirmant que, pour lui, « l'idée de Dieu est synonyme de celle de Créateur », et, quand il parle de création, c'est toujours du monde physique seulement qu'il s'agit, c'est-à-dire du contenu de l'espace que l'astronome a la possibilité d'explorer avec son télescope[82]. Du reste, il est des savants qui ne s'affirment athées que parce qu'il

---

accumulées dans ces quelques lignes.

[76] On se demande au nom de quel principe est proclamée cette impossibilité, dès lors qu'il s'agit d'une croyance (le mot y est), c'est-à-dire de quelque chose qui ne relève que de la conscience individuelle.

[77] Il résulte visiblement de cette phrase que, pour l'auteur, Dieu a un commencement et est soumis au temps, ainsi d'ailleurs qu'à l'espace.

[78] Mais perpétuel, qui n'implique que la durée indéfinie, n'est nullement synonyme d'éternel, et une ancienneté, si grande soit-elle, n'a aucun rapport avec l'éternité.

[79] *Astronomie populaire*, pp. 380 et 381.

[80] *Dieu dans la Nature*, ou « le Spiritualisme et le Matérialisme devant la Science moderne ».

[81] On sait que le mot Dieu dérive du sanscrit *Dêva*, qui signifie « lumineux » ; il est d'ailleurs bien entendu qu'il s'agit ici de la Lumière spirituelle, et non de la lumière physique qui n'en est qu'un symbole.

[82] En effet, la science moderne n'admet, du moins en principe, que ce qui est susceptible de tomber sous le contrôle d'un ou plusieurs des cinq sens corporels ; de son point de vue étroitement spécialisé, tout le reste de l'Univers est purement et simplement considéré comme inexistant.

leur est impossible de se faire de l'Être Suprême une autre conception que celle-là, laquelle répugne trop fortement à leur raison (ce qui témoigne du moins en faveur de celle-ci) ; mais M. Flammarion n'est point de ce nombre, puisque, au contraire, il ne perd aucune occasion de faire une profession de foi déiste. Ici même, aussitôt après le passage que nous avons précédemment cité, il est conduit, par des considérations empruntées d'ailleurs à une philosophie tout atomiste, à formuler cette conclusion : « la vie est universelle et éternelle »[83]. Il prétend en être arrivé là par la science positive seule (au moyen de combien d'hypothèses !) ; mais il est assez singulier que cette même conclusion ait été depuis longtemps affirmée et enseignée dogmatiquement par le Catholicisme, comme relevant exclusivement du domaine de la foi[84]. Si la science et la foi devaient se rejoindre si exactement, était-ce bien la peine de reprocher avec tant d'acrimonie à cette religion les quelques tracasseries que Galilée eut jadis à subir de la part de ses représentants pour avoir enseigné la rotation de la Terre et sa révolution autour du Soleil, opinions contraires à un géocentrisme que l'on voulait alors appuyer sur l'interprétation exotérique (et erronée) de la Bible, mais dont, à notre époque, les plus ardents défenseurs (car il y en a encore) ne se trouvent peut-être plus parmi les fidèles des religions révélées[85] ?

Voyant M. Flammarion mêler ainsi le sentimentalisme à la science sous

---

[83] *Astronomie populaire*, p. 387.

[84] Nous reviendrons sur cette question de la « vie éternelle » ; mais nous pouvons faire remarquer dès maintenant que cette prétendue éternisation d'une existence individuelle contingente n'est que la conséquence d'une confusion entre l'éternité et l'immortalité. D'ailleurs, cette illusion est plus facilement excusable, dans une certaine mesure, que celle des spirites et autres psychistes, qui croient pouvoir démontrer l'immortalité « scientifiquement », c'est-à-dire expérimentalement, tandis que l'expérience ne pourra évidemment jamais prouver plus ni mieux qu'une survivance de quelques éléments de l'individualité, après la mort de l'élément corporel physique ; il convient d'ajouter que, au point de vue de la science positive, même cette simple survivance d'éléments *matériels* est encore bien loin d'être solidement établie, malgré les prétentions des diverses écoles néo-spiritualistes.

[85] Nous faisons notamment allusion ici à certains groupes d'occultistes, dont les théories sont d'ailleurs trop peu sérieuses pour qu'on leur consacre le moindre développement ; cette simple indication suffira certainement pour mettre nos lecteurs en garde contre les élucubrations de ce genre.

prétexte de « spiritualisme », nous ne pouvons pas être surpris qu'il en soit arrivé assez rapidement à un « animisme » qui, comme celui d'un Crookes, d'un Lombroso (à la fin de sa vie) ou d'un Richet (autant d'exemples de l'échec de la science expérimentale en face de la mentalité formée depuis longtemps en Occident par l'influence des religions anthropomorphiques), ne diffère guère du spiritisme ordinaire que pour la forme, pour sauver les apparences « scientifiques ». Mais ce qui pourrait étonner davantage, si l'on ne songeait que la conception d'un Dieu individuel, plus encore que « personnel », ne saurait satisfaire toutes les mentalités, ni même toutes les sentimentalités, ce qui, disons-nous, étonnerait peut-être davantage, c'est de retrouver cette même « philosophie scientifique » sur laquelle M. Flammarion édifie son néo-spiritualisme, et exposée en des termes presque identiques, sous la plume d'autres savants qui s'en servent précisément pour justifier au contraire une conception matérialiste de l'Univers. Bien entendu, nous ne pouvons pas plus donner raison aux uns qu'aux autres, car le spiritualisme et le « vitalisme » ou l'« animisme » des uns sont tout aussi étrangers à la pure métaphysique que le matérialisme et le « mécanisme » des autres, et tous se font de l'Univers des conceptions également bornées, quoique de façons diverses[86] ; tous prennent pour l'infini et l'éternité ce qui n'est en réalité que l'indéfinité spatiale et l'indéfinité temporelle. « La création se développe dans l'infini et dans l'éternité », écrit en effet M. Flammarion[87], et nous savons dans quel sens restreint il entend la création ; laissons-le sur cette affirmation, et venons-en maintenant, sans plus tarder, à ce qui a été l'occasion du présent article.

Dans *L'Acacia* de mars dernier, a paru un article du F∴ M.-I. Nergal sur *La question du Grand Architecte de l'Univers*, question qui avait déjà été traitée

---

[86] Il y aurait de curieuses remarques à faire sur les différentes limitations de l'Univers conçues par les savants et les philosophes modernes ; c'est là une question que nous traiterons peut-être quelque jour.

[87] *Astronomie populaire*, p. 211.

précédemment[88] dans la même revue, par le regretté F∴ Ch.-M. Limousin et par le F∴ Oswald Wirth ; nous en avons dit quelques mots il y a plus d'un an[89].

Or, si nous avons cité M. Flammarion comme simple exemple de la tendance néo-spiritualiste de certains savants contemporains, nous pouvons bien prendre le F∴ Nergal pour exemple de la tendance matérialiste de certains autres. En effet, lui-même s'affirme nettement tel, rejetant toutes les autres dénominations qui (comme celle de « moniste », notamment) pourraient laisser place à quelque équivoque ; et l'on sait que, en réalité, les véritables matérialistes sont fort peu nombreux. Encore leur est-il bien difficile de conserver toujours une attitude strictement logique : alors qu'ils croient être des esprits rigoureusement scientifiques[90], leur conception de l'Univers n'est qu'une vue philosophique comme une autre, dans la construction de laquelle entrent bon nombre d'éléments d'ordre sentimental ; il en est même parmi eux qui vont si loin dans le sens de la prépondérance accordée (au moins pratiquement) au sentimentalisme sur l'intellectualité, que l'on peut trouver des cas de véritable mysticisme matérialiste. N'est-ce pas, en effet, un concept éminemment mystique et religieux que celui d'une morale absolue (ou soi-disant telle), qui peut exercer sur la mentalité d'un matérialiste une influence assez puissante pour lui faire avouer que, alors même qu'il n'aurait aucun motif rationnel d'être matérialiste, il le demeurerait cependant encore, uniquement parce qu'il est « plus beau » de « faire le bien » sans espoir d'aucune récompense possible ? C'est là, assurément, une de ces « raisons » que la raison ignore, mais nous croyons bien que le F∴ Nergal lui-même accorde une trop grande importance aux considérations d'ordre moral pour dénier toute valeur à un tel argument.[91]

---

[88] En 1908.

[89] *L'Orthodoxie Maçonnique*, 1ère année, n° 6, p. 107.

[90] S'ils l'étaient réellement, ils se borneraient à être uniquement positivistes, sans plus se préoccuper du matérialisme que du spiritualisme, les affirmations (et aussi les négations) de l'un comme celles de l'autre dépassant la portée de l'expérience sensible.

[91] Dans l'article même dont il est ici question, le F∴ Nergal parle de « l'idéal de beauté et de sentiment qu'ont en perspective les sincérités aux fortes et profondes convictions fondées sur les méthodes et disciplines scientifiques », sincérités qu'il oppose à celle « du

Quoi qu'il en soit, dans l'article auquel nous venons de faire allusion, le F∴ Nergal définit l'Univers comme « l'ensemble des mondes qui gravitent à travers les infinis (*sic*) »[92] ; ne croirait-on pas entendre M. Flammarion ? C'est précisément sur une affirmation équivalente à celle-ci que nous avons laissé ce dernier, et nous en faisons la remarque tout d'abord pour rendre manifeste la similitude de certaines conceptions chez des hommes qui, en raison de leurs tendances individuelles respectives, en déduisent des doctrines philosophiques diamétralement opposées.

Nous avons pensé que la question du Grand Architecte de l'Univers, d'ailleurs étroitement liée aux considérations qui précèdent, était de celles sur lesquelles il est bon de revenir parfois, et, puisque le F∴ Nergal souhaite que son article puisse motiver des réponses, nous exposerons ici quelques-unes des réflexions qu'il nous a suggérées, cela sans aucune prétention dogmatique, bien entendu, car l'interprétation du symbolisme maçonnique n'en saurait admettre[93].

(*À suivre.*)

À PROPOS DU GRAND ARCHITECTE DE L'UNIVERS (suite)[94]

Nous avons déjà dit que, pour nous, le Grand Architecte de l'Univers constitue uniquement un symbole initiatique, qu'on doit traiter comme tous les autres symboles, et dont on doit, par conséquent, chercher avant tout à se

---

spiritualisme du F∴ G…, fruit naturel de son éducation littéraire ».

[92] On pourrait croire qu'il y a ici une universalisation excessive de la loi de gravitation, si l'on ne réfléchissait que, pour l'auteur comme pour M. Flammarion, il ne s'agit jamais que de l'Univers physique, relevant du domaine de l'astronomie, qui n'est qu'un des éléments de la manifestation universelle, et qui n'est nullement infini ; encore moins remplit-il une pluralité d'infinis, dont la coexistence est d'ailleurs une pure et simple impossibilité (voir *Le Démiurge*, 1ère année, n° 1, p. 8).

[93] Voir *L'Orthodoxie Maçonnique*, 1ère année, n° 6, p. 106 (citation du Rituel interprétatif pour le Grade d'Apprenti).

[94] [Paru en août 1911.]

faire une idée rationnelle[95] ; c'est dire que cette conception ne peut rien avoir de commun avec le Dieu des religions anthropomorphiques, qui est non seulement irrationnel, mais même antirationnel[96]. Cependant, si nous pensons que « chacun peut attribuer à ce symbole la signification de sa propre conception philosophique » ou métaphysique, nous sommes loin de l'assimiler à une idée aussi vague et insignifiante que « l'Inconnaissable » d'Herbert Spencer, ou, en d'autres termes, à « ce que la science ne peut atteindre » ; et il est bien certain que, comme le dit avec raison le F∴ Nergal, « si personne ne conteste qu'il existe de l'inconnu[97], rien absolument ne nous autorise à prétendre, comme quelques-uns le font, que cet inconnu représente un esprit, une volonté ». Sans doute, « l'inconnu recule » et peut reculer indéfiniment ; il est donc limité, ce qui revient à dire qu'il ne constitue qu'une fraction de l'Universalité ; par suite, une telle conception ne saurait être celle du Grand Architecte de l'Univers, qui doit, pour être vraiment universelle, impliquer toutes les possibilités particulières contenues dans l'unité harmonique de l'Être Total[98].

Le F∴ Nergal a raison encore lorsqu'il dit que souvent « la formule du Grand Architecte ne correspond qu'à un vide absolu, même chez ceux qui en sont partisans », mais il est peu vraisemblable qu'il en ait été de même chez ceux qui l'ont créée, car ils ont dû vouloir inscrire au fronton de leur édifice initiatique autre chose qu'un mot vide de sens. Pour retrouver leur pensée, il suffit évidemment de se demander ce que signifie ce mot en lui-même, et, à ce point de vue précisément, nous le trouvons d'autant mieux approprié à l'usage

---

[95] Voir *L'Orthodoxie Maçonnique*, 1ère année, n° 6, p. 107.
[96] Ce que nous disons ici de l'anthropomorphisme peut s'appliquer également au sentimentalisme en général, et au mysticisme sous toutes ses formes.
[97] Ceci, bien entendu, par rapport aux individualités humaines considérées dans leur état actuel ; mais « inconnu » ne veut pas nécessairement dire « inconnaissable » : rien n'est inconnaissable lorsqu'on envisage toutes choses du point de vue de l'Universalité.
[98] Il ne faut pas oublier que, comme nous l'avons déjà fait remarquer à maintes reprises, la possibilité matérielle n'est qu'une de ces possibilités particulières, et qu'il en existe une indéfinité d'autres, chacune d'elles étant également susceptible d'un développement indéfini dans sa manifestation, c'est-à-dire en passant de la puissance à l'acte (voir en particulier *Le Symbolisme de la Croix*, 2ème année, nos 2 à 6).

qui en est fait qu'il correspond admirablement à l'ensemble du symbolisme maçonnique, qu'il domine et éclaire tout entier, comme la conception idéale qui préside à la construction du Temple Universel.

Le Grand Architecte, en effet, n'est pas le Démiurge, il est quelque chose de plus, infiniment plus même, car il représente une conception beaucoup plus élevée : il trace le plan idéal[99] qui est réalisé en acte, c'est-à-dire manifesté dans son développement indéfini (mais non infini), par les êtres individuels qui sont contenus (comme possibilités particulières, éléments de cette manifestation en même temps que ses agents) dans son Être Universel ; et c'est la collectivité de ces êtres individuels, envisagée dans son ensemble, qui, en réalité, constitue le Démiurge, l'artisan ou l'ouvrier de l'Univers[100]. Cette conception du Démiurge, qui est celle que nous avons précédemment exposée dans une autre étude, correspond, dans la Qabbalah, à *l'Adam Protoplastes* (premier formateur)[101], tandis que le Grand Architecte est identique à *l'Adam Qadmon*, c'est-à-dire à l'Homme Universel[102]. Ceci suffit à marquer la profonde différence qui existe entre le Grand Architecte de la Maçonnerie, d'une part, et, d'autre part, les dieux des diverses religions, qui ne sont tous que des aspects divers du Démiurge. C'est d'ailleurs à tort que, au Dieu anthropomorphe des Chrétiens exotériques, le F∴ Nergal assimile Jéhovah, c'est-à-dire יהוה, l'Hiérogramme du Grand Architecte de l'Univers lui-même (dont l'idée, malgré cette désignation nominale, demeure beaucoup plus indéfinie que l'auteur ne peut même le soupçonner), et *Allah*, autre Tétragramme dont la composition hiéroglyphique désigne très nettement le Principe de la Construction

---

[99] « L'Architecte est celui qui conçoit l'édifice, celui qui en dirige la construction », dit le F∴ Nergal lui-même. Et, sur ce point encore, nous sommes parfaitement d'accord avec lui ; mais, si l'on peut dire, en ce sens, qu'il est véritablement « l'auteur de l'œuvre », il est pourtant évident qu'il n'en est pas matériellement (ou formellement, d'une façon plus générale) « le créateur », car l'architecte, qui trace le plan, ne doit pas être confondu avec l'ouvrier qui l'exécute ; c'est exactement, à un autre point de vue, la différence qui existe entre la Maçonnerie spéculative et la Maçonnerie opérative.

[100] Voir notre étude sur *Le Démiurge*, 1ère année, nos 1 à 4.

[101] Et non pas « premier formé », comme on l'a dit quelquefois à tort, et en commettant un contresens manifeste dans la traduction du terme grec *Protoplastes*.

[102] Voir *Le Démiurge*, 1ère année, n° 2, pp. 25 à 27.

Universelle[103] ; de tels symboles ne sont nullement des personnifications, et ils le sont d'autant moins qu'il est interdit de les représenter par des figures quelconques.

D'autre part, d'après ce que nous venons de dire, on voit que, en réalité, on n'a fait que vouloir remplacer la formule anciennement en usage, « À la Gloire du Grand Architecte de l'Univers » (ou « du Sublime Architecte des Mondes », au Rite Égyptien), par d'autres formules exactement équivalentes, lorsqu'on a proposé d'y substituer ces mots : « À la Gloire de l'Humanité », celle-ci devant alors être comprise dans sa totalité, qui constitue l'Homme Universel[104], ou même : « À la Gloire de la Franc-Maçonnerie Universelle », car la Franc-Maçonnerie, au sens universel, s'identifie à l'Humanité intégrale envisagée dans l'accomplissement (idéal) du Grand Œuvre constructif[105].

---

[103] En effet, symboliquement, les quatre lettres qui forment en arabe le nom d'ALLaH équivalent respectivement à la règle, à l'équerre, au compas et au cercle, ce dernier étant remplacé par le triangle dans la Maçonnerie à symbolisme exclusivement rectiligne (voir *L'Universalité en l'Islam*, 2ème année, n° 4, p. 126).

[104] Il va sans dire que, en fait, chaque individu se fera de l'Humanité intégrale une conception qui sera plus ou moins limitée, suivant l'étendue actuelle de sa perception intellectuelle (ce que nous pourrions appeler son « horizon intellectuel ») ; mais nous n'avons à considérer la formule que dans son sens vrai et complet, en la dégageant de toutes les contingences qui déterminent les conceptions individuelles.

[105] Nous devons faire remarquer que le premier précepte du Code Maçonnique est exactement formulé ainsi : « Honore le G∴ A∴ de l'U∴ », et non pas : « Adore le G∴ A∴ de l'U∴ », ceci afin d'écarter jusqu'à la moindre apparence d'idolâtrie. Ce n'en serait, en effet, qu'une apparence, car, comme le prouvent d'ailleurs les considérations que nous exposons ici, la formule impliquant l'adoration serait suffisamment justifiée par la doctrine de l'« Identité Suprême », qui, envisagée dans ce sens, peut s'exprimer en une équation numérique (littérale) bien connue dans la Qabbalah musulmane. D'après le Qorân lui-même, Allah « commanda aux Anges d'adorer Adam, et ils l'adorèrent ; l'orgueilleux Iblis refusa d'obéir, et (c'est pourquoi) il fut au nombre des infidèles » (ch. II, v. 32). – Une autre question, connexe à celle-là, et qui serait intéressante, au double point de vue rituélique et historique, pour déterminer la signification et la valeur originelles du symbole du G∴ A∴, serait de rechercher si l'on doit régulièrement dire : « À la Gloire du G∴ A∴ de l'U∴ », suivant l'usage qui avait prévalu dans la Maçonnerie française, ou bien, selon la formule anglaise : « Au Nom du G∴ A∴ de l'U∴ » (I. T. N. O. T. G. A. O. T. U.).

Nous pourrions nous étendre encore beaucoup plus longuement sur ce sujet, qui est naturellement susceptible de développements indéfinis ; mais, pour conclure pratiquement, nous dirons que l'athéisme en Maçonnerie n'est et ne peut être qu'un masque, qui, dans les pays latins et particulièrement en France, a sans doute eu temporairement son utilité, on pourrait presque dire sa nécessité, et cela pour des raisons diverses que nous n'avons pas à déterminer ici, mais qui aujourd'hui est devenu plutôt dangereux et compromettant pour le prestige et l'influence extérieure de l'Ordre. Ce n'est point à dire, pourtant, qu'on doive pour cela, imitant la tendance piétiste qui domine encore la Maçonnerie anglo-saxonne, demander l'institution d'une profession de foi déiste, impliquant la croyance en un Dieu personnel et plus ou moins anthropomorphe. Loin de nous une pareille pensée ; bien plus, si une pareille déclaration venait jamais à être exigée dans une Fraternité initiatique quelconque, nous serions assurément le premier à refuser d'y souscrire. Mais la formule symbolique de reconnaissance du G∴ A∴ de l'U∴ ne comporte rien de semblable ; elle est suffisante, tout en laissant à chacun la parfaite liberté de ses convictions personnelles (caractère qu'elle a d'ailleurs en commun avec la formule islamite du Monothéisme) [106], et, au point de vue strictement maçonnique, on ne peut raisonnablement rien exiger de plus ni d'autre que cette simple affirmation de l'Être Universel, qui couronne si harmonieusement l'imposant édifice du symbolisme rituélique de l'Ordre.

---

[106] Il ne faut pas confondre « théisme » avec « déisme », car le Θεός grec comporte une signification beaucoup plus universelle que le Dieu des religions exotériques modernes ; nous aurons d'ailleurs plus tard l'occasion de revenir sur ce point.

LES NÉO-SPIRITUALISTES

Paru dans La Gnose, *d'août 1911 à février 1912.*

Dès le début de la publication de notre Revue[107], nous avons répudié très nettement, car il nous importait tout particulièrement de ne laisser subsister à ce sujet aucune équivoque dans l'esprit de nos lecteurs, nous avons, disons-nous, répudié toute solidarité avec les différentes écoles dites spiritualistes, qu'il s'agisse des occultistes, des théosophistes, des spirites, ou de tout autre groupement plus ou moins similaire. En effet, toutes ces opinions, que l'on peut réunir sous la dénomination commune de « néo-spiritualistes »[108], n'ont pas plus de rapports avec la Métaphysique, qui seule nous intéresse, que n'en peuvent avoir les diverses écoles scientifiques ou philosophiques de l'Occident moderne[109] ; et elles présentent en outre, en vertu de leurs prétentions injustifiées et peu raisonnables, le grave inconvénient de pouvoir créer, chez les gens insuffisamment informés, des confusions extrêmement regrettables, n'aboutissant à rien moins qu'à faire rejaillir sur d'autres, dont nous sommes, quelque chose du discrédit qui devrait les atteindre seules, et fort légitimement, auprès de tous les hommes sérieux.

C'est pourquoi nous estimons n'avoir aucun ménagement à garder vis-à-vis des théories en question, d'autant plus que, si nous le faisions, nous sommes certain que leurs représentants plus ou moins autorisés, loin d'agir de même à notre égard, ne nous en seraient nullement reconnaissants, et ne nous en témoigneraient pas moins d'hostilité ; ce serait donc, de notre part, une pure

---

[107] Voir *La Gnose et les Écoles spiritualistes*, 1ère année, n° 2.
[108] Il faut avoir soin de bien distinguer ce néo-spiritualisme du spiritualisme dit classique ou éclectique, doctrine fort peu intéressante sans doute, et de nulle valeur au point de vue métaphysique, mais qui du moins ne se donnait que pour un système philosophique comme les autres ; tout superficiel, il dut précisément son succès à ce manque même de profondeur, qui le rendait surtout fort commode pour l'enseignement universitaire.
[109] Voir *À nos Lecteurs*, 1ère année, n° 5.

faiblesse qui ne nous serait d'aucun profit, bien au contraire, et que pourraient toujours nous reprocher ceux qui connaissent là-dessus nos véritables sentiments. Nous n'hésitons donc pas à déclarer que nous considérons toutes ces théories néo-spiritualistes, dans leur ensemble, comme non moins fausses dans leur principe même et nuisibles pour la mentalité publique que l'est à nos yeux, ainsi que nous l'avons déjà dit précédemment[110], la tendance moderniste, sous quelque forme et en quelque domaine qu'elle se manifeste[111].

En effet, s'il est un point au moins sur lequel le Catholicisme, dans son orientation actuelle, a toutes nos sympathies, c'est bien en ce qui concerne sa lutte contre le modernisme. Il paraît se préoccuper beaucoup moins du néo-spiritualisme, qui, il est vrai, a peut-être pris une moins grande et moins rapide extension, et qui d'ailleurs se tient plutôt en dehors de lui et sur un autre terrain, de telle sorte que le Catholicisme ne peut guère faire autre chose que d'en signaler les dangers à ceux de ses fidèles qui risqueraient de se laisser séduire par des doctrines de ce genre. Mais, si quelqu'un, se plaçant en dehors de toute préoccupation confessionnelle, et par conséquent dans un champ d'action beaucoup plus étendu, trouvait un moyen pratique d'arrêter la diffusion de tant de divagations et d'insanités plus ou moins habilement présentées, suivant qu'elles le sont par des hommes de mauvaise foi ou par de simples imbéciles, et qui, dans l'un et l'autre cas, ont déjà contribué à détraquer irrémédiablement un si grand nombre d'individus, nous estimons que celui-là accomplirait, en ce faisant, une véritable œuvre de salubrité mentale, et rendrait un éminent service à une fraction considérable de l'humanité occidentale actuelle[112].

Tel ne peut être notre rôle, à nous qui, par principe, nous interdisons formellement toute polémique, et nous tenons à l'écart de toute action extérieure et de toute lutte de partis. Cependant, sans sortir du domaine

---

[110] Voir *Ce que nous ne sommes pas*, 2ème année, n° 1.

[111] Voir aussi *L'Orthodoxie Maçonnique*, 1ère année, n° 6.

[112] En cette époque où pullulent les associations de tout genre et les ligues contre tous les fléaux réels ou supposés, on pourrait peut-être suggérer, par exemple, l'idée d'une « Ligue antioccultiste », qui ferait simplement appel à toutes les personnes de bon sens, sans aucune distinction de partis ou d'opinions.

strictement intellectuel, nous pouvons, lorsque l'occasion s'en présente à nous, montrer l'absurdité de certaines doctrines ou de certaines croyances, et parfois souligner certaines déclarations des spiritualistes eux-mêmes, pour montrer le parti qu'on en peut tirer contre leurs propres affirmations doctrinales, car la logique n'est pas toujours leur fait, et l'incohérence est chez eux un défaut assez répandu, visible pour tous ceux qui ne se laissent pas prendre aux mots plus ou moins pompeux, aux phrases plus ou moins déclamatoires, qui bien souvent ne recouvrent que le vide de la pensée. C'est dans le but que nous venons d'indiquer que nous ouvrons aujourd'hui la présente rubrique, nous réservant de la reprendre toutes les fois que nous le jugerons à propos, et souhaitant que nos remarques, faites au hasard des lectures et des recherches qui attireront incidemment notre attention sur les théories incriminées, puissent, s'il en est temps encore, ouvrir les yeux des personnes de bonne foi qui se sont égarées parmi les néo-spiritualistes, et dont quelques-unes au moins seraient peut-être dignes d'un meilleur sort.

∴

Déjà, à maintes reprises, nous avons déclaré que nous rejetons absolument les hypothèses fondamentales du spiritisme, à savoir la réincarnation[113], la possibilité de communiquer avec les morts par des moyens matériels[114], et la prétendue démonstration expérimentale de l'immortalité humaine [115]. D'ailleurs, ces théories ne sont pas propres aux seuls spirites, et, en particulier, la croyance à la réincarnation est partagée par la majorité d'entre eux[116] avec les théosophistes et un grand nombre d'occultistes de différentes catégories. Nous ne pouvons rien admettre de ces doctrines, car elles sont formellement contraires aux principes les plus élémentaires de la Métaphysique ; de plus, et pour cette raison même, elles sont nettement antitraditionnelles ; du reste, elles

---

[113] Voir notamment *Le Démiurge*, 1ère année, n° 3, p. 47, et *Le Symbolisme de la Croix*, 2ème année, n° 3, p. 94, note 1[(note 6)].

[114] Voir *La Gnose et les Écoles spiritualistes*, 1ère année, n° 2, p. 20.

[115] Voir *À propos du Grand Architecte de l'Univers*, 2ème année, n° 7, p. 196, note 1[(note 15)].

[116] On sait que, cependant, la plupart des spirites américains font exception et ne sont pas réincarnationnistes.

n'ont été inventées que dans le cours du XIXe siècle, bien que leurs partisans s'efforcent par tous les moyens possibles, en torturant et dénaturant des textes, de faire croire qu'elles remontent à la plus haute antiquité. Ils emploient pour cela les arguments les plus extraordinaires et les plus inattendus ; c'est ainsi que nous avons vu tout récemment, dans une revue que nous aurons la charité de ne pas nommer, le dogme catholique de la « résurrection de la chair » interprété dans un sens réincarnationniste ; et encore c'est un prêtre, sans doute fortement suspect d'hétérodoxie, qui ose soutenir de pareilles affirmations ! Il est vrai que la réincarnation n'a jamais été condamnée explicitement par l'Église Catholique, et certains occultistes le font remarquer à tout propos avec une évidente satisfaction ; mais ils ne paraissent pas se douter que, s'il en est ainsi, c'est tout simplement parce qu'il n'était pas même possible de soupçonner qu'il viendrait un jour où l'on imaginerait une telle folie. Quant à la « résurrection de la chair », ce n'est, en réalité, qu'une façon fautive de désigner la « résurrection des morts », qui, ésotériquement [117], peut correspondre à ce que l'être qui réalise en soi l'Homme Universel retrouve, dans sa totalité, les états qui étaient considérés comme passés par rapport à son état actuel, mais qui sont éternellement présents dans la « permanente actualité de l'être extra-temporel »[118].

Dans un autre article de la même revue, nous avons relevé un aveu involontaire, voire même tout à fait inconscient, qui est assez amusant pour mériter d'être signalé en passant, Un spiritualiste déclare que « la vérité est dans le rapport exact du contingent à l'absolu » ; or ce rapport, étant celui du fini à l'infini, ne peut être que rigoureusement égal à zéro ; tirez vous-mêmes la conclusion, et voyez si après cela il subsiste encore quelque chose de cette prétendue « vérité spiritualiste », qu'on nous présente comme une future « évidence expérimentale » ! Pauvre « enfant humain » (*sic*) [119], « psycho-intellectuel », qu'on veut « alimenter » avec une telle vérité (?), et à qui l'on veut

---

[117] Bien entendu, cette interprétation ésotérique n'a rien de commun avec la doctrine catholique actuelle, purement exotérique ; à ce sujet, voir *Le Symbolisme de la Croix*, 2ème année, n° 5, p. 149, note 4[(note 41)].

[118] Voir *Pages dédiées à Mercure*, 2ème année, n° 1, p. 35, et n° 2, p. 66.

[119] L'auteur a soin de nous avertir que « ce n'est pas un pléonasme » ; alors, nous nous demandons ce que cela peut bien être.

faire croire qu'il est « fait pour la connaître, l'aimer et la servir », fidèle imitation de ce que le catéchisme catholique enseigne à l'égard de son Dieu anthropomorphe ! Comme cet « enseignement spiritualiste » paraît, dans l'intention de ses promoteurs, se proposer surtout un but sentimental et moral, nous nous demandons si c'est bien la peine de vouloir, aux vieilles religions qui, malgré tous leurs défauts, avaient du moins une valeur incontestable à ce point de vue relatif[120], substituer des conceptions bizarres qui ne les remplaceront avantageusement sous aucun rapport, et qui, surtout, seront parfaitement incapables de remplir le rôle social auquel elles prétendent.

(À suivre.)

LES NÉO-SPIRITUALISTES (suite)[121]

Revenons à la question de la réincarnation : ce n'est pas ici le lieu d'en démontrer l'impossibilité métaphysique, c'est-à-dire l'absurdité ; nous avons déjà donné tous les éléments de cette démonstration[122], et nous la compléterons en d'autres études. Pour le moment, nous devons nous borner à voir ce qu'en disent ses partisans eux-mêmes, afin de découvrir la base que cette croyance peut avoir dans leur entendement. Les spirites veulent surtout démontrer la réincarnation « expérimentalement » (?), par des faits, et certains occultistes les suivent dans ces recherches, qui, naturellement, n'ont encore abouti à rien de probant, non plus qu'en ce qui concerne la « démonstration scientifique de l'immortalité ». D'un autre côté, la plupart des théosophistes ne voient, paraît-il, dans la théorie réincarnationniste qu'une sorte de dogme, d'article de foi, qu'on doit admettre pour des motifs d'ordre sentimental, mais dont il serait impossible de donner aucune preuve rationnelle ou sensible.

Nous prions nos lecteurs de nous excuser si, dans la suite, nous ne pouvons donner toutes les références d'une façon précise, car il est des gens que peut-être la vérité offenserait. Mais, pour faire comprendre le raisonnement par lequel quelques occultistes essayent de prouver la

---

[120] Voir *La Religion et les religions*, 1ère année, n° 10, p. 221.
[121] [Paru en septembre 1911.]
[122] Voir *Le Symbolisme de la Croix*, 2ème année, nos 2 à 6.

réincarnation, il est nécessaire que nous prévenions tout d'abord que ceux auxquels nous faisons allusion sont partisans du système géocentrique : ils regardent la Terre comme le centre de l'Univers, soit matériellement, au point de vue de l'astronomie physique même, comme Auguste Strindberg et divers autres[123], soit au moins, s'ils ne vont pas jusque-là, par un certain privilège en ce qui concerne la nature de ses habitants. Pour eux, en effet, la Terre est le seul monde où il y ait des êtres humains, parce que les conditions de la vie dans les autres planètes ou dans les autres systèmes sont trop différentes de celles de la Terre pour qu'un homme puisse s'y adapter ; il résulte de là que, par « homme », ils entendent exclusivement un individu corporel, doué des cinq sens physiques, des facultés correspondantes (sans oublier le langage parlé... et même écrit), et de tous les organes nécessaires aux diverses fonctions de la vie humaine terrestre. Ils ne conçoivent pas que l'homme existe sous d'autres formes de vie que celle-là[124], ni, à plus forte raison, qu'il puisse exister en mode immatériel, informel, extra-temporel, extra-spatial, et, surtout, en dehors et au-delà de la vie[125]. Par suite, les hommes ne peuvent se réincarner que sur la Terre, puisqu'il n'y a aucun autre lieu dans l'Univers où il leur soit possible de vivre ; remarquons d'ailleurs que ceci est contraire à plusieurs autres conceptions, suivant lesquelles l'homme « s'incarnerait » dans diverses planètes, comme l'admet Louis Figuier[126], ou en divers mondes, soit

---

[123] Il en est qui vont jusqu'à nier l'existence réelle des astres et à les regarder comme de simples reflets, des images virtuelles ou des exhalaisons émanées de la Terre, suivant l'opinion attribuée, sans doute faussement, à quelques philosophes anciens, tels qu'Anaximandre et Anaximène (voir traduction des *Philosophumena*, pp. 12 et 13) ; nous reparlerons un peu plus tard des conceptions astronomiques spéciales à certains occultistes.

[124] D'ailleurs, nous pouvons noter en passant que tous les écrivains, astronomes ou autres, qui ont émis des hypothèses sur les habitants des autres planètes, les ont toujours, et peut-être inconsciemment, conçus à l'image, plus ou moins modifiée, des êtres humains terrestres (voir notamment C. Flammarion, *La Pluralité des Mondes habités*, et *Les Mondes imaginaires et les Mondes réels*).

[125] L'existence des êtres individuels dans le monde physique est en effet soumise à un ensemble de cinq conditions : espace, temps, matière, forme et vie, que l'on peut faire correspondre aux cinq sens corporels, ainsi d'ailleurs qu'aux cinq éléments ; cette question, très importante, sera traitée par nous, avec tous les développements qu'elle comporte, au cours d'autres études.

[126] *Le Lendemain de la Mort ou la Vie future selon la Science* : voir *À propos du Grand Architecte de l'Univers*, 2ème année, n° 7, p. 193, note 3.

simultanément, comme l'imagina Blanqui[127], soit successivement, comme tendrait à l'impliquer la théorie du « retour éternel » de Nietzsche[128] ; certains ont même été jusqu'à prétendre que l'individu humain pouvait avoir plusieurs « corps matériels » (sic)[129] vivant en même temps dans différentes planètes du monde physique[130].

Nous devons encore ajouter que les occultistes dont nous avons parlé joignent à la doctrine géocentrique son accompagnement habituel, la croyance à l'interprétation littérale et vulgaire des Écritures ; ils ne perdent aucune occasion de se moquer publiquement des triples et septuples sens des ésotéristes et des kabbalistes[131]. Donc, suivant leur théorie, conforme à la traduction exotérique de la Bible, à l'origine, l'homme, « sortant des mains du Créateur » (nous pensons qu'on ne pourra pas nier que ce soit là de l'anthropomorphisme), fut placé sur la Terre pour « cultiver son jardin », c'est-à-dire, selon eux, pour « évoluer la matière physique », supposée plus subtile alors qu'aujourd'hui. Par « l'homme », il faut entendre ici la collectivité humaine tout entière, la totalité du genre humain, de telle sorte que « tous les hommes », sans aucune exception, et en nombre inconnu, mais assurément fort grand, furent d'abord incarnée en même temps sur la Terre[132]. Dans ces conditions, il ne pouvait évidemment se produire aucune naissance, puisqu'il n'y avait aucun homme non incarné, et il en fut ainsi tant que l'homme ne mourut pas, c'est-à-dire jusqu'à la « chute », entendue dans son sens exotérique, comme un fait historique[133], mais que l'on considère cependant

---

[127] *L'Éternité par les Astres.*
[128] Voir *Le Symbolisme de la Croix*, 2ème année, n° 3, p. 94, note 1[(note 6)].
[129] Voici encore une occasion de se demander si « ce n'est pas un pléonasme ».
[130] Nous avons même entendu émettre l'affirmation suivante : « S'il vous arrive de rêver que vous avez été tué, c'est, dans bien des cas, que, à cet instant même, vous l'avez été effectivement dans une autre planète » !
[131] Cela ne les empêche pas de vouloir quelquefois faire de la Kabbale à leur façon : c'est ainsi que nous en avons vu qui comptaient jusqu'à 72 Séphiroth ; et ce sont ceux-là qui osent accuser les autres de « faire de la fantaisie » !
[132] Ce n'est pas l'avis de quelques autres écoles d'occultisme, qui parlent des « différences d'âge des esprits humains » par rapport à l'existence terrestre, et même des moyens de les déterminer ; il y en a aussi qui cherchent à fixer le nombre des incarnations successives.
[133] Sur l'interprétation ésotérique et métaphysique de la « chute originelle » de l'homme, voir

comme « pouvant représenter toute une suite d'événements qui ont dû se dérouler au cours d'une période de plusieurs siècles ». On consent donc tout de même à élargir un peu la chronologie biblique ordinaire, qui se trouve à l'aise pour situer toute l'histoire, non seulement de la Terre, mais du Monde, depuis la création jusqu'à nos jours, dans une durée totale d'un peu moins de six mille ans (quelques-uns vont pourtant jusqu'à près de dix mille)[134]. À partir de la « chute », la matière physique devint plus grossière, ses propriétés furent modifiées, elle fut soumise à la corruption, et les hommes, emprisonnés dans cette matière, commencèrent à mourir, à « se désincarner » ; ensuite, ils commencèrent également à naître, car ces hommes « désincarnés », restés « dans l'espace » (?), dans l'« atmosphère invisible » de la Terre, tendaient à « se réincarner », à reprendre la vie physique terrestre dans de nouveaux corps humains. Ainsi, ce sont toujours les mêmes êtres humains (au sens de l'individualité corporelle restreinte, il ne faut pas l'oublier) qui doivent renaître périodiquement du commencement à la fin de l'humanité terrestre[135].

Comme on le voit, ce raisonnement est fort simple et parfaitement

---

Le Démiurge, 1ère année, n° 2, p. 25.

[134] Nous ne contredirions cependant pas l'opinion qui assignerait au Monde une durée de dix mille ans, si l'on voulait prendre ce nombre « dix mille », non plus dans son sens littéral, mais comme désignant l'indéfinité numérale (voir *Remarques sur la Notation mathématique*, 1ère année, n° 6, p. 115).

[135] En admettant que l'humanité terrestre ait une fin, car il est aussi des écoles selon lesquelles le but qu'elle doit atteindre est de rentrer en possession de l'« immortalité physique » ou « corporelle », et chaque individu humain se réincarnera sur la Terre jusqu'à ce qu'il soit finalement parvenu à ce résultat. – D'autre part, d'après les théosophistes, la série des incarnations d'un même individu en ce monde est limitée à la durée d'une seule « race » humaine terrestre, après quoi tous les hommes constituant cette « race » passent dans la « sphère » suivante de la « ronde » à laquelle ils appartiennent ; les mêmes théosophistes affirment que, en règle générale (mais avec des exceptions), deux incarnations consécutives sont séparées par un intervalle fixe de temps, dont la durée serait de quinze cents ans, alors que, selon les spirites, on pourrait parfois « se réincarner » presque immédiatement après sa mort, si ce n'est même de son vivant (!), dans certains cas que l'on déclare, heureusement, être tout à fait exceptionnels. – Une autre question qui donne lieu à de nombreuses et interminables controverses est celle de savoir si un même individu doit toujours et nécessairement « se réincarner » dans le même sexe, ou si l'hypothèse contraire est possible ; nous aurons peut-être quelque occasion de revenir sur ce point.

logique, mais à la condition d'en admettre d'abord le point de départ, à savoir l'impossibilité pour l'être humain d'exister dans des modalités autres que la forme corporelle terrestre, ce qui, nous le répétons, n'est en aucune façon conciliable avec les notions même élémentaires de la Métaphysique ; et il paraît que c'est là l'argument le plus solide que l'on puisse fournir à l'appui de l'hypothèse de la réincarnation !

Nous ne pouvons pas, en effet, prendre un seul instant au sérieux les arguments d'ordre moral et sentimental, basés sur la constatation d'une prétendue injustice dans l'inégalité des conditions humaines. Cette constatation provient uniquement de ce qu'on envisage toujours des faits particuliers, en les isolant de l'ensemble dont ils font partie, alors que, si on les replace dans cet ensemble, il ne saurait y avoir évidemment aucune injustice, ou, pour employer un terme à la fois plus exact et plus étendu, aucun déséquilibre[136], puisque ces faits sont, comme tout le reste, des éléments de l'harmonie totale. Nous nous sommes d'ailleurs suffisamment expliqué sur cette question, et nous avons montré que le mal n'a aucune réalité, que ce qu'on appelle ainsi n'est qu'une relativité considérée analytiquement, et que, au-delà de ce point de vue spécial de la mentalité humaine, l'imperfection est nécessairement illusoire, car elle ne peut exister que comme élément du Parfait, lequel ne saurait évidemment contenir rien d'imparfait[137].

Il est facile de comprendre que la diversité des conditions humaines ne provient pas d'autre chose que des différences de nature qui existent entre les individus eux-mêmes, qu'elle est inhérente à la nature individuelle des êtres humains terrestres, et qu'elle n'est pas plus injuste ni moins nécessaire (étant du même ordre, quoique à un autre degré) que la variété des espèces animales

---

[136] Voir *L'Archéomètre*, 2ème année, n° 1, p. 15, note 3[(note 86)]. – Dans le domaine social, ce qu'on appelle la justice ne peut consister, suivant une formule extrême-orientale, qu'à compenser des injustices par d'autres injustices (conception qui ne souffre pas l'introduction d'idées mystico-morales telles que celles de mérite et de démérite, de récompense et de punition, etc., non plus que de la notion occidentale du progrès moral et social) ; la somme de toutes ces injustices, qui s'harmonisent en s'équilibrant, est, dans son ensemble, la plus grande justice au point de vue humain individuel.

[137] Voir *Le Démiurge*, 1ère année, n° 1 à 4.

et végétales, contre laquelle personne n'a encore jamais songé à protester au nom de la justice, ce qui serait d'ailleurs parfaitement ridicule[138]. Les conditions spéciales de chaque individu concourent à la perfection de l'être total dont cet individu est une modalité ou un état particulier, et, dans la totalité de l'être, tout est relié et équilibré par l'enchaînement harmonique des causes et des effets[139] ; mais, lorsqu'on parle de causalité, quiconque possède la moindre notion métaphysique ne peut entendre par là rien qui ressemble de près ou de loin à la conception mystico-religieuse des récompenses et des punitions[140], qui, après avoir été appliquée à une « vie future » extraterrestre, l'a été par les néo-spiritualistes à de prétendues « vies successives » sur la Terre, ou tout au moins dans le monde physique[141].

Les spirites surtout ont particulièrement abusé de cette conception tout anthropomorphiste, et en ont tiré des conséquences qui vont souvent jusqu'à la plus extrême absurdité. Tel est l'exemple bien connu de la victime qui poursuit jusque dans une autre existence sa vengeance contre son meurtrier : l'assassiné deviendra alors assassin à son tour, et le meurtrier, devenu victime, devra se venger encore dans une nouvelle existence… et ainsi de suite indéfiniment. Un autre exemple du même genre est celui du cocher qui écrase un piéton ; par punition, le cocher, devenu piéton dans sa vie suivante, sera

---

[138] Sur cette question de la diversité des conditions humaines, considérée comme le fondement de l'institution des castes, voir *L'Archéomètre*, 2ème année, n° 1, pp. 8 et suivantes.

[139] Ceci suppose la coexistence de tous les éléments envisagés en dehors du temps, aussi bien qu'en dehors de n'importe quelle autre condition contingente de l'une quelconque des modalités spécialisées de l'existence ; remarquons une fois de plus que cette coexistence ne laisse évidemment aucune place à l'idée de progrès.

[140] À cette conception des sanctions religieuses se rattache la théorie tout occidentale du sacrifice et de l'expiation, dont nous aurons ailleurs à démontrer l'inanité.

[141] Ce que les théosophistes appellent très improprement *Karma* n'est pas autre chose que la loi de causalité, d'ailleurs fort mal comprise, et encore plus mal appliquée ; nous disons qu'ils la comprennent mal, c'est-à-dire incomplètement, car ils la restreignent au domaine individuel, au lieu de l'étendre à l'ensemble indéfini des états d'être. En réalité, le mot sanscrit *Karma*, dérivant de la racine verbale *kri*, faire (identique au latin *creare*), signifie simplement « action », et rien de plus ; les Occidentaux qui ont voulu l'employer l'ont donc détourné de son acception véritable, qu'ils ignoraient, et ils ont fait de même pour un grand nombre d'autres termes orientaux.

écrasé par le piéton devenu cocher ; mais, logiquement, celui-ci devra ensuite subir la même punition, de sorte que ces deux malheureux individus seront obligés de s'écraser ainsi alternativement l'un l'autre jusqu'à la fin des siècles, car il n'y a évidemment aucune raison pour que cela s'arrête.

Nous devons du reste, pour être impartial, ajouter que, sur ce point, certains occultistes ne le cèdent en rien aux spirites, car nous avons entendu l'un d'eux raconter l'histoire suivante, comme exemple des conséquences effrayantes que peuvent entraîner des actes considérés généralement comme assez indifférents[142] ; un écolier s'amuse à briser une plume, puis la jette ; les molécules du métal garderont, à travers toutes les transformations qu'elles auront à subir, le souvenir de la méchanceté dont cet enfant a fait preuve à leur égard ; finalement, après quelques siècles, ces molécules passeront dans les organes d'une machine quelconque, et, un jour, un accident se produira, et un ouvrier mourra broyé par cette machine ; or il se trouvera justement que cet ouvrier sera l'écolier dont il a été question, qui se sera réincarné pour subir le châtiment de son acte antérieur[143]. Il serait assurément difficile d'imaginer quelque chose de plus extravagant que de semblables contes fantastiques, qui suffisent pour donner une juste idée de la mentalité de ceux qui les inventent, et surtout de ceux qui y croient.

(À suivre.)

LES NÉO-SPIRITUALISTES (suite)[144]

Une conception qui se rattache assez étroitement à celle de la

---

[142] Il va sans dire que les conséquences purement individuelles (et imaginaires) dont il est ici question n'ont aucun rapport avec la théorie métaphysique, dont nous parlerons ailleurs, d'après laquelle le geste le plus élémentaire peut avoir dans l'Universel des conséquences illimitées, en se répercutant et s'amplifiant à travers la série indéfinie des états d'être, suivant la double échelle horizontale et verticale (voir Le Symbolisme de la Croix, 2ème année, nos 2 à 6).

[143] Il y a des occultistes qui vont jusqu'à prétendre que les infirmités congénitales sont le résultat d'accidents arrivés dans des « existences antérieures ».

[144] [Paru en novembre 1911.]

réincarnation, et qui compte aussi de nombreux partisans parmi les néo-spiritualistes, est celle d'après laquelle chaque être devrait, au cours de son évolution, passer successivement par toutes les formes de vie, terrestres et autres[145]. À ceci, il n'y a qu'un mot à répondre : une telle théorie est une impossibilité, pour la simple raison qu'il existe une indéfinité de formes vivantes par lesquelles un être quelconque ne pourra jamais passer, ces formes étant toutes celles qui sont occupées par les autres êtres. Il est donc absurde de prétendre qu'un être, pour parvenir au terme de son évolution, doit parcourir toutes les possibilités envisagées individuellement, puisque cet énoncé renferme une impossibilité ; et nous pouvons voir ici un cas particulier de cette conception entièrement fausse, si répandue en Occident, selon laquelle on ne pourrait arriver à la synthèse que par l'analyse, alors que, au contraire, il est impossible d'y parvenir de cette façon[146]. Quand bien même un être aurait parcouru ainsi une indéfinité de possibilités, toute cette évolution ne pourrait jamais être que rigoureusement égale à zéro par rapport à la Perfection, car l'indéfini, procédant du fini et étant produit par lui (comme le montre clairement la génération des nombres), donc y étant contenu en puissance, n'est en somme que le développement des potentialités du fini, et, par conséquent, ne peut évidemment avoir aucun rapport avec l'Infini, ce qui revient à dire que, considéré de l'Infini (ou de la Perfection, qui est identique à l'Infini), il ne peut être que zéro[147]. La conception analytique de l'évolution revient donc à ajouter

---

[145] Nous parlons seulement de « formes de vie », parce qu'il est bien entendu que ceux qui soutiennent une telle opinion ne sauraient rien concevoir en dehors de la vie (et de la vie dans la forme), de sorte que, pour eux, cette expression renferme toutes les possibilités, tandis que, pour nous, elle ne représente au contraire qu'une possibilité de manifestation très spéciale.

[146] Voir *Le Démiurge*, 1ère année, n° 3, p. 46. Voir aussi *Le Symbolisme de la Croix*, 2ème année, n° 3, p. 100, note 1[(note 12)].

[147] Ce qui est vrai, d'une façon générale, de l'indéfini considéré par rapport (ou plutôt par absence de rapport) à l'Infini, demeure vrai pour chaque aspect particulier de l'indéfini, ou, si l'on veut, pour l'indéfinité particulière qui correspond au développement de chaque possibilité envisagée isolément ; ceci est donc vrai, notamment, pour l'immortalité (extension indéfinie de la possibilité vie), qui, en conséquence, ne peut être que zéro par rapport à l'Éternité ; nous aurons ailleurs l'occasion de nous expliquer plus amplement sur ce point (voir aussi *À propos du Grand Architecte de l'Univers*, 2ème année, n° 7, p. 196, note 1[(note 15)]).

indéfiniment zéro à lui-même, par une indéfinité d'additions distinctes et successives, dont le résultat final sera toujours zéro ; on ne peut sortir de cette suite stérile d'opérations analytiques que par l'intégration, et celle-ci s'effectue d'un seul coup, par une synthèse immédiate et transcendante, qui n'est logiquement précédée d'aucune analyse[148].

D'autre part, puisque, comme nous l'avons expliqué à diverses reprises, le monde physique tout entier, dans le déploiement intégral de toutes les possibilités qu'il contient, n'est que le domaine de manifestation d'un seul état d'être individuel, ce même état d'être contient en lui, a fortiori, les potentialités correspondantes à toutes les modalités de la vie terrestre, qui n'est qu'une portion très restreinte du monde physique. Donc, si le développement complet de l'individualité actuelle, qui s'étend indéfiniment au-delà de la modalité corporelle, embrasse toutes les potentialités dont les manifestations constituent l'ensemble du monde physique, elle embrasse en particulier toutes celles qui correspondent aux diverses modalités de la vie terrestre. Ceci rend donc inutile la supposition d'une multiplicité d'existences à travers lesquelles l'être s'élèverait progressivement de la modalité de vie la plus inférieure, celle du minéral, jusqu'à la modalité humaine, considérée comme la plus élevée, en passant successivement par le végétal et l'animal, avec toute la multiplicité de degrés que comporte chacun de ces règnes. L'individu, dans son extension intégrale, contient simultanément les possibilités qui correspondent à tous ces degrés ; cette simultanéité ne se traduit en succession temporelle que dans le développement de son unique modalité corporelle, au cours duquel, comme le montre l'embryologie, il passe en effet par tous les stades correspondants, depuis la forme unicellulaire des êtres organisés les plus élémentaires, et même, en remontant plus haut encore, depuis le cristal (qui présente d'ailleurs plus d'une analogie avec ces êtres rudimentaires)[149], jusqu'à la forme humaine

---

[148] Pour plus de détails sur la représentation mathématique de la totalisation de l'être par une double intégration réalisant le volume universel, voir notre étude sur *Le Symbolisme de la Croix* (2ème année, nos 2 à 6).

[149] Notamment en ce qui concerne le mode d'accroissement ; de même pour la reproduction par bipartition ou gemmiparité. – Sur cette question de la vie des cristaux, voir en particulier les remarquables travaux du professeur J. C. Bose, de Calcutta, qui ont inspiré (pour ne pas dire plus) ceux de divers savants européens.

terrestre. Mais, pour nous, ces considérations ne sont nullement une preuve de la théorie « transformiste », car nous ne pouvons regarder que comme une pure hypothèse la prétendue loi d'après laquelle « l'ontogénie serait parallèle à la phylogénie » ; en effet, si le développement de l'individu, ou ontogénique, est constatable par l'observation directe, personne n'oserait prétendre qu'il puisse en être de même du développement de l'espèce, ou phylogénique[150]. D'ailleurs, même dans le sens restreint que nous venons d'indiquer, le point de vue de la succession perd presque tout son intérêt par la simple remarque que le germe, avant tout développement, contient déjà en puissance l'être complet ; et ce point de vue doit toujours demeurer subordonné à celui de la simultanéité, auquel nous conduit nécessairement la théorie métaphysique des états multiples de l'être.

Donc, en laissant de côté la considération essentiellement relative du développement embryogénique de la modalité corporelle (considération qui ne peut être pour nous que l'indication d'une analogie par rapport à l'individualité intégrale), il ne peut être question, en raison de l'existence simultanée, dans l'individu, de l'indéfinité des modalités vitales, ou, ce qui revient au même, des possibilités correspondantes, il ne peut, disons-nous, être question que d'une succession purement logique (et non temporelle), c'est-à-dire d'une hiérarchisation de ces modalités ou de ces possibilités dans l'extension de l'état d'être individuel, dans lequel elles ne se réalisent pas corporellement. À ce propos, et pour montrer que ces conceptions ne nous sont pas particulières, nous avons pensé qu'il serait intéressant de reproduire ici quelques extraits du chapitre consacré à cette question dans les cahiers d'enseignement d'une des rares Fraternités initiatiques sérieuses qui existent encore actuellement en Occident[151].

---

[150] Nous avons déjà exposé la raison pour laquelle la question purement scientifique du « transformisme » ne présente aucun intérêt pour la Métaphysique (voir *Conception scientifiques et Idéal maçonnique*, 2ème année, n° 10, p. 273).

[151] Nous ne nous attarderons pas à relever les calomnies absurdes et les racontars plus ou moins ineptes que des gens mal informés ou mal intentionnés ont répandus à plaisir sur cette Fraternité, qui est désignée par les initiales H. B. of L. ; mais nous croyons cependant nécessaire d'avertir qu'elle est étrangère à tout mouvement occultiste, bien que certains aient

« Dans la descente de la vie dans les conditions extérieures, la monade a eu à traverser chacun des états du monde spirituel, puis les royaumes de l'empire astral[152], pour apparaître enfin sur le plan externe, celui qui est le plus bas possible, c'est-à-dire le minéral. À partir de là, nous la voyons pénétrer successivement les vagues de vie minérale, végétale et animale de la planète. En vertu des lois supérieures et plus intérieures de son cycle spécial, ses attributs divins cherchent toujours à se développer dans leurs potentialités emprisonnées. Aussitôt qu'une forme en est pourvue, et que ses capacités sont épuisées[153], une autre forme nouvelle et de degré plus élevé est mise en réquisition ; ainsi, chacune à son tour devient de plus en plus complexe de structure, de plus en plus diversifiée en ses fonctions. C'est ainsi que nous voyons la monade vivante commencer au minéral, dans le monde *extérieur*, puis la grande *spirale* de son existence évolutionnaire s'avancer lentement, imperceptiblement, mais cependant progresser toujours[154]. Il n'y a pas de forme trop simple ni d'organisme trop complexe pour la faculté d'adaptation d'une puissance merveilleuse, inconcevable, que possède l'âme humaine. Et, à travers le cycle entier de la Nécessité, le caractère de son génie, le degré de son émanation spirituelle, et les états auxquels elle appartient à l'origine, sont conservés strictement, avec une exactitude mathématique[155]. »

« Pendant le cours de son involution, la monade n'est réellement incarnée dans aucune forme, quelle qu'elle soit. Le cours de sa descente à travers les divers règnes s'accomplit par une polarisation graduelle de ses pouvoirs divins, due à son contact avec les conditions d'externisation graduelle de l'arc descendant et subjectif du cycle spiral. »

« C'est une vérité absolue qu'exprime l'adepte auteur de *Ghost-Land*,

---

jugé bon de s'approprier quelques-uns de ses enseignements, en les dénaturant d'ailleurs complètement pour les adapter à leurs propres conceptions.

[152] C'est-à-dire les divers états de la manifestation subtile, répartis suivant leur correspondance avec les éléments.

[153] C'est-à-dire qu'elle a développé complètement toute la série des modifications dont elle est susceptible.

[154] Ceci au point de vue extérieur, bien entendu.

[155] Ce qui implique bien la *coexistence* de toutes les modalités vitales.

lorsqu'il dit que, *en tant qu'être impersonnel*, l'homme vit dans une indéfinité de mondes avant d'arriver à celui-ci. Dans tous ces mondes, l'âme développe ses états rudimentaires, jusqu'à ce que son progrès cyclique la rende capable d'atteindre[156] l'état spécial dont la fonction glorieuse est de conférer à cette âme *la conscience*. C'est à ce moment seulement qu'elle devient véritablement un homme ; à tout autre instant de son voyage cosmique, elle n'est qu'un être embryonnaire, une forme passagère, une créature impersonnelle, en laquelle brille une partie, mais une partie seulement de l'âme humaine non individualisée. »

« Lorsque le grand étage de *conscience*, sommet de la série des manifestations matérielles, est atteint, jamais l'âme ne rentrera dans la matrice de la matière, ne subira l'*incarnation matérielle* ; désormais, *ses renaissances sont dans le royaume de l'esprit*. Ceux qui soutiennent la doctrine étrangement illogique de la multiplicité des naissances *humaines* n'ont assurément jamais développé en eux-mêmes l'état lucide de Conscience spirituelle ; sinon, la théorie de la réincarnation, affirmée et soutenue aujourd'hui par un grand nombre d'hommes et de femmes versés dans la "sagesse mondaine", n'aurait pas le moindre crédit. Une éducation *extérieure* est relativement sans valeur comme moyen d'obtenir la Connaissance *véritable*. »

On ne trouve dans la nature aucune analogie en faveur de la réincarnation, tandis que, en revanche, on en trouve de nombreuses dans le sens contraire. « Le gland devient chêne, la noix de coco devient palmier ; mais le chêne a beau donner des myriades d'autres glands, il ne devient plus jamais gland lui-même ; ni le palmier ne redevient plus noix. De même pour l'homme : dès que l'âme s'est manifestée sur le plan humain, et a ainsi atteint la conscience de la vie extérieure, elle ne repasse plus jamais par aucun de ses états rudimentaires. »

« Une publication récente affirme que "ceux qui ont mené une vie noble et digne d'un roi (fût-ce même dans le corps d'un mendiant), dans leur dernière existence terrestre, revivront comme nobles, rois, ou autres personnages de haut rang" ! Mais nous savons ce que les rois et les nobles ont été dans le passé

---

[156] Par l'extension graduelle de ce développement jusqu'à ce qu'il ait atteint une zone déterminée, correspondant à l'état spécial que l'on considère ici.

et sont dans le présent, souvent les pires spécimens de l'humanité qu'il soit possible de concevoir, au point de vue spirituel. De telles assertions ne sont bonnes qu'à prouver que leurs auteurs ne parlent que sous l'inspiration de la sentimentalité, et que la Connaissance leur manque. »

« Tous les prétendus "réveils de souvenirs" latents, par lesquels certaines personnes assurent se rappeler leurs existences passées, peuvent s'expliquer, et même ne peuvent s'expliquer que par les simples lois de l'*affinité* et de la *forme*. Chaque race d'êtres humains, considérée *en soi-même*, est immortelle ; il en est de même de chaque cycle : jamais le premier cycle ne devient le second, mais les êtres du premier cycle sont (spirituellement) les parents, ou les *générateurs*, de ceux du second cycle[157]. Ainsi, chaque cycle comprend une grande famille constituée par la réunion de divers groupements d'âmes humaines, chaque condition étant déterminée par les lois de son *activité*, celles de sa *forme* et celles de son *affinité* : une trinité de lois. »

« C'est ainsi que l'homme peut être comparé au gland et au chêne : l'âme embryonnaire, non individualisée, devient un homme tout comme le gland devient un chêne, et, de même que le chêne donne naissance à une quantité innombrable de glands, de même l'homme fournit à son tour à une indéfinité d'âmes les moyens de prendre naissance dans le monde spirituel. Il y a correspondance complète entre les deux, et c'est pour cette raison que les anciens Druides rendaient de si grands honneurs à cet arbre, qui était honoré au-delà de tous les autres par les puissants Hiérophantes. » On voit par là combien les Druides étaient loin d'admettre la « transmigration » au sens ordinaire et matériel du mot, et combien peu ils songeaient à la théorie, qui, nous le répétons, est toute moderne, de la réincarnation.

---

[157] C'est pourquoi la tradition hindoue donne le nom de *Pitris* (pères ou ancêtres) aux êtres du cycle qui précède le nôtre, et qui est représenté, par rapport à celui-ci, comme correspondant à la Sphère de la Lune ; les *Pitris* forment l'humanité terrestre à leur image, et cette humanité actuelle joue, à son tour, le même rôle à l'égard de celle du cycle suivant. Cette relation causale d'un cycle à l'autre suppose nécessairement la coexistence de tous les cycles, qui ne sont successifs qu'au point de vue de leur enchaînement logique ; s'il en était autrement, une telle relation ne pourrait exister (voir *La Constitution de l'être humain et son évolution posthume selon le Védânta*, 2ème année, n° 10, pp. 262 et 263).

Nous avons vu récemment, dans une revue spirite étrangère, un article dont l'auteur critiquait, avec juste raison, l'idée saugrenue de ceux qui, annonçant pour un temps prochain la « seconde venue » du Christ, la présentent comme devant être une réincarnation[158]. Mais où la chose devient plutôt amusante, c'est lorsque ce même auteur déclare que, s'il ne peut admettre cette thèse, c'est tout simplement parce que, selon lui, le retour du Christ est dès maintenant un fait accompli… par le spiritisme !

« Il est déjà venu, dit-il, puisque, dans certains centres, on enregistre ses communications. » Vraiment, il faut avoir une foi bien robuste pour pouvoir croire ainsi que le Christ et ses Apôtres se manifestent dans des séances spirites et parlent par l'organe des médiums ! S'il est des gens à qui une croyance est nécessaire (et il semble que ce soit le cas de l'immense majorité des Occidentaux), nous n'hésitons pas à affirmer combien nous préférons encore celle du catholique le moins éclairé, ou même la foi du matérialiste sincère, car c'en est une aussi[159].

Comme nous l'avons déjà dit, nous considérons le néo-spiritualisme, sous quelque forme que ce soit, comme absolument incapable de remplacer les anciennes religions dans leur rôle social et moral, et pourtant c'est certainement là le but qu'il se propose, d'une façon plus ou moins avouée. Nous avons fait allusion précédemment, en particulier, aux prétentions de ses promoteurs en ce qui concerne l'enseignement[160] ; nous venons encore de lire un discours prononcé sur ce sujet par l'un d'eux. Quoi qu'il en dise, nous trouvons très peu « équilibré » le « spiritualisme libéral » de ces « aviateurs de l'esprit » (?!), qui,

---

[158] Cette opinion bizarre, qui a trouvé en particulier, depuis quelques années, beaucoup de crédit chez les théosophistes, n'est guère plus absurde, après tout, que celle des gens qui soutiennent que saint Jean-Baptiste fut une réincarnation du prophète Élie ; d'ailleurs, nous dirons quelques mots, par la suite, au sujet des divers textes des Évangiles que certains se sont efforcés d'interpréter en faveur de la théorie réincarnationniste.
[159] Voir *À propos du Grand Architecte de l'Univers*, 2ème année, n° 7, pp. 197 et 198.
[160] Voir 2ème année, n° 8, pp. 226 et 227. Voir 2ème année, n° 8, pp. 226 et 227.

voyant dans l'atmosphère « deux colossaux nimbus chargés jusqu'à la gueule (*sic*) d'électricités contraires », se demandent « comment éviter des séries d'éclairs, des gammes de tonnerre (*sic*), des chutes de foudre », et qui, malgré ces présages menaçants, veulent « affronter la liberté de l'enseignement » comme d'autres ont « affronté les libertés de l'espace ». Ils admettent pourtant que « l'enseignement de l'école doit rester neutre », mais à la condition que cette « neutralité » aboutisse à des conclusions « spiritualistes » ; il nous semble que ce ne serait là qu'une neutralité apparente, non réelle, et quiconque a le moindre sens de la logique ne peut guère penser autrement à cet égard ; mais pour eux, au contraire, c'est là de la « neutralité profonde » ! L'esprit de système et les idées préconçues conduisent parfois à d'étranges contradictions, et ceci en est un exemple que nous tenions à signaler[161]. Quant à nous, qui sommes loin de prétendre à une action sociale quelconque, il est évident que cette question de l'enseignement, ainsi posée, ne peut nous intéresser à aucun titre. La seule méthode qui aurait une valeur réelle serait celle de l'« instruction intégrale »[162] ; et malheureusement, étant donnée la mentalité actuelle, on est loin, sans doute pour bien longtemps encore, de pouvoir en tenter la moindre application en Occident, et particulièrement en France, où l'esprit protestant, cher à certains « spiritualistes libéraux », règne en maître absolu dans tous les degrés et toutes les branches de l'enseignement.

L'auteur du discours en question (nous ne voulons pas le nommer ici, pour ne pas blesser sa… modestie) a cru bon récemment, dans une circonstance qu'il importe peu de spécifier, de nous reprocher d'avoir dit que nous n'avons « absolument rien de commun avec lui » (non plus d'ailleurs qu'avec les autres néo-spiritualistes de toute secte et de toute école), et il objectait que ceci devait nous conduire « à rejeter la fraternité, la vertu, à nier Dieu, l'immortalité de

---

[161] Nous pourrions rappeler à ce propos, dans un autre ordre d'idées, l'attitude de certains savants, qui refusent d'admettre des faits dûment constatés, simplement parce que leurs théories ne permettent pas d'en donner une explication satisfaisante.

[162] Voir l'ouvrage publié sous ce titre, *L'Instruction intégrale*, par notre éminent collaborateur F.-Ch. Barlet.

l'âme et le Christ », beaucoup de choses passablement disparates ! Quoique nous nous interdisions formellement toute polémique dans cette Revue, nous pensons qu'il n'est pas inutile de reproduire ici notre réponse à ces objections, pour une plus complète édification de nos lecteurs, et pour marquer mieux et plus précisément (au risque de nous répéter quelque peu) certaines différences profondes sur lesquelles nous n'insisterons jamais trop.

« ... Tout d'abord, quoi qu'en puisse dire M. X..., son Dieu n'est certes pas le nôtre, car il croit évidemment, comme d'ailleurs tous les Occidentaux modernes, à un Dieu "personnel" (pour ne pas dire individuel) et quelque peu anthropomorphe, lequel, en effet, n'a "rien de commun" avec l'Infini métaphysique[163]. Nous en dirons autant de sa conception du Christ, c'est-à-dire d'un Messie unique, qui serait une "incarnation" de la Divinité ; nous reconnaissons, au contraire, une pluralité (et même une indéfinité) de "manifestations" divines, mais qui ne sont en aucune façon des "incarnations", car il importe avant tout de maintenir la pureté du Monothéisme, qui ne saurait s'accorder d'une semblable théorie.

« Quant à la conception individualiste de l'"immortalité de l'âme", c'est bien plus simple encore, et M. X... s'est singulièrement trompé s'il a cru que nous hésiterions à déclarer que nous la rejetons complètement, aussi bien sous la forme d'une "vie future" extra-terrestre que sous celle, assurément beaucoup plus ridicule, de la trop fameuse théorie de la "réincarnation". Les questions de "préexistence" et de "post-existence" ne se posent évidemment pas pour quiconque envisage toutes choses en dehors du temps ; d'ailleurs, l'"immortalité" ne peut être qu'une extension indéfinie de la vie, et elle ne sera jamais que rigoureusement égale à *zéro* en face de l'Éternité[164], qui seule nous intéresse, et qui est au-delà de la vie, aussi bien que du temps et de toutes les autres conditions limitatives de l'existence individuelle. Nous savons fort bien que les Occidentaux tiennent par-dessus tout à leur "moi" ; mais quelle valeur

---

[163] D'ailleurs, le mot *Dieu* lui-même est tellement lié à la conception anthropomorphique, il est devenu tellement incapable de correspondre à autre chose, que nous préférons en éviter l'emploi le plus possible, ne serait-ce que pour mieux marquer l'abîme qui sépare la Métaphysique des religions.

[164] Voir plus haut, p. 293, note 3.

peut avoir une tendance purement sentimentale comme celle-là ? tant pis pour ceux qui préfèrent d'illusoires consolations à la Vérité !

« Enfin, la "fraternité" et la "vertu" ne sont manifestement pas autre chose que de simples notions morales ; et la morale, qui est toute relative, et qui ne concerne que le domaine très spécial et restreint de l'action sociale[165], n'a absolument rien à faire avec la Gnose, qui est *exclusivement métaphysique*. Et nous ne pensons pas que ce soit trop "nous risquer", comme dit M. X..., que d'affirmer que celui-ci ignore tout de la Métaphysique ; ceci soit dit, d'ailleurs, sans lui en faire le moindre reproche, car il est incontestablement permis d'ignorer ce qu'on n'a jamais eu l'occasion d'étudier : à l'impossible nul n'est tenu ! » (*À suivre*.)

LES NÉO-SPIRITUALISTES (suite)[166]

Nous avons dit précédemment, mais sans y insister, qu'il existe des gens, spirites ou autres, qui s'efforcent de prouver « expérimentalement » la thèse réincarnationniste[167] ; une pareille prétention doit paraître tellement invraisemblable à toute personne douée simplement du plus vulgaire bon sens, qu'on serait tenté, a priori, de supposer qu'il ne peut s'agir là que de quelque mauvaise plaisanterie ; mais il paraît pourtant qu'il n'en est rien. Voici, en effet, qu'un expérimentateur réputé sérieux, qui s'est acquis une certaine considération scientifique par ses travaux sur le « psychisme »[168], mais qui, malheureusement pour lui, semble s'être peu à peu converti presque

---

[165] Sur cette question de la morale, voir *Conception scientifiques et Idéal maçonnique*, 2ème année, n° 10, pp. 274 et 275.

[166] [Paru en février 1912.]

[167] Voir 2ème année, n° 9, p. 246.

[168] Faute d'un terme moins imparfait, nous conservons celui de « psychisme », si vague et imprécis qu'il soit, pour désigner un ensemble d'études dont l'objet lui-même, d'ailleurs, n'est guère mieux défini ; quelqu'un (le Dr Richet, croyons-nous) a eu l'idée malheureuse de substituer à ce mot celui de « métapsychique », qui a l'immense inconvénient de faire penser à quelque chose de plus ou moins analogue ou parallèle à la Métaphysique (et, dans ce cas, nous ne voyons pas trop ce que cela pourrait être, sinon la Métaphysique elle-même sous un autre nom), alors que, tout au contraire, il s'agit d'une science expérimentale, avec des méthodes calquées aussi exactement que possible sur celles des sciences physiques.

entièrement aux théories spirites (il arrive assez fréquemment que les savants ne sont pas exempts d'une certaine... naïveté)[169], a publié tout récemment un ouvrage contenant l'exposé de ses recherches sur les prétendues « vies successives » au moyen des phénomènes de « régression de la mémoire » qu'il a cru constater chez certains sujets hypnotiques ou magnétiques[170].

Nous disons qu'il a cru constater, car, si nous ne pouvons en aucune façon songer à mettre en doute sa bonne foi, nous pensons du moins que les faits qu'il interprète ainsi, en vertu d'une hypothèse préconçue, s'expliquent, en réalité, d'une façon tout autre et beaucoup plus simple. En somme, ces faits se résument en ceci : le sujet, étant dans un certain état, peut être replacé mentalement dans les conditions où il se trouvait à une époque passée, et être « situé » ainsi à un âge quelconque, dont il parle alors comme du présent, d'où l'on conclut que, dans ce cas, il n'y a pas « souvenir », mais « régression de la mémoire ». Ceci est d'ailleurs une contradiction dans les termes, car il ne peut évidemment être question de mémoire là où il n'y a pas de souvenir ; mais, cette observation à part, il faut se demander avant tout si la possibilité du souvenir pur et simple est véritablement exclue par la seule raison que le sujet parle du passé comme s'il lui était redevenu présent.

À cela, on peut répondre immédiatement que les souvenirs, en tant que tels, sont toujours mentalement présents[171] ; ce qui, pour notre conscience

---

[169] Le cas auquel nous faisons allusion n'est pas isolé, et il en existe de tout à fait semblables, dont plusieurs sont même fort connus ; nous avons cité ailleurs ceux de Crookes, de Lombroso, du Dr Richet et de M. Camille Flammarion (À propos du Grand Architecte de l'Univers, 2ème année, n° 7, p. 196), et nous aurions pu y ajouter celui de William James et plusieurs autres encore ; tout cela prouve simplement qu'un savant analyste, quelle que soit sa valeur comme tel, et quel que soit aussi son domaine spécial, n'est pas forcément pour cela, en dehors de ce même domaine, notablement supérieur à la grande masse du public ignorant et crédule qui fournit la majeure partie de la clientèle spirito-occultiste.

[170] Nous ne chercherons pas ici jusqu'à quel point il est possible de différencier nettement l'hypnotisme et le magnétisme ; il se pourrait, bien que cette distinction fût plus verbale que réelle, et, en tout cas, elle n'a aucune importance quant à la question qui nous occupe présentement.

[171] Que ces souvenirs se trouvent d'ailleurs actuellement dans le champ de la conscience claire et distincte ou dans celui de la « subconscience » (en admettant ce terme dans son sens

actuelle, les caractérise effectivement comme souvenirs d'événements passés, c'est leur comparaison avec nos perceptions présentes (nous entendons présentes en tant que perceptions), comparaison qui permet seule de distinguer les uns des autres en établissant un rapport (temporel, c'est-à-dire de succession) entre les événements extérieurs[172] dont ils sont pour nous les traductions mentales respectives. Si cette comparaison vient à être rendue impossible pour une raison quelconque (soit par la suppression momentanée de toute impression extérieure, soit d'une autre façon), le souvenir, n'étant plus localisé dans le temps par rapport à d'autres éléments psychologiques présentement différents, perd son caractère représentatif du passé, pour ne plus conserver que sa qualité actuelle de présent. Or c'est précisément là ce qui se produit dans les cas dont nous parlons : l'état dans lequel est placé le sujet correspond à une modification de sa conscience actuelle, impliquant une extension, dans un certain sens, de ses facultés individuelles, au détriment momentané du développement dans un autre sens que ces facultés possèdent dans l'état normal. Si donc, dans un tel état, on empêche le sujet d'être affecté par les perceptions présentes, et si, en outre, on écarte en même temps de sa conscience tous les événements postérieurs à un certain moment déterminé (conditions qui sont parfaitement réalisables à l'aide de la suggestion), lorsque les souvenirs se rapportant à ce même moment se présentent distinctement à cette conscience ainsi modifiée quant à son étendue (qui est alors pour le sujet la conscience actuelle), ils ne peuvent aucunement être situés dans le passé ou envisagés sous cet aspect, puisqu'il n'y a plus actuellement dans le champ de la conscience aucun élément avec lequel ils puissent être mis dans un rapport d'antériorité temporelle.

En tout ceci, il ne s'agit de rien de plus que d'un état mental impliquant une modification de la conception du temps (ou mieux de sa compréhension)

---

tout à fait général), peu importe, puisque, normalement, ils ont toujours la possibilité de passer de l'un dans l'autre, ce qui montre qu'il ne s'agit là que d'une différence de degré, et rien de plus.

[172] Extérieurs par rapport au point de vue de notre conscience individuelle, bien entendu ; d'ailleurs, cette distinction du souvenir et de la perception ne relève que de la psychologie la plus élémentaire, et, d'autre part, elle est indépendante de la question du mode de perception des objets regardés comme extérieurs, ou plutôt de leurs qualités sensibles.

par rapport à l'état normal ; et, d'ailleurs, ces deux états ne sont l'un et l'autre que deux modalités différentes d'une même individualité[173]. En effet, il ne peut être ici question d'états supérieurs et extra-individuels dans lesquels l'être serait affranchi de la condition temporelle, ni même d'une extension de l'individualité impliquant ce même affranchissement partiel, puisqu'on place au contraire le sujet dans un instant déterminé, ce qui suppose essentiellement que son état actuel est conditionné par le temps. En outre, d'une part, des états tels que ceux auxquels nous venons de faire allusion ne peuvent évidemment être atteints par des moyens qui sont entièrement du domaine de l'individualité actuelle et restreinte, comme l'est nécessairement tout procédé expérimental ; et, d'autre part, même s'ils étaient atteints d'une façon quelconque, ils ne sauraient aucunement être rendus sensibles à cette individualité, dont les conditions particulières d'existence n'ont aucun point de contact avec celles des états supérieurs de l'être, et qui, en tant qu'individualité spéciale, est forcément incapable d'assentir, et à plus forte raison d'exprimer, tout ce qui est au-delà des limites de ses propres possibilités[174].

Quant à retourner effectivement dans le passé, c'est là une chose qui, comme nous le disons ailleurs, est manifestement aussi impossible à l'individu humain que de se transporter dans l'avenir[175] ; et nous n'aurions jamais pensé que la « machine à explorer le temps » de Wells pût être considérée autrement que comme une conception de pure fantaisie, ni qu'on en vînt à parler sérieusement de la « réversibilité du temps ». L'espace est réversible, c'est-à-

---

[173] Il en est de même des états (spontanés ou provoqués) qui correspondent à toutes les altérations de la conscience individuelle, dont les plus importantes sont ordinairement rangées sous la dénomination impropre et fautive de « dédoublements de la personnalité ».

[174] Du reste, dans tous les cas dont nous parlons, il ne s'agit que d'événements physiques, et même le plus souvent terrestres (quoique tel autre expérimentateur assez connu ait publié jadis un récit détaillé des prétendues « incarnations antérieures » de son sujet sur la planète Mars, sans s'être étonné que tout ce qui se passe sur celle-ci soit si facilement traduisible en langage terrestre !) ; il n'y a là rien qui exige le moins du monde l'intervention d'états supérieurs de l'être, que d'ailleurs, bien entendu, les « psychistes » ne soupçonnent même pas.

[175] Voir pour ceci, ainsi que pour ce qui suit, notre étude sur *Les Conditions de l'existence corporelle*, dans le présent n°, pp. 39 et 40 (et particulièrement la note 4[(note 45)] de la p. 39).

dire que l'une quelconque de ses parties, ayant été parcourue dans un certain sens, peut l'être ensuite en sens inverse, et cela parce qu'il est une coordination d'éléments envisagés en mode simultané et permanent ; mais le temps, étant au contraire une coordination d'éléments envisagés en mode successif et transitoire, ne peut être réversible, car une telle supposition serait la négation même du point de vue de la succession, ou, en d'autres termes, elle reviendrait précisément à supprimer la condition temporelle[176]. Pourtant, il s'est trouvé des gens qui ont conçu cette idée pour le moins singulière de la « réversibilité du temps », et qui ont prétendu l'appuyer sur un « théorème de mécanique » (?) dont nous croyons intéressant de reproduire intégralement l'énoncé, afin de montrer plus clairement l'origine de leur fantastique hypothèse.

« Connaissant la série complexe de tous les états successifs d'un système de corps, et ces états se suivant et s'engendrant dans un ordre déterminé, au passé qui fait fonction de cause, à l'avenir qui a rang d'effet (sic), considérons un de ces états successifs, et, sans rien changer aux masses composantes, ni aux forces qui agissent entre ces masses[177], ni aux lois de ces forces, non plus qu'aux situations actuelles des masses dans l'espace, remplaçons chaque vitesse par une vitesse égale et contraire[178]. Nous appellerons cela "révertir" toutes les vitesses ; ce changement lui-même prendra le nom de réversion, et nous appellerons sa possibilité, réversibilité du mouvement du système. »

Arrêtons-nous un instant ici, car c'est justement cette possibilité que nous

---

[176] Cette suppression de la condition temporelle est d'ailleurs possible, mais non dans les cas que nous envisageons ici, puisque ces cas supposent toujours le temps ; et, en parlant ailleurs de la conception de l'« éternel présent », nous avons eu bien soin de faire remarquer qu'elle ne peut rien avoir de commun avec un retour dans le passé ou un transport dans l'avenir, puisqu'elle supprime précisément le passé et l'avenir, en nous affranchissant du point de vue de la succession, c'est-à-dire de ce qui constitue pour notre être actuel toute la réalité de la condition temporelle.

[177] « Sur ces masses » aurait été plus compréhensible.

[178] Une vitesse contraire à une autre, ou bien de direction différente, ne peut lui être égale au sens rigoureux du mot, elle peut seulement lui être équivalente en quantité ; et, d'un autre côté, est-il possible de regarder cette « réversion » comme ne changeant en rien les lois du mouvement considéré, étant donné que, si ces lois avaient continué à être normalement suivies, elle ne se serait pas produite ?

ne saurions admettre, au point de vue même du mouvement, qui s'effectue nécessairement dans le temps : le système considéré reprendra en sens inverse, dans une nouvelle série d'états successifs, les situations qu'il avait précédemment occupées dans l'espace, mais le temps ne redeviendra jamais le même pour cela, et il suffit évidemment que cette seule condition soit changée pour que les nouveaux états du système ne puissent en aucune façon s'identifier aux précédents. D'ailleurs, dans le raisonnement que nous citons, il est supposé explicitement (encore qu'en un français contestable) que la relation du passé à l'avenir est une relation de cause à effet, tandis que le rapport causal, au contraire, implique essentiellement la simultanéité, d'où il résulte que des états considérés comme se suivant ne peuvent pas, sous ce point de vue, s'engendrer les uns les autres[179] ; mais poursuivons.

« Or, quand on aura opéré[180] la réversion des vitesses d'un système de corps, il s'agira de trouver, pour ce système ainsi réverti, la série complète de ses états futurs et passés : cette recherche sera-t-elle plus ou moins difficile que le problème correspondant pour les états successifs du même système non réverti ? Ni plus ni moins[181], et la solution de l'un de ces problèmes donnera celle de l'autre par un changement très simple, consistant, en termes techniques, à changer le signe algébrique du temps, à écrire $-t$ au lieu de $+t$, et réciproquement. »

En effet, c'est très simple en théorie, mais, faute de se rendre compte que

---

[179] Voir *La Constitution de l'être humain et son évolution posthume selon le Védânta*, 2ème année, n° 10, pp. 262 et 263. – Par suite, si le souvenir d'une impression quelconque peut être cause d'autres phénomènes mentaux, quels qu'ils soient, c'est en tant que souvenir présent, mais l'impression passée ne peut actuellement être cause de rien.

[180] L'auteur du raisonnement a eu la prudence d'ajouter ici entre parenthèses : « non dans la réalité, mais dans la pensée pure » ; par là, il sort entièrement du domaine de la mécanique, et ce dont il parle n'a plus aucun rapport avec « un système de corps » ; mais il est à retenir qu'il regarde lui-même la prétendue « réversion » comme irréalisable, contrairement à l'hypothèse de ceux qui ont voulu appliquer son raisonnement à la « régression de la mémoire ».

[181] Évidemment, puisque, dans l'un et l'autre cas, il s'agit d'étudier un mouvement dont tous les éléments sont donnés ; mais, pour que cette étude corresponde à quelque chose de réel ou même de possible, il ne faudrait pas être dupe d'un simple jeu de notation !

la notation des « nombres négatifs » n'est qu'un procédé tout artificiel de simplification des calculs et ne correspond à aucune espèce de réalité[182], l'auteur de ce raisonnement tombe dans une grave erreur, qui est d'ailleurs commune à presque tous les mathématiciens, et, pour interpréter le changement de signe qu'il vient d'indiquer, il ajoute aussitôt : « C'est-à-dire que les deux séries complètes d'états successifs du même système de corps différeront seulement en ce que l'avenir deviendra passé, et que le passé deviendra futur[183]. Ce sera la même série d'états successifs parcourue en sens inverse. La réversion des vitesses révertit simplement le temps : la série primitive des états successifs et la série révertie ont, à tous les instants correspondants, les mêmes figures du système avec les mêmes vitesses égales et contraires (*sic*). »

Malheureusement, en réalité, la réversion des vitesses révertit simplement les situations spatiales, et non pas le temps ; au lieu d'être « la même série d'états successifs parcourue en sens inverse », ce sera une seconde série inversement homologue de la première, quant à l'espace seulement ; le passé ne deviendra pas futur pour cela, et l'avenir ne deviendra passé qu'en vertu de la loi naturelle et normale de la succession, ainsi que cela se produit à chaque instant. Il est vraiment trop facile de montrer les sophismes inconscients et multiples qui se cachent dans de pareils arguments ; et voilà pourtant tout ce qu'on trouve à nous présenter pour justifier, « devant la science et la philosophie », une théorie comme celle des prétendues « régressions de la mémoire » !

Ceci étant dit, nous devons encore, pour compléter l'explication psychologique que nous avons indiquée au début, faire remarquer que le prétendu « retour dans le passé », c'est-à-dire en réalité, tout simplement, le rappel à la conscience claire et distincte de souvenirs conservés à l'état latent dans la mémoire subconsciente du sujet, est facilité d'autre part, au point de vue physiologique, par le fait que toute impression laisse nécessairement une

---

[182] Sur cette notation et ses inconvénients, particulièrement au point de vue de la mécanique, voir *Remarques sur la Notation mathématique*, 1ère année, n° 7.

[183] Voilà certes une singulière fantasmagorie, et il faut reconnaître qu'une opération aussi vulgaire qu'un simple changement de signe algébrique est douée d'une puissance bien étrange et vraiment merveilleuse... aux yeux des mathématiciens !

trace sur l'organisme qui l'a éprouvée. Nous n'avons pas à rechercher ici de quelle façon cette impression peut être enregistrée par certains centres nerveux ; c'est la une étude qui relève de la science expérimentale pure et simple, et, d'ailleurs, celle-ci est déjà parvenue à « localiser » à peu près exactement les centres correspondant aux différentes modalités de la mémoire[184]. L'action exercée sur ces centres, aidée du reste par un facteur psychologique qui est la suggestion, permet de placer le sujet dans les conditions voulues pour réaliser les expériences dont nous avons parlé, du moins quant à leur première partie, celle qui se rapporte aux événements auxquels il a réellement pris part ou assisté à une époque plus ou moins éloignée[185].

Mais, bien entendu, la correspondance physiologique que nous venons de signaler n'est possible que pour les impressions qui ont réellement affecté l'organisme du sujet ; et de même, au point de vue psychologique, la conscience individuelle d'un être quelconque ne peut évidemment contenir que des éléments ayant quelque rapport avec l'individualité actuelle de cet être. Ceci devrait suffire à montrer qu'il est inutile de chercher à poursuivre les recherches expérimentales au-delà de certaines limites, c'est-à-dire, dans le cas actuel,

---

[184] Cette « localisation » est rendue possible surtout par l'observation des différents cas de « paramnésie » (altérations partielles de la mémoire) ; et nous pouvons ajouter que l'espèce de fractionnement de la mémoire que l'on constate dans ces cas permet d'expliquer une bonne partie des soi-disant « dédoublements de la personnalité », auxquels nous avons fait allusion précédemment.

[185] On pourrait également parler, si singulier que cela semble au premier abord, d'une correspondance, tant physiologique que psychologique, des événements non encore réalisés, mais dont l'individu porte les virtualités en lui ; ces virtualités se traduisent par des prédispositions et des tendances d'ordres divers, qui sont comme le germe présent des événements futurs concernant l'individu. Toute diathèse est, en somme, une prédisposition organique de ce genre : un individu porte en lui, dès son origine (« ab ovo », pourrait-on dire), telle ou telle maladie à l'état latent, mais cette maladie ne pourra se manifester que dans des circonstances favorables à son développement, par exemple sous l'action d'un traumatisme quelconque ou de toute autre cause d'affaiblissement de l'organisme ; si ces circonstances ne se rencontrent pas, la maladie ne se développera jamais, mais son germe n'en existe pas moins réellement et présentement dans l'organisme, de même qu'une tendance psychologique qui ne se manifeste par aucun acte extérieur n'en est pas moins réelle pour cela.

antérieurement à la naissance du sujet, ou du moins au début de sa vie embryonnaire ; c'est pourtant là ce qu'on a prétendu faire, en s'appuyant, comme nous l'avons dit, sur l'hypothèse préconçue de la réincarnation, et on a cru pouvoir « faire revivre » ainsi à ce sujet « ses vies antérieures », tout en étudiant également, dans l'intervalle, « ce qui se passe pour l'esprit non incarné » !

Ici, nous sommes en pleine fantaisie : comment peut-on parler des « antériorités de l'être vivant », lorsqu'il s'agit d'un temps où cet être vivant n'existait pas encore à l'état individualisé, et vouloir le reporter au-delà de son origine, c'est-à-dire dans des conditions où il ne s'est jamais trouvé, donc qui ne correspondent pour lui à aucune réalité ? Cela revient à créer de toutes pièces une réalité artificielle, si l'on peut s'exprimer ainsi, c'est-à-dire une réalité mentale actuelle qui n'est la représentation d'aucune sorte de réalité sensible ; la suggestion donnée par l'expérimentateur en fournit le point de départ, et l'imagination du sujet fait le reste. Il en est de même, moins la suggestion initiale, dans l'état de rêve ordinaire, où « l'âme individuelle crée un monde qui procède tout entier d'elle-même, et dont les objets consistent exclusivement dans des conceptions mentales »[186], sans qu'il soit d'ailleurs possible de distinguer ces conceptions d'avec les perceptions d'origine extérieure, à moins qu'il ne s'établisse une comparaison entre ces deux sortes d'éléments psychologiques, ce qui ne peut se faire que par le passage plus ou moins nettement conscient de l'état de rêve à l'état de veille[187]. Ainsi, un rêve provoqué, état en tout semblable à ceux où l'on fait naître chez un sujet, par des suggestions appropriées, des perceptions partiellement ou totalement imaginaires, mais avec cette seule différence que, ici, l'expérimentateur est lui-même dupe de sa propre suggestion et prend les créations mentales du sujet pour des « réveils de souvenirs »[188], voilà à quoi se réduit la prétendue

---

[186] Voir *La Constitution de l'être humain et son évolution posthume selon le Védânta*, 2ème année, n° 10, pp. 265 et 266.

[187] Mais cette comparaison n'est jamais possible dans le cas du rêve provoqué par suggestion, puisque le sujet, à son réveil, n'en conserve aucun souvenir dans sa conscience normale.

[188] Le sujet pourrait d'ailleurs les considérer également comme des souvenirs, car un rêve peut comprendre des souvenirs tout aussi bien que des impressions actuelles, sans que ces deux sortes d'éléments soient autre chose que de pures créations mentales. Nous ne parlons

« exploration des vies successives », l'unique « preuve expérimentale » que les réincarnationnistes aient pu fournir en faveur de leur théorie[189].

Que l'on essaye d'appliquer la suggestion à la « psychothérapie », de s'en servir pour guérir des ivrognes ou des maniaques, ou pour développer la mentalité de certains idiots, c'est là une tentative qui ne laisse pas d'être fort louable, et, quels que soient des résultats obtenus, nous n'y trouverons assurément rien à redire ; mais que l'on s'en tienne là, et qu'on cesse de l'employer à des fantasmagories comme celles dont nous venons de parler. Il se rencontrera pourtant encore, après cela, des gens qui viendront nous vanter « la clarté et l'évidence du spiritisme », et l'opposer à « l'obscurité de la métaphysique », qu'ils confondent d'ailleurs avec la plus vulgaire philosophie[190] ; singulière évidence, à moins que ce ne soit celle de l'absurdité ! Mais tout cela ne nous étonne aucunement, car nous savons fort bien que les spirites et autres « psychistes » de différentes catégories sont tous comme certain personnage dont nous avons eu à nous occuper récemment[191] ; ils ignorent profondément ce que c'est que la Métaphysique, et nous n'entreprendrons certes pas de le leur expliquer :

« sarebbe lavar la testa all'asino » comme on dit irrévérencieusement en italien. (*À suivre.*)

---

pas, bien entendu, des souvenirs de la veille qui viennent souvent se mêler au rêve, parce que la séparation des deux états de conscience est rarement complète, du moins quant au sommeil ordinaire ; elle paraît l'être beaucoup plus lorsqu'il s'agit du sommeil provoqué, et c'est ce qui explique l'oubli total qui suit le réveil du sujet.

[189] Pour ce qui est des cas spontanés de prétendus « réveils de souvenirs », voir 2ème année, n° 11, p. 297.

[190] Certains vont même jusqu'à réclamer des « expériences métaphysiques », sans se rendre compte que l'union de ces deux mots constitue un non-sens pur et simple.

[191] Voir 2ème année, n° 11, pp. 299 et 300.

LA CONSTITUTION DE L'ÊTRE HUMAIN ET SON ÉVOLUTION POSTHUME SELON LE VÉDÂNTA

Paru dans La Gnose, *de septembre à décembre 1911.*

On a souvent exposé, sur la constitution de l'être humain individuel, diverses conceptions plus ou moins fantaisistes, et en grande partie dénuées de tout fondement sérieux. Pour réduire toutes ces théories à leur juste valeur, nous avons pensé qu'il serait bon de résumer, d'une façon aussi complète que possible, ce qui est enseigné sur cette question par la doctrine brâhmanique, et plus particulièrement par le *Védânta*, qui en est la forme la plus orthodoxe[192], tout en faisant quelquefois appel aussi aux données fournies par d'autres doctrines hindoues, lorsque celles-ci ne présentent avec la première aucune contradiction[193].

Avant tout, il importe de poser en principe que le Soi (*âtman*), qui est l'être lui-même dans son essence, n'est jamais individualisé, mais développe seulement ses possibilités virtuelles, par le passage de la puissance à l'acte, dans

---

[192] Voir *Le Démiurge*, 1ère année, n° 3, p. 47.

[193] À ce propos, nous ne pouvons mieux faire que de citer ce passage du *Kapila-Bhâshya* de *Vijnâna-Bhiksbu* : « Dans la doctrine de Kanâda et dans le *Sânkhya*, la partie qui est contraire au *Véda* doit être rejetée par ceux qui adhèrent strictement à la doctrine orthodoxe ; dans la doctrine de Jaimini et celle de Vyâsa (les deux *Mîmânsâs*), il n'est rien qui ne s'accorde avec les Écritures. » – La première *Mîmânsâ* (*Pûrva-Mîmânsâ*), appelée aussi *Karma-Mîmânsâ* ou *Mîmânsâ* pratique, a pour but de déterminer le sens des Écritures, surtout en ce qui a rapport aux prescriptions rituéliques. La seconde *Mîmânsâ* (*Uttara-Mîmânsâ*) peut être regardée comme la *Mîmânsâ* théorique, et est encore appelée *Brahma-Mîmânsâ*, comme concernant la Connaissance Divine (*Brahma-Vidyâ*) ; elle constitue à proprement parler le *Védânta*, c'est-à-dire la fin ou le complément du *Véda*, et est basée sur l'enseignement ésotérique contenu principalement dans les *Upanishads*.

toutes les modalités qui constituent les divers états manifestée de l'être[194]. Il est le principe par lequel ces états existent, ainsi que les états non-manifestés, mais lui-même n'est que par soi, n'ayant aucun principe qui soit extérieur à soi-même, car il est une détermination immédiate de l'Esprit Universel (*Âtmâ*)[195] qui pénètre toutes choses, demeurant toujours « le même » à travers la multiplicité indéfinie des degrés de l'Existence. Le Soi est identique en réalité à cet Esprit Universel, dont il n'est point distinct, si ce n'est lorsqu'on l'envisage particulièrement par rapport à un certain état individuel de l'être, tel que l'état humain actuel, et seulement en tant qu'on le considère sous ce point de vue spécialisé et restreint[196].

L'Esprit Universel étant identifié à *Brahma* Lui-même (en vertu de l'Identité Suprême), il est dit que c'est *Brahma* qui réside dans le centre vital de l'être humain ; ce centre vital est considéré comme correspondant analogiquement au plus petit ventricule du cœur, mais ne doit pas être confondu avec le cœur de l'organisme physique, car il est le centre, non pas seulement de l'individualité corporelle, mais de l'individualité intégrale, dont la modalité corporelle ne constitue qu'une portion[197].

« Dans ce séjour de *Brahma* (*Brahma-pura*) est un petit lotus, une demeure dans laquelle est une petite cavité (*dahara*) occupée par l'Éther (*Âkâsha*) ; on doit rechercher Ce que c'est qui est dans ce lieu, et on Le connaîtra[198]. » Ce n'est pas seulement l'âme vivante (*jîvâtmâ*), c'est-à-dire la manifestation particulière du Soi dans l'individu actuel (considérée séparément de son principe, qui est ce Soi), qui réside au centre de cette individualité ; c'est, comme nous venons de le dire, l'Esprit Universel (*Âtmâ*), qui est *Brahma* Lui-

---

[194] Voir nos études précédentes, et en particulier *Le Symbolisme de la Croix*, 2ème année, nos 2 à 6.

[195] Cette détermination est exprimée par la désinence du mot *âtman*, qui est aussi employé comme pronom personnel (soi-même).

[196] Sur cette question de la distinction individuelle et de son degré de réalité, voir *Le Démiurge*, 1ère année, n° 1 à 4.

[197] Sur le cœur considéré comme le centre de la vie, non seulement par rapport à la circulation du sang, mais aussi, analogiquement, par rapport à l'intelligence universelle, voir *L'Universalité en l'Islam*, 2ème année, n° 4, p. 125.

[198] *Chhândogya Upanishad*.

même, le Suprême Ordonnateur, et qui, ainsi considéré dans l'homme, est appelé *Purusha*, parce qu'il repose ou habite dans l'individualité (intégrale ou étendue, et non pas seulement corporelle ou restreinte) comme dans une ville (*puri-shaya*). Dans ce séjour (le centre vital), « le soleil ne brille point, ni la lune, ni les étoiles[199] ; bien moins encore ce feu visible (l'élément igné sensible). Tout brille après son rayonnement[200] (en réfléchissant sa clarté) ; c'est par sa clarté que ce tout (l'individualité intégrale) est illuminé. Ce *Purusha* est d'une luminosité (spirituelle) claire comme une flamme sans fumée ; il est le maître du passé et du futur (étant omniprésent) ; il est aujourd'hui et il sera demain (et dans tous les cycles d'existence) tel qu'il est (de toute éternité)[201]. »

Purusha (qui est aussi appelé *Pumas*) est le principe essentiel (actif), dont l'union avec *Prakritî* ou la substance élémentaire indifférenciée (passive) produit le développement intégral de l'état d'être individuel humain ; ceci par rapport à chaque individu, et de même pour tous les autres états formels. Pour l'ensemble du domaine individuel actuel (comprenant tous les êtres qui s'y développent), *Purusha* est assimilé à *Prajâpati*[202], et le couple *Purusha-Prakritî* est la manifestation (dans ce domaine) de l'Homme Universel ; il en est d'ailleurs de même dans chacun des autres domaines de l'existence formelle[203].

---

[199] Cf. la description de la Jérusalem Céleste dans l'Apocalypse.

[200] C'est-à-dire le rayonnement de *Purusha*.

[201] « Il est maintenant tel qu'Il était (de toute éternité), tous les jours en l'état de Créateur Sublime » : voir *L'Identité Suprême dans l'Ésotérisme musulman*, 2ème année, n° 7, p. 200.

[202] Sur *Prajdâpati* et sa manifestation comme *Manu* dans chaque cycle, voir *L'Archéomètre*, 1ère année, n° 9, p. 181, note 1[(note 3)].

[203] *Mûla-Prakritî*, la Nature primordiale (appelée en arabe *El-Fitrah*), racine de toutes les manifestations formelles, est identifiée avec *Mâya* selon les *Purânas* ; elle est « indistinctible », n'étant point composée de parties, pouvant seulement être induite par ses effets, et, suivant Kapila, productive sans être production. « La Nature, racine de tout, n'est pas production. Sept principes, le grand (*Mahat*) et les autres (*ahankâra* et les cinq *tanmâtras*) sont en même temps productions et productifs. Seize sont productions (improductives). Purusha n'est ni production ni productif. » (*Sânkhya-Kârikâ*.) – Cf. Scot Érigène, *de Divisione Naturæ* : « La division de la Nature me paraît devoir être établie selon quatre différentes espèces, dont la première est ce qui crée et n'est pas créé ; la seconde, ce qui est créé et qui crée lui-même ; la troisième, ce qui est créé et ne crée pas ; et la quatrième enfin, ce qui n'est pas créé et ne crée pas non plus. » (Lib. 1.) « Mais la première espèce et la

Prakritî est le premier des vingt-cinq principes énumérés dans le *Sânkhya* de Kapila, tandis que *Purusha* en est le dernier ; mais nous avons exposé la nature de *Purusha* avant de parler de *Prakritî*, parce qu'il est inadmissible que le principe plastique ou substantiel (au sens strictement étymologique de ce dernier mot)[204] soit cause par lui-même et en dehors de l'action du principe essentiel, qui est désigné comme *Purusha*[205].

Celui-ci, considéré comme identique au Soi (*âtman*), « est (pour ainsi dire) une portion du Suprême Ordonnateur (bien que Celui-ci n'ait pas de parties à proprement parler, étant, dans Son essence, indivisible et sans dualité), comme une étincelle l'est du feu (dont la nature est tout entière en chaque étincelle) ». Il demeure inaffecté par les modifications individuelles (telles que le plaisir ou la douleur), qui proviennent toutes du principe plastique (*Prakritî* ou *Pradhâna*, la substance primordiale contenant en puissance d'être toutes les possibilités formelles). « Ainsi la lumière solaire ou lunaire parait être ce qui lui donne naissance, mais pourtant elle en est distincte (et de même les modifications ou les qualités manifestées sont distinctes de leur principe). Comme l'image du soleil réfléchie dans l'eau tremble ou vacille, en suivant les ondulations de l'étang, sans cependant affecter les autres images réfléchies dans la même eau, ni l'orbe solaire lui-même, ainsi les modifications d'un individu n'affectent pas un autre individu, ni le Suprême Ordonnateur Lui-même[206]. » C'est l'âme individuelle vivante (*jîvâtmâ*) qui est ici comparée à l'image du soleil dans l'eau, comme étant la réflexion (dans le domaine individuel et par rapport à chaque individu) de la Lumière de l'Esprit Universel (*Âtmâ*, auquel est identifié *Purusha*) ; l'eau (qui réfléchit la lumière solaire) est le symbole du

---

quatrième (respectivement analogues de *Prakritî* et de *Purusha*) se confondent dans la Nature Divine, car celle-ci peut être dite créatrice et incréée, puisqu'elle est en soi, mais également ni créatrice ni créée, puisqu'elle est infinie, et il n'y a non plus aucune possibilité qu'elle ne soit pas en soi et par soi. » (Lib. 3.)

[204] Ce sens n'est pas celui dans lequel Spinoza a employé le terme « Substance », car il entend par là l'Être Universel lui-même, « qui subsiste en soi et par soi ».

[205] Cette opinion, que l'on pourrait déduire d'une conception erronée de la doctrine *Sânkhya*, serait d'ailleurs contraire à l'enseignement des *Védas*.

[206] *Brahma-Sûtras*, 2ème Lecture, 3ème chapitre.

principe plastique (*Prakriti*)[207].

Nous devons maintenant passer à l'énumération des degrés successifs de la manifestation individuelles d'*âtman*, dont le premier est l'intellect supérieur (*Buddhi*), qui est aussi appelé *Mahat* ou le grand principe[208], et qui n'est encore individualisé qu'en mode principiel (non effectivement), ce qui revient à dire qu'il est le principe immédiat de l'individualité. Si l'on regarde le Soi comme le Soleil spirituel qui brille au centre de l'être total, *Buddhi* sera le rayon directement émané de ce Soleil et illuminant dans son intégralité l'état d'être que nous envisageons, tout en le reliant aux autres états et au centre lui-même[209]. Ce principe est d'ailleurs regardé comme ternaire, et il est alors identifié à la *Trimurti* : « *Mahat* devient distinctement connu comme trois Dieux, par l'influence des trois qualités (*gunâni*, essences constitutives et primordiales des êtres), *sattwa*, *rajas* et *tamas*[210], étant "une personnalité en trois Dieux". Dans l'Universel, il est la Divinité ; mais, envisagé distributivement (sous l'aspect de la distinction), il appartient aux êtres individuels (auxquels il communique la possibilité de participation aux attributs divins)[211]. »

Cet intellect (*Buddhi*), passant de l'état de puissance universelle à l'état individualisé (en se manifestant, mais sans cesser d'être tel qu'il était), produit la conscience individuelle (*ahankâra*), qui donne naissance au sentiment du moi. Cette conscience[212] a pour fonction propre de prescrire la conviction individuelle (*abhimâna*), c'est-à-dire la notion que « je suis » concerné par les

---

[207] Il en est de même dans toutes les traditions ; il est facile de s'en rendre compte, en ce qui concerne la tradition hébraïque, en se reportant au début du premier chapitre de la Genèse (voir aussi *L'Archéomètre*).

[208] C'est le second principe de Kapila.

[209] On doit considérer le centre de chaque état d'être comme identifié potentiellement avec le centre de l'être total (voir *Le Symbolisme de la Croix*, 2ème année, n° 2, p. 57, et n° 3, p. 99) ; c'est en ce sens que l'on peut dire, comme nous l'avons fait tout d'abord, que *Purusha* réside au centre de l'individualité.

[210] Nous reviendrons ailleurs sur la définition de ces trois qualités, qui, ici, nous conduirait trop loin du sujet que nous nous sommes proposé de traiter.

[211] *Matsya Purâna*.

[212] C'est le troisième principe de Kapila.

objets de la perception (externes) et de la méditation (internes) ; elle procède immédiatement du principe intellectuel, et elle produit tous les autres principes de l'homme individuel, dont nous allons avoir à nous occuper maintenant.

Ces principes comprennent onze facultés, dont dix sont externes : cinq de sensation et cinq d'action ; la onzième, qui participe des unes et des autres, est le sens interne ou la faculté mentale (*manas*), lequel est uni directement à la conscience individuelle. Ces facultés procèdent toutes des cinq essences élémentaires (*tanmâtras*)[213], qui sont aussi les principes des cinq éléments corporels[214].

Quant à leur développement, nous n'avons qu'à reproduire ce qui est enseigné sur cette question par les *Brahma-Sûtras*[215] : « L'intellect, le sans interne, ainsi que les facultés de sensation et d'action, sont développés (dans la manifestation) et résorbés (dans le non-manifesté) dans un ordre de succession (logique) semblable, qui est toujours celui des éléments principiels (*tanmâtras*) dont ils procèdent (à l'exception de l'intellect, qui est développe avant tout autre principe individuel). Quant à *Purusha* (*âtman*), son émanation n'est pas une naissance, ni une production originale ; on ne peut lui assigner aucune limitation (par quelque condition particulière d'existence), car, étant identifié avec le Suprême *Brahma*, il participe de Son essence infinie (impliquant la possession des attributs divins en tant que cette participation est effective). Il est actif, mais potentiellement (non-agissant), car l'activité ne lui est pas essentielle, mais éventuelle et contingente (relative seulement à ses divers états d'être). Comme le charpentier, ayant ses outils à la main, ses lignes et ses supports, et les mettant de côté, jouit de la tranquillité et du repos, de même

---

[213] *Tanmâtra* signifie littéralement une « assignation » (*mâtra*, mesure, détermination, caractère) délimitant un certain domaine (*tan*, racine exprimant l'idée d'extension) dans l'Existence universelle ; nous aurons d'ailleurs l'occasion de revenir plus longuement sur ce point dans une prochaine étude.

[214] Après les trois premiers principes, Kapila énumère successivement les cinq *tanmâtras*, les onze facultés, les cinq éléments corporels, et enfin *Purusha* ou *Pumas*, ce qui fait en tout vingt-cinq principes.

[215] Les *Brahma-Sûtras* (ou *Shârîraka-Mîmânsâ*), attribués à Vyâsa, sont une collection d'aphorismes dans lesquels sont formulés les enseignements fondamentaux du *Védânta* ; leur auteur est aussi appelé Bâdarâyana et Dwaipâyana.

l'esprit, dans son union avec ses instruments (par lesquels ses facultés potentielles sont développées en acte dans chacun de ses états de manifestation), est actif, et, en les quittant, il jouit du repos et de la tranquillité[216]. »

« Les diverses facultés de sensation et d'action (désignées par le terme *prâna* dans une acception secondaire) sont au nombre de onze : cinq de sensation, cinq d'action, et le sens interne (*manas*). Là où un nombre plus grand (treize) est spécifié, le terme est employé dans son sens le plus compréhensif, en distinguant (dans le *manas*) l'intellect, la conscience individuelle et le "sensorium". Là où un nombre moindre est mentionné, il est employé dans une acception plus restreinte : ainsi, il est parlé de sept organes sensitifs, relativement aux deux yeux, aux deux oreilles, aux deux narines et à la bouche ou à la langue (de sorte que, dans ce cas, il s'agit seulement des sept ouvertures ou orifices de la tête). Les onze facultés ci-dessus mentionnées (bien que désignées dans leur ensemble par le terme *prâna*) ne sont pas (comme les cinq *vâyus*)[217] de simples modifications de l'acte vital principal (la respiration, avec l'assimilation qui en résulte), mais des principes distincts (au point de vue spécial de l'individualité corporelle)[218]. »

Le terme *prâna* signifie proprement « souffle vital » ; mais, dans certains textes védiques, ce qui est ainsi désigné est (au sens universel) identifié en principe avec *Brahma* Lui-même, comme lorsqu'il est dit que, dans le sommeil profond, toutes les facultés sont résorbées en lui, car, « pendant qu'un homme dort sans rêver, son esprit est avec *Brahma* »[219].

Quant aux organes de ces facultés, les cinq instruments de sensation sont : les oreilles (ouïe), la peau (toucher), les yeux (vue), la langue (goût), et le nez (odorat), étant ainsi énumérés dans l'ordre de développement des sens, qui est

---

[216] *Brahma-Sûtras*, 2ème Lecture, 3ème chapitre.
[217] Nous expliquerons un peu plus loin ce que sont ces cinq *vâyus*.
[218] *Brahma-Sûtras*, 2ème Lecture, 4ème chapitre.
[219] Voir plus loin les explications concernant cet état du « sommeil profond », sur lequel, du reste, nous avons déjà dit quelques mots en une autre occasion (*Le Démiurge*, 1ère année, n° 3, p. 48).

celui des éléments correspondants[220]. Les cinq instruments d'action sont : les organes d'excrétion, les organes générateurs, les mains, les pieds, et enfin la voix ou l'organe de la parole, qui est énuméré le dixième. Le *manas* doit être regardé comme le onzième, comprenant par sa propre nature la double propriété (comme servant à la fois à la sensation et à l'action), et, par suite, participant aux propriétés des uns et des autres[221].

D'après le *Sânkhya*, ces facultés (avec les organes correspondants) sont (en distinguant trois principes dans le *manas*) les treize instruments de la Connaissance : trois internes et dix externes, comparés à trois sentinelles et à dix portes. Un sens corporel perçoit, et un organe d'action exécute ; entre les deux, le sens interne (*manas*) examine ; la conscience (*ahankâra*) fait l'application individuelle, et l'intellect (*Buddhi*) transpose dans l'Universel les données des facultés précédentes.

D'autre part, selon le *Védânta*, *Purusha* ou *âtman*, se manifestant dans la forme vivante (de l'individu) comme *jîvâtmâ*, est regardé comme se recouvrant d'une série d'enveloppes successives, bien qu'on ne puisse pas dire qu'il y soit contenu en réalité, puisqu'il n'est susceptible d'aucune limitation. La première enveloppe (*vijnâna-maya*) est la Lumière directement réfléchie de la Connaissance (*Jnâna*, la particule *vi* marquant une distinction) ; elle est composée des cinq essences principielles élémentaires (*tanmâtras*), et consiste dans la jonction de l'intellect supérieur (*Buddhi*) aux facultés potentielles de perception dont le développement constituera les cinq sens dans l'individualité corporelle ; ce n'est encore que la forme principielle (*kârana-sharîra*), ce par quoi la forme sera manifestée. La seconde enveloppe (*mano-maya*), dans laquelle le sens interne (*manas*) est joint avec la précédente, implique la conscience mentale, individualisation (en mode réfléchi) de l'intellect Supérieur. La troisième enveloppe (*prâna-maya*) comprend les facultés qui procèdent du souffle vital (*prâna*), c'est-à-dire les cinq *vâyus* (modalités de *prâna*), ainsi que les facultés d'action et de sensation (ces dernières existant déjà en puissance dans la première enveloppe, alors que, par contre, il ne

---

[220] Nous exposerons cette correspondance lorsque nous traiterons des conditions de l'existence corporelle.

[221] Cf. Lois de Manu, 2ème Lecture, slokas 89 à 92.

pouvait être question d'action d'aucune sorte). L'ensemble de ces trois enveloppes (*koshas*) constitue la forme subtile (*sûkshma-sharîra* ou *linga-sharîra*), par opposition à la forme grossière ou corporelle (*sthûla-sharîra*).

Les cinq fonctions ou actions vitales sont nommées *vâyus*, bien qu'elles ne soient pas à proprement parler l'air ou le vent[222], mais, comme nous venons de le dire, des modalités du souffle vital (*prâna*), considéré principalement dans ses rapports avec la respiration. Ce sont : 1° la respiration, considérée comme ascendante à son début, et attirant les éléments non encore individualisés de l'ambiance cosmique, pour les faire participer à la conscience individuelle, par assimilation ; 2° l'inspiration, considérée ensuite comme descendante, et par laquelle ces éléments pénètrent dans l'individualité ; 3° une phase intermédiaire entre les deux précédentes, consistant, d'une part, dans l'ensemble des actions et réactions réciproques qui se produisent au contact entre l'individu et les éléments ambiants, et, d'autre part, dans les divers mouvements vitaux qui en résultent, et dont la correspondance dans l'organisme corporel est la circulation sanguine ; 4° l'expiration, qui projette le souffle, en le transformant, au-delà des limites de l'individualité restreinte, dans le domaine des possibilités de l'individualité étendue ; 5° la digestion, ou l'assimilation substantielle intime, par laquelle les éléments absorbés deviennent partie intégrante de l'individualité. On voit que tout ceci ne doit pas être compris seulement des fonctions physiologiques analogiquement correspondantes, mais bien de l'assimilation vitale dans son sens le plus étendu.

La forme corporelle (*sthûla-sharîra*) est la dernière enveloppe (*kosha*) ; c'est l'enveloppe alimentaire (*anna-maya*), composée des cinq éléments physiques ou corporels. Elle s'assimile les éléments combinés reçus dans la nourriture (*anna*)[223], sécrétant les parties les plus fines (qui demeurent dans la circulation organique) et rejetant les plus grossières (à l'exception de celles qui sont déposées dans les os) : les substances terreuses deviennent la chair ; les substances aqueuses, le sang ; et les substances ignées, la graisse, la moelle et le

---

[222] C'est là, en effet, le sens propre du mot *vâyu*, qui désigne habituellement l'élément air, ainsi que nous le verrons ailleurs.

[223] Le mot *anna*, nourriture ou aliment, dérive de la racine verbale *ad*, manger (latin *edere*).

système nerveux (matière phosphorée).

Tout être organisé, résidant dans une telle forme corporelle, possède (à un degré plus ou moins complet de développement) les onze facultés dont nous avons parlé précédemment, et, ainsi que nous l'avons vu également, ces facultés sont manifestées dans le corps par le moyen de onze organes correspondants (*avyaya*, désignation qui s'applique d'ailleurs dans l'état subtil aussi bien que dans l'état grossier). On distingue, selon Shankarâchârya, trois classes d'êtres organisés, suivant leur mode de reproduction : 1° les vivipares (*jîvaja*), comme l'homme et les mammifères ; 2° les ovipares (*andaja*), comme les oiseaux et les insectes ; 3° les germinipares (*udbhijja*), qui comprennent les animaux inférieurs et les végétaux, les premiers, mobiles, naissant principalement dans l'eau, tandis que les seconds, qui sont fixés, naissent habituellement de la terre ; cependant, d'après divers passages du *Véda*, la nourriture (*anna*), c'est-à-dire le végétal, procède aussi de l'eau, car la pluie fertilise la terre.

Ici, il faut insister quelque peu sur un point essentiel : tous les principes dont nous avons parlé, qui sont décrits comme distincts, et qui le sont en effet au point de vue individuel, ne sont cependant en réalité qu'autant de modalités (manifestées) de l'Esprit Universel (*Âtmâ*). C'est pourquoi on doit les considérer, dans l'Universel, comme étant *Brahma* Lui-même, qui est sans dualité[224], et hors duquel il n'est rien, ni manifesté ni non-manifesté[225]. « Aucune distinction n'invalide l'unité et l'identité de *Brahma* comme cause et effet ; la mer est la même que ses eaux et n'en est pas différente, bien que les vagues, l'écume, les jaillissements, les gouttes et autres modifications (accidentelles) que subissent ces eaux, diffèrent l'une de l'autre (lorsqu'on les considère en particulier). Un effet n'est pas autre (en essence) que sa cause ; *Brahma* est unique et sans second ; Soi-même, Il n'est pas séparé de Ses modifications (formelles et informelles) ; Il est *Âtma*, et *Âtma* est Lui. La même terre offre des diamants, des rocs de cristal, de l'orpiment rouge, etc. ; le même sol produit une diversité de plantes ; la même nourriture est convertie en

---

[224] « Allah – qu'Il soit exalté – est exempt de tout semblable ainsi que de tout rival, contraste ou opposant. » (*L'Identité Suprême dans l'Ésotérisme musulman*, 2ᵐᵉ année, n° 7, p. 201.)

[225] La parfaite concordance, à cet égard, des doctrines islamite (ésotérique) et védântine, est trop évidente pour qu'il soit nécessaire d'y insister davantage.

excroissances variées, telles que les cheveux, les ongles, etc. Comme le lait se change en caillé et l'eau en glace (sans changer de nature), ainsi *Brahma* Se modifie diversement (dans la manifestation universelle), sans l'aide d'instruments ou de moyens extérieurs de quelque espèce que ce soit (et sans que Son unité et Son identité en soient affectées)[226]. Ainsi l'araignée forme sa toile de sa propre substance, les êtres subtils prennent des formes diverses, et le lotus croît de marais en marais sans organes de locomotion. Que *Brahma* soit indivisible et sans parties (comme Il l'est), n'est pas une objection (à cette conception de la multiplicité universelle dans Son unité) ; ce n'est pas Sa totalité qui est modifiée dans les apparences du Monde (ni quelqu'une de Ses parties, puisqu'Il n'en a point, mais Lui-même envisagé sous l'aspect spécial de la différenciation). Divers changements (de conditions et de modes d'existence) sont offerts à la même âme (individuelle) rêvant (et percevant les objets internes, qui sont ceux du domaine de la manifestation subtile)[227] ; diverses formes illusoires (correspondant à différentes modalités formelles, autres que la modalité corporelle) sont revêtues par le même être subtil[228]. *Brahma* est tout-puissant (puisqu'Il contient tout en puissance)[229], propre à tout acte (quoique non-agissant), sans organe ou instrument d'action ; tout attribut d'une cause première existe (en principe) en *Brahma*, qui (en Soi-même) est (cependant) dénué de toute qualité (distincte)[230]. »

« Ce qui fut, ce qui est et ce qui sera, tout est véritablement *Aumkâra* (l'Univers identifié à *Brahma*) ; et toute autre chose, qui n'est pas soumise au triple temps (c'est-à-dire à la condition temporelle envisagée sous ses trois modalités de passé, de présent et de futur), est aussi véritablement *Aumkâra*. Assurément, cet *Âtmâ* est *Brahma*, et cet *Âtmâ* a quatre conditions (*pâdas*)[231] ;

---

[226] L'unité, considérée en tant qu'elle contient tous les aspects de la Divinité, « est de l'Absolu la surface réverbérante à innombrables facettes qui magnifie toute créature qui s'y mire directement » (voir *Pages dédiées au Soleil*, 2ème année, n° 2, p. 61).

[227] Voir plus loin l'explication concernant l'état de rêve.

[228] *Mâyâvi-rûpa*, forme illusoire, considérée comme purement accidentelle et n'appartenant pas en propre à l'être qui s'en revêt ; celui-ci doit donc être regardé comme non-affecté par cette modification apparente.

[229] C'est là, en effet, la véritable signification de la toute-puissance divine.

[230] *Brahma-Sûtras*, 2ème Lecture, 1er chapitre.

[231] Ceci pourra être mieux compris par la suite de notre exposé.

en vérité, tout ceci est *Brahma*[232]. »

« Tout ceci » doit s'entendre, comme le montre la suite du texte que nous venons de citer, des différents états de l'être individuel envisagé dans son intégralité, aussi bien que des états non-individuels de l'être total. Nous allons avoir à considérer ces divers états de l'individu dans la suite de notre étude ; mais, auparavant, nous devons encore envisager la formation de l'individualité humaine à un point de vue un peu différent de celui que nous avons exposé jusqu'ici.

(*À suivre.*)

LA CONSTITUTION DE L'ÊTRE HUMAIN ET SON ÉVOLUTION POSTHUME SELON LE VÉDÂNTA (suite)[233]

En effet, certaines écoles hétérodoxes, et notamment les Bouddhistes, ont envisagé la question de la constitution de l'être humain au point de vue exclusif de l'individu, point de vue dont l'imperfection résulte immédiatement de sa relativité ; mais, afin d'en montrer pleinement l'insuffisance conformément à la doctrine védântine, il nous faut d'abord exposer aussi brièvement que possible la conception bouddhiste, et plus particulièrement celle des écoles *Sautrântika*[234] et *Vaibhâshika*[235]. Celles-ci distinguent avant tout les objets externes (*bâhya*) et internes (*abhyantara*) :

les premiers sont les éléments (*bhûta*) et ce qui en procède (*bhautika*), à savoir les organes et les qualités sensibles ; les seconds sont la pensée (*chitta*) et tout ce qui en procède (*chaittika*). Les Bouddhistes n'admettent que quatre éléments, ne reconnaissant pas l'Éther (*Âkâsha*) comme un cinquième élément,

---

[232] *Mândukya Upanishad*, shrutis 1 et 2.

[233] [Paru en octobre 1911.]

[234] *Sautrântika*, école qui base principalement son enseignement sur les Sûtras attribués à Shakya-Muni.

[235] Les *Vaibhâshikas* se distinguent notamment des *Sautrântikas* en ce qu'ils admettent la perception directe des objets extérieurs.

ni même comme une substance quelconque[236], et ils prétendent que les éléments sont constitués par l'agrégation d'atomes matériels (*anu*) ; nous ferons voir ailleurs l'impossibilité d'admettre ces opinions. D'autre part, selon eux, l'âme individuelle vivante (*jîvâtmâ*) n'est rien qui soit distinct de la pensée consciente (*chitta*), et il n'existe aucune chose (caractérisée par des attributions positives) qui soit irréductible aux catégories énoncées ci-dessus.

Les corps, qui sont les objets des sens, sont composés des éléments ; ils ne sont considérés comme existant en tant qu'objets déterminés qu'autant qu'ils sont perçus par la pensée[237]. Celle-ci, qui réside dans la forme corporelle de l'individu, perçoit les objets externes et conçoit les objets internes, et, simultanément, elle subsiste comme « elle-même » : c'est en cela, mais en cela seulement, qu'elle est « soi-même » (*âtman*), ce qui, comme on le voit dès le premier abord, diffère essentiellement de la conception orthodoxe du Soi.

En ce qui concerne les objets internes, les Bouddhistes établissent cinq branches ou divisions (*skandhas*) : 1° la division des formes (*rûpa-skandha*), qui comprend les organes des sens et leurs objets, considérés uniquement dans leurs rapports avec la conscience individuelle, c'est-à-dire dans leurs qualités perceptibles, abstraction faite de ce qu'ils sont en eux-mêmes ; ces qualités elles-mêmes sont externes en tant qu'elles procèdent des éléments, mais elles sont regardées comme internes en tant qu'elles sont objets de connaissance ; 2° la division de la connaissance distincte (*vijnâna-skandha*), identifiée à la pensée (*chitta*) conçue comme conscience individuelle, et, par suite, à « soi-même » (*âtman*) dans le sens restreint que nous avons indiqué, tandis que les quatre autres divisions comprennent tout ce qui procède de cette même pensée

---

[236] Selon les Bouddhistes, l'Éther (*Âkâsha*) serait non-substantiel, comme appartenant à la catégorie informelle (*nirûpa*), qui ne peut être caractérisée que par des attributions négatives ; c'est là le fondement de la théorie du vide universel (*sarvva-shûna*), sur laquelle nous aurons l'occasion de revenir.

[237] C'est pourquoi les Bouddhistes ont reçu l'épithète de *Sarvva-vainâshikas*, « soutenant la dissolubilité de toutes choses », tandis que les disciples de Kanâda, qui prétendent que l'identité cesse pour un être avec chacune de ses modifications, tout en admettant qu'il existe certaines catégories immuables, sont appelés *Arddha-vainâshikas*, « soutenant une demi-dissolubilité », c'est-à-dire une dissolubilité partielle seulement, au lieu de la dissolubilité totale (au point de vue de la substance) qu'enseignent les Bouddhistes.

(*chaittika*) et est regardé, pour cette raison, comme « appartenant à soi-même » (*âdhyâtmika*) ; cette dernière désignation, prise dans son sens le plus large, renferme l'ensemble des cinq *skandhas* ; 3° la division des impressions conscientes (*védanâ-skandha*), comprenant le plaisir et la douleur, ou leur absence, et les autres sentiments analogues qui sont produits par la perception ou la conception d'un objet quelconque, soit externe, soit interne ; 4° la division des jugements (*sanjnâ-skandha*), désignant la connaissance qui naît des noms ou mots, ainsi que des symboles ou signes idéographiques ; 5° la division des actions (*sanskâra-skandha*), qui renferme les passions, c'est-à-dire les modifications (par réaction) dont la cause est dans l'activité individuelle.

Quant à la réunion de ces cinq branches (*skandhas*), qui concourent à la formation de l'individualité, les Bouddhistes attribuent comme point de départ à l'existence individuelle l'ignorance (*avidyâ*), qui fait supposer permanent ce qui n'est que transitoire. De là vient l'activité réfléchie ou la passion (*sanskâra*), qui comprend le désir (*kâma*), l'illusion (*mâyâ*) et tout ce qui en résulte, et qui, dans l'être embryonnaire, encore en puissance d'être, fait naître la connaissance distinctive (*vijnâna*), d'abord pure possibilité, mais dont le développement produit la conscience du moi (*ahankâra*). C'est celle-ci qui, s'unissant aux éléments (corporels et autres) fournis par les parents, donne à l'être individuel en voie de constitution son nom (*nâma*) et sa forme (*rûpa*), c'est-à-dire l'essence et la substance de son individualité. De là résultent six facultés, qui consistent dans la conscience de la connaissance distinctive principielle, des quatre éléments dans leurs rapports avec l'individualité, et enfin du nom et de la forme, c'est-à-dire de l'individualité elle-même ; à ces six facultés correspondent, dans le corps, six organes qui en sont les sièges respectifs (*shad-âyatana*). L'opération de ces facultés a pour résultat l'expérience (*sparsha*), par laquelle se produit l'impression consciente (*védanâ*) ; celle-ci engendre la soif (*trishnâ*), c'est-à-dire l'aspiration de l'individu à rechercher les impressions agréables et à éviter les impressions désagréables, et c'est cette aspiration qui provoque l'effort (*upadâna*), élément initial de toute l'activité individuelle. C'est là le point de départ de l'existence actuelle (*bhâva*) de l'être, considérée comme commençant à la naissance (*jâtî*) de l'individu, laquelle consiste proprement dans l'agrégation des cinq branches (*skandhas*), et impliquant l'état particulier de l'individu, la condition spéciale qui lui est propre, qui le fait être ce qu'il est, en le distinguant des autres individus, dont chacun possède également sa propre condition spéciale[238]. Les cinq branches comprennent toutes les modalités de l'individu, envisagé dans son extension intégrale ; lorsqu'elles sont arrivées à leur complet développement, leur maturité amène la vieillesse (*jarâ*), qui se termine par leur séparation ; celle-ci est la mort (*marana*), c'est-à-dire la dissolution de l'individualité, à la suite de laquelle l'être passe dans un autre état, pour parcourir, sous des conditions différentes, un autre cycle d'existence.

Selon le *Védânta*, l'agrégat individuel, tel qu'il est défini d'après la conception que nous venons d'exposer, ne peut exister de cette façon, c'est-à-dire en tant qu'il est rapporté à deux sources, l'une externe et l'autre interne, supposées essentiellement différentes, car ceci revient à admettre une dualité fondamentale dans les choses. D'autre part, l'existence même de cet agrégat dépend entièrement des modifications contingentes de l'individu, car il ne peut consister en rien d'autre que l'enchaînement même de ces modifications, à moins que l'on n'admette un être permanent dont cet agrégat lui-même ne constitue qu'un état contingent et accidentel, ce qui est contraire à la théorie bouddhiste suivant laquelle le Soi (*âtman*) n'aurait aucune existence réelle et propre indépendamment de cet agrégat et de sa subsistance. En outre, les modifications de l'individu étant regardées comme momentanées, il ne peut pas y avoir, dans leur succession, la relation de cause à effet, car l'une a cessé d'être avant que l'existence de l'autre ait commencé[239] ; si elles ne sont pas conçues comme simultanées (coexistant en principe) aussi bien que comme successives (se produisant les unes les autres en vertu de l'enchaînement purement logique des causes et des effets), elles ne sont qu'une « non-entité » (qui ne peut être cause de rien)[240], car ce qui est ne peut pas ne pas être (sous quelque condition que ce soit). « L'entité ne peut pas être un effet de la non-entité : si l'une pouvait procéder de l'autre (par la relation de cause à effet), alors un effet pourrait être produit pour un être étranger (à tout rapport avec

---

[238] La définition exacte et complète du terme *jâtî* a été donnée dans *L'Archéomètre* (2ème année, n° 1, pp. 11 et 12) ; la condition spéciale de chaque être dans son état actuel détermine sa nature individuelle, identifiée à la caste (*varna*) par la doctrine brâhmanique orthodoxe.

[239] « *Ex nihilo nihil* » : voir *Le Démiurge*, 1ère année, n° 1, p. 8.

[240] Commentaire de Shankarâchârya sur les *Brahma-Sûtras*.

cet effet) sans aucune action (causale) de sa part ; ainsi, un laboureur pourrait récolter du blé sans ensemencer ; un potier aurait un vase sans mouler de l'argile ; un tisserand aurait une étoffe sans en ourdir la trame ; aucun être n'appliquerait son activité à l'obtention de la Béatitude Suprême et de l'Éternelle Délivrance[241]. »

Ceci étant établi, nous pouvons aborder maintenant l'étude des différentes conditions de l'être individuel, résidant dans la forme vivante, laquelle, comme nous l'avons expliqué précédemment, comprend, d'une part, la forme subtile (*sûkshma-sharîra* ou *linga-sharîra*), et, de l'autre, la forme grossière ou corporelle (*sthûla-sharîra*). On distingue en général trois de ces états ou conditions : l'état de veille, celui de rêve, et le sommeil profond, auxquels on peut en ajouter un quatrième, celui de la mort, et un cinquième, l'évanouissement extatique, intermédiaire (*sandhya*) [242] entre le sommeil profond et la mort, comme le rêve l'est entre la veille et le sommeil profond ; mais ces deux derniers états ne sont pas essentiellement distincts de celui du sommeil profond, état extra-individuel en réalité, et où l'être rentre également dans la non-manifestation, « l'âme vivante (*jîvâtmâ*) se retirant au sein de l'Esprit Universel (*Âtmâ*) par la voie qui conduit au centre même de l'être, là où est le séjour de *Brahma* »[243].

Pour la description détaillée de ces états, nous n'avons qu'à nous reporter à la suite du texte du *Mândukya Upanishad*, dont nous avons déjà cité le commencement, et dans lequel ces états sont envisagés comme autant de

---

[241] Ceci doit être rapproché des arguments (dont nous reparlerons) de certains philosophes grecs contre la possibilité du mouvement, possibilité qui est en effet incompatible avec la théorie de l'« écoulement de toutes choses » (πάντα ῥέει) ou de la « dissolubilité totale » des Bouddhistes, tant que celle-ci n'est pas conciliée avec la « stabilité de toutes choses » (πάντα μένει) dans la « permanente actualité » de l'Univers, qui ne permet d'admettre cet écoulement qu'à titre de point de vue spécial, et seulement en ce qui concerne les relativités appartenant au domaine de la manifestation formelle ; c'est alors le « courant des formes » de la Tradition extrême-orientale.

[242] Ce mot *sandhya* (dérivé de *sandhi*, point de contact ou d'union entre deux choses) désigne aussi le crépuscule, considéré de même comme intermédiaire entre le jour et la nuit.

[243] *Brahma-Sûtras*, 3ème Lecture, 2ème chapitre.

conditions (*pâdas*) de l'Esprit Universel (*Âtmâ*)[244]. « La première condition est *Vaishwânara*, dont le siège[245] est dans l'état de veille (*jâgarita-sthâna*), qui a la connaissance des objets externes (sensibles), qui a sept membres et dix-neuf bouches, et dont le domaine est le monde de la manifestation grossière[246]. » *Vaishwânara* est l'Homme Universel[247], mais envisagé plus particulièrement dans le développement complet de ses états de manifestation, et sous l'aspect spécial de ce développement ; ici, l'extension de ce terme semble même être restreinte à l'un de ces états, celui de la manifestation corporelle qui constitue le monde physique ; mais cet état particulier peut être pris pour symbole de tout l'ensemble de la manifestation universelle, dont il est un élément, et c'est en ce sens qu'il peut être décrit comme le corps de l'Homme Universel, conçu par analogie avec celui de l'homme individuel[248]. C'est ainsi qu'il faut entendre les sept membres dont il a été question, et qui sont les sept parties de ce corps :

1° l'ensemble des sphères lumineuses supérieures (c'est-à-dire des états supérieurs de l'être) est comparé à la partie de la tête qui contient le cerveau ;

2° le Soleil et la Lune (ou plutôt les principes représentés par ces deux astres) sont les deux yeux ;

3° le principe igné est la bouche ;

---

[244] Le premier shruti de cet Upanishad commence ainsi : « *Aum*, cette syllabe est tout ce qui est ; son explication suit » ; le monosyllabe sacré *Aum* est considéré ici comme le symbole idéographique d'*Âtmâ*, et, de même que cette syllabe a quatre éléments (*mâtras*), dont le quatrième, qui est le monosyllabe lui-même considéré synthétiquement sous son aspect principiel, est « non-exprimé » par un caractère, *Âtmâ* a quatre conditions (*pâdas*), dont la quatrième n'est aucune condition spéciale, mais *Âtmâ* envisagé en Soi-même, indépendamment de toute condition, et qui, comme tel, n'est susceptible d'aucune représentation.

[245] Il est évident que cette expression et celles qui lui sont analogues (séjour, résidence, etc.), doivent toujours être entendues, non pas d'un lieu, mais d'une modalité d'existence.

[246] *Mândukya Upanishad*, shruti 3.

[247] C'est d'ailleurs la signification étymologique de ce nom, qui a quelquefois une autre acception un peu différente, comme nous le verrons plus loin.

[248] C'est l'analogie du Macrocosme (*Adhidêvaka*) et du Microcosme (*Adhyâtmika*). – Voir *Commentaires sur le Tableau Naturel de L.-Cl. de Saint-Martin*, 2ème année, n° 8, p. 227.

4° les directions de l'espace sont les oreilles[249] ;

5° l'atmosphère (c'est-à-dire le milieu cosmique dont procède le soufflé vital) correspond aux poumons ;

6° la région intermédiaire (*Antarîksha*)[250] qui s'étend entre la Terre et les sphères lumineuses ou les Cieux (*Swarga*) (considérée comme le milieu où s'élaborent les formes, encore en pure puissance d'être) correspond à l'estomac ;

7° enfin, la Terre (c'est-à-dire, au sens symbolique, l'aboutissement en acte de toute la manifestation physique) correspond aux pieds[251] ; et les relations de ces membres entre eux et leurs fonctions dans l'ensemble sont analogues (mais non identiques, bien entendu) à celles des parties correspondantes de l'organisme humain.

Dans cette condition, *Vaishwânara* prend conscience du monde de la manifestation sensible (*Virâta*), et cela par dix-neuf organes, désignés comme autant de bouches, parce qu'ils sont les entrées de la Connaissance pour tout ce qui se rapporte à ce domaine particulier ; ces dix-neuf organes (en impliquant dans ce terme les facultés correspondantes) sont : les cinq organes de sensation, les cinq organes d'action, les cinq souffles vitaux (*vâyus*), le mental ou le sens interne (*manas*), l'intellect (*Buddhi*), la pensée (*chitta*), conçue comme la faculté qui donne une forme aux idées et qui les associe entre elles, et enfin la conscience individuelle (*ahankâra*) ; chaque organe et chaque faculté de tout être individuel appartenant au domaine considéré procèdent respectivement de l'organe et de la faculté qui leur correspondent en *Vaishwânara*, organe et faculté dont ils sont un des éléments. L'état de veille, dans lequel s'exerce l'activité de ces organes et de ces facultés, est considéré comme la première des conditions d'*Âtmâ*, bien que la modalité grossière ou

---

[249] Nous aurons l'occasion de revenir sur ce point dans une autre étude.

[250] Sur la signification de ce mot, qui, dans une acception plus étendue, comprend aussi l'atmosphère (considérée alors comme milieu de propagation de la lumière), voir *L'Archéomètre*, 2ème année, n° 7, p. 192, note 6[(note 200)].

[251] Les pieds sont pris ici comme l'emblème de toute la partie inférieure du corps.

corporelle à laquelle il correspond constitue le dernier degré dans l'ordre de développement du manifesté, marquant le terme de ce développement (ceci, bien entendu, par rapport au monde physique seulement) ; la raison en est que c'est dans cette modalité qu'est la base et le point de départ de l'évolution individuelle [252], de sorte que, si l'on se place, comme nous le faisons actuellement, au point de vue de cette évolution, cet état de veille doit être regardé comme précédant les états de rêve et de sommeil profond.

« La seconde condition est *Taijasa* (le Lumineux)[253], dont le siège est dans l'état de rêve (*swapna-sthâna*), qui a la connaissance des objets internes (idéaux), qui a sept membres et dix-neuf bouches, et dont le domaine est le monde de la manifestation subtile[254]. » Dans cet état, les facultés externes se résorbent dans le sens interne (*manas*), qui est leur source, leur support et leur fin, et qui réside dans les artères lumineuses[255] de la forme subtile, où il est répandu d'une façon indivisée, à la manière d'une chaleur diffuse[256]. Dans l'état de rêve, l'âme vivante individuelle (*jîvâtmâ*) crée, par l'effet de son seul désir (*kâma*), un monde qui procède tout entier d'elle-même, et dont les objets consistent exclusivement dans des conceptions mentales, c'est-à-dire dans des combinaisons d'idées revêtues de formes subtiles (dépendant de la forme subtile de l'individu lui-même, dont ces objets idéaux ne sont en somme qu'autant de modifications accidentelles). Ce monde idéal (identifié à *Hiranyagarbha* dans l'Universel) [257] est conçu par des facultés qui

---

[252] Cette évolution pourrait aussi être regardée comme une involution si l'on se plaçait au point de vue de la manifestation, puisqu'elle va du manifesté au non-manifesté ; nous reviendrons sur ce point dans la suite.

[253] Ce nom dérive de *téjas*, désignation de l'élément igné. – La forme subtile elle-même (*linga-sharîra*), dans laquelle réside *Taijasa*, est assimilée aussi à un véhicule igné, bien que devant être distinguée du feu matériel qui est perçu par les sens de la forme grossière (*sthûla-sharîra*) ; sur ce point, cf. l'« assomption » d'Élie dans la Bible hébraïque.

[254] *Mândukya Upanishad*, shruti 4.

[255] Il s'agit évidemment ici de la Lumière intelligible, ou plus exactement de sa réflexion dans la manifestation extra-sensible (idéale).

[256] Sur ce que sont ces artères de la forme subtile, ainsi que sur le processus des divers degrés de résorption des facultés individuelles, nous donnerons d'autres développements dans la suite de la présente étude.

[257] Voir *L'Archéomètre*, 1ère année, n° 9, p. 187, note 3[(note 9)].

correspondent analogiquement à celles par lesquelles est perçu le monde sensible (ou, si l'on veut, qui sont les mêmes facultés que celles-ci en principe, mais considérées dans un autre état de développement) ; c'est pourquoi *Âtmâ*, dans cet état, a le même nombre de membres et de bouches (ou instruments de connaissance) que dans l'état de veille, et il est d'ailleurs inutile d'en répéter l'énumération, car les définitions que nous en avons données précédemment peuvent s'appliquer également, par transposition, aux deux domaines de la manifestation grossière ou sensible et de la manifestation subtile ou idéale.

« Quand le dormeur n'éprouve aucun désir et n'est conscient d'aucun rêve, son état est celui du sommeil profond (*sushupta-sthâna*) ; celui (c'est-à-dire *Âtmâ* lui-même dans cette condition) qui dans cet état est devenu un (sans aucune différenciation), qui s'est identifié soi-même avec un ensemble synthétique (unique) de Connaissance (intégrale) (*Prajnâna-ghana*), qui est rempli de Béatitude, jouissant véritablement de la Béatitude (*Ânanda*), et dont la bouche (l'instrument de connaissance) est la Conscience totale (*Chit*) elle-même (sans aucun intermédiaire ni particularisation), est appelé *Prâjna* (Celui qui connaît en dehors et au-delà de toute condition spéciale) : ceci est la troisième condition [258]. » Cet état d'indifférenciation, dans lequel toute la connaissance (y compris celle des autres états) est centralisée synthétiquement dans l'unité de l'être, est l'état non-manifesté (*avyakta*), principe et cause de toute la manifestation, dont les objets (tant externes qu'internes) ne sont point détruits, mais subsistent en mode principiel, le Soi (*âtman*) demeurant conscient par lui-même de sa propre existence dans l'« éternel présent ». Ici, le terme *Chit* doit être entendu, non pas, comme l'a été plus haut son dérivé *chitta*, au sens restreint de la pensée formelle[259], mais au sens universel, comme la Conscience totale du Soi envisagée dans son rapport avec son unique objet (*Ânanda* ou la Béatitude), lequel est identique au sujet lui-même (*Sat* ou l'Être dans son essence) et n'en est point réellement distinct : ces trois (*Sat*, *Chit* et *Ânanda*) ne sont qu'un seul et même être, et cet « un » est *Âtmâ*, l'Esprit Universel, considéré en dehors et au-delà de toutes les conditions particulières d'existence qui déterminent chacune de ses diverses modalités de

---

[258] *Mândukya Upanishad*, shruti 5.

[259] Le sens restrictif est marqué par un suffixe dans le dérivé.

manifestation[260]. « *Prâjna* est le Seigneur (*Îshwara*) de tout (*sarvva*, mot qui implique ici, dans son extension universelle, l'ensemble de tous les états d'être compris synthétiquement) ; Il est omniscient (car tout Lui est présent dans la Connaissance intégrale, et Il connaît directement tous les effets dans la cause principielle, laquelle n'est point distincte de Lui) ; Il est l'ordonnateur interne (qui, résidant au centre même de l'être, régit et contrôle toutes les facultés correspondant à ses divers états, tout en demeurant Lui-même non-agissant dans la plénitude de Son activité potentielle) ; Il est la source (cause première ou principe) de tout (ce qui existe en quelque modalité que ce soit) ; Il est l'origine (par Son expansion) et la fin (par Son repliement en Soi-même) de l'universalité des êtres (étant Soi-même l'Être Universel)[261]. »

« Les Sages pensent que le Quatrième (*Chaturtha* ou *Turîya*), qui n'est connaissant ni des objets internes ni des objets externes (d'une façon distincte et analytique), ni de l'ensemble des uns et des autres (envisagé synthétiquement), et qui n'est pas (même) un ensemble synthétique de Connaissance (intégrale), n'est ni connaissant ni non-connaissant, est non-perceptible (par quelque faculté que ce soit, sensible ou intellectuelle), non agissant (dans Son immuable Identité), incompréhensible (puisqu'Il comprend tout), indéfinissable (puisqu'Il est sans aucune limite), impensable (ne pouvant être revêtu d'aucune forme), indescriptible (ne pouvant être qualifié par aucune attribution particulière), l'unique essence de l'Être (Universel, présent dans tous les états), sans aucune trace des conditions spéciales de quelque modalité d'existence que ce soit (manifestée ou non-manifestée), plénitude de la Paix et de la Béatitude, sans dualité (*Shântam Shivam Adwaitam*) : ceci est *Âtmâ* (Lui-même, en dehors et indépendamment de toute condition), (ainsi) Il doit être

---

[260] Dans cet état, la Lumière intelligible est perçue directement, et non plus par réflexion à travers le mental (*manas*) ; le ternaire que nous venons de considérer est identique à celui que l'on distingue dans l'intellect (*Buddhi*), qui, en dehors du point de vue spécial des états manifestés, n'est point différent d'*Âtmâ*, mais est celui-ci considéré en tant qu'il se connaît soi-même, connaissance dans laquelle réside proprement la Béatitude (*Ânanda*). – Ce ternaire doit encore être rapproché de celui qui est constitué par le Nombre, le Nombrant et le Nombré, et dont il est question au début du *Sépher Ietsirah*.

[261] *Mândukya Upanishad*, shruti 6.

connu²⁶². » En Soi-même, *Âtmâ* n'est donc ni manifesté ni non-manifesté, mais Il est à la fois le principe du manifesté et du non-manifesté : « Lui (le Suprême *Brahma*, auquel *Âtmâ* non-conditionné est identique), l'œil ne Le pénètre point, ni la parole, ni la pensée (ou le sens interne, *manas*)²⁶³ ; nous ne Le reconnaissons point (comme compréhensible), et c'est pourquoi nous ne savons comment enseigner Sa nature (par une description quelconque). Il est supérieur à ce qui est connu (distinctement, ou à l'Univers manifesté), et Il est même au-delà de ce qui n'est pas connu (distinctement, ou de l'Univers non-manifesté) ; tel est l'enseignement que nous avons reçu des Sages d'autrefois. On doit considérer que Ce qui n'est point manifesté par la parole (ni par aucune autre faculté), mais par quoi la parole est manifestée (ainsi que toutes les autres facultés), est *Brahma* (dans Son Infinité), et non ce qui est envisagé (dans ses rapports avec la Divinité et sa participation à Ses attributs) comme "ceci" (un être individuel quelconque) ou "cela" (l'Être Universel lui-même, indépendamment de toute individualisation)²⁶⁴. »

Shankarâchârya ajoute à ce dernier passage le commentaire suivant : « Un disciple qui a suivi attentivement l'exposition de la nature de *Brahma*, doit penser qu'il connaît parfaitement *Brahma* ; mais, malgré les raisons apparentes qu'il peut avoir de penser ainsi, ce n'en est pas moins une opinion erronée. En effet, la signification bien établie de tous les écrits sur le *Védânta* est que le Soi (*âtman*) de tout être qui possède la Connaissance est identique à *Brahma*. Or, de toute chose qui est susceptible de devenir un objet de connaissance, une connaissance complète et définie est possible ; mais il n'en est pas ainsi de Ce qui ne peut devenir un tel objet. Ceci est *Brahma*, car Il est le Connaisseur (total), et le Connaisseur peut connaître d'autres choses (les renfermant toutes dans Son infinie compréhension), mais non Se faire Lui-même l'objet de Sa Connaissance (car, dans Son Identité sans identification, on ne peut pas même faire, comme dans la condition de *Prâjna*, la distinction principielle d'un sujet et d'un objet qui sont cependant "le même", et Il ne peut pas cesser d'être Soi-même, "tout-connaissant", pour devenir "tout-connu", qui serait un autre Soi-

---

[262] *Mândukya Upanishad*, shruti 7.
[263] Cf. cette parole du Qorân : « Les regards ne peuvent L'atteindre » (voir *L'Identité Suprême dans l'Ésotérisme musulman*, 2ᵉᵐᵉ année, n° 8, p. 222).
[264] *Kéna Upanishad*, 1ᵉʳᵉ section.

même), de la même façon que le feu peut brûler d'autres choses, mais non lui-même (sa nature étant indivisible, de même que *Brahma* est sans dualité)[265]. »

C'est pourquoi il est dit dans la suite du texte : « Si tu penses que tu connais bien (*Brahma*), ce que tu connais de Sa nature est en réalité peu de chose ; pour cette raison, *Brahma* doit encore être plus attentivement considéré par toi. (La réponse est celle-ci :) Je ne pense pas que je Le connais ; par ceci je veux dire que je ne Le connais pas bien (comme je connaîtrais un objet susceptible d'être défini) ; et cependant je Le connais (suivant l'enseignement que j'ai reçu concernant Sa nature). Quiconque parmi nous comprend ces paroles (dans leur véritable signification) : "je ne Le connais pas, et cependant je Le connais", celui-là Le connaît en vérité. Par celui qui pense que *Brahma* est non-compris (par une faculté quelconque), *Brahma* est compris (car, par la Connaissance de *Brahma*, celui-là est devenu identique à *Brahma* Lui-même) ; mais celui qui pense que *Brahma* est compris (par quelque faculté sensible ou intellectuelle) ne Le connait point. *Brahma* (en Soi-même, dans Son incommunicable Essence) est inconnu à ceux qui Le connaissent (à la façon d'un objet quelconque de connaissance, que ce soit un être particulier ou l'Être Universel), et Il est connu à ceux qui ne Le connaissent pas (comme "ceci" ou "cela")[266]. »

(*À suivre.*)

LA CONSTITUTION DE L'ÊTRE HUMAIN ET SON ÉVOLUTION POSTHUME SELON LE VÉDÂNTA (suite)[267]

Après cette digression, nécessaire pour que notre étude soit complète, nous devons aborder une question dont nous n'avons encore rien dit, mais

---

[265] Cf. *L'Identité Suprême dans l'Ésotérisme musulman*, 2ème année, n° 8, p. 222 : « Il comprend Sa propre existence sans (toutefois) que cette compréhension existe d'une façon quelconque. »
[266] *Kéna Upanishad*, 2ème section.
[267] [Paru en décembre 1911.]

dont la solution résulte presque immédiatement des considérations précédentes : cette question est celle de l'évolution posthume de l'être humain. Il faut remarquer, avant tout, que le mot « évolution » ne doit pas être pris ici dans le sens d'un développement individuel, puisqu'il s'agit, au contraire, d'une résorption de l'individualité dans l'état non-manifesté. Ce serait donc plutôt une « involution » au point de vue spécial de l'individu ; mais, pour l'être réel, c'est bien une « évolution », au sens de passage à un état supérieur, quoique, en ce qui concerne cet être envisagé dans sa totalité, il ne puisse évidemment être question ni d'évolution ni d'involution, puisque son identité n'est jamais altérée par les modifications particulières et contingentes, qui affectent seulement tel ou tel de ses états de manifestation.

L'exposé qui va suivre n'est pas une traduction littérale des *Brahma-Sûtras*[268] ; il en est à la fois un résumé et un commentaire, car, sans commentaire, le résumé demeurerait à peu près incompréhensible, ainsi qu'il arrive le plus souvent lorsqu'il s'agit de l'interprétation des textes orientaux[269].

« La parole d'un homme mourant, suivie du reste des dix facultés extérieures (manifestées par le moyen des organes corporels, mais non confondues avec ces organes eux-mêmes), est absorbée dans le sens interne (*manas*), car l'activité des organes extérieurs cesse avant celle de ce sens intérieur[270]. Celui-ci, de la même manière, se retire dans le souffle vital (*prâna*), accompagné pareillement de toutes les fonctions vitales (les cinq *vâyus*)[271], car elles sont les compagnes inséparables de la vie ; et la même retraite du sens intérieur se remarque aussi dans le sommeil profond et dans l'évanouissement extatique (avec cessation complète de toute manifestation extérieure de la conscience)[272]. Le souffle vital, accompagné semblablement de toutes les autres

---

[268] *Brahma-Sûtras*, 4ème Lecture, 2ème chapitre. Le 1er chapitre de cette Lecture est consacré à l'exposition des fruits de la Connaissance Divine.
[269] Voir *L'Identité Suprême dans l'Ésotérisme musulman*, 2ème année, n° 7, p. 201, note 2. – Colebrooke a donné ce résumé dans ses *Essais sur la Philosophie des Hindous*, traduits en français par G. Pauthier (IVe Essai) ; mais ceux de nos lecteurs qui s'y reporteront pourront constater combien son interprétation est défectueuse au point de vue métaphysique.
[270] *Chhândogya Upanishad*.
[271] Pour la définition de ces cinq *vâyus*, voir précédemment, 2ème année, n°9, p. 243.
[272] Cette cessation n'implique cependant pas toujours la suspension totale de la sensibilité

fonctions, est retiré dans l'âme vivante (*jîvâtmâ*, manifestation du Soi, *âtman*, au centre de l'individualité humaine actuelle, ainsi que nous l'avons expliqué)[273], qui gouverne les facultés individuelles, comme les serviteurs d'un roi s'assemblent autour de lui lorsqu'il est sur le point d'entreprendre un voyage, car toutes les fonctions vitales se rassemblent autour de l'âme vivante (et sont réabsorbées en elle, de qui elles procèdent toutes) au dernier moment, lorsqu'elle va se retirer hors de sa forme corporelle[274]. L'âme vivante, ainsi accompagnée de toutes ses facultés, se retire dans une essence individuelle lumineuse, composée des cinq essences élémentaires idéales (*tanmâtras*), dans un état subtil[275]. Le souffle vital est par conséquent dit se retirer dans la Lumière, n'entendant pas par là le principe igné d'une manière exclusive (mais une réflexion individualisée de la Lumière intelligible), ni une transition immédiate, car un voyageur est allé d'une cité dans une autre, quoi qu'il soit passé par une ou plusieurs villes intermédiaires.

« Cette retraite ou cet abandon de la forme corporelle est commun au peuple ignorant et vulgaire comme au Sage contemplatif, jusqu'à ce que l'un et l'autre procèdent plus loin dans leurs voies respectives ; et l'immortalité (mais non l'Éternité, qui n'est impliquée que par l'Union immédiate avec le Suprême *Brahma*) est le fruit de la simple méditation, alors que les entraves individuelles (*pâsha*) ne peuvent être complètement écartées.

« Tant qu'il est dans cette condition (encore individuelle), l'esprit (c'est-à-dire le Soi, *âtman*) de celui qui a pratiqué la méditation reste uni à la forme subtile (*linga-sharîra*, que l'on peut aussi envisager comme le prototype formel de l'individu), dans laquelle il est associé avec les facultés vitales (potentielles), et il peut demeurer ainsi jusqu'à la dissolution extérieure (*pralaya*, rentrée dans

---

corporelle, sorte de conscience organique, quoique la conscience individuelle proprement dite n'ait alors aucune part dans les manifestations de celle-ci, avec laquelle elle ne communique plus ; c'est ce que montrent en particulier certains faits bien connus des chirurgiens.

[273] Voir 2ème année, n° 9, p. 238.

[274] *Brihad-Aranyaka Upanishad*.

[275] Il s'agit ici de la forme subtile (*linga-sharîra*), regardée comme lumineuse et assimilée à un véhicule igné, ainsi que nous l'avons fait remarquer à propos de *Taijasa*, la seconde condition d'*Âtmâ* (2ème année, n° 10, p. 265, note 2[(note 61)]).

l'état indifférencié) des mondes manifestés (du cycle actuel), à laquelle il est plongé (avec l'ensemble des êtres de ces mondes) dans le sein de la Suprême Divinité. Cette forme subtile est (par rapport à la forme corporelle ou grossière, *sthûla-sharîra*) imperceptible aux sens quant à ses dimensions (ou à ses conditions spéciales d'existence) aussi bien que quant à sa consistance (ou à sa substance propre), et, par conséquent, elle n'affecte pas la perception corporelle de ceux qui sont présents lorsqu'elle se sépare du corps ; elle n'est pas non plus atteinte par la combustion ou d'autres traitements que le corps subit après la mort (laquelle est le résultat de cette séparation). Elle est sensible seulement par sa chaleur animatrice (sa qualité propre en tant qu'elle est assimilée au principe igné)[276] aussi longtemps qu'elle habite avec la forme grossière (ou corporelle), qui devient froide (inerte en tant qu'ensemble organique) dans la mort, lorsqu'elle l'a abandonnée, et qui était échauffée (vivifiée) par elle tandis qu'elle y faisait son séjour[277].

« Mais celui qui a obtenu la vraie Connaissance de *Brahma* ne passe pas par tous les mêmes degrés de retraite (de l'état de manifestation grossière à celui de manifestation subtile, puis à l'état non-manifesté), mais procède directement (dans ce dernier état) à l'Union (déjà réalisée au moins virtuellement dans la vie ; avec l'Être Suprême[278], auquel il est identifié, comme un fleuve, à son embouchure, se confond (par pénétration intime) avec les flots de la mer. Ses facultés vitales et les éléments dont était constitué son corps (tous considérés en principe et dans leur essence idéale), les seize parties composantes de la forme humaine, passent complètement à l'état de non-manifestation : le nom (*nâma*) et la forme (*rûpa*)[279] cessent également, et, sans les parties ou membres qui composaient sa forme terrestre (à l'état manifesté), il est affranchi des conditions de l'existence individuelle [280]. » Plusieurs

---

[276] Cette chaleur animatrice, représentée comme un feu interne, est quelquefois identifiée à *Vaishwânara*, considéré comme le Régent du Feu (voir plus loin).

[277] *Kathavallî Upanishad.*

[278] Il s'agit ici du *Jîvanmukta*, c'est-à-dire de celui qui a obtenu la Délivrance (*Moksha*) dans la vie actuelle ; nous y reviendrons un peu plus loin.

[279] L'essence et la substance de la manifestation individuelle (voir précédemment, 2ème année, n° 10, p 261).

[280] *Kanwa, Mâdhyandina, Prashna Upanishads.*

commentateurs des *Brahma-Sûtras*, pour marquer le caractère de cette transformation (au sens étymologique de passage au-delà de la forme), la comparent à la disparition de l'eau dont on a arrosé une pierre brûlante : cette eau est transformée au contact de la pierre, mais sans qu'on puisse dire qu'elle a été absorbée par elle (puisqu'elle s'est évaporée dans l'atmosphère, où elle demeure dans un état imperceptible à la vue)[281].

« L'âme vivante (*jîvâtmâ*), ainsi que les facultés vitales résorbées en elle (passées à l'état potentiel), s'étant retirée dans son propre séjour (le centre de l'individualité, désigné symboliquement comme le cœur, et où elle réside en tant que, dans son essence et indépendamment de ses conditions de manifestation, elle est identique à *Purusha*)[282], le sommet (la portion la plus sublimée) de cet organe subtil étincelle[283] et illumine le passage par lequel l'âme doit partir : la couronne de la tête, si l'individu est un Sage, et une autre région de l'organisme, s'il est un ignorant. Cent et une artères (également subtiles, et non les artères corporelles de la circulation sanguine) sortent du centre vital (comme les rais d'une roue sortent de son moyeu), et l'une de ces artères (subtiles) passe par la couronne de la tête (considérée comme correspondant aux états supérieurs de l'être) ; elle est nommée *sushumna*. Par ce passage, en vertu de la Connaissance acquise et de la conscience de la Voie méditée, l'âme du Sage, régénérée par les Eaux Vives (seconde naissance) et douée de la Grâce spirituelle (*Prasâda*) de *Brahma*[284], qui réside dans ce centre vital (par rapport à l'individu humain qui réalise l'Union et obtient par là la Délivrance), cette âme s'échappe et rencontre un rayon solaire (c'est-à-dire, symboliquement, ce que nous avons appelé ailleurs le "Rayon Céleste", émanation du Soleil spirituel, qui est *Brahma* Lui-même, envisagé dans l'Universel)[285] ; c'est par

---

[281] Commentaires de Ranganâtha sur les *Brahma-Sûtras*.

[282] Ce centre vital a été décrit au début de la présente étude (2ème année, n° 9), pp. 237 et 238).

[283] Il est évident que ce mot doit être entendu symboliquement, puisqu'il ne s'agit point ici du feu sensible, mais bien d'une modification de la Lumière intelligible.

[284] Voir *L'Archéomètre*, 1ère année, n° 11, p. 248, note 2[(note 55)] ; 2ème année, n° 1, p. 12, note 1[(note 73)], et n° 7, p. 190, ainsi que le présent n°, p. 314.

[285] Sur le « Rayon Céleste », identique à *Buddhi* ou *Mahat*, voir *Le Symbolisme de la Croix*, 2ème année, n° 5, pp. 148 et suivantes.

cette route qu'elle se dirige, soit la nuit ou le jour, l'hiver ou l'été[286]. Le contact d'un rayon du Soleil (spirituel) avec l'artère (subtile) *sushumna* est constant, aussi longtemps que le corps subsiste : les rayons de la Lumière (intelligible), émanés de ce Soleil, parviennent à cette artère, et, réciproquement (en mode réfléchi), s'étendent de l'artère au Soleil. La préférence de l'été, dont on cite en exemple le cas de Bhishma, qui attendit le retour de cette heureuse saison pour mourir, ne concerne pas le Sage qui, dans la contemplation de *Brahma*, a pratiqué l'incantation (*mantra*) comme étant prescrite par les *Védas*, et qui a, par conséquent, acquis la perfection de la Connaissance Divine ; mais elle concerne ceux qui ont suivi les observances enseignées par le *Sânkhya* ou le *Yoga-Shâstra*, d'après lequel le temps du jour et celui de la saison de l'année ne sont pas indifférents, mais ont (pour la libération de l'être sortant de l'état individuel terrestre) une action effective en tant qu'éléments (symboliques) du rite[287]. »

La suite du voyage divin (*dêva-yâna*) de l'esprit délivré, depuis la terminaison de l'artère coronale (*sushumna*), communiquant avec un rayon du Soleil spirituel, jusqu'à sa destination finale, s'effectue en suivant la Voie qui est marquée par le trajet de ce rayon parcouru en sens inverse (suivant sa direction réfléchie) jusqu'à sa source, qui est cette destination même[288]. Ce voyage, qui est décrit symboliquement en divers passages du *Véda*[289], se rapporte à l'identification du centre de l'individualité, où toutes les facultés ont été précédemment résorbées à l'état potentiel dans l'âme vivante (*jîvâtmâ*), laquelle n'est plus distinguée du Soi (*âtman*), avec le centre même de l'être total, résidence de l'Universel *Brahma*. Suivant le symbolisme védique, l'esprit, ayant quitté la Terre (*Prithvî*, c'est-à-dire ici le monde corporel), est d'abord conduit au Royaume du Feu (*Téjas*), dont le Régent est *Vaishwânara*, dans une signification spéciale de ce nom, puis aux divers domaines des régents ou distributeurs du jour, des demi-lunaisons, des six mois de l'été, et de l'année, tout ceci devant s'entendre de la correspondance de ces divisions du temps

---

[286] *Brihad-Aranyaka, Chhândogya Upanishads.*

[287] Voir *La Prière et l'Incantation*, 2ème année, n° 1.

[288] On ne doit pas oublier qu'il s'agit toujours du « Rayon Céleste » ; sur ce point, voir *Le Symbolisme de La Croix*, 2ème année, n° 4, p. 120.

[289] *Chhândogya, Kaushîtaki, Brihad-Aranyaka Upanishads.*

transposées dans l'Universel[290]. De là, il passe au Royaume de l'Air (*Vâyu*), dont le Régent le dirige du côté de la Sphère du Soleil (*Sûrya*)[291], depuis les limites de son domaine, par un passage comparé au moyeu de la roue d'un chariot ; il passe ensuite dans la Sphère de la Lune (*Chandra*)[292], d'où il monte à la région de l'éclair, au-dessus de laquelle est le Royaume de l'Eau (*Apa*), dont le Régent est *Varuna*[293] (comme, analogiquement, la foudre éclate au-dessous des nuages de pluie). Enfin, le reste du voyage s'effectue par la région lumineuse intermédiaire (*Antarîksha*)[294] qui est le Royaume d'*Indra*, jusqu'au Centre spirituel universel, où réside *Prajâpati*, qui est *Brahma* Lui-même, l'Être Suprême et Universel[295].

C'est bien, en effet, de l'Être Universel qu'il s'agit ici, et non de sa détermination comme *Brahmâ*, lequel est considéré comme « effet de la Volonté Créatrice (en puissance) de *Brahma* » (*Kârya-Brahma*)[296], et est

---

[290] Il pourrait être intéressant d'établir la concordance de cette description symbolique de l'évolution posthume de l'être humain, selon le *Védânta*, avec celle qui est contenue dans *Pistis-Sophia* ; nous laisserons à d'autres, plus spécialisés que nous-même dans l'étude particulière du Gnosticisme, le soin de faire cette comparaison.

[291] Il est bien entendu que, lorsqu'il est question des Sphères du Soleil et de la Lune, il ne s'agit jamais du soleil et de la lune en tant qu'astres matériels, mais bien des principes qu'ils représentent, car les divers Mondes, qui sont décrits symboliquement comme autant de régions, ne sont en réalité que des états différents de l'être.

[292] Sur la Sphère de la Lune, considérée comme le Monde de la Formation, voir *Le Démiurge*, 1ère année, n° 3, p. 47.

[293] Il s'agit ici des Eaux supérieures ou célestes (l'ensemble des possibilités informelles, par opposition aux Eaux inférieures, qui représentent l'ensemble des possibilités formelles) : voir *Le Symbolisme de la Croix*, 2ème année, n° 5, p. 149, note 1[(note 38)]. – Le nom de *Varuna* est identique au grec Οὐρανός (voir traduction des *Philosophumena*, p. 28, note 5[(note 78)]).

[294] Se reporter à la description des sept membres de *Vaishwânara* (2ème année, n° 10, p. 264).

[295] *Brahma-Sûtras*, 4ème Lecture, 3ème chapitre. – Il existe quelques variations dans l'ordre d'énumération des stations intermédiaires ; mais nous ne pouvons, sans allonger cette étude outre mesure, nous étendre ici sur l'explication détaillée de tout ce symbolisme, qui est, d'ailleurs, assez clair par lui-même, et dont l'interprétation est rendue facile par toutes les considérations que nous avons exposées.

[296] *Kârya*, effet ; dérivé de *kri*, faire, et du suffixe *ya*, marquant une obligation future : « ce qui doit être fait » ; ce terme implique donc une idée de « devenir ».

identique à *Hiranyagarbha*, principe de la manifestation subtile ; mais ce n'est pas seulement de l'Être Universel, c'est de *Brahma* Lui-même dans Sa totale infinité, comprenant à la fois l'Être (ou les possibilités de manifestation) et le Non-Être (ou les possibilités de non-manifestation), et principe de l'un et de l'autre, suivant l'enseignement qui a été rapporté plus haut[297] ; c'est en ce sens que Son séjour est même « au-delà du Soleil spirituel », comme il est au-delà de toutes les sphères des états particuliers d'existence, individuels ou extra-individuels.

Telle est donc la finalité de l'esprit délivré, affranchi des conditions de l'existence individuelle, ainsi que de toutes autres conditions particulières et limitatives, regardées comme autant de liens (*pâsha*)[298]. Lorsque l'homme est ainsi délivré, le Soi (*âtman*) est, suivant Audulomi, une conscience omniprésente, par laquelle se manifestent les attributs divins, en tant qu'elle-même participe de l'Essence Suprême, ainsi que l'enseigne aussi Jaimini. Quant à ceux dont la contemplation n'a été que partielle, quoique active, ou a été purement passive (mystique), ils jouissent de certains états spirituels, mais sans pouvoir arriver dès lors à l'Union Parfaite (*Yoga*)[299].

La Délivrance (*Moksha*), avec les facultés et les pouvoirs qu'elle implique « par surcroît », peut être obtenue par le *Yogi* (ou plutôt par celui qui devient tel par cette obtention) au moyen des observances indiquées dans le *Sânkhya* ou le *Yoga-Shâstra* de Patanjali ; mais elle n'est effective qu'autant qu'elle implique (essentiellement) la parfaite Connaissance de *Brahma* et, conséquemment, la réalisation de l'Identité Suprême avec Sa Divinité. « L'esprit

---

[297] Voir 2ème année, n° 10, pp. 267 à 269. Voir aussi *L'Identité Suprême dans l'Ésotérisme musulman*, 2ème année, n° 8, p. 221 : « Cette immense pensée (de l'Identité Suprême) ne peut convenir qu'à celui dont l'âme est plus vaste que les deux mondes (manifesté et non-manifesté). Quant à celui dont l'âme n'est qu'aussi vaste que les deux mondes, elle ne lui convient pas. Car, en vérité, cette pensée est plus grande que le monde sensible (ou manifesté) et le monde hypersensible (ou non-manifesté), tous les deux pris ensemble. »

[298] De là vient le mot *pashu*, qui, étymologiquement, signifie un être vivant quelconque, mais qui est pris le plus souvent dans une acception spéciale, pour désigner une victime animale du sacrifice (*yâga* ou *medha*), laquelle est d'ailleurs « délivrée » par le sacrifice même.

[299] Pour la distinction des différents degrés auxquels il est fait allusion ici, voir *La Prière et l'Incantation*, 2ème année, n° 1, pp. 26 à 28.

(*âtman*) de celui qui est arrivé à la perfection de la Divine Connaissance (*Brahma-Vidyâ*), et qui a, par conséquent, obtenu la Délivrance finale (*Moksha*), monte, en quittant sa forme corporelle (et sans passer par des états intermédiaires), à la Suprême Lumière (spirituelle) qui est *Brahma*, et s'identifie avec Lui, d'une manière conforme et indivisée, comme l'eau pure, absorbée dans le lac limpide, devient en tout conforme à lui[300]. »

La Délivrance, dans le cas dont nous avons parlé précédemment, est proprement la libération hors de la forme (*vidéha-mukti*), obtenue à la mort, et qui est distinguée de la libération obtenue par le *Yogi* dès la vie actuelle (*jîvan-mukti*).

« Maître de plusieurs états par le simple effet de sa volonté, le *Yogi* n'en occupe qu'un seul, laissant les autres vides du souffle animateur (*prâna*) ; il peut animer plus d'une forme, de la même manière qu'une seule lampe peut alimenter plus d'une mèche[301]. » Mais ce serait une erreur de croire que la libération hors de la forme (*vidéha-mukti*) soit plus complète que la libération dans la vie (*jîvan-mukti*), puisque le *Yogi* a véritablement réalisé la Transformation (c'est-à-dire le passage au-delà de la forme) en soi-même, sinon extérieurement ; peu lui importe alors que l'apparence formelle subsiste, puisque, pour lui, elle ne peut exister autrement qu'en mode illusoire, son être étant désormais « non-affecté » par les contingences[302].

Il n'y a aucun degré spirituel humain qui soit supérieur à celui du *Yogi* (le Pneumatique, qui est parvenu à l'Union Parfaite) ; dans les hiérarchies des divers centres initiatiques, les grades supérieurs sont purement administratifs, et ne comportent aucune initiation particulière. On peut envisager trois grades initiatiques, dont chacun pourrait d'ailleurs se subdiviser en une multiplicité indéfinie de stades ou de degrés spéciaux[303] : 1° le *Brahmachârin*, c'est-à-dire

---

[300] *Brahma-Sûtras*, 4ème Lecture, 4ème chapitre.

[301] Commentaire de Bhavadêva-Mishra sur les *Brahma-Sûtras*.

[302] Sur l'état du *Yogi*, voir les citations du *Traité de la Connaissance de l'Esprit* (*Âtmâ-Bodha*) de Shankarâchârya, dans notre étude sur *Le Démiurge* (1ère année, nos 3 et 4).

[303] Cf. *La Gnose et la Franc-Maçonnerie*, 1ère année, n° 5, et *Les Hauts Grades Maçonniques*, 1ère année, n° 7.

l'étudiant qui aspire à l'initiation ou seconde naissance ; 2° le *Dwija* (deux fois né), qui a reçu cette initiation, par laquelle se confère le caractère d'*Ârya* (qualificatif réservé aux hommes des trois premières castes)[304] ; cependant, en fait, l'état de *Brahmachârin* se poursuit le plus souvent pendant un certain nombre d'années après l'initiation, qui, dans ce cas, n'est pas pleinement effective tout d'abord (bien que le rite possède pourtant en lui-même une efficacité ou une « influence spirituelle »), mais doit plutôt être regardée comme n'étant, dans une certaine mesure, que le symbole de la seconde naissance, un peu de la même façon, mais cependant avec quelque chose de plus, que les trois grades de la Maçonnerie symbolisent ceux de l'initiation véritable ; 3° le *Yogi*, qui, considéré dans cet état, est, comme nous l'avons dit, *Jîvanmukta* (délivré dans la vie). Le *Yogi* peut, d'ailleurs, accomplir différentes fonctions : le *Pandit* est celui qui enseigne, et alors il a plus particulièrement le caractère de *Guru* (Maître spirituel) par rapport au *Brahmachârin* qui est son *Chéla* (disciple régulier) ; le *Muni* est le Solitaire, non au sens vulgaire et matériel du mot[305], mais celui qui, concentré en soi-même, réalise dans la plénitude de son être la Solitude Parfaite, qui ne laisse subsister en l'Unité Suprême aucune distinction de l'extérieur et de l'intérieur, ni aucune diversité extra-principielle quelconque : c'est là le dernier des Quatre Bonheurs désignés par la Tradition extrême-orientale.

De ces Quatre Bonheurs, les deux premiers sont la Longévité, qui, en réalité, n'est pas autre chose que l'immortalité (individuelle), et la Postérité, qui consiste dans les prolongements indéfinis de l'individu à travers toutes ses modalités d'existence[306]. Ces deux Bonheurs ne concernent donc que

---

[304] Sur la signification du mot *Ârya*, voir *L'Archéomètre*, 2ème année, n° 1, p. 10.

[305] C'est ce qu'a fait croire à tort l'identité de racine de ce mot avec le grec μόνος, seul, d'où dérive le mot « moine » ; mais celui-ci a pris une signification toute différente, qui n'aurait aucune raison d'être en Orient, pour tous ceux qui suivent la Tradition régulière.

[306] Sur la Postérité, entendue au sens spirituel, voir l'analogie du gland et du chêne (*Les Néo-Spiritualistes*, 2ème année, n° 11, p. 297). – À la note de cette même p. 297, nous ajouterons ceci, pour préciser la notion de la génération de chaque cycle par celui qui, logiquement, lui est immédiatement antécédent : les *Pitris* peuvent être considérés (collectivement) comme exprimant (à un degré quelconque) le Verbe Universel dans le cycle spécial par rapport auquel ils remplissent le rôle formateur, et l'expression de l'Intelligence Cosmique, réfraction du Verbe dans la formulation mentale de leur pensée individualisante (par adaptation aux

l'individualité étendue, tandis que les deux suivants se rapportent aux états supérieurs et extra-individuels de l'être, et, par conséquent, constituent les attributs propres du *Yogi*, correspondant respectivement à ses deux fonctions de *Pandit* et de *Muni* : ce sont le Grand Savoir, c'est-à-dire l'intégralité de la Connaissance Divine, et la Solitude Parfaite, dont nous venons de parler. Ces Quatre Bonheurs obtiennent leur plénitude dans le Cinquième, qui les contient tous en principe et les unit synthétiquement dans leur essence unique et indivisible ; ce Cinquième Bonheur n'est point nommé, ne pouvant être l'objet d'aucune connaissance distinctive, mais il est facile de comprendre que ce dont il s'agit ici n'est autre que l'Identité Suprême, obtenue dans et par la réalisation complète et totale de l'Homme Universel.

---

conditions particulières du cycle considéré), constitue la Loi (*Dharma*) du *Manu* de ce cycle (voir *L'Archéomètre*, 1ère année, n° 9, p. 181, notes 1 et 2[(notes 3 et 4)]). Si l'on envisage l'Univers dans son ensemble, c'est-à-dire en dehors de toutes les conditions spéciales qui déterminent cette réfraction dans chaque état d'être, c'est le Verbe Éternel Lui-même (*Swayambhu*, « Celui qui subsiste par Soi ») qui est l'Ancien des Jours (*Purâna-Purusha*), le Suprême Générateur et Ordonnateur des Cycles et des Âges.

René Guénon

CONCEPTIONS SCIENTIFIQUES ET IDÉAL MAÇONNIQUE

Paru dans La Gnose, *octobre 1911.*

Dans l'article premier de la Constitution du Grand Orient de France, il est écrit que « la Franc-Maçonnerie, considérant les conceptions métaphysiques comme étant du domaine exclusif de l'appréciation individuelle de ses membres, se refuse à toute affirmation dogmatique ». Qu'une pareille déclaration puisse avoir d'excellents résultats pratiques, nous n'en doutons pas ; mais, à un point de vue un peu moins contingent que celui-là, nous comprendrions beaucoup mieux que l'on considérât, non pas « les conceptions métaphysiques », mais bien les conceptions religieuses et philosophiques, voire même scientifiques et sociales, comme relevant exclusivement de l'appréciation individuelle. Ce serait là la plus exacte application des principes de la « tolérance mutuelle » et de la « liberté de conscience », en vertu desquels « la Franc-Maçonnerie n'admet entre ses adeptes aucune distinction de croyance ou d'opinion », suivant les termes de la Constitution de la Grande Loge de France.

Croyances religieuses ou philosophiques, opinions scientifiques ou sociales, la Maçonnerie, si elle est fidèle à ses principes, doit les respecter toutes également, quelles qu'elles soient, à la seule condition qu'elles soient sincères. Dogmatisme religieux ou dogmatisme scientifique, l'un ne vaut pas mieux que l'autre ; et il est parfaitement certain, d'autre part, que l'esprit maçonnique exclut nécessairement tout dogmatisme, fût-il « rationaliste », et cela en raison même du caractère particulier de l'enseignement symbolique et initiatique[307]. Mais quel rapport la Métaphysique peut-elle avoir avec une affirmation dogmatique quelconque ? nous n'en voyons aucun, et, sur ce point, nous allons

---

[307] Voir *L'Orthodoxie Maçonnique*, 1ère année, n° 6, p. 106, et *À propos du Grand Architecte de l'Univers*, 2ème année, n° 7, p. 198.

insister quelque peu.

En effet, qu'est-ce que le dogmatisme, d'une façon générale, sinon la tendance, d'origine purement sentimentale et bien humaine, à présenter comme des vérités incontestables ses propres conceptions individuelles (qu'il s'agisse d'ailleurs d'un homme ou d'une collectivité), avec tous les éléments relatifs et incertains qu'elles comportent inévitablement ? De là à prétendre imposer à autrui ces soi-disant vérités, il n'y a qu'un pas, et l'histoire nous montre assez combien il est facile à franchir ; pourtant, de telles conceptions, de par leur caractère relatif et hypothétique, donc illusoire dans une très large mesure, ne peuvent jamais constituer que des « croyances » ou des « opinions », et rien de plus.

Ceci posé, il devient évident qu'il ne peut être question de dogmatisme là où il ne saurait y avoir que de la certitude, à l'exclusion de toute hypothèse, ainsi que de toutes les considérations d'ordre sentimental, qui tendent si souvent, et toujours mal à propos, à empiéter sur le terrain intellectuel. Telle est bien la certitude mathématique, qui ne laisse aucune place à la « croyance » ou à l'« opinion », et qui est parfaitement indépendante de toutes les contingences individuelles ; cela, personne assurément ne songera à le contester, et les positivistes pas plus que les autres. Mais y a-t-il dans tout le domaine scientifique, en dehors des mathématiques pures, la moindre possibilité pour la même certitude ? nous ne le pensons pas, mais peu nous importe, car, en revanche, il y a pour nous tout le reste, qui n'est plus du domaine scientifique, et qui constitue précisément la Métaphysique. En effet, la Métaphysique véritable n'est autre chose que l'ensemble synthétique de la Connaissance certaine et immuable, en dehors et au-delà de tout ce qui est contingent et variable ; par suite, nous ne pouvons concevoir la Vérité métaphysique autrement que comme axiomatique dans ses principes et théorématique dans ses déductions, donc exactement aussi rigoureuse que la vérité mathématique, dont elle est le prolongement illimité. Ainsi comprise, la Métaphysique n'a rien qui puisse offenser même les positivistes, et ceux-ci ne peuvent sans illogisme refuser d'admettre qu'il existe, en dehors des limites actuelles de leur compréhension, des vérités démontrables (et parfaitement démontrées pour d'autres qu'eux-mêmes), vérités qui n'ont rien de commun avec le dogme, puisque le caractère essentiel de ce dernier est justement, au contraire, d'être indémontrable, et c'est là sa façon d'être en dehors, sinon au-dessus, de toute discussion.

Ceci nous amène à penser que, si la Métaphysique est telle que nous venons de le dire, ce ne doit cependant pas être là ce qu'on a voulu entendre par « conceptions métaphysiques » dans le texte que nous avons cité tout d'abord, texte que, dans un article sur *La Morale laïque et scientifique*, publié dans *L'Acacia* (n° de juin-juillet 1911), le F∴ A. Noailles présente comme « l'attestation sans conteste possible d'un point de vue exclusivement laïque et scientifique des choses ». Certes, nous ne contredirions pas l'auteur sur cette affirmation, s'il prenait soin de préciser que le point de vue doit être exclusivement scientifique pour toutes les choses qui relèvent du domaine scientifique ; mais ce serait une erreur que de vouloir étendre le même point de vue et la même méthode au-delà de ce domaine particulier, à des choses auxquelles ils ne peuvent plus s'appliquer en aucune façon. Si nous insistons sur la nécessité d'établir des distinctions profondes entre les différents domaines où l'activité humaine s'exerce par des moyens non moins différents, c'est qu'on néglige trop souvent ces distinctions fondamentales, et qu'il en résulte d'étranges confusions, notamment en ce qui concerne la Métaphysique ; ces confusions, c'est à nous de les dissiper, ainsi que les préventions qu'elles entraînent, et c'est pourquoi nous pensons que les présentes considérations ne seront pas tout à fait inopportunes.

Si donc, comme il le semble bien, on a appelé « conceptions métaphysiques » tout autre chose que la Métaphysique véritable, il n'y a là qu'une erreur toute matérielle sur la signification des termes, et nous ne voulons pas croire qu'il y ait jamais eu rien de plus. Cette méprise s'explique fort aisément par la complète ignorance dans laquelle l'Occident moderne tout entier est tombé à l'égard de la Métaphysique ; elle est donc bien excusable par les circonstances mêmes qui l'ont rendue possible, et qui peuvent également expliquer beaucoup d'autres erreurs connexes de celle-là. Nous passerons donc sur ce point, et nous reviendrons dès maintenant aux distinctions dont nous avons parlé ; pour ce qui est des doctrines religieuses, nous nous sommes déjà suffisamment expliqué à leur sujet[308], et, quant aux systèmes philosophiques, qu'ils soient d'ailleurs spiritualistes ou matérialistes, nous croyons aussi avoir dit assez nettement ce que nous en pensons[309] ; nous ne nous en occuperons donc plus ici, et nous nous bornerons à ce qui regarde plus particulièrement les conceptions scientifiques et sociales.

Dans l'article dont nous avons parlé, le F∴ Noailles établit une distinction entre « les vérités de foi, qui sont du domaine de l'inconnaissable, qu'on peut, en tant que telles, accepter ou ne pas accepter, et les vérités scientifiques, apports successifs et démontrables de l'esprit humain, que chaque raison peut contrôler, réviser et faire siennes ». Tout d'abord, nous rappellerons que, s'il est incontestable qu'il y a actuellement de l'inconnu pour les individus humains, nous ne pouvons aucunement admettre pour cela qu'il existe de l'« inconnaissable »[310] ; pour nous, les prétendues « vérités de foi » ne peuvent être que de simples objets de croyance, et le fait de les accepter ou de les rejeter n'est, par conséquent, qu'un résultat de préférences toutes sentimentales. Quant aux « vérités scientifiques », vérités bien relatives et toujours sujettes à révision, en tant qu'elles sont induites de l'observation et de l'expérimentation (il va sans dire que nous mettons complètement à part les vérités mathématiques, qui ont une tout autre source), nous pensons que de telles vérités, en raison de leur relativité même, ne sont démontrables que dans une certaine mesure, et non d'une façon rigoureuse et absolue. D'ailleurs, quand la science prétend sortir du domaine de l'expérience strictement immédiate, les conceptions systématiques auxquelles elle aboutit sont-elles exemptes de tout sentimentalisme à leur base ? nous ne le croyons pas[311], et nous ne voyons pas non plus que la foi dans les hypothèses scientifiques soit plus légitime en elle-même (ni d'ailleurs moins excusable par les conditions qui la produisent) que

---

[308] Voir *La Religion et les religions*, 1ère année, n° 10. – Voir aussi les articles de Matgioi sur *L'erreur métaphysique des religions à forme sentimentale* (1ère année, n° 9, et 2ème année, n° 3).

[309] Voir *À propos du Grand Architecte de l'Univers*, 2ème année, n° 7.

[310] Voir *À propos du Grand Architecte de l'Univers*, 2ème année, n° 8, p. 213.

[311] Sur ce point, se reporter encore à notre article *À propos du Grand Architecte de l'Univers*, 2ème année, n° 7.

ne l'est la foi dans les dogmes religieux ou philosophiques.

C'est que, en effet, il existe aussi de véritables dogmes scientifiques, qui ne diffèrent guère des autres que par l'ordre de questions auquel ils se rapportent ; et la Métaphysique, telle que nous la comprenons (et la comprendre autrement équivaut à ne pas la comprendre du tout), est aussi indépendante de ceux-ci que de ceux-là. Pour trouver des exemples de ces dogmes scientifiques, nous n'avons qu'à nous reporter à un autre article, publié récemment aussi dans *L'Acacia*, par le F∴ Nergal, sous le titre : *Les Abbés savants et notre Idéal maçonnique* ; dans cet article, l'auteur se plaint, fort courtoisement d'ailleurs, de l'ingérence de l'Église Catholique, ou plutôt de certains de ses représentants, dans le domaine des sciences dites positives, et se préoccupe des conséquences qui peuvent en résulter ; mais là n'est pas la question qui nous intéresse. Ce que nous voulons en retenir, c'est la façon dont sont présentées comme des vérités indubitables et universelles (dans un sens bien restreint, il est vrai)[312], de simples hypothèses, dont la probabilité même est souvent loin d'être démontrée dans sa relativité, et qui, dans tous les cas, ne peuvent correspondre tout au plus qu'à des possibilités spéciales et étroitement limitées. Cette illusion sur la portée de certaines conceptions n'est pas particulière au F∴ Nergal, dont la bonne foi et la conviction sincère ne sauraient d'ailleurs faire aucun doute pour tous ceux qui le connaissent ; mais elle est partagée non moins sincèrement (du moins est-il permis de le croire) par la presque totalité des savants contemporains.

Mais, tout d'abord, il est cependant un point sur lequel nous sommes parfaitement d'accord avec le F∴ Nergal : c'est lorsque celui-ci déclare que « la science n'est ni religieuse ni antireligieuse, mais areligieuse (*a* privatif) », et il est en effet évident qu'il ne peut en être autrement, puisque la science et la religion ne s'appliquent pas au même domaine. Seulement, s'il en est ainsi, et si on le reconnaît, on ne doit pas renoncer uniquement à concilier la science et la religion, ce qui ne pourrait être le fait que d'un mauvais théologien[313] ou d'un savant incomplet et à vues étroites ; on doit également renoncer à les

---

[312] Voir *À propos du Grand architecte de l'Univers*, 2ème année, n° 7, p. 198, note 2[(note 23)].

[313] Ce fut là, d'ailleurs, la véritable raison du procès de Galilée.

opposer l'une à l'autre, et à trouver entre elles des contradictions et des incompatibilités qui ne sauraient exister, puisque leurs points de vue respectifs n'ont rien de commun qui permette une comparaison entre elles. Ceci devrait être vrai même pour la « science des religions », si elle existait réellement telle qu'elle prétend être, se tenant sur le terrain strictement scientifique, et si elle n'était pas surtout le prétexte à une exégèse à tendances protestantes ou modernistes (c'est d'ailleurs à peu près la même chose) ; jusqu'à preuve du contraire, nous nous permettons de douter formellement de la valeur de ses résultats[314].

Un autre point sur lequel le F∴ Nergal se fait grandement illusion, c'est en ce qui concerne le résultat possible des recherches sur la « filiation des êtres » ; quand bien même l'une ou l'autre des multiples hypothèses qui ont été proposées à ce sujet arriverait un jour à être prouvée d'une façon irréfutable, perdant par là son caractère hypothétique, nous ne voyons pas trop en quoi cela pourrait gêner une religion quelconque (dont nous ne nous faisons certes pas le défenseur), à moins que les représentants autorisés de celle-ci (et non pas seulement quelques individualités estimables, mais sans mandat) n'aient imprudemment et maladroitement émis un avis, que personne n'avait à leur demander, sur la solution de cette question scientifique, laquelle ne relève aucunement de leur compétence[315] ; et, même dans ce cas, comme ils auraient manifestement, en agissant ainsi, dépassé leurs pouvoirs, qui ne peuvent concerner que ce qui se rapporte directement à leur « foi », il serait toujours permis à leurs « fidèles », tout en demeurant tels, de ne pas tenir plus de compte de leur opinion à cet égard que de n'importe quelle autre opinion individuelle[316]. Quant à la Métaphysique (et nous disons ceci pour donner un exemple de la séparation complète des deux domaines métaphysique et

---

[314] Voir *La Religion et les religions*, 1ère année, n° 10, p. 220. – D'autre part, nous ne croyons pas qu'on puisse considérer M. Loisy comme étant encore catholique. – Enfin, nous nous demandons ce que peut bien être « la mère de *Brahama* » (sic) ; nous n'avons jamais trouvé rien de semblable dans toute la Théogonie hindoue.

[315] N'est-il pas dit, dans la Bible vulgaire elle-même, que « Dieu a livré le Monde aux disputes des hommes » ?

[316] Ceci est strictement conforme à la définition du dogme catholique de l'« infaillibilité pontificale », même entendu dans son sens le plus littéral.

scientifique), elle n'a point à se préoccuper de cette question, à laquelle tout intérêt est enlevé par la théorie de la multiplicité des états de l'être, qui permet d'envisager toutes choses sous l'aspect de la simultanéité aussi bien (et en même temps) que sous celui de la succession, et qui réduit les idées de « progrès » et d'» évolution » à leur juste valeur de notions purement relatives et contingentes. Au sujet de la « descendance de l'homme », la seule remarque intéressante que l'on puisse faire à notre point de vue (et encore serait-ce dépasser notre pensée et la déformer totalement que de vouloir interpréter ceci dans un sens « transformiste »), c'est que, si l'homme est spirituellement le principe de toute la Création, il doit en être matériellement la résultante[317], car « ce qui est en bas est comme ce qui est en haut, mais en sens inverse ».

Nous n'insisterons pas davantage là-dessus, et nous n'ajouterons qu'un mot : le F∴ Nergal conclut en disant que « la science ne peut avoir qu'un but, une plus parfaite connaissance des phénomènes » ; nous dirions simplement que son but ne peut être que « la connaissance des phénomènes », car nous ne saurions admettre qu'il y ait du « plus parfait » et du « moins parfait ». La science, étant donc éminemment relative, ne peut nécessairement atteindre que des vérités non moins relatives, et c'est la Connaissance intégrale seule qui est « la Vérité », de même que « l'Idéal » n'est pas « la plus grande perfection possible de l'espèce humaine » seulement ; il doit être la Perfection, qui réside dans la Synthèse Universelle de toutes les espèces et de toutes les humanités[318].

Il nous reste maintenant à préciser ce qui a rapport aux conceptions sociales ; et nous dirons tout de suite que, par là, nous n'entendons pas seulement les opinions politiques, qui sont trop évidemment en dehors de la question ; ce n'est pas inutilement, en effet, que la Maçonnerie s'interdit toute discussion à leur sujet, et même, sans être réactionnaire le moins du monde, il est bien permis d'admettre que la « démocratie républicaine » ne soit pas l'idéal

---

[317] C'est pourquoi toutes les traditions s'accordent à le considérer comme formé par la synthèse de tous les éléments et de tous les règnes de la Nature.

[318] La Tradition, en effet, n'admet pas seulement la pluralité des mondes habités, mais aussi la pluralité des humanités répandues sur ces mondes (voir Simon et Théophane, *Les Enseignements secrets de la Gnose*, pp. 27 à 30) ; nous aurons l'occasion de revenir ailleurs sur cette question.

social de tous les Maçons répandus sur les deux Hémisphères. Mais, dans cette catégorie des conceptions sociales, nous faisons rentrer aussi tout ce qui concerne la morale, car il ne nous est pas possible de considérer cette dernière comme pouvant être autre chose qu'« un art social », ainsi que le dit fort bien le F∴ Noailles dans l'article que nous avons déjà cité ; nous n'irions donc pas, comme celui-ci, jusqu'à « laisser le champ ouvert à toutes les spéculations métaphysiques » dans un domaine où la Métaphysique n'a que faire. En effet, dès lors qu'il s'agit des relations sociales, il ne peut, malgré tout ce qu'ont dit là-dessus les philosophes et les moralistes, s'agir que de considérations basées sur l'intérêt, que cet intérêt réside d'ailleurs dans une utilité pratique et purement matérielle ou dans une préférence d'ordre sentimental, ou, comme c'est le cas le plus habituel en fait, dans une combinaison de l'une et de l'autre. Ici, tout relève donc des seules appréciations individuelles, et la question se réduit, pour une collectivité quelconque, à chercher et à trouver un terrain d'entente sur lequel puisse se concilier l'adversité de ces multiples appréciations, correspondant à autant d'intérêts différents. S'il faut de toute nécessité des conventions pour rendre la vie sociale supportable ou même simplement possible, on devrait du moins avoir la franchise d'avouer que ce ne sont bien là que des conventions, dans lesquelles il ne peut y avoir rien d'absolu, et qui doivent varier incessamment avec toutes les circonstances de temps et de lieu, dont elles dépendent entièrement. Dans ces limites qui marquent son caractère relatif, la morale, se bornant à « chercher les règles de l'action dans le fait que les hommes vivent en société » (ces règles se modifiant forcément avec la forme de la société), aura une valeur parfaitement établie et une utilité indéniable ; mais elle ne doit prétendre à rien de plus, de même qu'une religion quelconque, au sens occidental du mot, ne peut, sans sortir de son rôle comme cela arrive trop souvent, se vanter d'établir autre chose qu'une croyance pure et simple ; et, par son côté sentimental, la morale elle-même, si « laïque » et si « scientifique » qu'elle puisse être, contiendra toujours aussi une part de croyance, puisque l'individu humain, dans son état actuel, et à de rares exceptions près, est ainsi fait qu'il ne saurait s'en passer.

Mais faudra-t-il que ce soit sur de pareilles contingences que se fonde l'idéal maçonnique ? et celui-ci devra-t-il dépendre ainsi des tendances individuelles de chaque homme et de chaque fraction de l'humanité ? Nous ne le pensons pas ; nous estimons au contraire que cet idéal, pour être vraiment « l'Idéal », doit être en dehors et au-dessus de toutes les opinions et de toutes les croyances, comme de tous les partis et de toutes les sectes, comme aussi de tous les systèmes et de toutes les écoles particulières, car il n'y a pas d'autre façon que celle-là de « tendre à l'Universalité » en « écartant ce qui divise pour conserver ce qui unit » ; et cet avis doit assurément être partagé par tous ceux qui entendent travailler, non à la vaine édification de la « Tour de Babel », mais à la réalisation effective du Grand Œuvre de la Construction Universelle.

Écrits sous la signature de Palingénius

LES CONDITIONS DE L'EXISTENCE CORPORELLE

Paru dans La Gnose, *janvier, février 1912.*

D'après le *Sânkhya* de Kapila, il existe cinq *tanmâtras* ou essences élémentaires [319], perceptibles (ou plutôt « conceptibles ») idéalement, mais incompréhensibles et insaisissables sous un mode quelconque de la manifestation universelle, parce que non-manifestées elles-mêmes ; pour cette même raison, il est impossible de leur attribuer des dénominations particulières, car elles ne peuvent être définies par aucune représentation formelle[320]. Ces *tanmâtras* sont les principes potentiels, ou, pour employer une expression qui rappelle la doctrine de Platon, les « idées archétypes » des cinq éléments du monde matériel physique, ainsi, bien entendu, que d'une indéfinité d'autres modalités de l'existence manifestée, correspondant analogiquement à ces éléments dans les degrés multiples de cette existence ; et, selon la même correspondance, ces idées principielles impliquent aussi en puissance, respectivement, les cinq conditions dont les combinaisons constituent les délimitations de cette possibilité particulière de manifestation que nous appelons l'existence corporelle. Ainsi, les cinq *tanmâtras* ou idées principielles sont les éléments « essentiels », causes primordiales des cinq éléments « substantiels » de la manifestation physique, qui n'en sont que des déterminations particulières, des modifications extérieures. Sous cette modalité physique, ils s'expriment dans les cinq conditions selon lesquelles se formulent les lois de l'existence corporelle[321] ; la

---

[319] Sur l'étymologie du mot *tanmâtra*, voir La Constitution de l'être humain et son évolution posthume selon le Védânta, 2ème année, n 9, p. 241, note 1[(note 22)].

[320] On ne peut que les désigner par analogie avec les différents ordres de qualités sensibles, car c'est par là seulement que nous pouvons les connaître (indirectement, dans quelques-uns de leurs effets particuliers) en tant que nous appartenons, comme êtres individuels et relatifs, au monde de la manifestation.

[321] Les cinq *tanmâtras* ne peuvent cependant pas être considérés comme étant manifestés

loi, intermédiaire entre le principe et la conséquence, traduit la relation de la cause à l'effet (relation dans laquelle on peut regarder la cause comme active et l'effet comme passif)[322], ou de l'essence à la substance, considérées comme l'א et le ח, les deux points extrêmes de la modalité de manifestation que l'on envisage (et qui, dans l'universalité de leur extension, le sont de même pour chaque modalité). Mais ni l'essence ni la substance n'appartiennent en elles-mêmes au domaine de cette manifestation, pas plus que les deux extrémités de l'*Yn-yang* ne sont contenues dans le plan de la courbe cyclique ; elles sont de part et d'autre de ce plan, et c'est pourquoi, en réalité, la courbe de l'existence n'est jamais fermée[323].

Les cinq éléments du monde physique[324] sont, comme on le sait, l'Éther (*Âkâsha*), l'Air (*Vâyu*), le Feu (*Téjas*), l'Eau (*Apa*), et la Terre (*Prithvî*) ; l'ordre dans lequel ils sont énumérés est celui de leur développement, conformément à l'enseignement du *Véda*[325]. On a souvent voulu assimiler les éléments aux différents états ou degrés de condensation de la matière physique, se produisant à partir de l'Éther primordial homogène, qui remplit toute l'étendue, unissant ainsi entre elles toutes les parties du monde corporel ; à ce point de vue, on fait correspondre, en allant du plus dense au plus subtil, c'est-à-dire dans l'ordre inverse de celui de leur différenciation, la Terre à l'état solide, l'Eau à l'état liquide, l'Air à l'état gazeux, et le Feu à un état encore plus raréfié, assez semblable à l'« état radiant » récemment découvert par les physiciens et

---

par ces conditions, non plus que par les éléments et par les qualités sensibles qui correspondent à ceux-ci : mais c'est au contraire par les cinq *tanmâtras* (en tant que principe, support et fin) que toutes ces choses sont manifestées, et ensuite tout ce qui résulte de leurs combinaisons indéfinies.

[322] Sur la relation qui unit la cause et l'effet, et sur la nécessité de leur coexistence, voir *La Constitution de l'être humain et son évolution posthume selon le Védânta*, 2ème année, n°10, pp. 262 et 263.

[323] Voir *Le Symbolisme de la Croix*, 2ème année, n° 4, p. 119.

[324] Chacun de ces éléments primitifs est appelé *bhûta*, de *bhû*, « être », plus particulièrement au sens de « subsister » ; ce terme *bhûta* implique donc une détermination substantielle, ce qui correspond bien, en effet, à la notion d'élément corporel.

[325] L'origine de l'Éther et de l'Air, non mentionnée dans le texte du *Véda* où la genèse des trois autres éléments est décrite (*Chhândogya Upanishad*), est indiquée dans un autre passage (*Taittirîyaka Upanishad*).

actuellement étudié par eux, à l'aide de leurs méthodes spéciales d'observation et d'expérimentation. Ce point de vue renferme assurément une part de vérité, mais il est trop systématique, c'est-à-dire trop étroitement particularisé, et l'ordre qu'il établit dans les éléments diffère du précédent sur un point, car il place le Feu avant l'Air et immédiatement après l'Éther, comme s'il était le premier élément se différenciant au sein de ce milieu cosmique originel[326].

Au contraire, d'après l'enseignement conforme à la doctrine orthodoxe, c'est l'Air qui est ce premier élément, et cet Air, élément neutre (ne contenant qu'en puissance la dualité active-passive), produit en lui-même, en se différenciant par polarisation (faisant passer cette dualité de la puissance à l'acte), le Feu, élément actif, et l'Eau, élément passif (on pourrait dire « réactif », c'est-à-dire agissant en mode réfléchi, corrélativement à l'action en mode spontané de l'élément complémentaire), dont l'action et réaction réciproque donne naissance (par une sorte de cristallisation ou de précipitation résiduelle) à la Terre, « élément terminant et final » de la manifestation corporelle[327]. Nous pourrions considérer plus justement les éléments comme différentes modalités vibratoires de la matière physique, modalités sous lesquelles elle se rend perceptible successivement (en succession purement logique, bien entendu)[328] à chacun des sens de notre individualité corporelle ; d'ailleurs, tout ceci sera suffisamment expliqué et justifié par les considérations que nous allons avoir à exposer dans la suite de cette étude.

Nous devons, avant tout, établir que l'Éther et l'Air sont des éléments distincts, contrairement à ce que soutiennent quelques écoles hétérodoxes[329] ;

---

[326] Au sujet des enseignements qui contiennent des opinions partiellement hétérodoxes, comme c'est ici le cas, voir *La Constitution de l'être humain et son évolution posthume selon le Védânta*, 2ème année, n° 9, p. 237.

[327] Voir *L'Archéomètre*, 1ère année, n° 10, p. 218, note 2[(note 33)].

[328] Nous ne pouvons, en effet, songer en aucune façon à réaliser une conception dans le genre de celle de la statue idéale qu'a imaginée Condillac dans son *Traité des Sensations*.

[329] Notamment les *Jainas*, les *Bauddhas* et les *Chârvâkas*, avec lesquels la plupart des philosophes atomistes grecs sont d'accord sur ce point ; il faut cependant faire une exception pour Empédocle, qui admet les cinq éléments, mais en les supposant développés dans l'ordre suivant : l'Éther, le Feu, la Terre, l'Eau et l'Air ; nous n'y insisterons pas davantage, car nous ne nous proposons pas d'examiner ici les opinions des différentes écoles grecques de

mais, pour rendre plus compréhensible ce que nous dirons sur cette question, nous rappellerons d'abord que les cinq conditions à l'ensemble desquelles est soumise l'existence corporelle sont l'espace, le temps, la matière, la forme et la vie[330]. Par suite, on peut, pour réunir en une seule définition l'énoncé de ces cinq conditions, dire qu'un corps est « une forme matérielle vivant dans le temps et dans l'espace » ; d'autre part, lorsque nous employons l'expression « monde physique », c'est toujours comme synonyme de « domaine de la manifestation corporelle »[331]. Ce n'est que provisoirement que nous avons énuméré ces conditions dans l'ordre précédent, sans préjuger de rien à l'égard des relations qui existent entre elles, jusqu'à ce que nous ayons, au cours de notre exposé, déterminé leurs correspondances respectives avec les cinq sens et avec les cinq éléments, qui, d'ailleurs, sont tous semblablement soumis à l'ensemble de ces cinq conditions.

1° *Âkâsha*, l'Éther, qui est considéré comme l'élément le plus subtil et celui dont procèdent tous les autres (formant, par rapport à son unité primordiale, un quaternaire de manifestation), occupe tout l'espace physique, ainsi que nous l'avons dit[332] ; pourtant, ce n'est pas immédiatement par lui que cet espace est perçu, et sa qualité particulière n'est pas l'étendue, mais le son ; ceci nécessite quelque explication. En effet, l'Éther, envisagé en lui-même, est primitivement homogène ; sa différenciation, qui engendre les autres éléments (en commençant par l'Air) a pour origine un mouvement élémentaire se produisant, à partir d'un point initial quelconque, dans ce milieu cosmique indéfini. Ce mouvement élémentaire est le prototype du mouvement vibratoire de la matière physique ; au point de vue spatial, il se propage autour de son point de départ en mode isotrope, c'est-à-dire par des ondes concentriques, en vortex hélicoïdal suivant toutes les directions de l'espace, ce qui constitue la

---

« philosophie physique » (voir traduction des *Philosophumena*, p. 1, note 1).

[330] Voir *Les Néo-Spiritualistes*, 2ème année, n° 9, p. 247, note 2[(note 18)].

[331] Le manque d'expressions adéquates, dans les langues occidentales, est souvent une grande difficulté pour l'exposition des idées métaphysiques, comme nous l'avons déjà fait remarquer à diverses reprises (voir notamment *Projet d'explication des termes techniques des différentes doctrines traditionnelles*, 1ère année, n° 12).

[332] « L'Éther, qui est répandu partout, pénètre en même temps l'extérieur et l'intérieur des choses » (citation de Shankarâchârya, dans *Le Démiurge*, 1ère année, n° 4, p. 69).

figure d'une sphère indéfinie ne se fermant jamais[333]. Pour marquer déjà les rapports qui relient entre elles les différentes conditions de l'existence corporelle, telles que nous les avons précédemment énumérées, nous ajouterons que cette forme sphérique est le prototype de toutes les formes : elle les contient toutes en puissance, et sa première différenciation en mode polarisé peut être représentée par la figuration de l'*Yn-yang*, ainsi qu'il est facile de s'en rendre compte en se reportant, par exemple, à la conception symbolique de l'Androgyne de Platon[334].

Le mouvement, même élémentaire, suppose nécessairement l'espace, ainsi que le temps, et l'on peut même dire qu'il est en quelque sorte la résultante de ces deux conditions, puisqu'il en dépend nécessairement, comme l'effet dépend de la cause (dans laquelle il est impliqué en puissance)[335] ; mais ce n'est pas le mouvement élémentaire, par lui-même, qui nous donne immédiatement la perception de l'espace (ou plus exactement de l'étendue). En effet, il importe de bien remarquer que, quand nous parlons du mouvement qui se produit dans l'Éther à l'origine de toute différenciation, il ne s'agit exclusivement que du mouvement élémentaire, que nous pouvons appeler mouvement ondulatoire ou vibratoire simple (de longueur d'onde et de période infinitésimales), pour indiquer son mode de propagation (qui est uniforme dans l'espace et dans le temps), ou plutôt la représentation géométrique de celui-ci ; c'est seulement en considérant les autres éléments que nous pourrons envisager des modifications complexes de ce mouvement vibratoire, modifications qui correspondent pour nous à divers ordres de sensations. Ceci est d'autant plus important que c'est précisément sur ce point que repose toute la distinction fondamentale entre les

---

[333] Voir *Le Symbolisme de la Croix*, 2ème année, n° 3, pp. 99 et 100.

[334] Ceci pourrait encore être appuyé par diverses considérations d'ordre embryologique, mais qui s'écarteraient trop de notre sujet pour que nous puissions faire plus que de noter simplement ce point en passant, quitte à y revenir, s'il y a lieu, dans une autre occasion. – Voir aussi *Commentaires sur le Tableau Naturel de L.-Cl. de Saint-Martin*, 2ème année, n° 8, p. 229.

[335] Cependant, il est bien entendu que le mouvement ne peut commencer, dans les conditions spatiale et temporelle qui rendent sa production possible, que sous l'action (activité extériorisée, en mode réfléchi) d'une cause principielle qui est indépendante de ces conditions (voir plus loin).

qualités propres de l'Éther et celles de l'Air.

Nous devons nous demander maintenant quelle est, parmi les sensations corporelles, celle qui nous présente le type sensible du mouvement vibratoire, qui nous le fait percevoir en mode direct, sans passer par l'une ou l'autre des diverses modifications dont il est susceptible. Or la physique élémentaire elle-même nous enseigne que ces conditions sont remplies par la vibration sonore, dont la longueur d'onde est comprise, de même que la vitesse de propagation[336], dans les limites appréciables à notre perception sensible ; on peut donc dire, par suite, que c'est le sens de l'ouïe qui perçoit directement le mouvement vibratoire. Ici, on objectera sans doute que ce n'est pas la vibration éthérique qui est ainsi perçue en mode sonore, mais bien la vibration d'un milieu gazeux, liquide ou solide ; il n'en est pas moins vrai que c'est l'Éther qui constitue le milieu originel de propagation du mouvement vibratoire, lequel, pour entrer dans les limites de perceptibilité qui correspondent à l'étendue de notre faculté auditive, doit seulement être amplifié par sa propagation à travers un milieu plus dense (matière pondérable), sans perdre pour cela son caractère de mouvement vibratoire simple (mais sa longueur d'onde et sa période n'étant plus alors infinitésimales). Pour manifester ainsi la qualité sonore, il faut que ce mouvement la possède déjà en puissance (directement)[337] dans son milieu originel, l'Éther, dont, par conséquent, cette qualité, à l'état potentiel (d'indifférenciation primordiale), constitue bien la nature caractéristique par rapport à notre sensibilité corporelle[338].

---

[336] La vitesse, dans un mouvement quelconque, est le rapport, à chaque instant, de l'espace parcouru au temps employé pour le parcourir ; et, dans sa formule générale, ce rapport (constant ou variable suivant que le mouvement est uniforme ou non) exprime la loi déterminante du mouvement considéré (voir un peu plus loin).

[337] Il possède bien aussi en puissance les autres qualités sensibles, mais indirectement, puisqu'il ne peut les manifester, c'est-à-dire les produire en acte, que par différentes modifications complexes (l'amplification ne constituant au contraire qu'une modification simple, la première de toutes).

[338] D'ailleurs, cette même qualité sonore appartient également aux quatre autres éléments, non plus comme qualité propre ou caractéristique, mais en tant qu'ils procèdent tous de l'Éther : chaque élément procédant immédiatement de celui qui le précède dans la série indiquant l'ordre de leur développement successif, est perceptible aux mêmes sens que celui-

D'autre part, si l'on recherche quel est celui des cinq sens par lequel le temps nous est plus particulièrement manifesté, il est facile de se rendre compte que c'est le sens de l'ouïe ; c'est d'ailleurs là un fait qui peut être vérifié expérimentalement par tous ceux qui sont habitués à contrôler l'origine respective de leurs diverses perceptions. La raison pour laquelle il en est ainsi est la suivante : pour que le temps puisse être perçu matériellement (c'est-à-dire entrer en relation avec la matière, en ce qui concerne spécialement notre organisme corporel), il faut qu'il devienne susceptible de mesure, car c'est là, dans le monde physique, un caractère général de toute qualité sensible (lorsqu'on la considère en tant que telle)[339] ; or il ne l'est pas directement pour nous, parce qu'il n'est pas divisible en lui-même, et que nous ne concevons la mesure que par la division, du moins d'une façon usuelle et sensible (car on peut cependant concevoir de tout autres modes de mesure, par exemple l'intégration)[340]. Le temps ne sera donc rendu mesurable qu'autant qu'il s'exprimera en fonction d'une variable divisible, et, comme nous le verrons un peu plus loin, cette variable ne peut être que l'espace, la divisibilité étant une qualité essentiellement inhérente à celui-ci. Par suite, pour mesurer le temps, il faudra l'envisager en tant qu'il entre en relation avec l'espace, qu'il s'y combine en quelque sorte, et le résultat de cette combinaison est le mouvement, dans lequel l'espace parcouru, étant la somme d'une série de déplacements élémentaires envisagés en mode successif (c'est-à-dire précisément sous la condition temporelle), est fonction[341] du temps employé pour le parcourir ; la relation qui existe entre cet espace et ce temps exprime la loi du mouvement considéré[342]. Inversement, le temps pourra alors s'exprimer de même en fonction de l'espace, en renversant le rapport considéré précédemment comme

---

ci, et, en plus, à un autre sens qui correspond à sa propre nature particulière.

[339] Ce caractère est impliqué par la présence de la matière parmi les conditions de l'existence physique ; mais, pour réaliser la mesure, c'est à l'espace que nous devons rapporter toutes les autres conditions, comme nous le voyons ici pour le temps ; nous mesurons la matière elle-même par division, et elle n'est divisible qu'autant qu'elle est étendue, c'est-à-dire située dans l'espace (voir plus loin pour la démonstration de l'absurdité de la théorie atomiste).

[340] Voir *Les Néo-Spiritualistes*, 2ème année, n° 11, pp. 293 et 294.

[341] Au sens mathématique de quantité variable qui dépend d'une autre.

[342] C'est la formule de la vitesse, dont nous avons parlé précédemment, et qui, considérée pour chaque instant (c'est-à-dire pour des variations infinitésimales du temps et de l'espace), représente la dérivée de l'espace par rapport au temps.

existant entre ces deux conditions dans un mouvement déterminé ; ceci revient à considérer ce mouvement comme une représentation spatiale du temps. La représentation la plus naturelle sera celle qui se traduira numériquement par la fonction la plus simple ; ce sera donc un mouvement oscillatoire (rectiligne ou circulaire) uniforme (c'est-à-dire de vitesse ou de période oscillatoire constante), qui peut être regardé comme n'étant qu'une sorte d'amplification (impliquant d'ailleurs une différenciation par rapport aux directions de l'espace), du mouvement vibratoire élémentaire ; puisque tel est aussi le caractère de la vibration sonore, on comprend immédiatement par là que ce soit l'ouïe qui, parmi les sens, nous donne spécialement la perception du temps.

Une remarque qu'il nous faut ajouter dès maintenant, c'est que, si l'espace et le temps sont les conditions nécessaires du mouvement, ils n'en sont point les causes premières ; ils sont eux-mêmes des effets, au moyen desquels est manifesté le mouvement, autre effet (secondaire par rapport aux précédents, qui peuvent être regardés en ce sens comme ses causes immédiates, puisqu'il est conditionné par eux) des mêmes causes essentielles, qui contiennent potentiellement l'intégralité de tous leurs effets, et qui se synthétisent dans la Cause totale et suprême, conçue comme la Puissance Universelle, illimitée et inconditionnée[343]. D'autre part, pour que le mouvement puisse se réaliser en

---

[343] Ceci est très clairement exprimé dans le symbolisme biblique : en ce qui concerne l'application cosmogonique spéciale au monde physique, *Qaïn* (« le fort et puissant transformateur, celui qui centralise, saisit et assimile à soi ») correspond au temps, *Habel* (« le doux et pacifique libérateur, celui qui dégage et détend, qui évapore, qui fuit le centre ») à l'espace, et *Sheth* (« la base et le fond des choses ») au mouvement (voir les travaux de Fabre d'Olivet). La naissance de *Qaïn* précède celle d'*Habel*, c'est-à-dire que la manifestation perceptible du temps précède (logiquement) celle de l'espace, de même que le son est la qualité sensible qui se développe la première ; le meurtre d'*Habel* par *Qaïn* représente alors la destruction apparente, dans l'extériorité des choses, de la simultanéité par la succession ; la naissance de *Sheth* est consécutive à ce meurtre, comme conditionnée par ce qu'il représente, et cependant Sheth, ou le mouvement, ne procède point en lui-même de *Qaïn* et d'*Habel*, ou du temps et de l'espace, bien que sa manifestation soit une conséquence de l'action de l'un sur l'autre (en regardant alors l'espace comme passif par rapport au temps) ; mais, comme eux, il naît d'*Adam* lui-même, c'est-à-dire qu'il procède aussi directement qu'eux de l'extériorisation des puissances de l'Homme Universel, qui l'a, comme le dit Fabre d'Olivet, « généré, au moyen de sa faculté assimilatrice, en son ombre réfléchie ». – Sur le nom de *Sheth*, voir *L'Archéomètre*, 2ème année, n° 7, p. 192, et n° 11, p. 292.

acte, il faut quelque chose qui soit mû, autrement dit une substance (au sens étymologique du mot)[344] sur laquelle il s'exerce ; ce qui est mû, c'est la matière, qui n'intervient ainsi dans la production du mouvement que comme condition purement passive. Les réactions de la matière soumise au mouvement (puisque la passivité implique toujours une réaction) développent en elle les différentes qualités sensibles, qui, comme nous l'avons déjà dit, correspondent aux éléments dont les combinaisons constituent cette modalité de la matière que nous connaissons (en tant qu'objet, non de perception, mais de pure conception)[345] comme le « substratum » de la manifestation physique. Dans ce domaine, l'activité n'est donc pas inhérente à la matière et spontanée en elle, mais elle lui appartient, d'une façon réflexe, en tant que cette matière coexiste avec l'espace et le temps, et c'est cette activité de la matière en mouvement qui constitue, non pas la vie en elle-même, mais la manifestation de la vie dans le domaine que nous considérons. Le premier effet de cette activité est de donner à cette matière la forme, car elle est nécessairement informe tant qu'elle est à l'état homogène et indifférencié, qui est celui de l'Éther primordial ; elle est

---

Le temps, sous ses trois aspects de passé, de présent et du futur, unit entre elles toutes les modifications, considérées comme successives, de chacun des êtres qu'il conduit, à travers le Courant des Formes, vers la Transformation Finale ; ainsi, *Shiva*, sous l'aspect de *Mahâdêva*, ayant les trois yeux et tenant le *trishûla* (trident), se tient au centre de la Roue des Choses. L'espace, produit par l'expansion des potentialités d'un point principiel et central (voir *Le Symbolisme de la Croix*, 2ème année, n° 2 à 6), fait coexister dans son unité la multiplicité des choses, qui, considérées (extérieurement et analytiquement) comme simultanées, sont toutes contenues en lui et pénétrées par l'Éther qui le remplit entièrement ; de même, *Vishnu*, sous l'aspect de *Vâsudêva*, manifeste les choses, les pénétrant dans leur essence intime, par de multiples modifications, réparties sur la circonférence de la Roue des Choses, sans que l'unité de son Essence suprême en soit altérée (cf. *Bhagavad-Gîtâ*, X ; voir aussi *L'Archéomètre*, 2ème année, n° 2, p. 48, notes 1 et 3[(notes 110 et 112)]). Enfin, le mouvement, ou, mieux la « mutation », est la loi de toute modification ou diversification dans le manifesté, loi cyclique et évolutive, qui manifeste *Prajâpati*, ou *Brahmâ* considéré comme « le Seigneur des Créatures », en même temps qu'il en est « le Substanteur et le Sustenteur organique » (voir *L'Archéomètre*, 1ère année, n° 9, p. 187, note 3[(note 9)], et n° 11, p. 248, note 2[(note 55)]).

[344] Mais non au sens où l'entend Spinoza (voir *La Constitution de l'être humain et son évolution posthume selon le Védânta*, 2ème année, n° 9, p. 239, note 1[(note 13)]).

[345] Cf. le dogme de l'« Immaculée Conception » (voir *Pages dédiées à Mercure*, 2ème année, n° 1, p. 35).

seulement susceptible de prendre toutes les formes qui sont potentiellement contenues dans l'extension intégrale de sa possibilité particulière[346]. On peut donc dire que c'est aussi le mouvement qui détermine la manifestation de la forme en mode physique ou corporel ; et, de même que toute forme procède, par différenciation, de la forme sphérique primordiale, tout mouvement peut se réduire à un ensemble d'éléments dont chacun est un mouvement vibratoire hélicoïdal, qui ne se différenciera du vortex sphérique élémentaire qu'autant que l'espace ne sera plus envisagé comme isotrope. Nous avons déjà eu ici à considérer l'ensemble des cinq conditions de l'existence corporelle, et nous aurons à y revenir, à des points de vue différents, à propos de chacun des quatre éléments dont il nous reste à étudier les caractères respectifs.

(À suivre.)

LES CONDITIONS DE L'EXISTENCE CORPORELLE (suite)[347]

2° *Vâyu* est l'Air, et plus particulièrement l'Air en mouvement (ou considéré comme principe du mouvement différencié)[348], car ce mot, dans sa signification primitive, désigne proprement le souffle ou le vent[349] ; la mobilité est donc considérée comme la nature caractéristique de cet élément, qui est le premier différencié à partir de l'Éther primordial (et qui est encore neutre comme celui-ci, la polarisation extérieure ne devant apparaître que dans la

---

[346] Voir *Le Démiurge*, 1ère année, n° 4, p. 68 (citation du *Véda*).

[347] [Paru en février 1912.]

[348] Cette différenciation implique avant tout l'idée d'une ou plusieurs directions spécialisées dans l'espace, comme nous allons le voir.

[349] Le mot *Vâyu* dérive de la racine verbale *vâ*, aller, se mouvoir (qui s'est conservée jusqu'en français : il va, tandis que les racines *i* et *gâ*, qui se rapportent à la même idée, se retrouvent respectivement dans le latin *ire* et dans l'anglais *to go*). Analogiquement, l'air atmosphérique, en tant que milieu entourant notre corps et impressionnant notre organisme, nous est rendu sensible par son déplacement (état cinétique et hétérogène) avant que nous ne percevions sa pression (état statique et homogène). – Rappelons que *Aer* (de la racine אר, qui se rapporte plus particulièrement au mouvement rectiligne) signifie, suivant Fabre d'Olivet, « ce qui donne à tout le principe du mouvement » (2ème année, n° 12, p. 233, suite de la note de la page précédente). Sur les racines אר et אש, voir *L'Archéomètre*, 2ème année, n° 11, p. 292.

dualité en mode complémentaire du Feu et de l'Eau). En effet, cette première différenciation nécessite un mouvement complexe, constitué par un ensemble (combinaison ou coordination) de mouvements vibratoires élémentaires, et déterminant une rupture de l'homogénéité du milieu cosmique, en se propageant suivant certaines directions particulières et déterminées à partir de son point d'origine. Dès que cette différenciation a lieu, l'espace ne doit donc plus être regardé comme isotrope ; il peut, au contraire, être rapporté alors à un ensemble de plusieurs directions définies, prises comme axes de coordonnées, et qui, servant à le mesurer dans une portion quelconque de son étendue, et même, théoriquement, dans la totalité de celle-ci, sont ce qu'on appelle les dimensions de l'espace. Ces axes de coordonnées seront (du moins dans la notion ordinaire de l'espace dit « euclidien », qui correspond directement à la perception sensible de l'étendue corporelle) trois diamètres orthogonaux du sphéroïde indéfini qui comprend toute l'étendue dans son déploiement, et leur centre pourra être un point quelconque de cette étendue, laquelle sera alors considérée comme le produit du développement de toutes les virtualités spatiales contenues dans ce point (principiellement indéterminé)[350]. Il importe de remarquer que le point, en lui-même, n'est nullement contenu dans l'espace et ne peut en aucune façon être conditionné par celui-ci, puisque c'est au contraire lui qui le crée de son « ipséité » (dédoublée ou polarisée en essence et substance)[351], ce qui revient à dire qu'il le contient en puissance ; c'est l'espace qui procède du point, et non le point qui est déterminé par l'espace ; mais, secondairement (toute manifestation ou modification extérieure n'étant que contingente et accidentelle par rapport à sa « nature intime »), le point se détermine lui-même dans l'espace pour réaliser l'extension actuelle de ses potentialités d'indéfinie multiplication (de lui-même par lui-même). On peut encore dire que ce point primordial et principiel remplit tout l'espace par le déploiement de ses possibilités (envisagées en mode

---

[350] Pour une plus ample explication de tout ceci, se reporter à notre étude sur *Le Symbolisme de la Croix* (2ème année, nos 2 à 6).

[351] Dans le champ de manifestation considéré, l'essence est représentée comme le centre (point initial), et la substance comme la circonférence (surface indéfinie d'expansion terminale de ce point) ; cf. la signification hiéroglyphique de la particule hébraïque את, formée des deux lettres extrêmes de l'alphabet (voir précédemment, 3ème année, n° 1, pp. 8 et 9).

actif dans le point lui-même « effectuant » dynamiquement l'étendue, et en mode passif dans cette même étendue réalisée statiquement) ; il se situe seulement dans cet espace lorsqu'il est considéré dans chaque position particulière qu'il est susceptible d'occuper, c'est-à-dire dans celle de ses modifications qui correspond précisément à chacune de ses possibilités spéciales. Ainsi, l'étendue existe déjà à l'état potentiel dans le point lui-même ; elle commence d'exister à l'état actuel seulement dès que ce point, dans sa manifestation première, s'est en quelque sorte dédoublé pour se placer en face de lui-même, car on peut alors parler de la distance élémentaire entre deux points (bien que ceux-ci ne soient en principe et en essence qu'un seul et même point), tandis que, lorsqu'on ne considérait qu'un point unique (ou plutôt lorsqu'on ne considérait le point que sous l'aspect de l'unité principielle), il ne pouvait évidemment pas être question de distance. Cependant, il faut bien remarquer que la distance élémentaire n'est que ce qui correspond à ce dédoublement dans le domaine de la représentation spatiale ou géométrique (qui n'a pour nous que le caractère d'un symbole) ; métaphysiquement, si l'on regarde le point comme représentant l'Être dans son unité et son identité principielles, c'est-à-dire *Âtmâ* en dehors de toute condition spéciale (ou détermination) et de toute différenciation, ce point lui-même, son extériorisation (qui peut être considérée comme son image, dans laquelle il se réfléchit), et la distance qui les joint (en même temps qu'elle les sépare), et qui marque la relation existant entre l'un et l'autre (relation qui implique un rapport de causalité, indiqué géométriquement par le sens de la distance, envisagée comme segment « dirigé », et allant du point-cause vers le point-effet), correspondent respectivement aux trois termes du ternaire que nous avons eu à distinguer dans l'Être considéré comme se connaissant lui-même (c'est-à-dire en *Buddhi*), termes qui, en dehors de ce point de vue, sont parfaitement identiques entre eux, et qui sont désignés comme *Sat*, *Chit* et *Ânanda*[352].

Nous disons que le point est le symbole de l'Être dans son Unité ; ceci peut, en effet, se concevoir de la façon suivante : si l'étendue à une dimension,

---

[352] Voir *La Constitution de l'être humain et son évolution posthume selon le Védânta*, 2ème année, n° 10, p. 266, et aussi *Les Catégories de l'Initiation*, 3ème année, n° 1, p. 17, note 3.

ou la ligne, est mesurée quantitativement par un nombre, la mesure quantitative de l'étendue à deux dimensions, ou de la surface, sera de la forme, et celle de l'étendue à trois dimensions, ou du volume, sera de la forme. Ainsi, ajouter une dimension à l'étendue équivaut à augmenter d'une unité l'exposant de la quantité correspondante (qui est la mesure de cette étendue), et, inversement, enlever une dimension à l'étendue équivaut à diminuer ce même exposant d'une unité ; si l'on supprime la dernière dimension, celle de la ligne (et, par suite, la dernière unité de l'exposant), géométriquement, il reste le point, et, numériquement, il reste , c'est-à-dire, au point de vue algébrique, l'unité elle-même, ce qui identifie bien quantitativement le point à cette unité. C'est donc une erreur de croire, comme le font certains, que le point ne peut correspondre numériquement qu'à zéro, car il est déjà une affirmation, celle de l'Être pur et simple (dans toute son universalité) ; sans doute, il n'a aucune dimension, parce que, en lui-même, il n'est point situé dans l'espace, qui, comme nous l'avons dit, contient seulement l'indéfinité de ses manifestations (ou de ses déterminations particulières) ; n'ayant aucune dimension, il n'a évidemment, par là même, aucune forme non plus ; mais dire qu'il est informel ne revient nullement à dire qu'il n'est rien (car c'est ainsi que le zéro est considéré par ceux qui lui assimilent le point), et d'ailleurs, quoique sans forme, il contient en puissance l'espace, qui, réalisé en acte, sera à son tour le contenant de toutes les formes (dans le monde physique tout au moins)[353].

---

[353] On peut même se rendre compte d'une façon tout élémentaire du développement des potentialités spatiales contenues dans le point, en remarquant que le déplacement du point engendre la ligne, que celui de la ligne engendre de même la surface, et que celui de la surface engendre à son tour le volume. Seulement, ce point de vue présuppose la réalisation de l'étendue, et même de l'étendue à trois dimensions, car chacun des éléments que l'on y considère successivement ne peut évidemment produire le suivant qu'en se mouvant dans une dimension qui lui est actuellement extérieure (et par rapport à laquelle il était déjà situé) ; au contraire, tous ces éléments sont réalisés simultanément (le temps n'intervenant plus alors) dans et par le déploiement original du sphéroïde indéfini et non fermé que nous avons considéré, déploiement qui s'effectue d'ailleurs, non dans un espace actuel (quel qu'il soit), mais dans un pur vide dépourvu de toute attribution positive, et qui n'est aucunement productif par lui-même, mais qui, en puissance passive, est plein de tout ce que le point contient en puissance active (étant ainsi, en quelque sorte, l'aspect négatif de ce dont le point est l'aspect positif). Ce vide, ainsi rempli d'une façon originellement homogène et isotrope

Nous avons dit que l'étendue existe en acte dès que le point s'est manifesté en s'extériorisant, puisqu'il l'a réalisée par là même ; mais il ne faudrait pas croire que ceci assigne à l'étendue un commencement temporel, car il ne s'agit que d'un point de départ purement logique, d'un principe idéal de l'étendue comprise dans l'intégralité de son extension (et non limitée à la seule étendue corporelle)[354]. Le temps intervient seulement lorsqu'on envisage les deux positions du point comme successives, alors que, d'autre part, la relation de causalité qui existe entre elles implique leur simultanéité[355] ; c'est aussi en tant

---

par les virtualités du point principiel, sera le milieu (ou, si l'on veut, le « lieu géométrique ») de toutes les modifications et différenciations ultérieures de celui-ci, étant ainsi, par rapport à la manifestation universelle, ce que l'Éther est spécialement pour notre monde physique. Envisagé de cette façon, et dans cette plénitude qu'il tient intégralement de l'expansion (en mode d'extériorité) des puissances actives du point (qui sont elles-mêmes tous les éléments de cette plénitude), il est (sans pourtant être rien par lui-même) la substance par rapport au point-essence (sans lequel il ne serait pas, puisque le vide ne peut être conçu que comme « non-entité »), et, par là, il se différencie entièrement du « vide universel » (*sarvva-shûnya*) dont parlent les Bouddhistes, qui, prétendant d'ailleurs l'identifier à l'Éther, regardent celui-ci comme « non-substantiel », et, par suite, ne le comptent pas comme un des éléments corporels (voir *La Constitution de l'être humain et son évolution posthume selon le Védânta*, $2^{\text{ème}}$ année, n° 10, p. 260, note 3[(note 44)], et aussi la première partie de la présente étude, $3^{\text{ème}}$ année, n° 1). – D'ailleurs, le véritable « vide universel » ne serait pas ce vide que nous venons d'envisager, et qui est susceptible de contenir toutes les possibilités de l'Être (symbolisées spatialement par les virtualités du point), mais bien, au contraire, tout ce qui est en dehors de celui-ci, et où il ne peut plus en aucune façon être question d'« essence » ni de « substance ». Ce serait alors le Non-Être (ou le Zéro métaphysique), ou plus exactement un aspect de celui-ci, qui, d'ailleurs, est plein de tout ce qui, dans la Possibilité totale, n'est susceptible d'aucun développement en mode extérieur ou manifesté, et qui, par cela même, est absolument inexprimable (sur le Zéro métaphysique, voir *Remarques sur la production des Nombres*, $1^{\text{ère}}$ année, n° 8, pp. 153 et 154, et n° 9, p. 194).

[354] Cette étendue corporelle est la seule que connaissent les astronomes, et encore ne peuvent-ils, par leurs méthodes d'observation, en étudier qu'une certaine portion ; c'est d'ailleurs ce qui produit chez eux l'illusion de la prétendue « infinité de l'espace », car ils sont portés, par l'effet d'une véritable myopie intellectuelle qui paraît inhérente à toute science analytique, à considérer comme « à l'infini » (*sic*) tout ce qui dépasse la portée de leur expérience sensible, et qui n'est pourtant en réalité, par rapport à eux et au domaine qu'ils étudient, que du simple indéfini (voir *À propos du Grand Architecte de l'Univers*, $2^{\text{ème}}$ année, n° 7, et particulièrement p. 198, note 2[(note 23)]).

[355] Voir *La Constitution de l'être humain et son évolution posthume selon le Védânta*, $2^{\text{ème}}$ année, n° 10, pp. 262 et 263.

que l'on envisage cette première différenciation sous l'aspect de la succession, c'est-à-dire en mode temporel, que la distance qui en résulte (comme intermédiaire entre le point principiel et sa réflexion extérieure, le premier étant supposé s'être immédiatement situé par rapport à la seconde)[356] peut être regardée comme mesurant l'amplitude du mouvement vibratoire élémentaire dont nous avons parlé précédemment.

Cependant, sans la coexistence de la simultanéité avec la succession, le mouvement lui-même ne serait pas possible, car, alors, ou le point mobile (ou du moins considéré comme tel au cours de son processus de modification) serait là où il n'est pas, ce qui est absurde, ou il ne serait nulle part, ce qui revient à dire qu'il n'y aurait actuellement aucun espace où le mouvement puisse se produire en fait[357]. C'est à cela que se réduisent en somme tous les arguments qui ont été émis contre la possibilité du mouvement, notamment par certains philosophes grecs[358] ; cette question est d'ailleurs de celles qui embarrassent le plus les savants et les philosophes modernes. Sa solution est pourtant fort simple, et elle réside précisément, comme nous l'avons déjà indiqué ailleurs, dans la coexistence de la succession et de la simultanéité : succession dans les modalités de la manifestation, à l'état actuel, mais simultanéité en principe, à l'état potentiel, rendant possible l'enchaînement logique des causes et des effets (tout effet étant impliqué et contenu en puissance dans sa cause, qui n'est en rien affectée ou modifiée par l'actuation de cet effet)[359]. Au point de vue physique, la notion de succession est attachée

---

[356] Cette localisation implique déjà, d'ailleurs, une première réflexion (précédant celle que nous considérons ici), mais avec laquelle le point principiel s'identifie lui-même (en se déterminant) pour en faire le centre effectif de l'étendue en voie de réalisation, et de laquelle il se réfléchit, par suite, dans tous les autres points (purement virtuels par rapport à lui) de cette étendue qui est son champ de manifestation.

[357] Effectivement, le point est « quelque part » dès qu'il s'est situé ou déterminé dans l'espace (sa potentialité en mode passif) pour le réaliser, c'est-à-dire le faire passer de puissance en acte, et dans cette réalisation même, que tout mouvement, même élémentaire, présuppose nécessairement.

[358] Voir *La Constitution de l'être humain et son évolution posthume selon le Védânta*, 2ème année, n° 10, p. 262, note 2[(note 47)].

[359] Leibnitz semble avoir au moins entrevu cette solution, lorsqu'il formula sa théorie de l'« harmonie préétablie », qui a été généralement fort mal comprise par ceux qui ont voulu

à la condition temporelle, et celle de simultanéité à la condition spatiale[360] ; c'est le mouvement, résultant, quant à son passage de la puissance à l'acte, de l'union ou de la combinaison de ces deux conditions, qui concilie (ou équilibre) les deux notions correspondantes, en faisant coexister, en mode simultané au point de vue purement spatial (qui est essentiellement statique), un corps avec lui-même (l'identité étant ainsi conservée à travers toutes les modifications, contrairement à la théorie bouddhiste de la « dissolubilité totale »)[361] en une série indéfinie de positions (qui sont autant de modifications de ce même corps, accidentelles et contingentes par rapport à ce qui constitue sa réalité intime, tant en substance qu'en essence), positions qui sont d'ailleurs successives au point de vue temporel (cinétique dans sa relation avec le point de vue spatial)[362].

D'autre part, puisque le mouvement actuel suppose le temps et sa coexistence avec l'espace, nous sommes amené à formuler la remarque suivante : un corps peut se mouvoir suivant l'une ou l'autre des trois dimensions de l'espace physique, ou suivant une direction qui est une combinaison de ces trois dimensions, car, quelle que soit en effet la direction (fixe ou variable) de son mouvement, elle peut toujours se ramener à un ensemble plus ou moins complexe de composantes dirigées suivant les trois axes de coordonnées auxquels est rapporté l'espace considéré ; mais en outre, dans tous les cas, ce corps se meut toujours et nécessairement dans le temps. Par suite, celui-ci deviendra une autre dimension de l'espace si l'on change la succession en simultanéité ; en d'autres termes, supprimer la condition temporelle revient à ajouter une dimension supplémentaire à l'espace physique,

---

en donner des interprétations.

[360] C'est aussi par ces deux notions (tout idéales lorsqu'on les envisage en dehors de ce point de vue spécialisé, sous lequel seul elles nous sont rendues sensibles) que Leibnitz définit respectivement le temps et l'espace.

[361] Voir *La Constitution de l'être humain et son évolution posthume selon le Védânta*, 2ème année, n° 10, p. 260, note 4[(note 45)].

[362] Il est bien évident, en effet, que toutes ces positions coexistent simultanément en tant que lieux situés dans une même étendue, dont elles ne sont que des portions différentes (et d'ailleurs quantitativement équivalentes), toutes également susceptibles d'être occupées par un même corps, qui doit être envisagé statiquement dans chacune de ces positions lorsqu'on la considère isolément par rapport aux autres, d'une part, et aussi, d'autre part, lorsqu'on les considère toutes, dans leur ensemble, en dehors du point de vue temporel.

dont le nouvel espace ainsi obtenu constitue un prolongement ou une extension. Cette quatrième dimension correspond donc à l'« omniprésence » dans le domaine considéré, et c'est par cette transposition dans le « non-temps » que l'on peut concevoir la « permanente actualité » de l'Univers manifesté[363] ; c'est aussi par là que s'expliquent (en remarquant d'ailleurs que toute modification n'est pas assimilable au mouvement, qui n'est qu'une modification extérieure d'un ordre spécial) tous les phénomènes que l'on regarde vulgairement comme miraculeux ou surnaturels [364], bien à tort, puisqu'ils appartiennent encore au domaine de notre individualité actuelle

---

[363] Voir *Pages dédiées à Mercure*, 2ème année, n° 1, p. 35, et n° 2, p. 66 ; *Pages dédiées au Soleil*, 2ème année, n° 2, pp. 63 et 64.

[364] Il y a des faits qui ne paraissent inexplicables que parce qu'on ne sort pas, pour en chercher l'explication, des conditions ordinaires du temps physique ; ainsi, la reconstitution subite des tissus organiques lésés, que l'on constate dans certains cas regardés comme « miraculeux », ne peut pas être naturelle, dit-on, parce qu'elle est contraire aux lois physiologiques de la régénération de ces tissus, laquelle s'opère par des générations (ou bipartitions) multiples et *successives* de cellules, ce qui exige nécessairement la collaboration du temps. D'abord, il n'est pas prouvé qu'une reconstitution de ce genre, si subite soit-elle, soit réellement *instantanée*, c'est-à-dire ne demande effectivement *aucun temps* pour se produire, et il est possible que, dans certaines circonstances, la multiplication des cellules soit simplement rendue beaucoup plus rapide qu'elle ne l'est dans les cas normaux, au point de ne plus exiger qu'une durée moindre que toute mesure appréciable à notre perception sensible. Ensuite, en admettant même qu'il s'agisse bien d'un phénomène véritablement *instantané*, il est encore possible que, dans certaines conditions particulières, différentes des conditions ordinaires, mais néanmoins tout aussi naturelles, ce phénomène s'accomplisse en effet *hors du temps* (ce qu'implique l'« instantanéité » en question, qui, dans les cas considérés, équivaut à la *simultanéité* des bipartitions cellulaires multiples, ou du moins se traduit ainsi dans sa correspondance corporelle ou physiologique), ou, si l'on préfère, qu'il s'accomplisse *dans le « non-temps »*, alors que, dans les conditions ordinaires, il s'accomplit *dans le temps*. – Il n'y aurait plus aucun miracle pour celui qui pourrait comprendre dans son vrai sens et résoudre cette question, beaucoup plus paradoxale en apparence qu'en réalité : « Comment, tout en vivant *dans le présent*, peut-on faire en sorte qu'un événement quelconque qui s'est produit *dans le passé* n'ait pas eu lieu ?» Et il est essentiel de remarquer que ceci (qui n'est pas plus impossible a priori que d'empêcher *présentement* la réalisation d'un événement *dans le futur*, puisque le rapport de succession n'est pas un rapport causal) ne suppose aucunement un retour dans le passé en tant que tel (retour qui serait une impossibilité manifeste, comme le serait également un transport dans le futur en tant que tel), puisqu'il n'y a évidemment ni passé ni futur par rapport à l'« éternel présent ».

(dans l'une ou l'autre de ses modalités multiples, car l'individualité corporelle n'en constitue qu'une très faible partie)[365], domaine dont la conception du « temps immobile » nous permet d'embrasser intégralement toute l'indéfinité[366].

Revenons à notre conception du point remplissant toute l'étendue par l'indéfinité de ses manifestations, c'est-à-dire de ses modifications multiples et

contingentes ; au point de vue dynamique[367], celles-ci doivent être considérées, dans l'étendue (dont elles sont tous les points), comme autant de

---

[365] Ceci sera encore rendu plus clair et plus évident par tout ce que nous aurons à dire dans la suite de cette étude.

[366] Nous pouvons, à ce propos, ajouter ici une remarque sur la représentation numérique de cette indéfinité (en continuant à l'envisager sous son symbole spatial) : la ligne est mesurée, c'est-à-dire représentée quantitativement, par un nombre a à la première puissance ; comme sa mesure s'effectue d'ailleurs suivant la division décimale prise comme base, on peut poser $a = 10n$. Alors, on aura pour la surface : $a^2 = 100n^2$, et pour le volume : $a^3 = 1000n^3$; pour l'étendue à quatre dimensions, il faudra ajouter encore un facteur a ce qui donnera : $a^4 = 10000n^4$. D'ailleurs, on peut dire que toutes les puissances de 10 sont contenues virtuellement dans sa quatrième puissance, de même que le Dénaire, manifestation complète de l'Unité, est contenu dans le Quaternaire (voir *Remarques sur la production des Nombres*, 1ère année, n° 8, p. 156) ; il en résulte que ce nombre, $10^4 = 10000$, peut être pris comme le symbole numérique de l'indéfinité, ainsi que nous l'avons déjà indiqué ailleurs (voir *Remarques sur la Notation mathématique*, 1ère année, n° 6, p. 115).

[367] Il importe de remarquer que « dynamique » n'est nullement synonyme de « cinétique » : le mouvement peut être considéré comme la conséquence d'une certaine action de la force (rendant ainsi cette action mesurable, par une traduction spatiale, en permettant de définir son « intensité »), mais il ne peut s'identifier à cette force même ; d'ailleurs, sous d'autres modalités et dans d'autres conditions, la force (ou la volonté) en action produit évidemment tout autre chose que le mouvement, puisque, comme nous l'avons fait remarquer un peu plus haut, celui-ci ne constitue qu'un cas particulier parmi les indéfinités de modifications possibles qui sont comprises dans le monde extérieur, c'est-à-dire dans l'ensemble de la manifestation universelle.

centres de force (dont chacun est potentiellement le centre même de l'étendue), et la force n'est pas autre chose que l'affirmation (en mode manifesté) de la volonté de l'Être, symbolisé par le point, cette volonté étant, au sens universel, sa puissance active ou son « énergie productrice » (*Shakti*)³⁶⁸, indissolublement unie à lui-même, et s'exerçant sur le domaine d'activité de l'Être, c'est-à-dire, avec le même symbolisme, sur l'étendue elle-même envisagée passivement, ou au point de vue statique (comme le champ d'action de l'un quelconque de ces centres de force)³⁶⁹. Ainsi, dans toutes ses manifestations et dans chacune d'elles, le point peut être regardé (par rapport à ces manifestations) comme se polarisant en mode actif et passif, ou, si l'on préfère, direct et réfléchi³⁷⁰ : le point de vue dynamique, actif ou direct, correspond à l'essence, et le point de vue statique, passif ou réfléchi, correspond à la substance³⁷¹ ; mais, bien

---

³⁶⁸ Cette puissance active peut d'ailleurs être envisagée sous différents aspects : comme pouvoir créateur, elle est plus particulièrement appelée *Kriyâ-Shakti*, tandis que *Jnâna-Shakti* est le pouvoir de connaissance, *Ichchhâ-Shakti* le pouvoir de désir, et ainsi de suite, en considérant l'indéfinie multiplicité des attributs manifestés par l'Être dans le monde extérieur, mais sans fractionner aucunement pour cela, dans la pluralité de ces aspects, l'unité de la Puissance Universelle en soi, qui est nécessairement corrélative de l'unité essentielle de l'Être, et impliquée par cette unité même. – Dans l'ordre psychologique, cette puissance active est représentée par אשה, « faculté volitive » de איש, l'« homme intellectuel » (voir Fabre d'Olivet, *La Langue hébraïque restituée*).

³⁶⁹ La Possibilité Universelle, regardée, dans son unité intégrale, (mais, bien entendu, quant aux possibilités de manifestation seulement), comme le côté féminin de l'Être (dont le côté masculin est *Purusha*, qui est l'Être lui-même dans son identité suprême et « non-agissante » en soi), se polarise donc ici en puissance active (*Shakti*) et puissance passive (*Prakritî*). – Sur la représentation hiéroglyphique de ces deux puissances active et passive par י et מ respectivement, voir *L'Archéomètre*, 2ᵉᵐᵉ année, n° 2, pp. 51 à 54 ; voir aussi, sur leur signification cosmogonique, *Le Symbolisme de la Croix*, 2ᵉᵐᵉ année, n° 5, p. 149, note 1[(note 38)].

³⁷⁰ Mais cette polarisation reste potentielle (donc tout idéale, et non sensible) tant que nous n'avons pas à envisager le complémentarisme actuel du Feu et de l'Eau (chacun de ceux-ci restant d'ailleurs de même polarisé en puissance) ; jusque-là, les deux aspects actif et passif ne peuvent être dissociés que conceptuellement, puisque l'Air est encore un élément neutre.

³⁷¹ Pour tout point de l'étendue, l'aspect statique est réfléchi par rapport à l'aspect dynamique, qui est direct en tant qu'il participe immédiatement de l'essence du point principiel (ce qui implique une identification), mais qui, cependant, est lui-même réfléchi par rapport à ce point considéré en soi, dans son indivisible unité ; il ne faut jamais perdre de vue que la considération de l'activité et de la passivité n'implique qu'une relation ou un

entendu, la considération de ces deux points de vue (complémentaires l'un de l'autre) dans toute modalité de la manifestation n'altère en rien l'unité du point principiel (non plus que de l'Être dont il est le symbole), et ceci permet de concevoir nettement l'identité fondamentale de l'essence et de la substance, qui sont, comme nous l'avons dit au début de cette étude, les deux pôles de la manifestation universelle.

L'étendue, considérée sous le point de vue substantiel, n'est point distincte, quant à notre monde physique, de l'Éther primordial (*Âkâsha*), tant qu'il ne s'y produit pas un mouvement complexe déterminant une différenciation formelle ; mais l'indéfinité des combinaisons possibles de mouvements donne ensuite naissance, dans cette étendue, à l'indéfinité des formes, se différenciant toutes, ainsi que nous l'avons indiqué, à partir de la forme sphérique originelle[372]. C'est le mouvement qui, au point de vue physique, est le facteur nécessaire de toute différenciation, donc la condition de toutes les manifestations formelles, et aussi, simultanément, de toutes les manifestations vitales, les unes et les autres, dans le domaine considéré, étant pareillement soumises au temps et à l'espace, et supposant, d'autre part, un « substratum » matériel, sur lequel s'exerce cette activité qui se traduit physiquement par le mouvement. Il importe de remarquer que toute forme corporelle est nécessairement vivante, puisque la vie est, aussi bien que la forme, une condition de toute existence physique[373] ; cette vie physique comporte d'ailleurs une indéfinité de degrés, ses divisions les plus générales, à notre point de vue terrestre du moins, correspondant aux trois règnes minéral, végétal et animal (mais sans que les distinctions entre ceux-ci puissent avoir plus qu'une valeur toute relative)[374]. Il résulte de là que, dans ce domaine, une

---

rapport entre deux termes envisagés comme réciproquement complémentaires.

[372] Voir précédemment, 3ème année, n° 1, p. 11.

[373] Il est bien entendu par là même que, réciproquement, la vie, dans le monde physique, ne peut se manifester autrement que dans des formes ; mais ceci ne prouve rien contre l'existence possible d'une vie informelle en dehors de ce monde physique, sans cependant qu'il soit légitime de considérer la vie, même dans toute l'indéfinité de son extension, comme étant plus qu'une possibilité contingente comparable à toutes les autres, et intervenant, au même titre que ces autres, dans la détermination de certains états individuels des êtres manifestés, états qui procèdent de certains aspects spécialisés et réfractés de l'Être Universel.

[374] Il est impossible de déterminer des caractères permettant d'établir des distinctions

forme quelconque est toujours dans un état de mouvement ou d'activité, qui manifeste sa vie propre, et que c'est seulement par une abstraction toute conceptuelle qu'elle peut être envisagée statiquement, c'est-à-dire en repos[375].

C'est par la mobilité que la forme se manifeste physiquement et nous est rendue sensible, et, de même que la mobilité est la nature caractéristique de l'Air (*Vâyu*), le toucher est le sens qui lui correspond en propre, car c'est par le toucher que nous percevons la forme d'une façon générale[376]. Cependant, ce sens, en raison de son mode limité de perception, qui s'opère exclusivement par contact, ne peut pas nous donner encore directement et immédiatement la notion intégrale de l'étendue corporelle (à trois dimensions)[377], ce qui appartiendra seulement au sens de la vue ; mais l'existence actuelle de cette étendue est déjà supposée ici par celle de la forme, puisqu'elle conditionne la

---

certaines et précises entre ces trois règnes, qui semblent se rejoindre surtout par leurs formes les plus élémentaires, embryonnaires en quelque sorte. – Sur les manifestations de la vie dans le règne minéral, et spécialement dans les cristaux, voir *Les Néo-Spiritualistes*, 2ème année, n° 11, p. 294.

[375] On voit suffisamment par là ce qu'il faut penser, au point de vue physique, du prétendu « principe de l'inertie de la matière » : la matière véritablement inerte, c'est-à-dire dénuée de toute attribution ou propriété actuelle, donc indistincte et indifférenciée, pure puissance passive et réceptive sur laquelle s'exerce une activité dont elle n'est point cause, n'est, nous le répétons, que conceptible en tant qu'on l'envisage séparément de cette activité dont elle n'est que le « substratum », et de laquelle elle tient toute réalité actuelle ; et c'est cette activité (à laquelle elle ne s'oppose, pour lui fournir un support, que par l'effet d'une réflexion contingente qui ne lui donne aucune réalité indépendante) qui, par réaction (en raison de cette réflexion même), en fait, dans les conditions spéciales de l'existence physique, le lieu de tous les phénomènes sensibles (ainsi d'ailleurs que d'autres phénomènes qui ne rentrent pas dans les limites de perception de nos sens), le milieu substantiel et plastique de toutes les modifications corporelles.

[376] Il est bon de remarquer à ce propos que les organes du toucher sont répartis sur toute la superficie (extérieure et intérieure) de notre organisme, qui se trouve en contact avec le milieu atmosphérique.

[377] Le contact ne pouvant s'opérer qu'entre des surfaces (en raison de l'impénétrabilité de la matière physique, propriété sur laquelle nous aurons à revenir par la suite), la perception qui en résulte ne peut donc donner d'une façon immédiate que la notion de surface, dans laquelle interviennent seulement deux dimensions de l'étendue.

manifestation de cette dernière, du moins dans le monde physique[378].

D'autre part, en tant que l'Air procède de l'Éther, le son est aussi sensible en lui ; comme le mouvement différencié implique, ainsi que nous l'avons établi plus haut, la distinction des directions de l'espace, le rôle de l'Air dans la perception du son, à part sa qualité de milieu dans lequel s'amplifient les vibrations éthériques, consistera principalement à nous faire reconnaître la direction suivant laquelle ce son est produit par rapport à la situation actuelle de notre corps. Dans les organes physiologiques de l'ouïe, la partie qui correspond à cette perception de la direction (perception qui, d'ailleurs, ne devient effectivement complète qu'avec et par la notion de l'étendue à trois dimensions) constitue ce qu'on appelle les « canaux semi-circulaires », lesquels sont précisément orientés suivant les trois dimensions de l'espace physique[379].

Enfin, à un point de vue autre que celui des qualités sensibles, l'Air est le milieu substantiel dont procède le souffle vital (*prâna*) ; c'est pourquoi les cinq phases de la respiration et de l'assimilation, qui sont des modalités ou des aspects de celui-ci, sont, dans leur ensemble, identifiées à *Vâyu*[380]. C'est là le rôle particulier de l'Air en ce qui concerne la vie ; nous voyons donc que, pour cet élément comme pour le précédent, nous avons bien eu à considérer, ainsi que nous l'avions prévu, la totalité des cinq conditions de l'existence corporelle et leurs relations ; il en sera encore de même pour chacun des trois autres éléments, qui procèdent des deux premiers, et dont nous allons parler maintenant.

(*À suivre.*)

---

[378] Nous ajoutons toujours cette restriction pour ne limiter en rien les possibilités indéfinies de combinaisons des diverses conditions contingentes d'existence, et en particulier de celles de l'existence corporelle, qui ne se trouvent réunies d'une façon nécessairement constante que dans le domaine de cette modalité spéciale.

[379] Ceci explique pourquoi il est dit que les directions de l'espace sont les oreilles de Vaishwânara (voir *La Constitution de l'être humain et son évolution posthume selon le Védânta*, 2ème année, n° 10, p. 264).

[380] Pour la définition de ces cinq *vâyus*, voir *La Constitution de l'être humain et son évolution posthume selon le Védânta*, 2ème année, n° 9, p. 243.

COMPTE-RENDU DE LIVRE

Paru dans La Gnose, *janvier 1912.*

By-ways of Freemasonry, par le Rév. John T. Lawrence (P. A. G. C., Eng.)[381].

L'auteur de la série d'essais réunis sous ce titre a voulu montrer, comme il le déclare dans sa préface (et nous pensons qu'il y a réussi), que la littérature maçonnique peut trouver des sujets dignes d'intérêt en dehors des études purement historiques et archéologiques, qui semblent constituer actuellement sa préoccupation presque exclusive, du moins en Angleterre. Aussi s'est-il proposé de traiter dans ce volume diverses questions qui se posent en quelque sorte journellement, sur ce qu'on peut appeler « les à-côtés de la Franc-Maçonnerie » ; et il aborde, avant toute autre, celle du nombre des degrés, dont nous avons aussi parlé autrefois dans la présente Revue[382].

Suivant le Livre des Constitutions, « il n'y a que trois degrés, comprenant la Sainte Royale Arche »[383], et ceci est en effet la seule réponse conforme à la plus stricte orthodoxie[384]. Il en résulte, tout d'abord, que l'» Arch Masonry »

---

[381] Éditeur : A. Lewis, 13, Paternoster Row, London. E. C. ; et chez l'auteur, St. Peters Vicarage, Accrington. – Le même auteur (ancien directeur de *The Indian Masonic Review*) a publié précédemment divers autres ouvrages sur des sujets maçonniques : *Masonic Jurisprudence and Symbolism, Sidelights on Freemasonry*, etc.

[382] *La Gnose et la Franc-Maçonnerie*, 1ère année, n° 5.

[383] Le degré de « Holy Royal Arch Mason », tel qu'il est pratiqué dans les Chapitres anglais et américains de l'« Arch Masonry », ne doit pas être confondu avec le 13ème degré de la hiérarchie écossaise, qui porte également le titre de « Royale Arche ».

[384] Il faut bien remarquer que les trois « degrés » (*degrees*) dont il est ici question sont exactement ce que nous avons appelé ailleurs les « grades initiatiques », les distinguant alors des « degrés de l'initiation » proprement dits, « dont la multiplicité est nécessairement indéfinie » (cf. *L'Initiation Maçonnique*, par le F∴ Oswald Wirth).

n'est point réellement et originellement distincte de la « Craft Masonry », mais que, dans celle-ci même (et sans être aucunement un degré spécial), elle vient se superposer à la « Square Masonry » pour constituer le complément de la Maîtrise[385]. Une autre conséquence est que l'on ne peut pas considérer comme essentiellement maçonniques, ni même comme faisant effectivement partie de la Maçonnerie, les divers ordres, rites ou systèmes dits de hauts grades ; ce ne sont bien là, en réalité, que des organisations « à côté », qui sont venues se greffer successivement, à des époques plus ou moins éloignées, mais toujours relativement récentes, sur la primitive Fraternité des « Anciens Maçons Libres et Acceptés »[386], et qui, le plus souvent, n'ont guère avec celle-ci et entre elles d'autre lien que le fait de recruter leurs membres exclusivement parmi les possesseurs de tel ou tel grade maçonnique[387]. Telle est, en premier lieu, la « Mark Masonry », que l'on pourrait, en un certain sens, regarder comme une continuation du grade de compagnon (*Fellow Craft*)[388], et qui, à son tour, sert

---

[385] Il faut entendre par « Square Masonry » la Maçonnerie à symbolisme purement rectiligne, et par « Arch Masonry » la Maçonnerie à symbolisme curviligne (ayant le cercle pour forme-mère, comme on le voit en particulier dans le tracé de l'ogive), les figurations géométriques empruntées à l'ancienne Maçonnerie opérative n'ayant plus, naturellement, que le caractère de symboles pour la Maçonnerie spéculative, comme elles l'avaient déjà (ainsi d'ailleurs que les outils de construction) pour les anciens Hermétistes (voir *La Hiérarchie Opérative et le Grade de Royale Arche*, par le F∴ Oswald Wirth, et aussi *Le Livre de l'Apprenti*, pp. 24 à 29).
– Dans l'ancienne Maçonnerie française, l'expression « passer du triangle au cercle » était aussi employée pour caractériser le passage des « grades symboliques » aux « grades de perfection », comme on le voit notamment dans le Catéchisme des Élus Cohens (à ce sujet, voir encore *À propos du Grand Architecte de l'Univers*, 2ème année, n° 8, p. 215, note 1[(note 33)], et, sur la solution du problème hermétique de la « quadrature du cercle », *Remarques sur la production des Nombres*, 1ère année, n° 8, p. 156).
[386] Dans la Maçonnerie américaine, « Grand Lodge of Ancient Free and Accepted Masons » est encore le titre distinctif de toute Obédience qui s'en tient rigoureusement à la pratique des trois grades symboliques, et qui n'en reconnaît officiellement aucun autre ; il est vrai que le Rite Écossais, de son côté, se déclare également « Ancien et Accepté », et que l'on a vu tel autre système à degrés multiples, d'origine bien plus récente encore, se proclamer « Ancien et Primitif », voire même « Primitif et Originel », en dépit de toute évidence historique.
[387] Souvent aussi, leurs rituels ne sont guère que des développements plus ou moins heureux de ceux de la Maçonnerie symbolique (voir *Les Hauts Grades Maçonniques*, 1ère année, n° 7).
[388] La légende du « Mark Degree » (qui se subdivise en « Mark Man » et « Mark Master ») est fondée sur cette parole de l'Écriture : « La pierre que les constructeurs avaient rejetée est

de base à l'organisation des « Royal Ark Mariners »[389] ; tels sont aussi les multiples ordres de chevalerie, dont la plupart n'admettent comme membres que des « Royal Arch Masons », et parmi lesquels on peut citer principalement les « Ordres Unis du Temple et de Malte », et l'» Ordre de la Croix Rouge de Rome et de Constantin »[390]. Parmi les autres systèmes de hauts grades pratiqués en Angleterre (en dehors du « Rite Écossais Ancien et Accepté »), nous mentionnerons seulement l'« Ordre Royal d'Écosse » (comprenant les deux grades de H. R. D. M. et R. S. Y. C. S.)[391], le Rite des « Royal and Select Masters » (ou « Cryptic Masonry »), et celui des « Allied Masonic Degrees », sans parler de l'Ordre du « Secret Monitor »[392], de celui des « Rosicruciens »[393], etc.

Nous ne nous arrêterons pas ici aux chapitres qui ne concernent que certains points tout spéciaux à la Maçonnerie anglaise ; d'un intérêt beaucoup plus général sont ceux où l'auteur (qui, disons-le en passant, se montre quelque peu sévère à l'égard du Grand Orient de France)[394] envisage différents sujets d'ordre symbolique et plus proprement spéculatif, et donne notamment des aperçus pouvant contribuer à l'élucidation de diverses questions relatives à la

---

devenue la pierre angulaire » (Psaume CXVIII, V. 22), citée dans l'Évangile (Luc, ch. XX, v. 17). Parmi les emblèmes caractéristiques de ce degré, la « clef de voûte » (*keystone*) joue un rôle analogue à celui de l'équerre dans la « Craft Masonry ».

[389] La légende de ce degré additionnel, peu important en lui-même, se rapporte au Déluge biblique, comme l'indique d'ailleurs sa dénomination.

[390] La croix, sous l'une ou l'autre de ses diverses formes, est l'emblème principal de tous ces ordres de chevalerie, dont le rituel est essentiellement « chrétien et trinitaire ».

[391] Abréviations de *Heredom* (ou *Harodim*, mot dont la dérivation est très controversée), et *Rosy Cross*.

[392] La légende sur laquelle repose le rituel de cet ordre (lequel paraît être originaire de Hollande) est l'histoire de l'amitié de David et de Jonathan (I Samuel, ch. XX, vv. 18 et suivants). – À l'Ordre du « Secret Monitor » est superposé celui de la « Scarlet Cord », dont la légende se trouve dans le Livre de Josué (ch. II, v. 18).

[393] Celui-ci, qui comprend neuf degrés, et dont l'objet est entièrement littéraire et archéologique, n'a rien de commun, malgré son titre, avec le « Rose-Croix », 18ème degré de la hiérarchie écossaise.

[394] À ce propos, voir *L'Orthodoxie Maçonnique*, 1ère année, n° 6, *À propos du Grand Architecte de l'Univers*, 2ème année, nos 7 et 8, et *Conceptions scientifiques et Idéal maçonnique*, 2ème année, n° 10. – Mais nous ne voulons pas aborder, du moins pour le moment, la question si discutée des « Landmarks » de la Franc-Maçonnerie.

légende des grades symboliques et à sa valeur au point de vue de la réalité historique. Malheureusement, le manque de place ne nous permet guère de faire plus que de traduire ici les titres des principaux de ces chapitres : *Le Roi Salomon, La Bible et le Rituel*[395], *Les deux Saints Jean*[396], *Le Tétragramme*[397], *La Pierre Cubique*[398], *L'Échelle de Jacob*[399], *Le Terrain Sacré, Le Rameau d'Acacia*. Nous recommandons la lecture de cet intéressant ouvrage à tous ceux qui s'occupent d'études maçonniques, et qui possèdent d'ailleurs une connaissance suffisante de la langue anglaise.

---

[395] Nous nous permettrons une remarque à ce sujet : pour nous, la Bible hébraïque ne constitue en réalité qu'une partie du « Volume of the Sacred Law », qui, dans son universalité, doit nécessairement comprendre les Écritures Sacrées de tous les peuples.

[396] Le point de vue de l'auteur, strictement « évangélique », est tout différent de celui sous lequel le F∴ Ragon a traité cette question dans *La Messe et ses Mystères*, ch. XXI (voir *L'Archéomètre*, 1ère année, n° 11, pp. 244 et 245).

[397] Il semble y avoir, au début de ce chapitre, quelque confusion entre les deux noms divins אהיה (signifiant « Je suis ») et יהיה, qui sont l'un et l'autre de quatre lettres, et qui sont pareillement dérivés de la racine היה, « être ».

[398] Il est à regretter, à notre point de vue, que l'auteur s'en soit tenu à l'interprétation exclusivement morale de ce symbole, aussi bien que de plusieurs autres. – La « pierre cubique » est appelée en anglais « perfect ashlar », tandis que « rough ashlar » est la désignation de la « pierre brute ».

[399] Sur ce symbole, voir *L'Archéomètre*, 2ème année, n 12, pp. 311 à 315. – L'auteur fait remarquer, avec juste raison, que l'Échelle (à sept échelons, formés respectivement des métaux qui correspondent aux différentes planètes) figurait également dans les Mystères de Mithra (8ème grade) ; sur ceux-ci et leurs rapports avec la Maçonnerie, voir *Discours sur l'Origine des Initiations*, par le F∴ Jules Doinel (1ère année, n° 6).

Écrits sous la signature de Palingénius

LETTRE CONTRE DEVILLÈRE, PASTEUR GNOSTIQUE

Paru dans la France Antimaçonnique, le 27 avril 1911.

À Monsieur A. C. de la Rive, Directeur de la « France Antimaçonnique ».

Paris, 23 avril 1911.

Monsieur le Directeur,

Vous avez signalé, dans le numéro 15 de votre revue, un article publié dans *L'Exode* par M. H. Devillère, *pasteur gnostique*. Permettez-moi une remarque à ce sujet : M. Devillère est assurément libre d'écrire, en son nom personnel, ce qu'il veut et où il lui plaît ; mais, s'il a jugé bon de faire insérer sa prose dans une feuille protestante (*même rédigée par d'anciens prêtres catholiques*), il aurait au moins dû n'y pas faire suivre sa signature du titre de *pasteur gnostique*, car ni lui ni d'autres n'ont jamais été chargés de nous représenter dans ce milieu, qui ne nous intéresse nullement. D'ailleurs, je ne sais pas jusqu'à quel point la qualité de *pasteur gnostique* est compatible avec les fonctions de Secrétaire général d'une soi-disant *Église du Christ*, qui viennent d'être confiées à M. Devillère ; c'est là une question qu'il appartiendra au Saint-Synode de résoudre, mais je ne suis certainement pas seul à penser qu'il n'est rien d'aussi profondément antignostique que la mentalité protestante et moderniste.

Quant aux attaques de M. Devillère contre le Catholicisme, je dois déclarer également qu'il faut lui en laisser toute la responsabilité ; j'estime, en effet, que nous n'avons à prendre parti ni pour ni contre une religion extérieure quelle qu'elle soit. Sur ce point, je vous prierai de vous reporter à la déclaration publiée par la Direction de *La Gnose*, en tête du n° 1 de la 2ème année (janvier 1911), sous le titre : *Ce que nous ne sommes pas*.

Si vous voulez bien reproduire cette lettre pour l'édification de vos lecteurs, je vous serai très reconnaissant de faire parvenir à M. Devillère, afin qu'il n'en ignore, un exemplaire du numéro de la *France Antimaçonnique* la contenant, j'aime agir ouvertement, et je ne déteste rien tant que les machinations plus ou moins occultes,... pour ne pas dire occultistes !

Avec mes remerciements anticipés, veuillez agréer, Monsieur le Directeur, l'assurance de mes meilleurs sentiments.

T Palingénius,

Secrétaire Général de l'Église Gnostique de France,
Directeur de « La Gnose »

Écrits sous la signature de Palingénius

Lettre contre Albert Jounet

Paru dans la France Antimaçonnique, le 31 août 1911.

À Monsieur le Directeur de la « *France Antimaçonnique* ».

Paris, le 26 Août 1911.

Monsieur le Directeur,

Le démenti de M. Albert Jounet à une lettre que vous avez publiée précédemment (lettre à laquelle je suis d'ailleurs complètement étranger, et dont j'ignore même l'auteur), prouve simplement son peu de mémoire. En effet, il a bien appartenu à l'Église Gnostique de France à l'époque où S. G. Valentin II (Jules Doinel) en était Patriarche et il a été « *Evêque élu* » de Montélimar, mais la vérité est qu'il n'a jamais été consacré. Il a démissionné en 1894 ou 1895 ; je ne puis davantage préciser la date sans recherches, mais il serait facile de retrouver les traces de cette démission et du brusque changement d'orientation qui la suivit (ou la précéda ?) dans « *L'Étoile* », revue dont M. Jounet était alors directeur. Ceci dit uniquement pour rétablir l'exactitude des faits, car nous ne tenons pas particulièrement à revendiquer la personnalité de M. Albert Jounet (ou Albert Jhouney), qui, en tous cas, dans son actuelle évolution néo-spiritualiste, n'est des nôtres *à aucun point de vue*, et n'a plus absolument *rien de commun* avec nous. D'autre part, nous ne sommes point des « *néo-gnostiques* », comme nous qualifie M. Jounet, et la plupart d'entre nous (moi tout le premier) ne tiennent pas plus que celui-ci à « s'enclore à une chapelle particulière » ni à se rattacher à un système quelconque ou à une doctrine spéciale à l'exclusion des autres formes traditionnelles ; notre Voie est beaucoup plus large encore que celle du *Christianisme*, même « *central* », et, quant à ceux (s'il en subsiste) qui prétendent s'en tenir au seul Gnosticisme gréco-alexandrin, ils ne nous intéressent aucunement.

Veuillez agréer, Monsieur le Directeur, l'assurance de mes sentiments distingués.

T Palingénius, Directeur de « La Gnose »

P.-S. – Vous trouverez dans le numéro d'août de « *La Gnose* », et sous ma signature, un article sur « Les Néo-Spiritualistes », qui vous éclairera pleinement sur nos sentiments à leur égard.

NOTRE PROGRAMME

Paru dans La Gnose, *novembre 1909 (n° 1 1909-1910) (signé La Direction).*

Cette Revue s'adresse non seulement à nos frères et à nos sœurs en Gnose, mais à toutes les intelligences éprises des choses de la religion et curieuses de scruter les antiques croyances. Les premiers y trouveront la confirmation de ce qu'ils savent déjà, les autres y seront éclairés sur des points de doctrines ou de pratiques théurgiques jalousement restées cachées jusqu'ici sous la lettre de textes obscurs ou systématiquement écartées des histoires religieuses.

À cet effet, nous publierons successivement tout ce que nous avons pu recueillir des écrits imprimés ou inédits de Jules Doinel († Valentin), qui fut le Restaurateur de la Gnose au XIX$_e$ siècle.

Nous donnerons également les divers extraits des Pères des Églises grecque et latine, ayant trait aux Gnostiques. On sait qu'une grande partie de ces passages attendent encore une traduction claire et précise. Nous commençons, dès ce premier numéro, la traduction française des *Philosophumena*, qui n'a encore jamais été faite ; nous étudierons par la suite la *Pistis-Sophia* et les rares manuscrits gnostiques échappés aux auto-da-fé de l'absolutisme romain.

Des articles signés des hauts dignitaires de notre Église traiteront de nos diverses croyances, de nos différents symboles, et initieront le lecteur à nos gestes religieux.

Enfin, nous déclarons, une fois pour toutes, que nous n'entreprendrons aucune polémique ; nous insérerons volontiers les communications qui pourront intéresser la Gnose, sous la seule réserve qu'elles seront correctement rédigées et de développement restreint.

René Guénon

À NOS LECTEURS

Paru dans La Gnose, *mars 1910 (n° 5 1909-1910) (signé La Direction).*

Lorsque parut, il y a quelques mois, le premier numéro de cette Revue, certains purent croire, sur la foi de renseignements inexacts ou d'apparences trompeuses, qu'il s'agissait d'une publication spéciale, comme il en existe tant à notre époque. Notre titre est cependant le plus général qui puisse être, mais tant d'interprétations erronées ou incomplètes ont été données de ce mot de *Gnose*, il a été si souvent détourné de son acception véritable, que nous croyons nécessaire, afin de dissiper toute équivoque, de la rappeler ici à nouveau.

La Gnose, nous ne saurions trop le répéter, c'est la Connaissance intégrale, la Synthèse universelle, qui a pour objet la Vérité totale, une et immuable sous les formes diverses qu'elle a accidentellement revêtues suivant les temps et les pays. On peut donc dire que la Gnose est la racine commune de toutes les traditions particulières, de toutes les adaptations spécialisées, de toutes les révélations au sens propre du mot, qui ont donné naissance aux religions, aux initiations, toujours identiques au fond bien que différentes dans la forme. C'est pourquoi nous devons nous appuyer toujours sur la Tradition orthodoxe, que nous retrouvons dans toute sa pureté originelle, partout la même, sous la lettre des Livres sacrés, sous le voile des symboles et des rites initiatiques.

Notre programme est donc, pour le résumer en un mot, l'étude de la Science ésotérique, une comme la Vérité elle-même ; nous laissons à l'exotérisme toutes les spécialisations et toutes les analyses, les sciences expérimentales, les systèmes philosophiques, les religions extérieures. Il en est à qui ce domaine de l'exotérisme suffit, qui n'éprouvent pas le besoin d'aller plus loin, qui peut-être ne le pourraient pas ; ce n'est pas à ceux-là que nous nous adressons, mais seulement à ceux, beaucoup moins nombreux, qui ont compris que ce n'est point dans cette recherche fragmentaire et analytique qu'ils parviendront à trouver la Vérité. En effet, et ceci est un point sur lequel nous insistons tout particulièrement, il est impossible d'arriver à la Synthèse par l'analyse ; autant vaudrait chercher à limiter l'Infini, ou à enfermer le Tout dans une de ses parties ; et, si nous y insistons, c'est parce que l'erreur que nous signalons ici est celle qui condamne fatalement à l'impuissance tous les efforts des savants occidentaux modernes.

Une autre remarque que nous devons faire ici, et qui d'ailleurs résulte immédiatement de ce qui précède, c'est que la Gnose ne doit pas être confondue, comme elle l'est bien souvent à tort, avec ce qu'on appelle le Gnosticisme ; celui-ci n'en est qu'une adaptation particulière, que nous étudions au même titre que toutes les autres formes de la Tradition. Mais ce qui nous importe le plus, c'est d'exposer, dans la mesure où cela est possible, la doctrine métaphysique qui se dégage de toutes ces formes, de la façon que nous penserons la plus compréhensible et la plus facilement assimilable pour l'esprit du lecteur. En effet, la Vérité est objet de connaissance, donc de certitude, et non de croyance (bien qu'évidemment des êtres relatifs ne puissent pas connaître absolument la Vérité) ; or, pour connaître, il faut nécessairement comprendre. Pour nous, il n'y a donc point de dogmes, mais seulement des vérités qui peuvent se démontrer ou s'assentir ; il n'y a point de mystères, sauf ce qui, par son essence même, est incommunicable. C'est pourquoi nous pensons que les arcanes se défendent d'eux-mêmes contre l'indiscrétion des profanes, et nous n'hésitons pas à proclamer hautement les vérités que nous pouvons connaître (dans le domaine de l'idée pure, bien entendu), car la Lumière ne fait qu'aveugler ceux qui sont incapables de la recevoir.

Enfin, pour éviter de regrettables confusions, et pour rendre impossible toute assimilation des études auxquelles cette Revue est consacrée avec celles que poursuivent, sur un tout autre plan, certains investigateurs qui se donnent à eux-mêmes des appellations diverses, occultistes, théosophistes, spiritualistes, et qui sont généralement des expérimentateurs (voir à ce sujet, dans le n° 2, *La Gnose et les Écoles spiritualistes*), nous ne saurions mieux faire que de reproduire, en faisant nôtres les idées qui y sont exprimées, quelques lignes extraites du programme de *La Voie* (n° 1, 15 avril 1904).

« La Science ne nous permet, la Tradition ne nous conseille de nous adresser qu'à une élite ; viendra à nous qui voudra, marchera avec nous qui pourra. Cette déclaration n'est pas un aveu d'orgueil ; nous sommes de très simples serviteurs de la Vérité hautaine. Les gardiens d'un trésor peuvent être à la fois très pauvres et incorruptibles ; nous avouons humblement notre pauvreté, et c'est le trésor lui-même qui fait la difficulté de notre accès.

« Nous ne décourageons personne, car nous ne nous croyons pas supérieurs aux autres ; mais nous n'engageons non plus personne, car nous n'avons pas de promesses à faire. C'est en lui-même que celui qui est capable de nous suivre trouvera la récompense de nous avoir suivis.

« Ainsi, faisons immédiatement la distinction nécessaire entre la Science (ou la Connaissance, la Gnose) et ce merveilleux que certains appellent la Magie. S'arrêter aux phénomènes magiques quand ils se rencontrent, et les observer au même titre que les autres phénomènes naturels, voilà qui est bien ; les suivre spécialement, voilà qui est inutile ; les provoquer, voilà qui est mauvais.

« La Magie est pour nous une science, et une science secondaire ; c'est, au sens latin du mot, un accident sur la route. Les ambitieux n'ont pas affaire chez nous, car nous ne faisons pas d'or ; ni les sentimentaux, car nous ne ressuscitons pas d'entre les morts ; ni les curieux, car il n'y a pas chez nous des prestidigitateurs.

« Pour nous, les esprits amoureux uniquement des phénomènes qu'ils appellent surnaturels parce qu'ils sont sans doute au-dessus de leur entendement naturel, sont des intelligences insuffisantes, propres surtout à embarrasser, et parfois à ridiculiser les méthodes ; nous désirons infiniment n'en voir jamais parmi nous. »

C'est sur ces mots que nous terminerons, pensant en avoir dit assez pour montrer quelles sont nos intentions, et nous souhaitons à nos lecteurs de semblables dispositions pour atteindre le but unique que nous nous proposons, la Connaissance parfaite par laquelle s'acquiert l'éternelle Béatitude.

Écrits sous la signature de Palingénius

PROJET D'EXPLICATION DES TERMES TECHNIQUES DES DIFFÉRENTES DOCTRINES TRADITIONNELLES

Paru dans La Gnose, *décembre 1910 (n° 12 1909-1910) (signé La Direction).*

Tout le côté analytique d'une doctrine n'est, en somme, que l'énumération complète et la définition exacte des termes techniques qu'emploient les écrivains qui se rattachent à cette doctrine. On peut dire que cette terminologie constitue la partie extérieure, donc communicable, de la doctrine, car l'idée ne peut être transmise que lorsqu'elle est exprimée, soit par des mots, soit par des symboles, ou par tout autre mode de représentation formelle.

L'étude des mots techniques est aussi importante pour l'ésotérisme et la métaphysique que peut l'être, par exemple, pour la chimie, l'étude des éléments simples, métaux et métalloïdes (nous disons éléments simples en nous plaçant, bien entendu, au point de vue de la chimie ordinaire seulement). Chacun de ces mots représente un élément fondamental, une « idée-base » de la doctrine ; ils mériteraient chacun une monographie à part, car ils sont pour ainsi dire les matériaux de construction dont l'assemblage constitue l'édifice.

Traduire ces termes en la langue étrangère, doublement étrangère même, d'une autre doctrine, est, dans l'ordre intellectuel, un travail analogue à celui qui consisterait à supprimer un obstacle matériel, par exemple à percer une montagne ou à franchir une mer empêchant deux pays de communiquer entre eux. C'est pourquoi nous avons pensé qu'il serait bon de former une sorte de lexique explicatif des principaux termes métaphysiques employés dans les différentes doctrines traditionnelles.

La réalisation de ce projet a été provoquée par un étudiant islamite,

Abdul-Hâdi. Celui-ci ne connaît rien du Christianisme, ni du judaïsme, non plus que des traditions hindoue et chinoise. Il ne connaît que l'Islam, ou plutôt une seule école islamite, celle de Mohyiddin ibn Arabi, des Malâmatiyah et dAbdul-Karîm El-Guîli. Mais il connaît presque toutes les langues européennes et les langues dites sémitiques, et il possède une méthode pour déterminer le sens exact des mots, fussent-ils tirés d'une langue étrangère. Il a fait, sous son entière responsabilité, un bref commentaire d'un certain nombre de termes arabes, commentaire auquel nous avons joint une comparaison avec les termes correspondants de diverses autres traditions. Puis nous avons établi conventionnellement :

1° Un mot français correspondant plus ou moins exactement aux termes orientaux ainsi expliqués, et en particulier au terme arabe qui a donné lieu à chaque commentaire ;

2° Quelques synonymes au mot français choisi par notre première convention.

Nous devons insister sur ce fait que le mot français choisi n'est que conventionnel ; il ne peut guère en être autrement, car, d'une façon générale, les mots de chaque langue n'ont pas d'équivalents exacts dans les autres langues. D'ailleurs, les termes orientaux mêmes sont déjà conventionnels, et les docteurs indigènes ne sont pas toujours entièrement d'accord sur leur signification. Chaque école, parfois chaque docteur, donne à ces mots un sens particulier, ou au moins une nuance spéciale ; mais il faut dire que, lorsqu'il s'agit d'écoles orthodoxes, les diverses définitions ainsi données ne sont jamais contradictoires entre elles. Il n'en serait pas de même si l'on envisageait les écoles hétérodoxes : c'est ainsi que les Djaïnas et les Bouddhistes emploient certains termes brahmaniques dans un sens tout différent de leur acception traditionnelle, et qui souvent même lui est contraire.

Ce serait donc le comble de la témérité et de la présomption que de vouloir rendre exactement, par un seul mot français ordinaire, ce que les plus grands docteurs orientaux n'ont pu exprimer par un mot ordinaire (c'est-à-dire intelligible à tout le monde) dans leur propre langue. Ils ont été eux-mêmes obligés de donner au mot ordinaire un sens artificiel, c'est-à-dire conventionnel ; parfois même, ils ont dû avoir recours à des mots entièrement forgés, donc artificiels non seulement pour le sens, mais aussi pour la forme.

Lorsqu'on peut traduire un mot technique d'un texte par un seul mot français correspondant, fût-il conventionnel, on évite ces fastidieuses circonlocutions, qui rendent les traductions orientales aussi désagréables à lire que pénibles à faire. Quant aux synonymes, également conventionnels, leur rôle est de remplacer le mot choisi en premier lieu, dans le cas où, à cause de sa forme matérielle ou de sa consonance, son introduction dans sa phrase romprait l'harmonie phonétique du discours.

Ajoutons que, dans une traduction, les termes conventionnels ou leurs synonymes doivent toujours être mis entre guillemets, pour les distinguer des mots ordinaires[400]. Avec cette précaution, destinée à rendre toute confusion impossible, leur emploi ne présente plus aucun inconvénient, et permet de montrer d'une façon plus sensible, par la comparaison des textes ainsi traduits, la concordance réelle de toutes les traditions.

---

[400] C'est ce qui a été fait dans la traduction que nous publions ci-après ; les définitions et explications des divers termes techniques qui figurent seront données dans la suite.

René Guénon

CE QUE NOUS NE SOMMES PAS

Paru dans La Gnose, *janvier 1911 (signé La Direction).*

Au début de notre seconde année, il nous paraît nécessaire, pour écarter toute équivoque de l'esprit de nos lecteurs, et pour couper court à l'avance à des insinuations possibles, de dire très nettement, en quelques mots, *ce que nous ne sommes pas*, ce que nous ne voulons et ne pouvons pas être.

Tout d'abord, comme nous l'avons déjà déclaré (voir 1ère année, n° 5, *À nos Lecteurs*), nous ne nous plaçons jamais sur le terrain de la science analytique et expérimentale, qui ne se propose pour but que l'étude des phénomènes du monde matériel. Nous ne nous plaçons pas davantage sur le terrain de la philosophie occidentale moderne, dont nous nous réservons d'ailleurs de démontrer quelque jour toute l'inanité.

Ne nous occupant nullement des questions d'ordre moral et social, notre domaine n'a aucun point de contact non plus avec celui des religions exotériques, avec lesquelles, par conséquent, nous ne pouvons nous trouver ni en concurrence ni en opposition.

D'autre part, nous ne sommes ni des occultistes ni des mystiques, et nous ne voulons avoir de près ni de loin aucun rapport, de quelque nature que ce soit, avec les multiples groupements qui procèdent de la mentalité spéciale désignée par l'une ou l'autre de ces deux dénominations. Nous entendons donc rester absolument étrangers au mouvement dit spiritualiste, qui ne peut d'ailleurs actuellement être pris au sérieux par aucun homme raisonnable ; parmi les gens qui suivent ce mouvement ou qui le dirigent, nous ne pouvons que plaindre ceux qui sont de bonne foi, et mépriser les autres.

Ensuite, un autre point qu'il nous importe tout autant que le précédent de bien établir, c'est que nous ne sommes et ne voulons être des novateurs à aucun titre ni à aucun degré. Nous n'avons rien du caractère des fondateurs de nouvelles religions, car nous pensons qu'il en existe déjà beaucoup trop dans le monde ; fermement et fidèlement attachés à la Tradition orthodoxe, une et immuable comme la Vérité même dont elle est la plus haute expression, nous sommes les adversaires irréductibles de toute hérésie et de tout modernisme, et nous réprouvons hautement les tentatives, quels qu'en soient les auteurs, qui ont pour but de substituer à la pure Doctrine des systèmes quelconques ou des conceptions personnelles. Nous nous réservons le droit de dénoncer au grand jour de tels méfaits intellectuels et spirituels, chaque fois que nous le jugerons utile pour une raison quelconque ; mais nous rappelons de nouveau que nous n'entreprendrons jamais aucune espèce de polémique, car nous détestons profondément la discussion, d'autant plus que nous sommes convaincus de sa parfaite inutilité.

De ce que nous venons de dire, il résulte que nous ne pouvons pas être des éclectiques ; nous n'admettons que les formes traditionnelles régulières, et, si nous les admettons toutes au même titre, c'est parce qu'elles ne sont en réalité que des vêtements divers d'une seule et même Doctrine.

Enfin, entièrement désintéressés de toute action extérieure, nous ne songeons point à nous adresser à la masse, ni à nous faire comprendre d'elle. Nous ne nous soucions nullement de l'opinion du vulgaire, nous méprisons toutes les attaques, de quelque côté qu'elles puissent venir, et nous ne reconnaissons à personne le droit de nous juger. Ceci étant déclaré une fois pour toutes, nous poursuivrons notre œuvre sans nous préoccuper des bruits du dehors ; comme le dit un proverbe arabe : « Les chiens aboient, la caravane passe. »

René Guénon

PHILOSOPHUMENA

OU RÉFUTATION DE TOUTES LES HÉRÉSIES ŒUVRE ATTRIBUÉE À ORIGÈNE

Paru dans La Gnose, *hors texte, de novembre 1909 (n° 1 1909-1910) à février 1911 (Traduction partielle, Livre I, chapitres I à XVI, par* T *Synésius et* T *Palingénius).*

LIVRE PREMIER

Voici ce que contient le premier livre de la réfutation de toutes les hérésies : Quelles sont les doctrines des philosophes physiciens[401], et qui sont ces philosophes ; quelles sont les doctrines des moralistes, et qui sont ceux-ci ; quelles sont les doctrines des dialecticiens, et qui sont les dialecticiens.

Les physiciens sont Thalès, Pythagore, Empédocle, Héraclite, Anaximandre, Anaximène, Anaxagore, Archélaüs, Parménide, Leucippe, Démocrite, Xénophane, Ecphante, Hippon.

Les moralistes sont Socrate, disciple du physicien Archélaüs, et Platon, disciple de Socrate ; celui-ci unit les trois philosophies[402].

Les dialecticiens sont Aristote, disciple de Platon, qui réunit la dialectique en un corps de doctrine, et d'autre part les Stoïciens : Chrysippe, Zénon.

Épicure soutient une doctrine presque opposée à toutes les autres.

---

[401] La philosophie physique est celle qui avait pour objet principal l'étude de la Nature et la recherche de l'origine des choses ; elle constitua la première période de la philosophie grecque.
[402] Les trois philosophies dont il est question ici sont la physique, la morale et la dialectique.

Pyrrhon l'Académicien enseigne l'incompréhensibilité de toutes choses. Les Brahmanes chez les Indiens, les Druides chez les Celtes, et Hésiode[403].

Il ne faut rien négliger de ce qui a trait aux hommes qui furent célèbres chez les Grecs. En effet, celles mêmes de leurs opinions qui sont les plus dénuées de fondement peuvent paraître croyables à côté de l'invraisemblable folie des hérétiques, qui, parce qu'ils observent le silence et cachent leurs horribles mystères, furent considérés par beaucoup comme honorant Dieu ; nous avons autrefois exposé sommairement les opinions de ceux-ci, sans les faire connaître en détail, mais en les réfutant simplement dans leur ensemble, car nous ne croyions pas qu'il fût bon encore d'étaler leurs mystères au grand jour, et cela dans la pensée que, si nous exposions leurs doctrines d'une façon voilée, eux, rougissant de crainte de nous voir par la révélation de leurs mystères montrer leur athéisme[404], renonceraient à une opinion contraire à la raison et à des pratiques opposées à la vertu. Mais, comme je vois qu'ils n'ont été touchés en rien par notre équité et notre modération, et qu'ils n'ont point considéré combien Dieu supporte avec patience leurs blasphèmes, afin que saisis de honte ils se convertissent, ou que s'ils s'obstinent ils soient jugés selon la justice, je suis contraint de dévoiler leurs mystères cachés, qu'ils livrent à ceux qu'ils initient en les persuadant avec insistance de leur véracité ; ils ne les confient à qui que ce soit sans avoir d'abord asservi son esprit en le tenant en suspens pendant un certain temps, l'avoir amené à blasphémer le vrai Dieu, et s'être rendu compte qu'il est saisi d'un violent désir de ce qui lui a été promis[405]. Enfin, lorsqu'ils ont reconnu qu'il est engagé dans les liens du péché, ils le reçoivent parmi eux, lui faisant connaître le suprême degré du mal, après lui avoir imposé le serment de ne jamais dévoiler les mystères, et de ne les communiquer à personne qui ne soit soumis à la même servitude ; cependant, leur doctrine étant admise, un serment n'était plus nécessaire. En effet, celui qui a été capable d'étudier et d'accepter leurs derniers mystères sera par là même engagé dans des liens suffisants, soit par assentiment personnel, soit par

---

[403] Cette dernière partie de l'énumération est faite sans aucun ordre, mais nous devons suivre rigoureusement le texte sans rien altérer.

[404] L'auteur semble considérer comme athées tous ceux qui n'ont pas la même conception de la Divinité que lui-même.

[405] Ce désir doit être autre chose qu'une simple curiosité.

la crainte de livrer à d'autres ce qui lui a été confié. Car, s'il dévoilait à quelque homme de telles abominations, il ne serait plus compté au nombre des hommes ni jugé digne de voir la lumière, puisque les être privés de raison eux-mêmes ne peuvent supporter ces abominations, comme nous le dirons en son lieu. Mais, si même nous sommes forcé de creuser le sujet dans toute sa profondeur, nous ne devrons pas nous taire ; loin de là, exposant en détail les opinions de tous, nous ne passerons rien sous silence. Il semble que, si même le sujet est trop étendu, nous ne devons pas nous lasser. En effet, ce ne sera pas prêter à l'humanité un mince secours contre les erreurs, que d'étaler aux regards de tous leurs secrètes et abominables orgies, que les initiateurs ne font connaître qu'aux seuls adeptes. Et leurs erreurs ne seront réfutées par nul autre que par l'Esprit-Saint lui-même, qui est répandu dans l'Église, et que les premiers apôtres, après l'avoir reçu, ont communiqué à ceux qui possèdent la foi orthodoxe. Nous qui avons été faits successeurs de ces apôtres, participants de la grâce de l'Esprit-Saint et du souverain sacerdoce, et reçus comme gardiens de la doctrine et de l'Église, nous ne fermons pas l'œil, et nous n'omettons aucun discours pouvant servir au but que nous nous proposons ; mais, travaillant de toutes les forces de notre âme et de notre corps, nous ne nous lassons point, nous efforçant de rendre dignement grâces au Dieu de bonté, sans cependant nous acquitter envers lui, à moins que nous ne négligions rien de ce qui nous a été confié, mais que nous accomplissions les devoirs de chaque instant, et que nous mettions en commun avec tous, sans jalousie, tout ce que nous donne l'Esprit-Saint ; et il ne suffit pas pour cela de mettre au grand jour les doctrines funestes pour les réfuter ; mais de plus nous proclamerons sans honte toutes les vérités que la bonté du Père a données en partage aux hommes, et nous en rendrons témoignage par nos paroles et par nos écrits. Donc, ainsi que nous l'avons indiqué précédemment, nous démontrerons leur athéisme par leurs opinions, par leurs mœurs et par leurs actions ; nous dirons d'où viennent leurs doctrines, nous prouverons qu'ils n'ont rien emprunté aux Saintes Écritures, ou que, s'ils ont pris en considération quelque chose de saint, c'est pour l'attaquer, mais que ce qu'ils posent en principe a été tiré de la sagesse des Grecs, des systèmes philosophiques, des mystères abstrus, et des rêveries des astrologues. C'est pourquoi il semble convenable que, après avoir exposé en premier lieu les doctrines des philosophes grecs, nous montrions au lecteur d'autres doctrines plus anciennes que celles-ci et plus respectueuses envers la

Divinité, puis que nous comparions chaque secte à chacune de ces doctrines, afin qu'il devienne évident combien l'auteur et le chef de cette secte, s'étant approprié ces éléments, les a détournés à son profit en les prenant pour principes, et ensuite a établi son système en en déduisant les conséquences les plus funestes. Ainsi, la tâche que nous entreprenons est laborieuse et demande beaucoup de recherches, mais nous ne négligerons rien, car ensuite nous nous réjouirons comme l'athlète qui reçoit une couronne après une grande fatigue, ou le marchand qui est heureux de ses gains après avoir supporté la violente agitation de la mer, ou le laboureur qui jouit des récoltes qu'il a obtenues à la sueur de son visage, ou enfin le prophète qui, après avoir subi des injures et des outrages, voit ses prédictions s'accomplir. Nous dirons donc en commençant qui furent, chez les Grecs, les premiers qui enseignèrent la philosophie physique. En effet, c'est surtout des paroles de ceux-ci que se sont emparés ces fondateurs de sectes, ainsi que nous le ferons voir ensuite, lorsque nous les comparerons entre eux. Restituant à chacun des premiers ses propres doctrines, nous montrerons les hérétiques dépouillés de tout et confondus.

I - THALÈS

On dit que Thalès de Milet, l'un des sept sages, fut le premier initiateur de la philosophie physique. Pour lui, le principe et la fin de tout, c'est l'eau[406]. Toutes choses consistent en effet dans une condensation ou une dilatation de cet élément, dans lequel tout est contenu, d'où les tremblements de terre, les tourbillons des vents et les mouvements de l'air ; et toutes choses sont engendrées et s'évanouissent selon la nature de la cause première qui les produit[407]. Quant au Divin, c'est ce qui n'a ni commencement ni fin. S'étant occupé de l'étude des astres et des recherches qui s'y rapportent, Thalès fut, chez les Grecs, le premier auteur de cette science ; comme, les yeux levés vers le ciel, il prétendait observer avec soin les choses d'en-haut, il tomba dans un puits ; une servante nommée Thratta se moquant alors de lui, il dit :

---

[406] Cette doctrine doit être rapprochée de ce qui est dit au début du premier chapitre de la Genèse : les eaux sont, ainsi que l'a montré Fabre d'Olivet, l'image de la Passivité universelle.

[407] L'eau, n'ayant en elle-même aucune forme, est le principe de toutes les formes, dont l'ensemble peut être comparé à un courant qui s'écoule et se renouvelle sans cesse.

« Lorsqu'on s'efforce de connaître les choses qui sont dans le ciel, on perd la conscience de celles qu'on a sous les pieds. » Il vécut vers l'époque de Crésus.

II – PYTHAGORE

Il y a une autre philosophie peu éloignée de la même époque, dont l'auteur fut Pythagore, que certains disent originaire de Samos ; on a appelé cette philosophie italique, parce que Pythagore, fuyant Polycrate, tyran de Samos, aurait habité une ville d'Italie et y aurait achevé sa vie. Les continuateurs de cette secte se sont peu écartés de sa pensée. Ayant étudié la physique, Pythagore fit un mélange d'astronomie, de géométrie, de musique et d'arithmétique. Ainsi il démontra que la Monade[408] est Dieu, et, recherchant minutieusement la nature du nombre, il dit que le monde émet des sons mélodieux et consiste dans une harmonie ; il fut le premier à traduire le mouvement des sept planètes en rythme et en modulations. Ayant admiré l'ordre de l'Univers, il voulut que ses disciples gardassent tout d'abord le silence, comme il convient à des mystes de l'Universel qui viennent seulement de naître ; ensuite, lorsqu'ils avaient atteint un degré d'instruction suffisant dans sa doctrine et qu'ils étaient capables de philosopher habilement sur les astres et sur la nature des choses, les jugeant purifiés, il leur permettait de parler. Il établit une division entre ses disciples, et il appela les uns ésotériques, les autres exotériques. Il enseignait ses préceptes aux premiers d'une façon plus parfaite, aux seconds avec plus de réserve ; il pratiqua la magie, dit-on, et découvrit la physiogonie[409] par certaines combinaisons de nombres et de mesures, disant posséder synthétiquement, de cette manière, le principe de la philosophie arithmétique. Le premier principe est le nombre, qui est un, indéfini, incompréhensible, contenant en lui-même tous les nombres, lesquels peuvent croître à l'infini par la multiplication.

Il établit que la Monade première fut le principe des nombres ; c'est la Monade mâle, qui engendre en mode paternel tous les autres nombres. En second lieu vient la Dyade, nombre féminin, qui est appelé pair par les arithméticiens. En troisième lieu est la Triade, nombre masculin, qui est appelé

---

[408] L'Unité.
[409] L'origine des choses.

impair d'après la loi établie par les arithméticiens. Après tous ceux-ci vient la Tétrade, nombre féminin, qui est aussi appelé pair parce qu'il est féminin[410]. Ainsi tous les nombres considérés par rapport au genre sont quatre (car le nombre était indéterminé quant au genre), desquels se forme le nombre parfait, la Décade. En effet, un, deux, trois, quatre, produisent dix, pourvu que l'on conserve à chaque nombre son propre nom selon son essence[411]. C'est ce que Pythagore appelle la Sainte *Tétraktys*[412], source de la Nature éternelle, contenant en elle-même les racines des choses, et il dit que de ce nombre tous les nombres tirent leur principe ; car onze, douze et les autres nombres participent de dix par le principe de leur être[413]. De cette Décade, qui est le nombre parfait, les quatre parties sont appelées le nombre, l'unité, la puissance, le cube[414]. De ces quatre parties, pour produire un accroissement, se forment des combinaisons et des mélanges, développant selon leurs diverses natures le nombre fécond ; en effet, lorsque la puissance se multiplie par elle-même, elle

---

[410] Tous les nombres impairs sont considérés comme masculins, et tous les nombres pairs comme féminins.

[411] Si l'on additionne les quatre premiers nombres en les considérant comme distincts, on a : 1 + 2 + 3 + 4 = 10 ; c'est ce que l'on exprime en disant que dix est la racine théosophique de quatre.

[412] Le symbole de la *Tétraktys* était le suivant :

[413] On peut considérer le développement de l'Unité dans le Dénaire comme analogue à la génération du cercle par le rayon issu du centre, de telle sorte que le cercle se ferme lorsqu'on est arrivé à dix ; mais, si le plan du cercle se déplace en même temps parallèlement à lui-même, ce cercle ne se ferme pas et devient une spire d'hélice ; alors les points correspondant à onze, douze, etc., ne coïncident pas avec les points correspondant à un, deux, etc., mais sont situés respectivement sur les mêmes génératrices du cylindre sur lequel est tracée l'hélice ; la distance qui les sépare verticalement représente géométriquement ce en quoi les nombres onze, douze, etc., participent de dix.

[414] Les deux premiers de ces quatre termes sont ici intervertis ; en effet, μονάς, l'unité, peut être considérée comme la puissance zéro du nombre, car elle est ce nombre à l'état potentiel ou non manifesté ; elle doit donc précéder ἀριθμός, qui est le nombre lui-même, ou, si l'on veut, la première puissance ; ensuite viennent δύναμις, la puissance, c'est-à-dire le carré ou la seconde puissance, et κύβος le cube ou la troisième puissance.

engendre la puissance de la puissance[415] ; lorsque la puissance se multiplie par le cube, elle engendre la puissance du cube[416] ; lorsque le cube se multiplie par le cube, il engendre le cube du cube[417] ; ainsi sont produits tous les nombres, desquels naît l'origine de toutes les choses qui sont engendrées, et ces nombres sont sept : le nombre, l'unité, la puissance, le cube, la puissance de la puissance, la puissance du cube, le cube du cube.

Pythagore enseigna l'immortalité de l'âme et son passage dans d'autres corps[418] ; c'est ainsi qu'il disait avoir été lui-même avant l'époque de la guerre de Troie Éthalide, à cette époque Euphorbe, plus tard Hermotime de Samos, ensuite Pyrrhus de Délos, et en cinquième lieu Pythagore. Diodore d'Érétrie et Aristoxène le musicien rapportent que Pythagore s'était rendu auprès du Chaldéen Zaratas[419] ; celui-ci lui exposa qu'à l'origine il y a deux causes des êtres, qui sont le père et la mère ; et le père est la lumière, la mère est la ténèbre ; les éléments de la lumière sont le chaud, le sec, le léger, le rapide ; ceux de la ténèbre sont le froid, l'humide, le lourd, le lent ; tout l'univers est composé de ces éléments, du féminin et du masculin. Le monde est la nature organisée selon l'harmonie musicale ; ainsi, le soleil accomplit harmoniquement sa révolution. Au sujet des choses engendrées par la terre et l'Univers, voici, à ce qu'on rapporte, l'opinion de Zaratas : il y a deux daïmons, l'un céleste et l'autre terrestre ; le daïmon terrestre fait naître ce qui vient de la terre, et c'est l'eau ; le daïmon céleste est le feu, qui participe de la nature de l'air, et qui est chaud et froid[420] ; c'est pourquoi il dit qu'aucun de ces principes ne peut détruire ni souiller l'âme, puisqu'ils sont l'essence de toutes choses. On rapporte que la raison du précepte pythagoricien de ne pas manger de fèves était la suivante :

---

[415] Δυναμοδύναμις, la puissance de la puissance, c'est-à-dire le carré du carré ou la quatrième puissance.

[416] Δυναμοκυβος, la puissance ou le carré du cube, ou la sixième puissance.

[417] Κυβόκυβος, le cube du cube ou la neuvième puissance.

[418] Μετενσωμάτωσις signifie le passage successif dans divers corps de l'élément psychique, ψυχή ; mais, contrairement à ce que dit ici l'auteur, Pythagore devait, comme les Égyptiens dont il avait étudié la science, distinguer cet élément de l'esprit immortel.

[419] Zoroastre.

[420] La distinction du chaud et du froid semble être considérée ici comme une polarisation du principe igné : le chaud serait en quelque sorte le feu positif, et le froid le feu négatif.

Zaratas avait dit qu'à l'origine, toutes choses étant confondues, et la terre étant encore à l'état coagulé et compact, la fève avait pris naissance ; et il en donnait comme preuve que si, ayant dépouillé la fève de sa cosse, on l'expose au soleil pendant un certain temps, elle germera aussitôt, et exhalera l'odeur de la semence humaine[421]. Mais il dit qu'il y a une autre démonstration plus certaine ; quand la fève fleurit, prenons cette fève avec sa fleur, plaçons-la dans un pot enduit de suint, et enfouissons-la dans la terre, puis découvrons-la au bout de quelques jours ; nous y verrons d'abord quelque chose de semblable aux parties sexuelles d'une femme, et ensuite, en l'observant de plus près, nous y trouverons en outre la tête d'un enfant.

Pythagore mourut à Crotone, en Italie, brûlé avec ses disciples. Or la coutume dans son école était celle-ci ; si quelqu'un se présentait pour être reçu parmi les disciples, il devait vendre ses biens et remettre à Pythagore son argent dans un pli scellé, et il restait trois ans, parfois cinq, en gardant le silence et en s'instruisant ; étant ensuite libéré, il se mêlait aux autres et demeurait disciple, et partageait la table commune ; ou bien on lui rendait ce qui lui appartenait et on le renvoyait. Les disciples ésotériques étaient appelés *Pythagoréens*[422], et les autres *Pythagoristes*[423]. Ceux de ces disciples qui échappèrent à l'incendie furent Lysis[424], Archippe, et le serviteur de Pythagore, Zamolxis, que l'on dit avoir enseigné chez les Druides Celtes la philosophie pythagoricienne. On dit que Pythagore avait appris des Égyptiens les nombres et les mesures ; il fut impressionné par cette science sacerdotale si digne de respect, qui est à la fois intuitive et difficilement communicable ; c'est pourquoi il établit suivant la méthode des prêtres égyptiens la règle du silence, et, conduisant ses disciples en des lieux cachés, il les contraignit à demeurer dans la solitude.

---

[421] Tout ce passage est difficilement compréhensible dans le texte et doit avoir subi une altération ; nous en avons donné l'interprétation qui nous paraît la plus rationnelle, mais nous supposons qu'il faut entendre dans la pensée de l'auteur que, après la naissance de la fève, celle-ci aurait engendré les autres êtres.

[422] Πυθαγόρειοι.

[423] Πυθαγορισταί.

[424] Lysis est l'auteur des *Vers dorés* attribués à Pythagore ; il est d'ailleurs probable que Pythagore n'écrivit jamais rien.

III – EMPÉDOCLE

Empédocle, venu après ceux-ci[425], a dit beaucoup de choses sur la nature des daïmons, et la façon dont ces daïmons, qui sont en grand nombre, dirigent les choses terrestres. Il dit que le principe de l'Univers, c'est la discorde et l'amitié[426], que le feu intelligible de la Monade est Dieu[427], et que toutes choses sont formées du feu et se résoudront dans le feu ; avis que les Stoïciens partagent presque, lorsqu'ils attendent la conflagration de l'Univers ; et surtout Empédocle se rallie à la doctrine de la transmigration des âmes dans divers corps, qu'il exprime en ces termes : « Car autrefois j'ai été jeune homme, jeune fille, arbuste, oiseau, poisson habitant de la mer. » Il affirme également que toutes les âmes se transmuent en toutes sortes d'êtres vivants[428]. Du reste, Pythagore, qui enseigne aussi ces choses, dit avoir été Euphorbe qui combattit à la guerre de Troie, déclarant qu'il reconnaissait son bouclier. Telle est la doctrine d'Empédocle.

IV – HÉRACLITE

Héraclite d'Éphèse, philosophe physicien, se lamentait sur toutes choses, déplorant l'ignorance de chaque homme en particulier et de l'humanité en général, et prenant en pitié la condition des mortels ; car il affirmait que lui-même savait tout, et que les autres hommes ne savaient rien. Mais il a émis des opinions qui concordent presque avec celles d'Empédocle, disant que la discorde et l'amitié sont le principe de toutes choses, que le feu intelligible est Dieu, que toutes les choses sont impliquées les unes dans les autres et ne sont jamais en repos ; et de même qu'Empédocle disait que tout l'espace qui nous environne est plein de maux, et que ces maux s'élevant de la terre arrivent

---

[425] Thalès et Pythagore.

[426] Ce qu'Empédocle appelle discorde et amitié, c'est ce que les physiciens modernes appellent répulsion et attraction.

[427] Ce point peut être rapproché de la doctrine de Simon le Mage.

[428] Pour la doctrine de la transmigration des âmes, nous pourrions répéter la remarque que nous avons faite précédemment au sujet de Pythagore ; d'ailleurs, la façon même dont cette doctrine est ici exprimée montre que, dans la pensée d'Empédocle, elle n'était pas autre chose que la théorie de la multiplicité des états de l'être.

jusqu'à la lune, mais ne vont pas au-delà, car l'espace qui est au-dessus de la lune est plus pur, il a semblé également à Héraclite qu'il en était ainsi.

Après ceux-ci vinrent d'autres physiciens, dont nous n'avons pas jugé nécessaire de rapporter les doctrines, parce qu'elles ne diffèrent en rien de celles dont nous avons parlé précédemment. Mais il nous semble bon, après avoir indiqué la succession de la philosophie dérivant de Pythagore, de remonter aux doctrines de ceux qui suivirent Thalès, parce que leur école fut, dans son ensemble, d'une certaine importance, et que plus tard c'est d'eux qu'ont procédé beaucoup de physiciens qui ont émis des opinions diverses sur la nature de l'Univers ; puis, ayant exposé ces doctrines, nous en viendrons à la philosophie éthique et logique, dont le point de départ est Socrate pour la morale, et Aristote pour la dialectique.

V – ANAXIMANDRE

Anaximandre fut le disciple de Thalès. Cet Anaximandre était fils de Praxiade, de Milet. Il dit que le principe des êtres est une certaine nature infinie, de laquelle naissent les cieux et les mondes qu'ils renferment. Cette nature est, dit-il, éternelle et exempte de vieillesse, et elle contient tous les mondes. Il dit que le temps a des bornes quant à son origine, à son existence, et à sa fin. Il enseigna que cet infini est le principe et l'élément des êtres, employant le premier le nom de principe[429]. Il y a donc, d'après lui, un mouvement éternel, au cours duquel se produit la naissance des cieux. La terre est un corps qui reste suspendu sans être supporté par rien, demeurant stable parce qu'elle est à égale distance de toutes choses[430]. Elle est de nature humide ; sa forme est cylindrique, assez semblable à celle d'une colonne de pierre. Nous marchons sur l'une des surfaces planes, et l'autre est opposée à celle-là. Les astres sont un globe de feu, différencié du feu qui est dans le monde, et entouré par l'air. Il y a certaines exhalaisons aériennes, aux points précis où nous voyons les astres ; par suite, lorsque ces exhalaisons sont interceptées, les éclipses se produisent. La lune paraît tantôt pleine, tantôt décroissante, selon que sont fermées ou

---

[429] Αρχή.
[430] Ce serait un état d'équilibre indifférent.

ouvertes les issues par où s'échappent ces exhalaisons. Le globe du soleil est vingt-sept fois plus gros que celui de la lune ; le soleil occupe le lieu le plus élevé, et les globes des étoiles fixes le lieu le plus bas. Les êtres vivants sont engendrés dans l'eau lorsqu'elle s'évapore sous l'action du soleil. L'homme est né d'un autre animal, qui est un poisson, dont il garde la ressemblance à l'origine[431]. Les vents sont produits par les vapeurs les plus subtiles de l'air séparées du reste et mises en mouvement lorsqu'elles sont rassemblées, et la pluie provient de la terre qui la reçoit de nouveau des nuages sous l'action du soleil ; la foudre se produit lorsque le vent, s'abattant sur les nuages, les divise violemment. Anaximandre naquit vers la troisième année de la quarante-deuxième Olympiade.

VI – ANAXIMÈNE

Anaximène, fils d'Eurystrate, qui était aussi de Milet, dit que l'air infini est le principe duquel est tiré ce qui est, ce qui a été et ce qui sera, ainsi que les dieux et les choses divines, desquelles procèdent toutes les autres choses. Les caractères spécifiques de l'air sont les suivants : lorsqu'il est très homogène, il échappe à la vue, mais il se manifeste par le froid, la chaleur, l'humidité et le mouvement, et il se meut sans cesse ; en effet, il ne se modifierait pas comme il le fait, s'il ne se mouvait pas[432]. Il prend une apparence différente suivant qu'il se condense ou se raréfie : lorsqu'il se dilate en tendant à l'état le plus raréfié, il engendre le feu ; lorsqu'il passe au contraire à un état un peu plus dense, la contraction de cet air donne naissance à un nuage ; s'il se condense davantage, il se forme de l'eau, puis de la terre s'il devient encore plus dense, et enfin des pierres au dernier degré de condensation. Ce sont donc ces deux principes opposés, froid et chaleur, qui donnent naissance à toutes choses[433]. La terre est un corps plan porté sur l'air, et de même le soleil, la lune et les autres astres ; tous ceux-ci, qui sont des corps ignés, sont soutenus par l'air dans le sens de leur plus grande dimension. Les astres sont produits par la terre, de laquelle

---

[431] Cette théorie de l'origine marine des êtres vivants a été renouvelée à plusieurs reprises, et, sous une forme un peu différente, elle a encore des partisans de nos jours.

[432] Tout changement peut en effet être assimilé à un mouvement ; ce qui est en repos ou en équilibre parfait est nécessairement immuable.

[433] L'air se dilate sous l'action de la chaleur, et il se condense sous l'action du froid.

s'élève de l'humidité ; celle-ci en se dilatant produit le feu, et c'est de ce feu sublime que sont formées les étoiles. Il y a, dans le lieu où sont les étoiles, des substances terreuses qui sont unies à celles-ci. Anaximène dit que les astres se meuvent, non pas en passant sous la terre comme certains l'ont prétendu, mais autour de la terre, de la même façon qu'un bonnet peut tourner autour de notre tête ; quand le soleil est caché, ce n'est pas parce qu'il est allé sous la terre, mais parce que sa vue est interceptée par des parties plus élevées de la terre, ou parce qu'il est devenu plus éloigné de nous. Les astres n'échauffent pas la terre, parce qu'ils en sont à une trop grande distance ; les vents se produisent lorsque l'air qui était dense s'élève en se raréfiant ; lorsqu'il se contracte et s'épaissit davantage, il donne naissance à des nuages, et ainsi il se transforme en eau. La grêle se produit lorsque l'eau gèle en tombant des nuages ; la neige, lorsque les nuages eux-mêmes se congèlent en se refroidissant ; la foudre, lorsque les nuages sont divisés par la violence des vents ; leur séparation produit l'éclair brillant et ardent. L'arc-en-ciel se produit lorsque les rayons solaires tombent sur l'air compact ; le tremblement de terre, lorsque la terre est soumise à un trop grand changement de chaleur ou de froid[434]. Telles sont les doctrines d'Anaximène. Il florit vers la première année de la cinquante-huitième Olympiade.

VII - ANAXAGORE

Après Anaximène vient Anaxagore, fils d'Hégésibule, de Clazomène. Il dit que le principe de toutes choses, c'est l'esprit et la matière : l'esprit crée, la matière est créée[435]. Toutes choses étant dans un état chaotique, l'esprit, intervenant, les organisa. Il dit aussi qu'il y a un nombre indéfini de principes matériels, et il accorde même aux moindres de ces principes une potentialité

---

[434] C'est-à-dire lorsqu'il y a une trop grande variation de température.

[435] Nous traduisons ici νοῦς par esprit et ὕλη par matière, mais cette traduction ne rend que très imparfaitement l'idée exprimée dans le texte ; malheureusement, nous ne possédons pas en français de termes exactement équivalents : ὕλη, c'est la Passivité universelle, contenant en germe toutes les possibilités (dont ce qu'on appelle matière ne constitue qu'un des éléments), qui sont développées par l'action de νοῦς, l'intellect (au sens universel) agissant comme créateur. On pourrait dire aussi que νοῦς est la Nature naturante, et ὕλη la Nature naturée.

illimitée[436]. Toutes choses, étant agies par l'esprit, participent au mouvement, et les semblables se réunissent. Tout ce qui se rapporte au ciel est régi par les lois du mouvement circulaire. D'une part, le dense, l'humide, l'obscur, le froid et tout ce qui est pesant s'étant rassemblé au centre, de la concrétion de ces éléments est résultée la terre ; d'autre part, les choses qui sont les contraires de celles-ci, le chaud, le lumineux, le sec, le léger, se sont dirigées vers les régions plus éloignées de l'éther. La terre est de forme plane, et elle demeure soutenue dans l'espace, d'abord à cause de sa grandeur, ensuite parce qu'il n'y a pas de vide, et enfin parce qu'elle est supportée par l'air le plus résistant. La mer est l'origine de tout ce qui est humide à la surface de la terre, et, les eaux qui s'y trouvent s'évaporant[437]... est produit de cette façon et aussi par l'écoulement des fleuves.

Les fleuves sont alimentés par les pluies et par les eaux qui sont à l'intérieur de la terre. En effet, celle-ci est creuse, et il y a de l'eau dans ses cavités. Le Nil croît en été, par suite de l'apport des eaux provenant des neiges des contrées septentrionales. Le soleil, la lune et les autres astres sont des pierres incandescentes, décrivant ensemble un mouvement circulaire dans les régions inférieures de l'éther. Au-dessous des étoiles sont le soleil, la lune, et quelques autres corps invisibles pour nous, accomplissant ensemble leur révolution ; si nous ne sentons pas la chaleur des astres, c'est parce qu'ils sont à une grande distance de la terre ; la chaleur du soleil n'est pas partout la même, parce qu'il y a des lieux qui de leur nature sont plus froids ; la lune est au-dessous du soleil et plus voisine de nous. Le soleil surpasse en grandeur le Péloponnèse. La lune n'a pas de lumière propre, mais elle emprunte sa lumière au soleil. Les astres achèvent leur révolution en passant sous la terre. La lune est éclipsée lorsque la terre s'interpose devant elle, ou bien quelqu'un des corps qui sont au-dessous de la lune ; il en est de même du soleil lorsque la lune s'interpose devant lui, à l'époque de la nouvelle lune. Le soleil et la lune sont arrêtés par l'air dans leurs

---

[436] La Possibilité totale est infinie, et l'on peut dire que chacun de ses éléments participe de cette infinité ; mais celle-ci devient indéfinie pour chaque possibilité particulière (matérielle ou immatérielle), car c'est seulement au point de vue universel qu'il peut être question d'infini. Le sens que présente ici le texte est nécessairement restreint par la traduction, en raison de l'imperfection que nous avons signalée précédemment.

[437] Le texte présente ici une lacune, qui rend la fin de la phrase inintelligible.

révolutions, et c'est ce qui donne naissance aux changements dans le sens de ces révolutions. Ces changements sont fréquents pour la lune, parce qu'elle ne peut pas vaincre le froid. Anaxagore a formulé le premier ce qui se rapporte aux éclipses et à l'éclairement des astres. Il dit que la lune est de nature terreuse, et qu'elle contient des plaines et des abymes. La voie lactée est, d'après lui, une réflexion de la lumière des astres qui ne sont pas éclairés par le soleil[438] ; les planètes sont produites, comme des étincelles jaillissantes, par le mouvement de l'axe du monde. Les vents proviennent de l'air rendu plus ténu par l'action du soleil, et des particules ignées qui se retirent ou sont entraînées vers le pôle. Le tonnerre et les éclairs sont causés par la chaleur pénétrant les nuages. Les tremblements de terre sont produits par la chute de l'air supérieur sur celui qui est au-dessous de la terre ; lorsque celui-ci est agité, la terre qui y flotte est aussi ébranlée. Les animaux ont pris naissance d'abord dans l'eau, et ensuite en se reproduisant entre eux ; il naît des mâles lorsque la semence issue de la droite s'en va adhérer au côté droit de la matrice, et des femelles dans le cas contraire. Anaxagore florit vers la première année de la quatre-vingt-huitième Olympiade, époque à laquelle on dit que vécut aussi Platon. On dit de plus qu'Anaxagore eut la connaissance de l'avenir.

VIII - ARCHÉLAUS

Archélaüs était Athénien de nation, et fils d'Apollodore. Il émet le même avis qu'Anaxagore sur la matière chaotique et sur les premiers principes ; mais il dit qu'un état également chaotique existe dès l'origine dans l'esprit[439], et que le principe du mouvement est la distinction de la chaleur et du froid l'un d'avec l'autre : la chaleur est en mouvement, le froid est en repos[440]. L'eau liquide s'écoule vers le milieu, où, sous l'action du feu, elle donne naissance à l'air et à

---

[438] C'est-à-dire des astres qui ont une lumière propre.

[439] Nous renverrons à ce que nous avons dit précédemment au sujet de la signification des mots ὕλη et νοῦς ; ὕλη désigne ici le chaos inférieur, qui contient en puissance tous le domaine du formel, et νοῦς le chaos supérieur, qui contient tout l'informel.

[440] Le froid et la chaleur correspondent à peu près respectivement à ce que les alchimistes ont appelé le fixe et le volatil.

la terre ; celui-là est porté vers le haut, celle-ci se dépose en bas[441]. La terre[442], qui se forme de cette façon[443], est immobile, et elle est située au milieu ; elle ne fait pas, pour ainsi dire, partie de l'Univers, étant produite par l'action du feu[444] ; c'est d'ailleurs de ce même principe igné que résulte aussi la nature des astres, dont le plus grand est le soleil, le second est la lune, et parmi les autres il y en a de plus petits et de plus grands. Archélaüs dit que le ciel est appuyé sur la terre, et qu'ainsi celle-ci est éclairée par le soleil, qui rend l'air diaphane et la terre sèche. En effet, elle était à l'origine une masse fangeuse, parce qu'elle est élevée à son pourtour, et concave au milieu. Il indique comme preuve de cette concavité, que le soleil ne se lève et ne se couche pas en même temps dans tous les lieux, ce qui devrait se produire si la terre était plane. Au sujet des êtres vivants, il dit que, la terre étant échauffée d'abord dans sa partie inférieure, où la chaleur et le froid étaient mêlés, il apparut un grand nombre d'animaux divers et tous dissemblables entre eux, mais ayant le même genre de vie, et se nourrissant du limon, ce qui dura peu de temps ; ensuite, une postérité naquit de ces animaux se reproduisant entre eux, puis les hommes se distinguèrent des autres êtres, et établirent des chefs, des lois, des arts, des villes, et tout le reste. Archélaüs dit que l'esprit[445] existe de la même façon chez tous les êtres vivants, car tout corps entre en relation avec l'esprit, quelquefois plus tard, quelquefois plus vite[446].

La philosophie physique dura depuis Thalès jusqu'à Archélaüs ; ce dernier eut Socrate comme auditeur. Il y en a encore beaucoup d'autres, qui ont émis des opinions diverses sur la Divinité et sur la nature de l'Univers ; si nous

---

[441] On trouve ici la théorie alchimique de la genèse des quatre éléments : le feu, élément actif ou masculin, agissant sur l'eau, élément passif ou féminin, produit l'air, qui, étant plus subtil, tend vers le haut, et la terre, qui, étant plus épaisse ou plus dense, tend au contraire vers le bas.

[442] Il est question ici de la terre que nous habitons, tandis que, dans la phrase précédente, il s'agissait de l'élément terre.

[443] Par la distinction des quatre éléments.

[444] Ce passage est assez obscur ; il semble signifier que la terre n'est qu'une manifestation de la puissance ignée.

[445] Le mot grec employé ici est encore νοῦς, qui signifie proprement l'intellect.

[446] D'après cette doctrine, l'être vivant serait à l'origine un corps, dans lequel l'esprit, le νοῦς, d'abord non manifesté, ne se manifesterait que plus tard.

voulions exposer toutes leurs doctrines, nous aurions une immense forêt de volumes[447]. Après avoir indiqué ceux dont il importait le plus de faire mention, comme étant les plus célèbres, et, pour ainsi dire, les chefs de tous ceux qui ont philosophé ultérieurement, et comme ayant fourni le point de départ dont ces derniers ont tiré des conséquences, nous passerons en hâte à la suite.

IX - PARMÉNIDE

Parménide suppose que l'Univers est un, éternel, incréé, et de forme sphérique. Ne s'écartant pas cependant de l'opinion du plus grand nombre, d'après laquelle le feu et la terre sont les principes de l'Univers, la terre comme matière[448], et le feu comme cause active et principe créateur, il dit que le monde périra, mais il ne dit pas de quelle façon[449]. Mais il affirme que l'Univers est éternel et non engendré, sphérique, et identique à lui-même, n'ayant pas de forme en principe, immobile et parfait[450].

X - LEUCIPPE

Leucippe, disciple de Zénon, ne continua pas la même doctrine, mais il dit que toutes choses sont sans fin et toujours en mouvement, et que la production et le changement se font d'une manière continue. Il dit aussi que les éléments des choses sont le plein et le vide. Il explique l'origine du monde de la façon suivante : lorsqu'une multitude de corps se rassemblent et affluent de la périphérie vers le grand vide[451], se heurtant les uns contre les autres, ceux qui sont de même apparence et de formes presque semblables s'unissent, et, par suite de cette union, d'autres corps naissent, croissent et périssent en vertu

---

[447] Cette expression peut aujourd'hui nous paraître singulière, mais il est facile de comprendre comment les manuscrits roulés, *volumina*, pouvaient éveiller l'idée de troncs d'arbres.

[448] C'est-à-dire comme principe passif.

[449] Tout ce paragraphe contient des contradictions entre ses diverses parties, contradictions que l'auteur a probablement eu l'intention d'attribuer à Parménide lui-même.

[450] Dans le sens du mot latin *perfectum*.

[451] Ce grand vide est supposé au centre, avec des corps qui flottent tout autour.

d'une certaine nécessité. Mais ce qu'est cette nécessité, il ne l'a pas défini.

XI – DÉMOCRITE

Démocrite fut disciple de Leucippe. Démocrite, fils de Damasippe, Abdéritain, fréquenta un grand nombre de gymnosophistes dans les Indes, de prêtres et d'astrologues en Égypte, et de mages à Babylone. Il professe la même théorie que Leucippe au sujet des éléments, qui sont le plein et le vide, et il appelle le plein l'être, et le vide le non-être ; d'après lui, les choses sont toujours en mouvement dans le vide ; il y a des mondes en nombre indéfini et différents quant à la grandeur : certains n'ont ni soleil ni lune, d'autres en ont de plus grands que les nôtres, et d'autres encore en ont plusieurs. Les mondes sont séparés par des intervalles inégaux, et ils sont plus nombreux ici, moins nombreux là ; les uns croissent, d'autres ont atteint tout leur développement, d'autres arrivent à leur fin, et ici il en naît, là il en meurt. Ils périssent en tombant les uns sur les autres. Il y a quelques mondes qui sont dépourvus d'animaux, de plantes, et de toute humidité. Dans notre monde, la terre a pris naissance avant les astres ; la lune occupe le lieu le plus bas, puis vient le soleil, et ensuite les étoiles fixes. Parmi les planètes, aucune n'est située à la même hauteur que les autres. Un monde est à son plus haut période, lorsqu'il ne peut plus recevoir du dehors aucun accroissement. Démocrite riait de tout, considérant que toutes les choses humaines ne méritaient que le rire.

XII – XÉNOPHANE

Xénophane de Colophon, Fils d'Orthomène, vécut jusqu'à l'époque de Cyrus. Il a été le premier qui ait proclamé l'incompréhensibilité de toutes choses, ce qu'il exprime ainsi : « même lorsqu'on a défini le mieux possible une chose, on ne la connaît cependant pas : en tout, il n'y a que de l'apparence ». Il dit que rien ne naît, ne périt ou ne se meut, et que l'Univers est un, sans changement. Il dit que la Divinité est éternelle, une, toujours semblable à elle-même, parfaite, sphérique, et perceptible à tous les sens. Le soleil se forme chaque jour par l'agglomération de particules ignées ; la terre est illimitée, et n'est enveloppée ni par l'air ni par le ciel. Il y a un nombre indéfini de soleils et de lunes, et toutes choses tirent leur origine de la terre. Xénophane dit que la mer est salée à cause de la grande quantité d'éléments divers qui s'y écoulent ; mais Métrodore donnait comme raison de cet état salin que la mer s'infiltre dans la terre ; Xénophane suppose que la terre se mêle à la mer, et que, avec le temps, elle est dissoute par l'humidité, ce dont il donne les preuves suivantes : au milieu de la terre et dans les montagnes, on trouve des coquilles, et à Syracuse, dans les carrières, on a trouvé, dit-il, l'empreinte d'un poisson et de phoques, à Paros la forme d'un petit poisson dans la profondeur de la pierre, à Mélite des magmas formés par la réunion de toutes sortes de choses marines. Il dit que ces choses se sont formées autrefois, lorsque tout était couvert de limon, et que l'empreinte s'est desséchée dans ce limon ; il dit aussi que tous les hommes sont détruits lorsque la terre, s'étant écoulée dans la mer, se transforme en limon, et qu'ensuite ils prennent de nouveau naissance, et telle est, suivant lui, l'origine de tous les mondes.

XIII - ECPHANTE

Ecphante, Syracusain, dit qu'il n'est pas possible d'acquérir une véritable connaissance des choses. Il pose en principe que, d'après son opinion, les corps élémentaires sont indivisibles[452], et qu'il existe primitivement trois différences, la grandeur, la forme, la puissance, par lesquelles sont produites les choses sensibles. Le nombre de celles-ci est déterminé, et cependant indéfini. Les corps se meuvent, non par la pesanteur ni par suite d'une impulsion, mais par la puissance divine qu'il appelle esprit[453] et âme[454]. Le monde est une image de l'esprit, et c'est pourquoi il a reçu de la puissance divine la forme sphérique. La terre, qui occupe le milieu du monde, se meut autour de son centre en tournant vers l'orient.

XIV - HIPPON

Hippon de Rhégium dit qu'il y a un principe froid, qui est l'eau, et un principe chaud, qui est le feu. Le feu, étant né de l'eau, a triomphé de la

---

[452] Ces éléments des choses seraient donc des atomes.
[453] Νοῦς.
[454] Ψυχή.

puissance de l'élément qui l'avait engendré, et a formé le monde. Hippon dit aussi que l'âme est tour à tour le cerveau et le principe liquide ; en effet, la semence se présente sous la forme humide, et donne naissance à l'âme[455].

Nous pensons avoir suffisamment exposé ces choses. C'est pourquoi, ayant, à ce qu'il nous semble, assez parcouru les doctrines des philosophes physiciens, nous arriverons à Socrate et à Platon, qui se sont surtout préoccupés de la morale.

XV – SOCRATE

Socrate fut disciple du physicien Archélaüs ; sa maxime principale était :

« Connais-toi toi-même »[456] ; il forma une grande école, et le plus éminent de tous ses disciples fut Platon. Lui-même ne laissa aucun écrit ; mais Platon, qui reproduisit toute sa philosophie, établit son propre enseignement en unissant la physique, l'éthique et la dialectique. Or voici quelles sont les doctrines exposées par Platon.

XVI – PLATON

D'après Platon, les principes de l'Univers sont Dieu[457], la Matière primordiale[458] et l'Archétype[459] : Dieu est l'Architecte qui ordonne cet Univers,

---

[455] Ce qui est appelé ici ψυχή, l'âme, n'est pas autre chose que le principe vital ; c'est d'ailleurs le sens étymologique du mot âme, qui dérive du latin *anima*, ce qui anime.
[456] Γνῶθι σεαυτόν.
[457] Ce qui est appelé ici Θεός est l'Esprit considéré comme actif ; il est alors identique au Verbe ou Λόγος.
[458] Ὕλη : c'est, plus exactement, la Passivité universelle, symbolisée, dans les *Védas* comme dans la Bible hébraïque, par l'Océan des Grandes Eaux primordiales, mais qui, chez les Grecs, semble plutôt être assimilée à la Terre, car celle-ci produit la substance végétative, appelée aussi ὕλη (en latin *sylva*) ; ce mot correspond, dans ce dernier sens, à l'hébreu עץ.
[459] Παράδειγμα, modèle ou préfiguration : c'est en quelque sorte le plan de l'Univers, préconçu dans l'Entendement divin, en puissance d'être.

et qui l'a préconçu ; la Matière première est le substratum de toutes choses[460], qu'il appelle aussi leur réceptacle[461] et leur principe nourricier[462], dont la différenciation produit les quatre éléments qui constituent l'Univers : feu, air, terre, eau, desquels sont formés tous les autres corps appelés composés[463], les animaux et les plantes[464]. L'Archétype est la pensée de Dieu, et Platon l'appelle aussi le Monde des Idées[465] ; Dieu, considérant dans son intellect[466] cet Archétype, a créé toutes choses à son image[467]. Dieu, dit-il encore, est incorporel et informel, et ne peut être compris que par les Sages[468] ; la Matière primordiale est corps[469] en puissance, mais n'est rien en acte, car elle n'a ni forme ni qualité en elle-même[470], et c'est en revêtant des formes et en recevant

---

[460] Ὑποκειμένη : c'est la Substance au sens étymologique du mot : *quod sub stat*, ce qui est placé dessous.

[461] C'est le Réservoir des formes, ou la Matrice des êtres (*Bhûta-Yoni* des Hindous).

[462] Le Plasma universel, dans lequel l'opération de l'Esprit actif fait naître et développe les germes de toutes choses, contenus à l'état d'indifférenciation primordiale dans l'Œuf du Monde ; cet état d'indifférenciation, qui est décrit au début de la Genèse comme « puissance contingente d'être dans une Puissance d'être » (ותה ובה), c'est le Chaos, de l'organisation harmonique duquel résultera l'Ordre universel (Κόσμος).

[463] Ces corps composés ou mixtes représentent ici l'ensemble des êtres inanimés.

[464] Les êtres vivants, par opposition aux précédents.

[465] Les Idées, conceptions de l'Entendement divin, constituent le Monde intelligible, dont les rapports avec le Monde sensible ou élémentaire sont exprimés par la loi de l'analogie : « ce qui est en haut est comme ce qui est en bas, mais en sens inverse » ; le Monde sensible est donc le reflet du Monde intelligible.

[466] Il ne s'agit pas ici de l'Entendement actif, Νοῦς, mais de l'Intellect considéré comme réceptable passif des Idées, et qui est appelé Ψυχή.

[467] Il y a là une confusion entre Dieu ou le Logos, qui, d'après Platon, conçoit seulement le Monde intelligible, et le Démiurge, son reflet ténébreux et inversé, qui crée le Monde sensible à l'image de l'Archétype ou du Monde intelligible ; d'ailleurs, le Démiurge ne peut pas être considéré comme un principe, puisqu'il n'est qu'un reflet et ne possède par lui-même aucune réalité.

[468] Il semble que ce qui est ici appelé Dieu est l'Esprit universel (en sanscrit *Âtmâ*), auquel il faut s'identifier pour le comprendre ; les Sages dont il est question sont donc les Pneumatiques ou les *Yogis*.

[469] Σῶμα, élément plastique et formel ; nous n'insisterons pas ici sur le rapprochement qu'il serait facile de faire entre les diverses significations que présente en sanscrit le même mot *Sôma* et le sens qu'il a en grec.

[470] Il s'agit encore ici de l'état chaotique : la Substance primordiale indifférenciée est informe,

des qualités qu'elle devient corps. La Matière primordiale est un principe, elle est coexistante à Dieu[471], et le Monde est incréé, car, d'après Platon, il est engendré de sa propre substance ; de la qualité d'être incréé résulte immédiatement celle d'être impérissable. Mais c'est de la formation d'un corps, et de l'assemblage d'une pluralité de qualités et de formes, que résultent la génération et la corruption. Certains Platoniciens ont concilié les deux thèses en se servant de la comparaison suivante ; comme un char, étant renouvelé en partie, peut toujours conserver son intégrité, et que, bien que ses parties considérées séparément soient détruites, lui-même demeure toujours entier, de la même manière, le Monde, s'il périt aussi quant à ses parties, se conserve cependant perpétuellement par le renouvellement et le remplacement[472] de celles qui disparaissent[473].

Quant à Dieu, les uns soutiennent que Platon le considère comme non-engendré et impérissable[474], ainsi qu'il le dit dans les *Lois* : « Dieu, suivant l'antique maxime, possède en soi le principe, la fin et le moyen de l'universalité des êtres » ; ainsi, il le déclare un et se répandant à travers toutes choses[475]. D'autres prétendent qu'il considère une multiplicité de dieux indéterminés,

---

bien que contenant toutes les formes en puissance ; il ne faut pas confondre informe, ainsi entendu, avec informel, qui, un peu plus haut, désigne au contraire ce qui n'est pas susceptible de se revêtir de formes, c'est-à-dire le principe spirituel.

[471] Il ne s'agit que de coexistence, et non de coéternité : le mot σύγχρονος signifie en effet « qui existe en même temps », ce qui montre que les choses doivent être envisagées ici sous le rapport du temps, et non dans l'éternité, devant laquelle le temps n'existe pas.

[472] Ce mot implique ici une idée d'équivalence.

[473] Si l'on considère l'ensemble de l'Univers, il ne peut pas ne pas être le Tout, et, comme tel, il conserve nécessairement son intégralité ; mais il n'en est pas de même pour chacune des parties de l'Univers, si on l'envisage isolément, au lieu de la considérer comme un élément du Tout, duquel rien ne peut sortir.

[474] En d'autres termes, sans principe ni fin ; il faut sous-entendre : extérieurs à lui, parce qu'il est lui-même le principe et la fin de toutes choses, et il contient toutes choses, parce qu'il est lui-même le Tout, en dehors duquel il ne peut rien y avoir : c'est ce qu'exprime la citation qui suit, de même d'ailleurs que cette parole de saint Paul : « *In Deo vivimus, movemur et sumus* ».

[475] L'auteur des *Philosophumena* fait ici une erreur d'interprétation : Dieu n'est pas répandu dans toutes choses, mais contient toutes choses, ce qui est très différent.

lorsqu'il dit : « Dieu des dieux, dont je suis le créateur et le père »[476]. Selon d'autres encore, il les envisagerait comme déterminés[477], lorsqu'il dit : « le grand Zeus, dans le Ciel, conduisant son char volant »[478], et lorsqu'il les fait enfants du Ciel et de la Terre[479]. Enfin, il en est d'après lesquels il aurait soutenu que les dieux ont eu une naissance, et que, parce qu'ils sont nés, ils doivent nécessairement périr, mais que cependant ils sont immortels par la volonté de Dieu, ce qu'il aurait exprimé en ces termes : « Dieu des dieux, dont je suis le créateur et le père, produisant par ma volonté des êtres indissolubles », semblant entendre par là que, si Dieu voulait leur dissolution, ils seraient facilement dissous en effet[480]. Enfin, il admet différentes sortes de daïmons, et dit que, parmi eux, les uns sont bons et les autres mauvais[481].

Selon les uns, Platon déclarerait que l'âme n'a pas eu de naissance et est

---

[476] Il est facile d'expliquer cette prétendue contradiction : Θεοί sont les dieux ou les puissances de la Nature, que Moïse appelle *Elohim*, et Θεὸς Θεῶν est יהוה, le Verbe Créateur, et, sous son aspect inférieur, le Démiurge ; tandis que Θεός, Dieu, sans aucune détermination, est le Principe premier de toutes choses, et sa manifestation primordiale, le Verbe Éternel.

[477] C'est-à-dire individualisés, tandis que précédemment il ne les envisageait que dans leur ensemble, de même que les *Elohim* sont considérés collectivement dans la Genèse ; lorsqu'on les considère distinctement les uns des autres, on les répartit suivant les différentes sphères, et on leur assigne des attributions déterminées, et des noms qui correspondent à ces attributions.

[478] Le Ζεύς dont il est question ici est, comme l'*Indra* védique, le dieu de l'Atmosphère, appelée Οὐρανός dans cette citation ; d'ordinaire, ce dernier mot, identique au sanscrit *Varouna*, désigne plutôt les Eaux supérieures ou les Cieux (en hébreu שמים), principe informel ou idéal, actif par rapport au principe formel ou plastique, appelé Γῆ, la Terre (en hébreu ארץ) ; et c'est avec ce sens que ces mots sont pris à la fin de la même phrase.

[479] Ceci est à comparer avec les différentes traditions orientales, dans lesquelles il est facile de retrouver les équivalents des deux principes appelés ici Οὐρανός et Γῆ, le Ciel et la Terre.

[480] La phrase citée est cependant très compréhensible, étant donné ce qui vient d'être dit ; mais l'auteur, pour n'avoir pas su faire des distinctions essentielles, a cru que Platon se trouvait en contradiction avec lui-même, alors qu'en réalité il n'y a là aucun illogisme.

[481] Cette interprétation toute morale, seule compréhensible pour l'auteur, doit être assez éloignée de la pensée de Platon, qui, évidemment, n'avait en vue ici qu'une hiérarchie d'états d'être.

impérissable, lorsqu'il dit : « L'âme est entièrement immortelle, car ce qui est toujours en mouvement est immortel »[482], et lorsqu'il démontre qu'elle se meut par elle-même et est le principe du mouvement. Selon d'autres, il la considérerait comme ayant eu une naissance, mais impérissable par un effet de la volonté divine. D'après d'autres encore, il la prétendrait composée, engendrée et périssable, car il suppose qu'elle a un contenant, qu'elle possède un corps brillant comme la clarté du jour, et, d'autre part, que tout ce qui est engendré doit nécessairement périr[483]. Ceux qui soutiennent la thèse de l'immortalité l'appuient principalement sur les textes dans lesquels Platon dit qu'il y a des jugements après la mort, et des tribunaux dans les Enfers, que les âmes bonnes obtiennent une récompense, et que les mauvaises sont jugées selon leurs actes[484]. Certains disent qu'il professait la transmigration[485], et prétendait que des âmes déterminées, devenant autres[486], passent dans d'autres corps, en rapport avec le mérite de chacune d'elles, et, après certaines périodes déterminées, sont renvoyées dans ce monde[487] pour y réaliser la destinée qu'elles se sont elles-mêmes choisie. Suivant une autre opinion, il n'en est pas ainsi, mais elles obtiennent un état[488] qui est en rapport avec le mérite de chacune d'elles ; et, pour le prouver, on fait encore appel au témoignage de Platon, lorsqu'il dit que, parmi les hommes bons, certains résident avec Jupiter, et d'autres avec les autres dieux, et que, d'un autre côté, ceux-là subissent des

---

[482] Cette citation doit être fautive, car on ne voit pas comment le fait d'être toujours en mouvement pourrait entraîner l'immortalité.

[483] Dans tout ce passage, l'incohérence et la diversité des interprétations proviennent d'une confusion manifeste entre le Soi éternel et l'âme individuelle périssable.

[484] Ici encore, nous ne pouvons pas regarder l'interprétation morale comme suffisante ; d'ailleurs, il y a dans les textes dont il est question un symbolisme qu'il serait trop long d'expliquer en détail dans ces notes.

[485] Nous renverrons à ce que nous avons dit plus haut[(note 18)] sur la signification du mot μετενσωμάτωσις, employé alors pour désigner une doctrine mal comprise de Pythagore, et reproduit ici à propos de Platon.

[486] Le passage à travers des individualités multiples est ici nettement indiqué ; σώματα signifie formes, plutôt que corps au sens restreint et habituel du mot.

[487] Il ne s'agit pas ici de la Terre, mais du domaine individuel dans toute son extension.

[488] Bien que τόπος soit pris le plus souvent dans le sens de lieu, il ne peut évidemment désigner ici qu'un état.

châtiments d'une durée indéfinie[489], qui ont commis pendant cette vie des actions mauvaises et injustes[490].

On dit encore que Platon distingue, parmi les choses, celles qui n'ont pas de contraire[491], celles qui sont contraires entre elles[492], et enfin celles qui sont intermédiaires entre des contraires[493]. Ainsi, le sommeil et la veille sont sans contraire, de même que les autres choses analogues ; les choses contraires sont telles que les biens et les maux ; et les choses intermédiaires sont ce qu'est le gris ou quelque autre couleur résultant de l'union du blanc et du noir, par rapport à ceux-ci. Il ne considère, dit-on, comme biens proprement dits que ceux qui se rapportent à l'âme, tandis que ceux qui se rapportent au corps et aux choses extérieures ne sont pas des biens à proprement parler, mais sont vulgairement appelés biens ; il les nomme en plusieurs endroits des choses intermédiaires, car on peut en faire un bon ou mauvais usage[494]. Il dit que les vertus sont des extrêmes quant à la valeur, mais occupent un rang moyen quant à l'essence ; en effet, rien n'est plus précieux que les vertus, et leur excès ou leur défaut aboutit au vice. D'après lui, il existe quatre vertus, qui sont la prudence, la tempérance, la justice, le courage ; chacune d'elles est accompagnée de deux vices, par excès et par défaut, qui sont : pour la prudence, l'imprévoyance par défaut, et la fourberie par excès ; pour la tempérance, le dérèglement par défaut, et l'imbécillité[495] par excès ; pour la justice, l'indulgence excessive par défaut, et la tyrannie par excès ; pour le courage, la lâcheté par défaut, et la témérité par

---

[489] C'est là le sens véritable du mot αἰώνιος, qu'on traduit à tort par éternel ; l'expression « châtiments » est impropre, et ne peut s'entendre qu'au figuré, pour désigner de simples conséquences.

[490] Tout ceci n'est pas en contradiction avec ce qui a été dit dans la phrase précédente, si l'on a soin de remarquer qu'il ne s'agit que d'une pluralité d'états d'être.

[491] Ἄμεσα, choses sans milieu, parce qu'il ne peut y avoir de milieu qu'entre deux contraires.

[492] Ἔμμεσα, choses qui ont un milieu.

[493] Μέσα, choses qui tiennent le milieu (entre deux autres appartenant à la catégorie précédente).

[494] On voit ici que ἀγαθός, que l'on traduit par bien, a une signification supérieure au domaine moral ; le terme qui s'oppose à κακός, mal, est alors καλός, beau, ce qui assimile la morale à l'esthétique, et, en effet, l'une et l'autre sont choses purement sentimentales.

[495] Nous écrivons « imbécillité », pour indiquer que ce mot est pris ici dans son sens latin, et non dans le sens du mot français « imbécilité ».

excès ; l'existence de ces vertus dans l'homme le rend parfait et lui procure le bonheur[496]. Platon définit le bonheur comme l'assimilation à Dieu dans la mesure du possible[497] ; c'est là, en effet, qu'il place la réalisation de la sagesse suprême et de la plus haute vertu[498]. Il dit encore que les vertus dépendent réciproquement les unes des autres, qu'elles sont de même nature[499], et qu'elles ne sont jamais en opposition entre elles ; au contraire, les vices sont divers, et tantôt ils s'accordent, tantôt ils se combattent[500].

Platon affirme l'existence de la Destinée[501] ; cependant, tout ne se fait pas par cette Destinée, mais il y a aussi des choses qui dépendent de nous, comme il le reconnaît lorsqu'il dit : « La responsabilité résulte de la détermination[502], Dieu n'est point responsable[503] », et : « telle est la loi d'Adrastée[504] ». S'il limite ainsi le rôle de la Destinée, c'est qu'il a aussi reconnu qu'il y a des choses qui dépendent de nous. Il dit que les péchés sont involontaires[505], car, dans la meilleure partie de notre être[506], qui est l'âme[507], aucun mal, c'est-à-dire aucune

---

[496] Il s'agit du bonheur dans le domaine individuel, la perfection dont il est question n'étant que le développement intégral de l'individualité.

[497] C'est-à-dire suivant l'étendue de la possibilité individuelle.

[498] Ceci pourrait s'étendre au-delà de l'individualité, mais il faudrait universaliser le sens du mot ἀρετή, qui signifierait alors perfection de l'être total ; on pourrait trouver ce qui correspond aux quatre vertus qui viennent d'être désignées, en les envisageant dans leur principe et en dehors de l'application spéciale au domaine moral.

[499] C'est-à-dire qu'elles procèdent d'un principe unique.

[500] On retrouve ici l'opposition habituelle de l'unité et de la diversité.

[501] Εἱμαρμένη, la Destinée : ce terme n'implique pas l'idée d'une nécessité aussi absolue que Ἀνάγκη, la Fatalité. « La destinée d'un individu est déterminée en puissance par sa nature même, donc dès sa naissance, mais le libre arbitre peut jouer un rôle dans la façon particulière dont se réalisera cette destinée. » (T., L'Archéomètre.)

[502] C'est en effet dans la détermination que réside essentiellement le libre arbitre de l'individu, et non dans l'accomplissement de l'acte, qui est nécessairement conditionné par les circonstances extérieures (par rapport à l'individu).

[503] Il faut sous-entendre : de nos actes.

[504] Ἀδραστεία, « celle qu'on ne peut fuir », surnom donné à Νέμεσις, « la justice distributive ».

[505] Parce que le mal est toujours un effet de l'ignorance, comme il est dit dans la suite.

[506] Il faut sous-entendre : individuel.

[507] Ψυχή.

injustice, ne peut avoir place ; c'est par ignorance et par suite d'une conception erronée du bien que, croyant bien faire, on est conduit au mal. Cette opinion est exprimée d'une façon très évidente dans la *République*, où il est dit : « Vous osez répéter que le vice est une chose honteuse et haïe des dieux ; comment donc quelqu'un ferait-il volontairement le mal ? Celui, dites-vous, qui se laisse vaincre par les passions ; cela aussi est donc involontaire, s'il est vrai que la tendance de la volonté soit de vaincre ; ainsi, de toutes façons, la raison est amenée à considérer l'acte injuste comme involontaire. » Quelqu'un objecte à Platon sur ce point : pourquoi donc sont-ils punis, s'ils pèchent involontairement ? Mais, répond-il, c'est « afin d'être le plus tôt possible délivrés du vice, et d'en subir le châtiment[508] », car subir un châtiment est, non un mal, mais un bien, s'il doit en résulter une élimination des maux ; et c'est aussi afin que les autres hommes qui l'apprennent ne pèchent pas, mais qu'ils se gardent de commettre une erreur de cette sorte. Platon dit encore que la nature du mal n'est point émanée de Dieu, et qu'elle ne subsiste point par elle-même[509], mais qu'elle est produite par opposition au bien ou par une conséquence de celui-ci, soit par excès, soit par défaut, comme nous l'avons dit plus haut au sujet des vertus.

Telle est la doctrine qu'établit Platon, en réunissant, ainsi que nous l'avons dit précédemment, les trois parties dont se compose toute la philosophie.

---

[508] Au sens de simples conséquences naturelles, bien entendu.
[509] C'est-à-dire qu'elle n'est point un principe.

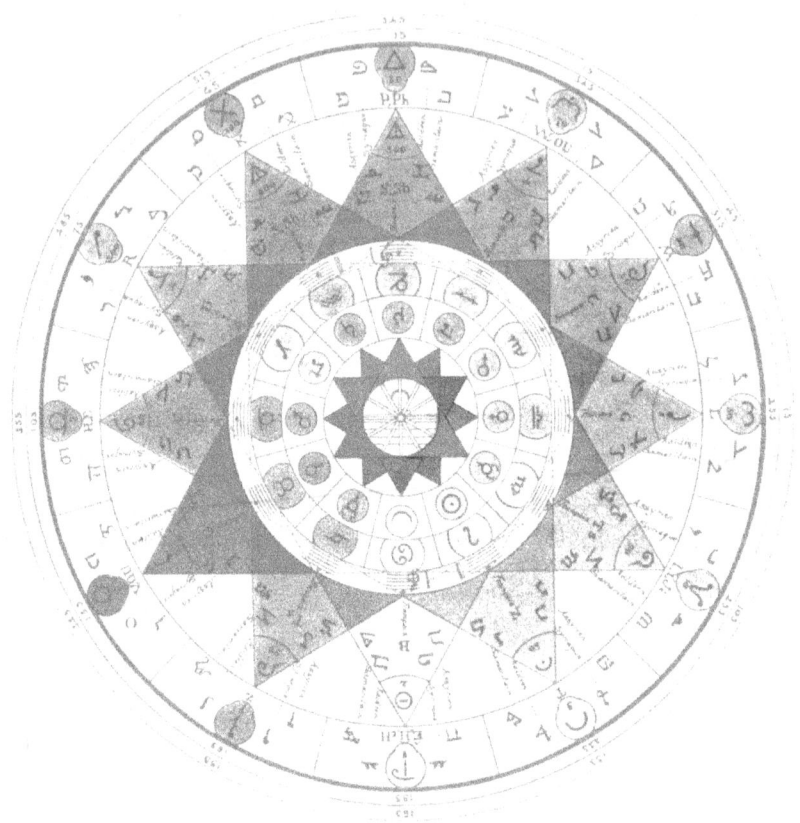

Figure complète de l'Archéomètre d'Alexandre Saint-Yves d'Alveydre (1842-1902)
Éditions Dorbon, 1911.

Écrits sous la signature de Palingénius

L'ARCHÉOMÈTRE

Paru dans La Gnose, *de juillet-août 1910 (n° 9 1909-1910) à février 1912*
(Travail collectif, signé T.).

> *Il n'y a pas de sciences occultes,*
> *il n'y a que des sciences occultées.*
> (Saint-Yves d'Alveydre.)

L'Archéomètre, du grec ἀρχῆς μέτρον, *mesure du Principe* (de ἀρχή, principe, et μέτρον, mesure), est le monument le plus admirable, dans le domaine de l'Ésotérisme, qui ait jamais été élevé à la gloire du Verbe Universel.

C'est un instrument synthétique applicable à toutes les manifestations Verbales, permettant de les ramener toutes à leur Principe commun et de se rendre compte de la place qu'elles occupent dans l'Harmonie Universelle ; c'est en un mot, selon l'expression même de son révélateur, le regretté Maître Saint-Yves d'Alveydre, *un rapporteur cyclique, code cosmologique des hautes études religieuses, scientifiques et artistiques.* Nous en reproduisons ci-après la figure, telle qu'elle a été donnée par Saint-Yves d'Alveydre.

Disons ici, une fois pour toutes, que rien dans l'Archéomètre n'est arbitraire : les éléments divers s'y trouvent placés d'une façon rigoureusement mathématique, et cet instrument plus qu'humain n'a pas été créé pour servir à faire prédominer un système sur un autre, ni à inventer un système nouveau ; la synthèse qu'il comporte ne peut pas être exprimée dans un système quelconque, qui serait nécessairement une formule fermée. C'est une clef synthétique permettant de déterminer la valeur intrinsèque de chaque système philosophique, scientifique ou religieux, et de la rattacher à l'Arbre universel de la Science ou de la Tradition.

Quelques explications s'imposent ici au sujet de la transmission de la

Tradition primordiale, synthétisée dans l'Archéomètre, d'un cycle à un autre[510]. Pendant la durée du *Kali-Youga* (dernière période d'un cycle), la Tradition primordiale, qui a été transmise des Universités Patriarcales du cycle précédent à celles du cycle actuel (ces cycles peuvent être des durées de races humaines ou d'autres périodes), doit être nécessairement cachée ou occultée, ainsi que l'Université même qui la possède et la conserve (Université Solaire de Dieu, *Is-Râ-El, Ishwara-El*), supposée soit au sommet du Mont *Mérou*, soit en un autre point désigné symboliquement comme le centre du Monde et le séjour du Souverain des Dieux.

Cette Tradition est alors renfermée en principe dans l'Arche (Sanctuaire des Arcanes, enceinte organique dans laquelle sont contenus les principes pendant la période de dissolution extérieure de l'Univers), ou la *Thébah*[511], qui

---

[510] Dans tout ce qui va suivre, nous adopterons le plus souvent la forme de la tradition brahmanique, de préférence à toutes les autres, parce qu'elle rend cet exposé plus facile et plus compréhensible ; mais nous signalerons aussi les concordances des différentes traditions.

[511] Les animaux, $\zeta\tilde{\omega}\delta\iota\alpha$, contenus dans l'Arche selon l'interprétation habituelle des textes bibliques, sont figurés par les signes du Zodiaque et les autres constellations. La *Thébah* est *Abeth* (A et H pouvant se transformer l'un dans l'autre, comme nous le verrons par la suite), c'est-à-dire *Aleph-Beth-Thau*, l'alphabet sacré, image de l'alphabet astral dont les caractères sont les douze signes zodiacaux et les sept planètes qui y ont leur domicile, plus les trois signes de l'unité, de la dualité et de la multiplicité (les trois lettres fondamentales), ce qui forme pour l'alphabet le total de vingt-deux lettres. 22 se réduit à 4 (2 + 2), de sorte que tous les noms formés par les combinaisons des vingt-deux lettres doivent être contenus en principe dans un nom sacré de quatre lettres (la Parole qui est perdue lorsque la Tradition vient à être occultée).

est confiée à la garde du *Manou*[512] qui régira le *Manvântara*[513] suivant. La Tradition entre donc ainsi dans une période de non-manifestation, pendant laquelle se prépare sa re-manifestation dans le cycle suivant (avènement de la Nouvelle Jérusalem, Alliance de Dieu avec les Hommes ou du Ciel et de la Terre). L'Arche, qui renferme les principes des choses, marque par ses proportions symboliques la mesure des applications universelles de ces principes dans toutes les modalités de l'Être ; c'est pourquoi elle contient le plan de la nouvelle Université qui sera établie sur le modèle ou à l'image de l'ancienne, par une nouvelle adaptation, au début du cycle suivant. C'est là la véritable signification du mot Archéomètre, mesure du Principe.

Nous allons étudier maintenant, d'une façon rapide, la constitution de l'Archéomètre, après quoi nous considérerons successivement et en détail

---

[512] *Manou* : Intelligence cosmique ou universelle, créatrice de tous les êtres, image réfléchie du Verbe émanateur. Dans son cycle, *Manou* est *Pradjâpati*, le Seigneur des créatures ; il crée les êtres à son image, et peut être regardé comme l'Intelligence collective des êtres de l'ère qui précède celle qu'il régit. Le *Manou* est le type de l'Homme (*Manava*) ; dans son ère, il donne à la Création sa Loi (*Dharma, Thorah*) ; il est ainsi le Législateur primordial et universel.
Dans le *Kali-Youga*, qui est le quatrième âge (l'âge de fer), le Taureau *Dharma* (la Loi de *Manou*, le *Minotaure* ou Taureau de *Minos* chez les Grecs, le Taureau de *Ménès* ou *Mnévis* chez les Égyptiens, la *Thorah* de Moïse chez les Hébreux) est représenté comme n'ayant plus qu'un seul pied sur la terre.
[513] *Manvântara* : l'ère d'un *Manou*. Dans un *Kalpa* (jour de *Brahmâ*), il y a quatorze *Manvântaras*, dont chacun est régi par un *Manou* particulier. Le premier *Manou* d'un *Kalpa*, *Adhi-Manou* (le premier-né de *Brahmâ*), est identique à *Adam-Kadmôn*, manifestation du Verbe (*Brahmâ*, lorsqu'il est considéré dans sa fonction créatrice). Dans le *Kalpa* actuel, le premier *Manou* est *Swayambhouva*, issu de *Swayambhou* (Celui qui subsiste par lui-même, le Verbe Éternel) ; six autres *Manous* lui ont succédé : *Swârochîsha, Auttami, Tâmasa, Raivata, Chakshousha*, et enfin *Vaivaswata*, fils du Soleil ; ce dernier, qui est appelé aussi *Satyavrata* (dans son rôle à la fin du *Manvântara* précédent, rôle analogue à celui du *Nouah* biblique), est donc le septième *Manou* de ce *Kalpa*, et c'est lui qui régit le *Manvântara* actuel. Dans ce même *Kalpa*, sept autres *Manous* doivent encore lui succéder, pour compléter le nombre de quatorze ; voici leurs noms : *Soûrya-Savarni, Daksha-Savarni, Brahmâ-Savarni, Dharma-Savarni, Roudra-Savarni, Roucheya, Agni-Savarni*. (Le mot *Savarni* signifie : qui est semblable à, qui participe de la nature de ; placé à la suite du nom d'un principe, il désigne un être qui manifeste ce principe, car la manifestation d'un principe participe de sa nature, est issue de son essence même.)

chacune des parties qui constituent ce merveilleux instrument.

La base numérique de l'Archéomètre est le duodénaire, quoique ce duodénaire soit engendré par un ternaire.

Il est composé de plusieurs zones concentriques d'équivalents montrant les rapports respectifs des couleurs, des planètes, des signes zodiacaux, des notes musicales, des caractères alphabétiques, et enfin des nombres.

La partie centrale de la figure représente quatre triangles équilatéraux entrelacés inscrits dans un cercle, et formant douze sommets ou pointes, à chacun desquels correspond une couleur déterminée. Au premier triangle *droit*, dont le sommet est dirigé vers le haut, correspondent les trois couleurs fondamentales disposées ainsi : le jaune au sommet, le bleu à droite de la base, et le rouge à gauche. Au second triangle *renversé*, disposé symétriquement et de façon inverse par rapport au premier, correspondent les trois couleurs intermédiaires formées par le mélange des couleurs fondamentales deux par deux, et distribuées ainsi : le violet, résultant du rouge et du bleu, au sommet ; l'orangé, résultant du rouge et du jaune, à gauche ; enfin le vert, résultant du jaune et du bleu, à droite. Aux deux autres triangles, disposés également d'une façon symétrique par rapport aux deux premiers, et dont les sommets occupent les points médians, correspondent d'autres couleurs intermédiaires, toujours produites par le mélange, deux par deux, des couleurs immédiatement voisines.

Au centre est le blanc, synthèse de toutes les couleurs : c'est la région de l'Unité principielle. Au dehors des divers cercles qui constituent l'Archéomètre, est supposé le noir, qui est l'absence de toute lumière, et par suite de toute couleur : c'est la région des Ténèbres Extérieures.

Les quatre triangles dont nous venons de parler sont ceux des quatre éléments : le premier, dont le sommet est en haut, est le triangle de Terre ; le second, dont le sommet est en bas, le triangle d'Eau ; le troisième, dont le sommet est à gauche, le triangle de Feu ; et enfin le quatrième, dont le sommet est à droite, le triangle d'Air.

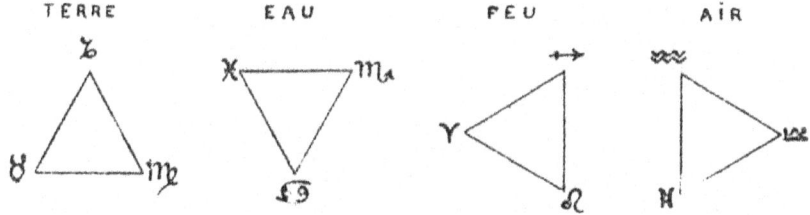

Les douze signes du Zodiaque correspondent trois par trois aux quatre éléments pris dans l'ordre suivant : Feu, Terre, Air, Eau. Ces douze signes sont les domiciles des sept planètes ; chaque planète a un domicile diurne et un domicile nocturne, sauf le Soleil et la Lune qui n'ont qu'un seul domicile chacun. Le Soleil étant considéré comme essentiellement diurne, et la Lune comme essentiellement nocturne, les planètes diurnes et nocturnes alternent régulièrement sur le parcours de la circonférence. On voit que les triangles de Feu et d'Air contiennent toutes les planètes diurnes, et que les triangles de Terre et d'Eau contiennent toutes les planètes nocturnes ; il importe de remarquer que ces derniers sont justement les deux triangles principaux.

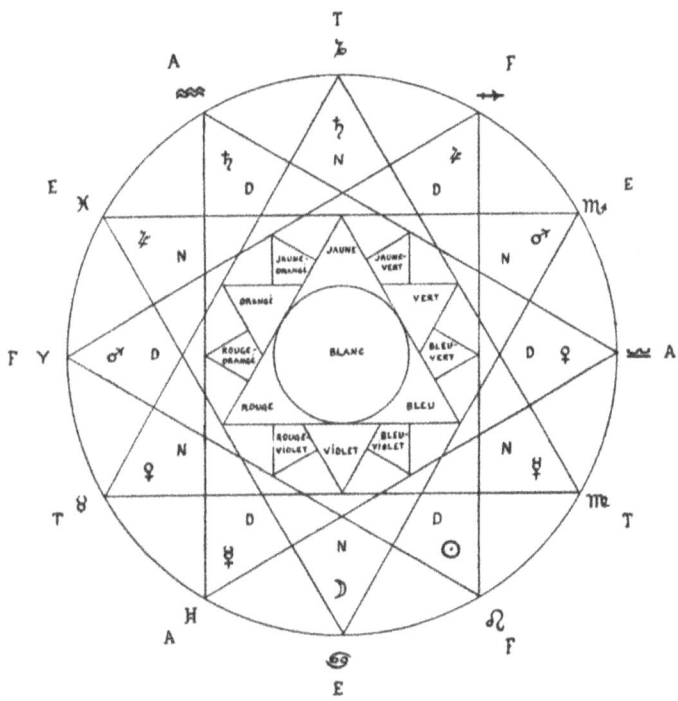

D'ailleurs, le tableau suivant fera ressortir plus clairement ce que nous venons de dire.

FEU (D)	TERRE (N)	AIR (D)	EAU (N)
♈	♉	♊	♋
♌	♍	♎	♏
♐	♑	♒	♓

Dans l'Archéomètre, chaque planète est située en face du signe zodiacal dans lequel elle a son domicile ; considérant successivement chacune des planètes, en ses domiciles, dans ses rapports avec les couleurs, voici les correspondances obtenues :

Saturne nocturne,	dans	le Capricorne,	correspond	au Jaune.
Saturne diurne,	—	le Verseau,	—	au Jaune-Orangé.
Jupiter diurne,	—	le Sagittaire,	—	au Jaune-Vert.
Jupiter nocturne,	—	les Poissons,	—	à l'Orangé.
Mars nocturne,	—	le Scorpion,	—	au Vert.
Mars diurne,	—	le Bélier,	—	au Rouge-Orangé.
Vénus diurne,	—	la Balance,	—	au Bleu-Vert.
Vénus nocturne,	—	le Taureau,	—	au Rouge.
Mercure diurne,	—	la Vierge,	—	au Bleu.
Mercure nocturne,	—	les Gémeaux,	—	au Rouge-Violet.
Le Soleil diurne,	—	le Lion,	—	au Bleu-Violet.
La Lune nocturne,	—	le Cancer,	—	au Violet.

À chaque planète, sauf au Soleil et à la Lune, correspondent deux couleurs : ce sont les couleurs des oxydes des métaux qui correspondent aux mêmes planètes, chaque métal ayant généralement au moins deux oxydes ; d'ailleurs, ce sont aussi les couleurs de la plupart des sels des mêmes métaux. Les correspondances des métaux avec les planètes sont les suivantes :

Soleil	....	Or.
Lune	....	Argent.
Saturne	....	Plomb.
Jupiter	....	Étain.
Mars	....	Fer.
Vénus	....	Cuivre.
Mercure	....	Vif-Argent.

Cependant, ces correspondances données par l'Archéomètre pour les couleurs ne concordent pas avec celles que l'on indique ordinairement : ainsi, on fait généralement correspondre le noir ou le gris à Saturne, le bleu ou le violet à Jupiter, le rouge à Mars, le jaune ou l'orangé au Soleil, le vert à Vénus, le blanc à la Lune ; quant à Mercure, on ne peut lui attribuer aucune couleur particulière. Cette divergence provient de ce que les couleurs données par l'Archéomètre sont les couleurs des *sels*, tandis que celles qu'on indique habituellement se rapportent plutôt à l'*aspect* des métaux eux-mêmes. Nous n'insisterons pas davantage ici sur ce point ; nous aurons l'occasion d'y revenir dans la suite de cette étude.

Nous laisserons aussi de côté pour le moment l'étude des correspondances astrologiques avec la musique, car elle demande de longs développements ; nous y reviendrons plus tard.

Nous arrivons maintenant aux correspondances avec les divers alphabets et les nombres ; cette étude est extrêmement importante, car elle donne la clef de toute l'herméneutique ; aussi sera-t-elle l'objet de la plus grande partie de ce travail.

Le plus important des alphabets que nous aurons à considérer ici pour le moment est l'alphabet *watan*. Cet alphabet, qui fut l'écriture primitive des Atlantes et de la race rouge, dont la tradition fut transmise à l'Égypte et à l'Inde après la catastrophe où disparut l'Atlantide, est la traduction exacte de l'alphabet astral. Il comprend trois lettres constitutives (correspondant aux trois personnes de la Trinité, ou aux trois premières *Séphiroth*, qui sont les trois premiers nombres d'où sont sortis tous les autres), sept planétaires et douze zodiacales, soit en tout vingt-deux caractères correspondant aux vingt-deux lettres de la seconde langue dont parle le Phil∴ Inc∴ C'est cet alphabet, dont Moïse avait eu connaissance dans les Temples d'Égypte, qui devint le premier alphabet hébraïque, mais qui se modifia ensuite au cours des siècles, pour se perdre complètement à la captivité de Babylone. L'alphabet primitif des Atlantes a été conservé dans l'Inde, et c'est par les Brahmes qu'il est venu jusqu'à nous[514] ; quant à la langue atlante elle-même, elle avait dû se diviser en plusieurs dialectes, qui devinrent peut-être même avec le temps des langues indépendantes, et c'est l'une de ces langues qui passa en Égypte ; cette langue égyptienne fut l'origine de la langue hébraïque, d'après Fabre d'Olivet.

On trouvera, à la page suivante, un tableau montrant les correspondances des nombres avec les caractères de l'alphabet *watan*, ceux de l'alphabet hébraïque, les planètes et les signes zodiacaux.

---

[514] Cf. Saint-Yves d'Alveydre, *Notes sur la Tradition Cabalistique*.

Écrits sous la signature de Palingénius

N° D'OR-DRE	VALEUR NUMÉRIQUE	ALPHABET WATAN	LETTRES HÉBRAÏQUES CORRESPOND^{TES}	CORRESPONDANCES DES LETTRES CONSTITUTIVES	LETTRES PLANÉTAIRES	LETTRES ZODIACALES
1	1	—	א	I		
2	2	⊖	ב		☽	
3	3	ↄ	ג		♀	
4	4	⌒	ד		♃	
5	5	ℓ	ה			♈
6	6	ϱ	ו			♉
7	7	γ	ז			♊
8	8	P	ח			♋
9	9	∩	ט			♌
10	10	∽	י			♍
11	20	♂	כ		♂	
12	30	m	ל			♎
13	40	•—•	מ			♏
14	50	⌒	נ		☉	
15	60	••	ס	II		
16	70	m	ע			♐
17	80	△	פ			♑
18	90	♀	צ		☿	
19	100	×	ק			♒
20	200	∕	ר			♓
21	300	△	ש		♄	
22	400	∽	ת	III		

Après avoir expliqué sommairement la constitution de l'Archéomètre, nous allons étudier successivement, d'une manière plus approfondie, chacun des éléments qui le composent.

Les deux triangles principaux à considérer sont :

1° Le triangle droit, avec les couleurs jaune, bleue et rouge ; il est appelé le *Triangle du Verbe et de la Terre du Principe, et de l'Immanation des Vivants en Lui* ; il correspond au nom de *Jésus* ;

2° Le triangle renversé, avec les couleurs verte, violette et orangée ; il est appelé le *Triangle des Eaux Vives*, des *Origines*, ou de la *Réfraction du Principe Éternel dans l'Embryogénie Temporelle* ; il correspond au nom de *Marie*.

Le Triangle de la Terre du Principe ou de la Terre Céleste (*Swargabhoumi*), correspond à la Montagne qui est au centre du Monde (le *Mérou*), dont le sommet est le séjour d'*Ishwara* (*Mahâ-Dêva*), dans la sphère de *Sani* ou de Saturne. Le diamètre vertical est l'axe nord-sud du Monde[515], qui va du sommet du *Mérou* (pôle nord, solstice d'hiver ou Capricorne, domicile de Saturne) au fond de l'Abyme des Grandes Eaux (pôle sud, solstice d'été ou Cancer, domicile de la Lune). La ligne horizontale représente la surface de l'Océan des Grandes Eaux (réservoir des possibilités, ou passivité universelle) ;

---

[515] Il semble tout d'abord qu'il ne puisse y avoir ni nord ni sud dans le Zodiaque, qui coupe la sphère universelle suivant le grand cercle horizontal (Équateur, supposé coïncidant complètement avec le plan de l'Écliptique, ce qui n'est pas réalisé dans le système solaire matériel, toujours supposé rapporté à la terre), mais il faut supposer que, pour situer le commencement de l'année dans le Zodiaque, après avoir choisi l'orientation dont il question un peu plus loin (axe occident-orient), on rabat sur le plan horizontal le grand cercle perpendiculaire, c'est-à-dire vertical, ayant cet axe pour diamètre horizontal, ce qui fait coïncider avec la ligne des solstices l'axe vertical qui joint le sommet du *Mérou* au fond des Grandes Eaux, et ce qui détermine en même temps le point de départ de l'année ; on peut dire alors que, dans le Zodiaque, la ligne des solstices est l'axe nord-sud.

La figure entière est une projection de l'ensemble de l'Univers sur la surface des Grandes Eaux, rapportée au point central de cette surface (son point de rencontre avec l'axe vertical).

le *Mérou* se réfléchit dans cet Océan, au milieu duquel il s'élève[516].

Le triangle de Terre, droit, représente dans cette figure l'élément actif (le Verbe), et le triangle d'Eau, renversé, représente l'élément passif (*Mariah* ou *Mâyâ*) ; ces deux triangles forment le signe de la Création (sénaire) ; le triangle passif est le reflet du triangle actif, ce qui exprime la loi de l'analogie, formulée par Hermès : ce qui est en haut est comme ce qui est en bas, mais en sens inverse[517].

Les deux axes de la figure forment la croix, qui, par rotation autour de son centre, engendre le cercle ; par rotation dans trois plans formant un trièdre trirectangle, elle engendrera la sphère (Œuf du Monde)[518].

Si l'on fait tourner la figure d'un quart de cercle dans son plan (sens direct de rotation, c'est-à-dire vers la gauche en partant du haut), on obtient les deux triangles de Feu et d'Air, le triangle de Feu ayant remplacé celui de Terre (élément actif), et le triangle d'Air ayant remplacé celui d'Eau (élément passif) ; on voit alors que les éléments secs sont actifs et que les éléments humides sont passifs. La ligne qui joint les sommets de ces deux nouveaux triangles est le

---

[516] On situe le *Mérou* au pôle nord, où le Soleil peut effectuer une révolution diurne tout entière, sans descendre au-dessous de l'horizon, et où même, si le plan de l'Écliptique coïncidait avec celui de l'Équateur, le Soleil ne quitterait jamais l'horizon (voir à ce sujet les textes védiques). Dans l'état de choses actuel, notre système solaire étant rapporté à la Terre (ces deux plans ne coïncidant pas), le Soleil accomplit sa révolution diurne avec la portion de l'Écliptique où il se trouve pendant ce temps, et qui occupe sur la sphère céleste une longueur d'un degré ; le Soleil décrit donc ainsi chaque jour sur la sphère céleste sensiblement un cercle parallèle à l'Équateur (ce cercle n'est pas fermé en réalité), et, si ce cercle se trouve au-dessus (ce qui a lieu pendant la moitié de l'année où le Soleil est au nord de l'Équateur), le Soleil ne cessera pas d'éclairer le pôle nord pendant tout ce temps ; par contre, pendant l'autre moitié de l'année, où le Soleil est au sud de l'Équateur, éclairant le pôle sud, le pôle nord restera plongé dans l'obscurité.

[517] Le triangle renversé est le symbole de la *Yoni*, l'emblème féminin ; au contraire, le triangle droit est un symbole masculin analogue au *Linga*.

[518] Dans l'Œuf du Monde (*Brahmânda*), la manifestation de *Brahmâ* (le Verbe créateur) comme *Pradjapâti* (Seigneur des créatures, identique à *Adhi-Manou*), qui est aussi appelé *Virâdj*, naît sous le nom d'*Hiranya-Garbha* (Embryon d'or), qui est le principe igné involué, que les Égyptiens regardaient comme la manifestation de *Phtah* (*Héphaïstos* des Grecs).

diamètre de la surface des Grandes Eaux qui joint l'orient à l'occident ; elle unit les deux équinoxes, comme l'axe nord-sud, qui lui est perpendiculaire, unit les deux solstices. Pour s'orienter sur cette ligne horizontale, il faut savoir laquelle des deux extrémités correspond à l'occident, et laquelle correspond à l'orient ; étant donné que ces deux extrémités correspondent d'autre part respectivement à l'équinoxe de printemps (Bélier, domicile de Mars) et à l'équinoxe d'automne (Balance, domicile de Vénus), on voit qu'il faut pour cela choisir une origine sur le cercle horizontal (perpendiculaire au plan de la figure, sa trace sur celui-ci étant le diamètre horizontal), qui est la section diamétrale horizontale de l'Œuf du Monde, dont les Grandes Eaux occupent la moitié inférieure ; ce qui signifie qu'il faut déterminer l'époque à laquelle on fait commencer l'année, et que c'est de là que dépendra la solution de ce problème d'orientation.

Si l'on joint deux à deux les autres angles opposés de ces quatre triangles, on obtient deux autres croix qui sont des positions particulières et intermédiaires de la première croix considérée au cours de sa rotation autour de son centre dans le plan de la figure. On voit d'ailleurs que, dans cette rotation, chaque sommet peut occuper n'importe quelle position ; il les occupe toutes successivement, parcourant ainsi tout le Zodiaque ; sa position dépendra encore du point de départ donné à l'année, si l'on place en haut ce point de départ. Si nous considérons en particulier le cas où les deux triangles de Feu et d'Air sont devenus les deux triangles principaux, le triangle de Feu droit, et le triangle d'Air renversé, ce qui correspond à une rotation d'un quart de cercle, le commencement de l'année est alors à l'équinoxe de printemps (15ème degré du Bélier), au lieu d'être, comme dans la figure primitive, au solstice d'hiver (15ème degré du Capricorne). Dans ce cas, symboliquement, le Mont *Mérou* sera remplacé par une colonne de feu soutenant le Monde, et la coupe contenant les Eaux devient, pour continuer son rôle d'emblème du principe passif, un symbole de l'Air, comme on le voit dans les correspondances du Tarot[519].

---

[519] Dans le Tarot, le principe passif, figuré par la *coupe*, correspond à l'Air, mais le principe actif, figuré par le *bâton*, correspond à la Terre ; l'*épée*, qui représente l'union de ces deux principes, correspond au Feu, et le *denier*, qui symbolise le produit de cette union, correspond à l'Eau. Si l'on considérait la genèse des quatre éléments à partir de l'Éther primordial, la disposition serait tout autre : l'Air, première différenciation de l'Éther, se

Ce déplacement de l'origine de l'année, avec toutes ses conséquences, caractérise la modification apportée dans l'exposé de la Tradition (les Livres Sacrés)[520], au début du *Kali-Youga*[521] (rôle de *Krishna*).

La modification qui correspond au commencement de l'année à l'équinoxe de printemps (au lieu du commencement régulier au Solstice d'hiver) est celle qui donne naissance aux religions naturalistes (Ioniens, Phéniciens) et aux philosophies atomistes (Kanâda, Démocrite). Les traditions ainsi déformées deviennent lunaires, féminines, tandis que les traditions basées sur l'Archéométrie primitive sont solaires, masculines.

Le Triangle de la Terre du Principe est le Triangle du Verbe ; mais, si l'on considère en particulier ses trois angles, ils appartiennent respectivement : le premier (א) à la Vierge Céleste[522] ; le second (ב), qui est le sommet, au Verbe lui-même et à ses manifestations ; le troisième (ר) au Saint-Esprit. De même, les couleurs qui correspondent à ces trois angles se rapportent corrélativement : le bleu à la Vierge, le jaune au Verbe, le rouge à l'Esprit ; le blanc, qui est au

---

polariserait alors en Feu, élément actif, et Eau, élément passif, et l'action du Feu sur l'Eau donnerait naissance à la Terre. Ceci montre que les correspondances diffèrent suivant le point de vue que l'on envisage.

[520] Les Livres Sacrée sont l'expression de la Sagesse divine adaptée à la compréhension humaine, et c'est pourquoi, chez les Égyptiens, ils étaient attribués à *Thoth* ou *Hermès* ; ils ne sont pas l'œuvre d'individualités, mais de l'Université sacerdotale qui est, sur la terre, la manifestation immanente de la Sagesse. Celle-ci peut, dans certains cas, prendre pour organe un individu (Moïse, Orphée, etc.), mais alors ce dernier, dans son rôle de révélateur ou d'adaptateur de la Tradition, perd son individualité, ce qui est symbolisé par l'échange de son nom profane contre un nom initiatique.

[521] Le *Kali-Youga* commence 36 ans après la mort de *Krishna* ; de même, 36 ans après la mort du Christ (ou plus exactement de Jésus, considéré comme manifestation terrestre du principe *Christos*, car la mort ne peut pas atteindre un principe, mais seulement l'individualité *symbolique* qui manifeste ce principe *pour nous*), c'est-à-dire en l'an 70, a lieu la destruction de Jérusalem par les Romains, commencement de la dispersion définitive des Juifs, qui correspond pour eux à l'ère du *Kali-Youga*. Il y a là un rapprochement à signaler, et sur lequel nous aurons d'ailleurs à revenir par la suite, lorsque nous étudierons la succession des manifestations de Vishnou et leurs rapports.

[522] Cette lettre est féminine dans l'alphabet *watan*, ainsi que dans l'alphabet sanscrit, tandis que sa correspondante dans l'alphabet hébraïque est au contraire masculine.

centre, est alors la couleur du Père, c'est-à-dire du Principe lui-même, le jaune étant celle de sa manifestation primordiale. Le ternaire formé par ces trois angles se reflète en un autre ternaire (la Trinité de *Mâyâ*), formé par ceux du Triangle des Grandes Eaux ; ce second ternaire désigne alors l'illusion (reflet, Création Démiurgique ou extra-principielle) que l'homme doit détruire en lui pour habiter la Terre des Vivants (Triangle opposé), qui est le lieu de la Vérité (*Satya-Loka*), le domaine de la Connaissance (*Djnâna*, Γνῶσις) par laquelle est dissipée toute illusion (forme, monde extérieur).

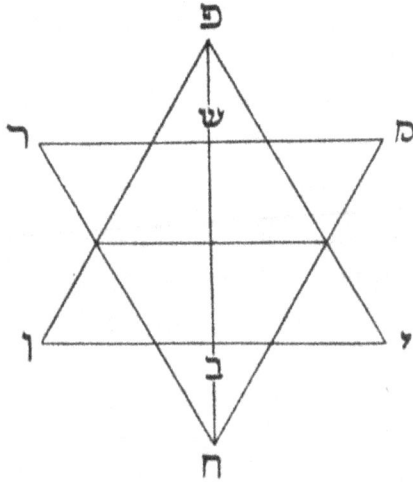

La première lettre du Triangle de la Terre des Vivants est י, la Royale des alphabets solaires et archéométriques ; son reflet dans le Triangle des Grandes Eaux est מ, Royale des systèmes alphabétiques lunarisés et, par conséquent, désarchéométrés. Le reflet de ו, de même, est ר ; enfin, à פ, zodiacale du Capricorne, qui occupe le sommet de la Terre des Vivants, correspond ח, zodiacale du Cancer, qui occupe le fond des Grandes Eaux ; la planétaire de פ est ש, lettre de Saturne, et celle de ח est ב, lettre de la Lune.

Les lettres du Triangle de la Terre des Vivants forment les noms du Verbe et de ses manifestations directes (par émanation, et non par réflexion) : IPhO (ou *Fo-hi*) et IShO ou OShI (*Ishwa-Ra*, Jésus-Roi, et *Oshi-Ri* ou *Osiris*). Les lettres du Triangle des Grandes Eaux forment le nom de MaRiaH (ou *Mâyâ*, la lettre R se retranchant ou s'ajoutant fréquemment dans les racines sanscrites), manifestation de la Vierge Céleste dans le domaine de l'Embryogénie temporelle, et celui du Verbe manifesté par elle (réflexion du Principe au sein des Grandes Eaux) et agissant comme Créateur (BRaHMâ). Lu dans l'autre sens, le nom de MaRiaH devient celui de HeRMès, le Psychopompe, le conducteur des âmes montantes et descendantes.

Avant d'étudier avec plus de détails ces noms et tous ceux qu'on peut obtenir par les combinaisons de ces mêmes lettres, nous devrons d'abord donner des généralités sur l'alphabet *watan*.

(*À suivre.*)

L'ARCHÉOMÈTRE (suite)[523]

Nous avons vu précédemment que l'alphabet watan, comme tout alphabet solaire et par conséquent régulier, comprend vingt-deux lettres se divisant en trois constitutives correspondant aux trois Principes divins, sept doubles correspondant aux sept planètes, et enfin douze simples correspondant aux douze signes zodiacaux ; nous étudierons par la suite les raisons de ces divisions.

On trouvera dans le tableau que nous avons donné plus haut (p. 186) les correspondances des différentes sortes de lettres telles qu'elles sont données par l'Archéomètre, mais il importe de remarquer que ce ne sont pas celles qu'indique le *Sépher Ietzirah* pour l'alphabet hébraïque. En effet, l'ancien alphabet s'étant perdu à l'époque de la captivité de Babylone, lorsque Esdras voulut reconstituer le texte de la *Thorah*, il se servit d'une écriture kaldéenne, ou plus exactement assyrienne, qui est l'écriture hébraïque dite carrée, encore employée aujourd'hui[524]. Le nouvel alphabet eut vingt-deux lettres comme l'ancien, mais les correspondances furent modifiées et devinrent celles que l'on

---

[523] [Paru en septembre-octobre 1910 (n° 10 1909-1910).]

[524] Cet alphabet est d'ailleurs désigné comme assyrien dans la figure principale de l'Archéomètre (voir la planche hors texte[(dans l'article précédent)]).

retrouve dans le *Sépher Ietzirah*.

D'après l'Archéomètre, les correspondances sont les suivantes[525] :

Voici maintenant quelles sont les modifications dont nous venons de parler. On a permuté מ et ס, ש et ת, de façon à remplacer le mot אסת (*Asoth*), formé par l'ensemble des trois lettres constitutives, par אמש (*Emesh*)[526] ; on a permuté également ג et פ, ר et צ. Aux planétaires placées dans l'ordre alphabétique, on a fait correspondre les planètes dans l'ordre astrologique (en commençant par Saturne), ce qui change totalement les correspondances, bien que, parmi les sept nouvelles planétaires, on retrouve quatre des anciennes[527].

---

[525] Ce tableau et le suivant doivent être lus de droite à gauche ; nous avons adopté cette disposition à cause des correspondances hébraïques qui y sont indiquées (on sait que l'hébreu se lit de droite à gauche).

[526] En permutant seulement מ et ס, on a le mot אמת (*Emeth*), qui, en hébreu, signifie Vérité. – En lisant de gauche à droite le mot אמש (*Emesh*), ce mot devient *Shéma*, autre forme du mot *Shem* (שם), le Nom, désignation du Nom par excellence, du Nom qui contient tous les noms, c'est-à-dire du Tétragramme Divin.

[527] Ce sont les quatre premières dans l'ordre alphabétique : ב, qui correspond à Saturne au lieu de correspondre à la Lune ; ג, qui correspond à Jupiter au lieu de correspondre à Vénus ; ד, qui correspond à Mars au lieu de correspondre à Jupiter ; כ, qui correspond au Soleil au lieu de correspondre à Mars. – Parmi les planètes, il n'y a que Mercure qui occupe le même rang (l'avant-dernier) dans les deux correspondances.

Les sept premières zodiacales restent les mêmes ; mais ensuite on replace ב à son rang alphabétique, ce qui le fait correspondre au Scorpion (auquel correspondait primitivement מ), et fait en même temps reculer d'un rang toutes les zodiacales suivantes. Finalement, les nouvelles correspondances sont donc celles-ci :

Ces correspondances sont celles que l'on trouve dans le *Sépher Ietzirah*.

Nous devons encore ajouter à ce qui précède une remarque sur l'ordre des lettres planétaires dans l'alphabet watan.

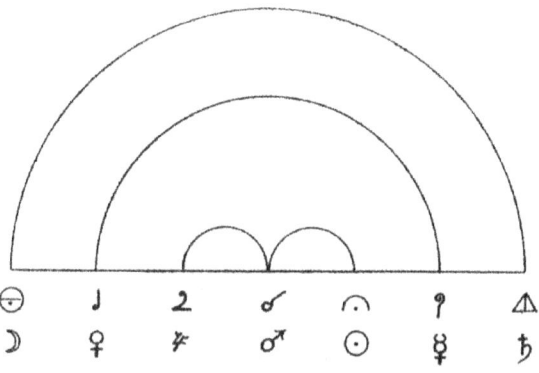

Comme il est facile de le voir, Saturne occupe ici le dernier rang ; les trois planètes suivantes, Jupiter, Mars et le Soleil, correspondent, dans leur ordre astrologique, aux trois lettres centrales prises dans l'ordre alphabétique ; Vénus et Mercure correspondent respectivement à la seconde lettre et à l'avant-dernière ; enfin, la Lune occupe le premier rang, de sorte que les deux planètes extrêmes, Saturne et la Lune, sont placées aux deux extrémités de la série des lettres planétaires.

Quant aux lettres zodiacales, leur ordre alphabétique correspond à l'ordre naturel des signes auxquels elles se rapportent.

En additionnant les valeurs numériques des lettres constitutives, d'après l'Archéomètre (A = 1, S = 60, Th = 400), on trouve 461, ou DVA (en remplaçant les chiffres par les lettres correspondantes), en sanscrit *Déva*, divinité ; 4 + 6 + 1 = 11, qui est le nombre de la Force[528]. Les valeurs numériques des lettres planétaires additionnées (B = 2, G = 3, D = 4, C = 20, N = 50, Ts = 90, Sh = 300) donnent 469, ou DVT, en sanscrit *Dêvata*, déité ; 4 + 6 + 9 = 19, 1 + 9 = 10 = י, le principe. De même, les valeurs numériques des lettres zodiacales (H = 5, V = 6, Z = 7, H' = 8[529], T = 9, I = 10, L = 30, M = 40, Ô = 70, Ph = 80, K = 100, R = 200) donnent 565, ou היה, Vie absolue, équivalant au sanscrit *Jîva*, la Vie universelle ; l'ensemble des lettres planétaires et des lettres zodiacales, considérées de cette façon, donne donc יהוה, et ainsi elles sont toutes contenues en principe dans le Tétragramme[530]. En additionnant les valeurs des 22 lettres, on a : 461 + 469 + 565 = 1495, ou ADTE, en sanscrit *Aditî*[531],

---

[528] Voir la lame correspondante du Tarot ; on trouvera d'ailleurs dans la suite quelques explications sur ce point.

[529] Nous transcrivons le ח hébraïque par H', et le ע par Ô.

[530] Il importe de remarquer que l'ensemble des lettres planétaires, synthétisé par י, représente la partie mobile de la figure, circulant devant la partie fixe, qui est le Zodiaque, et qui, dans le Tétragramme, correspond à l'ensemble des lettres הוה. – Le Zodiaque est fixe *en lui-même* ; mais il est mobile *par rapport à nous* dans le parcours d'une année ou d'un cycle quelconque (tel que celui de la précession des équinoxes), et, pour cette raison, on doit alors regarder la figure tout entière comme tournant autour de son centre.

[531] En sanscrit, la lettre î, comme terminaison féminine, équivaut au ה hébraïque. – D'ailleurs, ainsi que nous l'avons déjà fait remarquer, dans l'alphabet sanscrit, la lettre I consonne (Ya) est aussi un signe féminin, comme dans l'alphabet watan ; il en est encore de

indivisible vie ; d'ailleurs, 1 + 4 + 9 + 5 = 19, 1 + 9 = 10, car l'alphabet tout entier est contenu en potentialité dans י, le principe[532].

De ce qui précède, il ressort donc que les lettres mères ou constitutives correspondent à l'idée de Divinité, les lettres planétaires à l'idée de Principe, et en particulier de Principe actif, et enfin les lettres zodiacales à celle de milieu vital dans lequel s'exerce l'action du Principe.

On remarquera que, sur les 22 lettres constituant l'alphabet watan, il n'y en a que 19 qui figurent dans l'Archéomètre[533], 12 zodiacales, ou simples, et 7 planétaires, ou doubles[534] ; il en manque donc 3, qui sont justement les trois lettres mères ou constitutives : ▬▬ (A), ·· (S), et ⌒ (Th), dont nous avons maintenant à étudier la formation.

Si l'on sectionne, suivant le diamètre horizontal, la figure circulaire constituant l'ensemble de l'Archéomètre, de façon à la partager en deux demi-cercles, et si l'on fait ensuite accomplir au demi-cercle supérieur une rotation autour de la tangente à l'extrémité droite du diamètre horizontal (parallèle à l'axe vertical de la figure), de façon à lui faire occuper par rapport à celle-ci une position symétrique de sa position primitive[535], on obtient une figure

---

même de l'Υ grec.

[532] Le י hébraïque représente le principe masculin ou actif (le Verbe) ; la lettre correspondante de l'alphabet watan désigne aussi le principe, mais sous son aspect féminin (la Vierge Céleste), et c'est à ce principe féminin que fait allusion le mot בראשית, par lequel commence la Genèse.

[533] Ce nombre correspond à un cycle de 19 ans, employé dès la plus haute antiquité, et auquel les Kaldéens donnèrent le nom de *Saros* ; nous aurons à en en parler dans la suite.

[534] Sur la figure principale (voir la planche hors texte), les lettres simples ou zodiacales, ainsi que leurs correspondances avec celles des autres alphabets, occupent la troisième zone à partir du cercle extérieur ; les lettres doubles ou planétaires occupent la quatrième zone ; comme ces dernières sont naturellement en nombre égal aux planètes, c'est-à-dire sept, elles sont placées dans les douze divisions du cercle de la même façon que les planètes, suivant les domiciles diurnes et nocturnes ; cinq d'entre elles sont donc répétées deux fois.

[535] En réalité, dans la figure suivante, le diamètre horizontal n'est pas le même que celui de la figure principale, mais fait avec ce dernier un angle de 15 degrés, de sorte que l'extrémité gauche du nouveau diamètre horizontal coïncide avec le commencement du signe du Bélier

synthétique représentant l'ensemble des lettres ____ (A), · · (S), et ∽ (Th) ; (A) est formé par le diamètre horizontal, (S) par les points centraux, et (Th) par le développement de la circonférence. La réunion de ces trois lettres forme le mot ASoTh, ainsi que nous l'avons déjà dit précédemment.

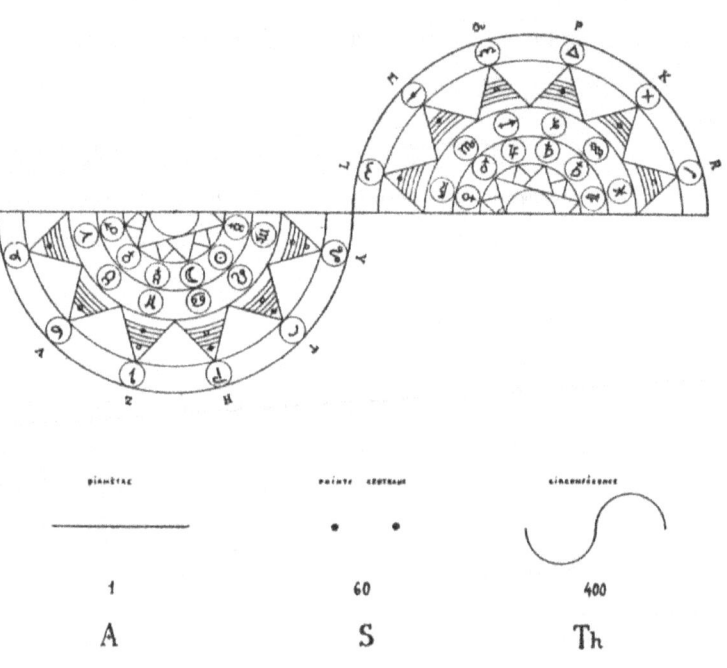

La lettre (A) représente l'unité, (S) le binaire, et (Th) la multiplicité. Dans le monde envisagé par rapport à nous, l'unité correspond à l'esprit, la multiplicité à la matière, et le terme intermédiaire ou équilibrant est la vie ; par suite, l'ensemble de ces trois lettres peut être regardé comme représentant

---

(l'extrémité correspondante de l'ancien coïncidant avec le milieu du même signe).

l'Univers divisé en trois plans : spirituel[536], astral[537], et matériel[538]. À un point de vue plus universel, et en même temps plus métaphysique, on peut dire que le premier terme correspond au Principe divin, subsistant en soi et par soi, indépendamment de toute action et de toute manifestation ; le second terme représente l'action du Principe, qui produira toutes les manifestations en s'exerçant sur la Passivité universelle (principe féminin), qui contient toutes les possibilités[539], et qui est figurée par le troisième terme. Si l'on applique ceci à un être, le premier terme est le principe spirituel, le Soi (*Âtmâ*) ; le second est

---

[536] Le plan spirituel ou divin est le monde principiel, qui correspond au centre dans la figure de l'Archéomètre ; c'est le plan de l'Être pur ou de l'Unité.

[537] C'est le domaine des Forces cosmiques, que l'on devrait plutôt, à ce point de vue, appeler plan vital ou énergétique ; mais la dénomination de plan astral, due à Paracelse, est plus habituellement employée, parce que ces Forces cosmiques, lorsqu'on les considère dans le monde physique, et en particulier dans le système solaire, sont les Forces astrales. Le symbole ⁚ représente la polarisation de la Force universelle, de même que le nombre 11, qui exprime également le Binaire équilibré, et qui correspond à la lettre ⊃, planétaire de Mars dans l'alphabet watan. Cette lettre occupe le milieu dans le septénaire des planétaires ; en sanscrit, elle est l'initiale du nom de *Karttikeya* (appelé aussi *Skanda*), le chef de la Milice Céleste, et de celui de *Kâma*, le Désir, aspect principiel de la Force universelle. – Le plan astral comprend les sept sphères planétaires, suivant lesquelles sont réparties analogiquement les Forces cosmiques ; par suite, dans la figure de l'Archéomètre, il correspond à la zone planétaire. Enfin, c'est le plan du Verbe ou du Principe actif, contenant en puissance toutes les manifestations de l'Être, et dont la polarisation (par réflexion à la surface des Grandes Eaux) est figurée dans le *Zohar* par le *Macroprosope* et le *Microprosope*.

[538] Ce mot désigne tout ce qui est contenu en puissance dans l'Éther primordial, c'est-à-dire l'ensemble de toutes les possibilités matérielles, et non pas seulement le monde physique (au sens le plus habituel de ce mot), qui n'est que la manifestation d'une possibilité matérielle particulière. L'Éther est le milieu cosmique (*Âkâça*) sur lequel s'exerce l'action du Verbe Créateur ; ce milieu correspond, dans la figure de l'Archéomètre, à la zone extérieure, c'est-à-dire à l'enveloppe zodiacale. – Dans le système solaire rapporté à la Terre, il faut renverser l'analogie : le monde principiel est représenté par les cieux supérieurs aux sphères planétaires (ciel des étoiles fixes, premier mobile et ciel empyrée), et le domaine de la réalisation matérielle est représenté par le monde sublunaire, c'est-à-dire par la Terre elle-même enveloppée de son atmosphère ; l'ensemble des sept sphères planétaires continue à correspondre au plan astral ou monde intermédiaire. Ceci indique les correspondances des trois lettres (A), (S) et (Th), si on les rapporte spécialement au système solaire.

[539] L'ensemble des possibilités formelles et informelles, et non plus seulement les possibilités matérielles, qui ne constituent qu'une possibilité particulière parmi les possibilités formelles.

l'être en tant qu'il se manifeste (*jîvâtmâ*) ; enfin, le troisième est le milieu dans lequel se produisent les manifestations de l'être, ou l'ensemble des cycles ou stades à travers lesquels évoluent ces manifestations. On peut regarder par conséquent l'ensemble des deux premières lettres, *As*, comme désignant l'être indépendamment de son milieu, tandis que *Asoth*, à ce point de vue, désignera l'être situé dans le milieu où s'accomplit son évolution.

Le symbole hiéroglyphique exprimé par le mot *Asoth* peut être figuré de la façon suivante :

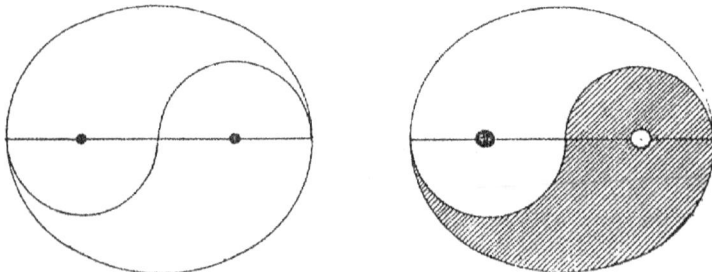

Et l'on a ainsi un symbole qui se retrouve jusqu'en Chine[540], ce qui montre

---

[540] Le symbole de l'*Yn-yang* ; pour son explication métaphysique, voir Matgioi, *La Voie Métaphysique*, pp. 129 et suivantes. – Cependant, il faut remarquer que, dans la figure habituelle de l'*Yn-yang*, l'ellipse est remplacée par son cercle principal (cercle qui a le grand axe pour diamètre) ; l'ellipse elle-même peut être regardée comme la projection orthogonale, sur son plan primitif, de ce cercle ayant tourné d'un certain angle autour de son diamètre horizontal, qui devient le grand axe, tandis que le petit axe est la projection du diamètre vertical ; l'angle du plan du cercle, dans la position considérée, avec le plan de la figure (un demi-cercle se trouvant ainsi au-dessus de ce plan et l'autre au-dessous), est déterminé par le rapport du petit axe au grand axe, rapport qui est égal au cosinus de cet angle. – Déterminons cet angle dans le cas où les foyers de l'ellipse coïncident avec les deux points centraux, cas qui est celui des deux figures précédentes. La distance focale est alors égale à la moitié du grand axe, et celui-ci est double du diamètre du cercle extérieur de l'Archéomètre ; si l'on désigne par le rayon de ce cercle, par la moitié du grand axe, par la moitié du petit axe, par la demi-distance focale, on a : $a = 2r, c = \dfrac{a}{2} = r$. D'autre part, la longueur du petit axe est donnée par la formule : $b^2 = a^2 - c^2$, qui, en remplaçant a et c par leurs valeurs en fonction de r, devient : $b^2 = 4r^2 - r^2 = 3r^2$, d'où $b = r\sqrt{3}$; on a donc pour le rapport des deux axes de l'ellipse : $\dfrac{b}{a} = \dfrac{\sqrt{3}}{2}$. Par suite, si l'on

encore que toutes les traditions, même les plus différentes en apparence, proviennent originellement d'une source commune.

C'est la figure de l'Œuf du Monde au sortir du chaos, ce que la Genèse décrit comme la séparation du jour et de la nuit, de la lumière et des ténèbres, séparation qui n'est d'ailleurs opérée qu'en principe, car le caractère binaire de ce symbole n'existe qu'en tant que nous le considérons comme tel, pour concevoir le Monde sous un aspect intelligible. Cette conception de l'Œuf du Monde (*Brahmânda*), que l'on retrouve au début de toutes les Cosmogonies, peut être envisagée par analogie avec la constitution de la cellule dans un organisme vivant, animal ou végétal. Une cellule comprend trois éléments principaux : un noyau, du protoplasma et une membrane ; on voit déjà par là que l'on pourrait faire correspondre le noyau à ____, le protoplasma à • •, et la membrane à ⌣, car l'unité est toujours ce qu'il y a de plus central, de plus intérieur, et l'apparence extérieure est la multiplicité. De plus, le noyau est formé par une modification ou une différenciation, une sorte de condensation du protoplasma environnant (condensation qui est indiquée par une plus grande réfringence), et il comprend un certain nombre de chromosomes constituant les éléments essentiels du filament nucléaire, qui se divise dans la karyokinèse (processus de la bipartition cellulaire) ; dans le protoplasma, au voisinage du noyau, existent deux sphères directrices ou centrosomes, qui correspondent exactement ici aux deux points de la lettre ; ces deux sphères sont les centres de forces, ou, si l'on veut, les pôles de la cellule, analogues aux deux foyers de l'ellipse, et jouent un grand rôle dans la division cellulaire, rôle qui leur a valu leur nom de sphères directrices[541].

On doit retrouver les mêmes éléments dans le Monde, et en particulier

---

désigne par X l'angle cherché, cet angle étant compris entre 0 et $\dfrac{\pi}{2}$ (car il est bien entendu qu'il s'agit du dièdre aigu formé par les deux plans : les valeurs comprises entre $\dfrac{\pi}{2}$; et π, et correspondant à un dièdre devenu obtus lorsque la rotation continue, correspondraient à des positions de l'ellipse symétriques des précédentes par rapport au diamètre horizontal), l'angle X sera déterminé par la condition : $\cos X = \dfrac{\sqrt{3}}{2}$.

[541] Nous n'entrerons pas ici dans plus de détails sur ce sujet ; on peut trouver de plus amples explications dans n'importe quel traité de physiologie.

dans un système solaire, qui est une cellule de l'Univers ; ici, le noyau devra être regardé comme formé par l'ensemble des planètes, le protoplasma est constitué par l'Éther interplanétaire, et la membrane est l'enveloppe zodiacale. Sous l'action des deux centres de forces correspondant aux deux sphères directrices, l'un visible et l'autre invisible (que l'on peut, si l'on veut, appeler symboliquement le soleil blanc et le soleil noir), l'Éther primordial homogène, ותהו ובהו, invisible et sans forme, qui n'est encore qu'en puissance d'être, à l'état de pure possibilité, se différencie et s'organise suivant des lignes de force qui, théoriquement, sont des ellipses concentriques ayant pour foyers les deux centrosomes. Cette différenciation, qui est une condensation, produit la matière physique sous ses quatre états : radiant, gazeux, liquide et solide, qui sont les quatre éléments des anciens (Feu, Air, Eau et Terre) ; l'Éther lui-même, l'*Âkâça* des Hindous, est le cinquième élément, la Quintessence des alchimistes[542]. La matière physique ainsi produite forme les planètes et leurs satellites, qui constituent alors comme autant de chromosomes restant séparés au lieu d'être réunis comme dans la cellule ; c'est pourquoi on peut dire, analogiquement, que leur ensemble constitue le noyau du système solaire.

L'Éther ou la Quintessence est donc l'élément primitif, l'unique corps simple dont tous les autres ne sont que des modifications ; c'est l'Éther qui, en se condensant à divers degrés, a produit successivement les quatre éléments physiques[543] ; mais il ne faut pas confondre cet Éther (ni à plus forte raison

---

[542] *Quinta essentia*, cinquième essence ; l'Éther est le premier et le dernier des éléments, puisqu'il contient les quatre autres, qui en procèdent par différenciation, et qui s'y résorbent finalement pour retourner à l'état de non-manifestation ou d'indifférenciation primordiale.
[543] Bien que l'état le plus subtil de la matière physique soit l'état radiant, qui correspond à l'élément Feu, on considère habituellement en premier lieu l'Air, élément neutre ou équilibré, dont la polarisation produit le Feu, élément actif ou masculin (correspondant au Soufre des Philosophes) ; et l'Eau, élément passif ou féminin (correspondant au Mercure des Philosophes) ; l'action du Feu sur l'Eau donne naissance à la Terre, que Fabre d'Olivet définit comme « l'élément terminant et final » (correspondant au Sel des Philosophes, qui, lorsqu'il aura été vivifié par l'*Asoth*, deviendra la Pierre Philosophale). – Dans le mot אמש (formé par les lettres constitutives de l'alphabet hébraïque d'après le *Sépher Ietzirah*, comme nous l'avons dit plus haut), la lettre א représente le principe équilibrant, qui contient et unit les deux éléments complémentaires : l'Eau (מים), élément passif, représenté par מ, lettre féminine, et le Feu (אש), élément actif, représenté par ש, lettre masculine ; leur résultante,

l'élément Air) avec ce que les alchimistes appellent *Asoth*, car, tandis que l'Éther n'est que le principe plastique du monde matériel, l'*Asoth* est le principe spirituel des Forces astrales, qui, envisagées collectivement, sont alors appelées *Astaroth*[544].

Il est bien entendu que cet exposé de la constitution d'un système solaire est tout théorique et schématique ; d'ailleurs, le processus réel de formation doit être différent dans chaque cas particulier, mais on y retrouve toujours les mêmes analogies, car la multiplicité des manifestations matérielles procède d'un principe unique.

Nous bornerons là, du moins pour le moment, ces remarques déjà longues sur le mot ASoTh et ses significations ; nous devrions maintenant étudier le symbolisme des différentes lettres planétaires et zodiacales de l'alphabet watan, mais il sera nécessaire d'exposer tout d'abord certaines autres considérations générales, qui, comme tout ce qui précède, se rapportent encore à l'Archéomètre envisagé dans son ensemble.

(*À suivre.*)

L'ARCHÉOMÈTRE (suite)[545]

Nous devons maintenant considérer l'Archéomètre au point de vue de la division de l'année.

---

qui complète le quaternaire, n'est pas exprimée.

[544] Ce nom d'*Astaroth* (qu'on écrit aussi *Ashthoreth*) est caractérisé comme collectif par sa terminaison, qui, en hébreu, est celle du pluriel féminin. Au singulier, ce nom est *Istar*, désignation kaldéenne de la planète Vénus, et sa forme hébraïque est אסתר (*Esther*) ; ce dernier nom est formé par l'adjonction de la lettre ר (troisième zodiacale du Triangle de la Terre des Vivants) aux trois lettres qui composent le mot ASoTh, et, avant d'être un nom propre, il désigne le lis (analogue au lotus comme symbole féminin) ; il est alors synonyme de שנוש (*Susannah*), et il faut remarquer que les valeurs numériques des lettres de chacun de ces deux noms forment le même nombre 661, qui, par réduction, donne 13, rang de la lettre féminine מ.

[545] [Paru en novembre 1910 (n° 11 1909-1910).]

Les deux zones extrêmes contiennent chacune 360 degrés, correspondant à la division du cercle zodiacal. Le point de départ de ces deux zones est au premier degré du Capricorne ; mais la première (en partant du centre) va de droite à gauche par rapport au centre de la figure (sens naturel de rotation, qui marque ici l'ordre dans lequel le Soleil traverse successivement les signes zodiacaux), tandis que la zone extérieure va au contraire de gauche à droite. Ainsi, à partir du 1er degré du Capricorne, qui correspond au zéro pour les deux divisions (et en même temps au chiffre 360, car le point de départ est aussi le point d'arrivée), la division intérieure se dirige vers la gauche, et la division extérieure vers la droite. Par suite de cette disposition en sens inverse, la somme des chiffres placés à des points correspondants dans les deux divisions est toujours égale à 360 ; le milieu, qui correspond dans l'une et l'autre au chiffre 180, est au 1er degré du Cancer[546].

Il n'est pas parfaitement exact de dire, comme nous venons de le faire, que le point d'arrivée du cycle coïncide avec son point de départ, car, en réalité, un cycle n'est jamais fermé ; on doit le considérer comme une spire d'une hélice tracée sur un cylindre, de telle sorte que ses deux extrémités sont situées sur une même génératrice du cylindre. Ces deux points ne sont donc pas en réalité dans un même plan, mais leurs projections sur un plan de base du cylindre sont confondues, de même que les projections de tous les points correspondants de chacune des spires successives de l'hélice[547]. La figure de l'Archéomètre peut être regardée ainsi comme la projection d'un cycle (ou de

---

[546] Nous indiquerons plus loin la raison pour laquelle, dans l'Archéomètre, les solstices et les équinoxes sont placés au milieu des signes correspondants, c'est-à-dire au 15ème degré, chaque signe occupant naturellement la douzième partie de la circonférence, soit 30 degrés. Par suite, le solstice d'Hiver, qui marque le point de départ de l'année, correspond respectivement dans les deux divisions aux nombres 15 et 345. Nous devons faire ici une remarque au sujet de la transcription de ces nombres en caractères hébraïques : 345 s'écrit שמה, ou השם (ha-Shem), le Nom par excellence, le grand Nom divin qui contient tous les noms ; 15 s'écrit יה (Iah), première moitié du Tétragramme, qui désigne l'Androgyne divin, le Verbe émanateur. – Ordinairement, le nombre 15 s'écrit en hébreu טו (9 + 6), au lieu de יה (10 + 5), afin d'éviter l'usage profane du nom divin.

[547] Voir à ce sujet le passage de *La Voie Métaphysique* auquel nous avons déjà renvoyé pour l'explication du symbole de l'*Yn-yang* (note de la p. 216[(note 30)]). – Il importe de remarquer que la fin de chaque cycle est en même temps le commencement du cycle suivant.

cycles successifs superposés) sur un plan de base, d'ailleurs indéterminé. Par contre, les extrémités du cycle seraient distinctes si la projection de l'hélice était faite sur un plan perpendiculaire au précédent, c'est-à-dire parallèle à l'axe et aux génératrices du cylindre ; elles le sont également lorsque l'on considère la circonférence développée (voir la figure de la p. 214[(formation du mot ASoTh)]).

Avec cette restriction qu'un cycle évolutif n'est jamais fermé, on peut regarder l'année comme un cercle, sa durée étant déterminée par le temps que met le Soleil à parcourir l'Écliptique ; d'ailleurs, le mot *annus* signifie étymologiquement cercle ou cycle, et ce sens s'est conservé dans le diminutif *annulus*, anneau, qui en est dérivé. Ce mot *annus* désignait primitivement un cycle temporel quelconque, mais il a pris ensuite un sens plus restreint, il est devenu la désignation d'un cycle particulier, celui que, aujourd'hui encore, nous appelons l'année.

Le nombre 360 se rapporte à la durée de l'année, qui, chez les Égyptiens, se composait de 12 mois de 30 jours, plus 5 jours supplémentaires, appelés par les Grecs jours épagomènes[548].

La durée de l'année physique de la Terre est d'environ 365 jours ¼[549] ; les

---

[548] La division du cercle en 360 parties, en outre de son rapport avec l'année, est la seule qui permette d'exprimer la valeur des angles de tous les polygones réguliers (et en particulier du triangle équilatéral) par des nombres entiers. Cette raison devrait suffire à faire rejeter la division en 400 parties, qui tend à prévaloir actuellement comme étant plus conforme au système décimal ; On aurait dû remarquer que la division par 10 ne peut s'appliquer qu'aux mesures rectilignes ; pour les mesures circulaires, il faut employer la division par 9 ou par 12, ou par un multiple de ces nombres.

[549] Exactement 365j.,25637 (ou 365 j. 6 h. 9 m. 11 s.) pour l'année sidérale, et 365j.,24222 (ou 365 j. 5 h. 48 m. 47 s.) pour l'année tropique, en prenant pour unité de temps le jour solaire moyen. Rappelons que l'année sidérale est le temps qui s'écoule entre deux passages consécutifs du Soleil au même point de l'Écliptique, tandis que l'année tropique est le temps qui s'écoule entre deux passages consécutifs du Soleil au même équinoxe. La différence de durée entre ces deux périodes est due au déplacement rétrograde du point équinoxial sur la sphère céleste ; ce déplacement est de 50",3 par an, et l'avance qui en résulte dans la date de l'équinoxe (par rapport à l'année sidérale) est de 20 m. 25 s. ; c'est là ce qu'on appelle la précession des équinoxes, dont nous aurons à reparler plus loin.

jours épagomènes, au lieu d'être rejetés à la fin de l'année, sont distribués maintenant dans les différents mois, qui ont par suite des durées inégales. Remarquons que le nombre 365 est le nombre total des Éons ou émanations d'après Basilide ; ce nombre est donné par la valeur numérique des lettres du mot Ἀβραξας ou Ἀβρασαξ, qui se trouve sur un grand nombre de figures gnostiques[550] :

$$\begin{align} A &= 1 \\ B &= 2 \\ P &= 100 \\ A &= 1 \\ \Sigma &= 200 \\ A &= 1 \\ \Xi &= \underline{60} \\ & 365 \end{align}$$

Si nous exprimons maintenant le même nombre 365 en caractères hébraïques, nous aurons les lettres suivantes :

$$\begin{align} ש &= 300 \\ ס &= 60 \\ ה &= \underline{5} \\ & 365 \end{align}$$

La lettre ש représente un principe de feu, אש ; ס, par sa forme circulaire, figure le serpent qui se mord la queue, Οὐροβόρος, qui était, chez les Égyptiens, le symbole du cycle temporel en général, et en particulier du cycle qui contient tous les autres, et qui marque la durée d'un monde. Ce cycle, qui est appelé en sanscrit *Kalpa*, peut être regardé comme une durée indéfinie ; mais il est cependant une période limitée, aussi bien que ses diverses subdivisions (*Manvântaras* et *Mahâ-Yougas*), sur lesquelles nous aurons à

---

[550] Pour l'interprétation gnostique de ce mot et de sa valeur numérique, voir *Notes sommaires sur le Gnosticisme* (n° 6, p. 123).

revenir dans la suite. L'ensemble de ces deux lettres ש et נ signifie donc Feu-Serpent, ce qui est le sens du mot sanscrit *Koundalini*, un des noms du Serpent Astral[551]. La lettre ה, symbole de la vie, indique que le Serpent Astral est le principe vital du Monde : c'est l'*Anima Mundi*, l'*Asoth* des alchimistes[552] ; le mot הוה, qui signifie la Vie universelle, désignait aussi le serpent en langue égyptienne.

Si du nombre 365 on retranche 10 = י, on a 355, représenté en hébreu par les lettres suivantes :

$$\begin{aligned} ש &= 300 \\ נ &= 50 \\ ה &= \underline{5} \\ &365 \end{aligned}$$

Ces trois lettres forment le mot שנה (*Shanah*), qui signifie précisément l'année en hébreu, la durée de l'année hébraïque normale étant en effet de 355 jours[553]. En transportant la lettre ש du commencement de ce mot à la fin, et en remplaçant ה par ח, qui représente la vie élémentaire, החו, l'existence matérielle, soumise au travail et à l'effort[554], on a le mot נחש (*Nah'ash*), qui est

---

[551] Ce terme sert également à désigner le principe qui, dans l'homme, correspond à ce qu'est le Serpent Astral dans le monde ; mais ce n'est pas ici le lieu de nous étendre sur ce point, que nous ne pouvons qu'indiquer en passant.

[552] Plus exactement, l'*Asoth* est le *Spiritus Mundi* ; il est, comme nous l'avons dit (p. 218[(n° 10 1909-1910)]), le principe spirituel des Forces astrales, dont la collectivité (*Astaroth*) constitue l'*Anima Mundi*.

[553] Cette année se compose de douze mois lunaires, qui sont alternativement de 29 et 30 jours. L'année dite embolismique, qui a pour effet de rétablir au bout d'une certaine période la concordance avec l'année solaire, comprend treize mois, par l'adjonction, après le mois *Adar*, d'un mois supplémentaire appelé *Véadar* (second *Adar*). – De même que l'année israélite, l'année musulmane se compose normalement de douze mois lunaires, formant un total de 354 ou 355 jours.

[554] La lettre ח peut être regardée comme la matérialisation de ה, signe de la vie ; elle désigne donc la vie élémentaire, son domaine limité, le monde matériel, et ses conditions, le travail et l'effort.

le nom du Serpent de la Genèse.

Revenons à la division de l'année. Nous avons vu précédemment que les quatre trigones correspondent aux douze signes zodiacaux pris trois par trois. Chaque signe zodiacal occupe sur la circonférence un intervalle de 30 degrés, qui sont les 30 jours du mois solaire[555]. Les quatre branches de la croix centrale correspondent aux solstices et aux équinoxes, et les grandes fêtes liturgiques sont réparties de la façon suivante dans les douze signes zodiacaux :

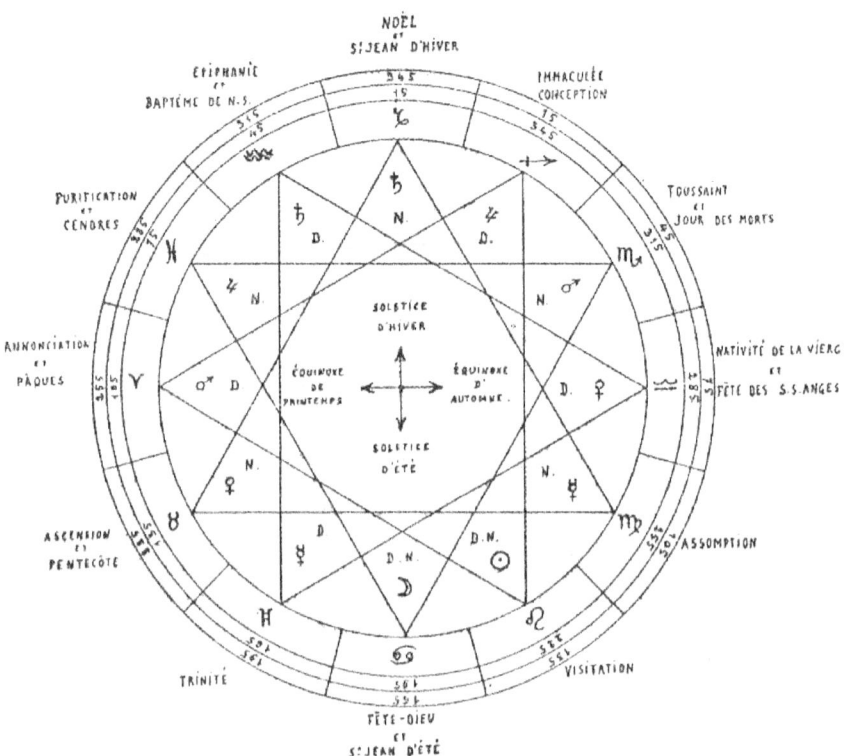

Au triangle de Terre, dont le sommet est au solstice d'Hiver, correspondent :

---

[555] En réalité, le mois solaire devrait avoir un peu plus de 30 jours, puisque l'année n'a pas 360 jours exactement, mais 365 jours 1/4 ; mais on peut, comme nous l'avons déjà dit, la considérer comme composée de douze mois de 30 jours, plus 5 jours supplémentaires, ou 6 pour les années bissextiles (tous les quatre ans).

1° Le Capricorne, et Saturne N. – Noël et Saint-Jean d'Hiver.
2° Le Taureau, et Vénus N. – Ascension et Pentecôte.
3° La Vierge, et Mercure N. – Assomption.

Au triangle d'Eau, dont le sommet est au solstice d'Été, correspondent :

1° Le Cancer, et la Lune. – Fête-Dieu et Saint-Jean d'Été.
2° Le Scorpion, et Mars N. – Toussaint et Jour des Morts.
3° Les Poissons, et Jupiter N. – Purification et Cendres.

Au triangle de Feu, dont le sommet est à l'équinoxe de Printemps, correspondent :

1° Le Bélier, et Mars D. – Annonciation et Pâques.
2° Le Lion, et le Soleil. – Visitation.
3° Le Sagittaire, et Jupiter D. – Immaculée Conception.

Au triangle d'Air, dont le sommet est à l'équinoxe d'Automne, correspondent :

1° La Balance, et Vénus D. – Nativité de la Vierge et Fête des SS. Anges.
2° Le Verseau, et Saturne D. – Épiphanie et Baptême de N. S.
3° Les Gémeaux, et Mercure D. – Trinité.

Pour plus de simplicité, nous avons conservé à ces fêtes les noms qu'elles portent dans la liturgie catholique ; mais il importe de remarquer que leur origine remonte à une antiquité beaucoup plus reculée, et qu'on les retrouve chez presque tous les peuples, sous des noms divers, mais avec un symbolisme identique[556].

---

[556] Dupuis, dans son *Origine de tous les Cultes*, a réuni sur ce sujet un grand nombre de documents intéressants ; mais il a commis l'erreur, reproduite après lui par beaucoup d'autres auteurs, de ne voir dans les différentes fêtes que des symboles de phénomènes astronomiques. En réalité, ce sont ces phénomènes astronomiques eux-mêmes qui symbolisent l'action du Verbe dans le Monde, et on peut dire que la Nature tout entière n'est qu'un symbole de son Principe divin. Le symbole, n'étant que l'expression et la

Nous indiquerons en particulier dans la suite la signification de chacune de ces fêtes et ses rapports avec le signe zodiacal correspondant ; pour le moment, nous nous bornerons à faire remarquer la présence, aux deux solstices, des deux Saint-Jean d'Hiver et d'Eté[557]. Saint *Jean* remplace ici le *Janus* latin, dont les deux visages représentaient les deux moitiés de l'année, qu'il ouvrait et fermait avec ses deux clefs[558]. Ces clefs, placées en croix, forment une figure analogue à celle du *Swastika*, emblème du *Ganésha* hindou, dont le nom doit aussi être rapproché de celui de *Janus*, et dont le symbolisme, que nous aurons à étudier plus tard, se rapporte également à l'année.

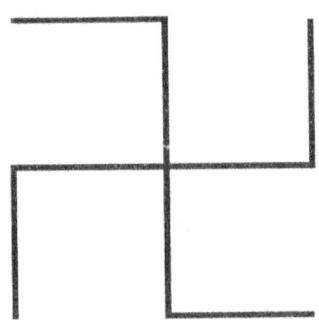

Au point de vue astronomique, les deux branches du *Swastika* représentent l'axe des solstices et celui des équinoxes ; en tournant autour de son centre, dans le sens indiqué par la direction des extrémités de ses branches, la croix engendre par sa révolution le cercle de l'année.

L'année ayant son commencement au solstice d'Hiver, qui correspond au Nord, et son milieu au solstice d'Été, qui correspond au Midi, l'équinoxe de Printemps doit correspondre à l'Orient, et l'équinoxe d'Automne à l'Occident[559]. Dans la figure de l'Archéomètre, par rapport à l'axe Nord-Sud, l'Orient se trouve donc à gauche, et l'Occident à droite, ce qui est l'inverse de

---

matérialisation d'une idée ou d'un principe, ne peut jamais être d'un ordre supérieur à ce qu'il représente, comme Saint-Martin l'a fort bien montré dans le *Tableau Naturel*.

[557] La Saint-Jean d'Hiver est la fête de saint Jean l'Évangéliste (27 décembre) ; la Saint-Jean d'Été est la Nativité de saint Jean-Baptiste (24 juin).

[558] Voir Ragon, *La Messe et ses Mystères*, chap. XXI.

[559] Ceci résout la question qui avait été posée précédemment à ce sujet (p. 188[(n° 9 1909-1910)]).

la disposition ordinaire ; mais il faut remarquer que la partie du Zodiaque qui correspond au Nord dans l'année est celle qui est située au Sud de l'Équateur, et que, réciproquement, la partie qui correspond au Sud est celle qui est située au Nord de l'Équateur, ce qui inverse toutes les correspondances par rapport à la sphère terrestre.

Nous avons indiqué précédemment les correspondances des lettres zodiacales et planétaires ; au sommet, c'est-à-dire au solstice d'Hiver, point de départ de l'année, se trouvent la zodiacale du Capricorne (Ph) et la planétaire de Saturne (Sh) ; la première est spéciale au nom du Verbe (IPhO), et la seconde au nom de Jésus (IShO) ; la somme des valeurs numériques de ces deux lettres donne le nombre 380 (Ph=80, Sh=300).

Considérons un cycle de 19 ans, très employé dès la plus haute antiquité, et auquel les Kaldéens ont donné le nom de *Saros* ; ce cycle, ainsi que nous l'avons fait remarquer précédemment (p. 213), concorde avec les 19 lettres (12 zodiacales et 7 planétaires) utilisées dans l'Archéomètre. En 19 ans, l'année de 365 jours ¼ donne 6939 jours ¾ ; or, 14 années harmoniques de 360 jours plus 5 de 380 (formant la période du *Saros*) donnent :

$$
\begin{aligned}
360 \times 14 &= 5040 \\
380 \times 5 &= 1900 \\
19 \text{ ans} &= 6949 \text{ jours}
\end{aligned}
$$

L'année de 365 jours ¼ était donc parfaitement connue de l'Université Patriarcale Adamique et Antédiluvienne à laquelle il faut faire remonter l'origine de l'Archéomètre. La légère différence entre 6939 jours ¾ et 6940 jours indiquerait la diminution de l'année solaire[560] ; en même temps, elle permettrait aux astronomes de déterminer la date de l'année antédiluvienne[561]. La durée de

---

[560] Cette diminution de l'année solaire a été entrevue par le célèbre astronome Bailly.

[561] Pour nous, antédiluvien signifie simplement ici antérieur au dernier déluge *historique*, c'est-à-dire au cataclysme dans lequel disparut l'Atlantide ; il est à peine utile de dire que les dates fantastiques assignées à cet événement par certains auteurs, qui vont jusqu'à parler de plusieurs milliers de siècles, ne doivent nullement être prises au sérieux ; les chiffres que nous donnons le montrent d'ailleurs suffisamment.

celle-ci, d'après les données précédentes, aurait été de 365j.,26315, ou 365 j. 6 h. 18 m. 56 s. ; or la durée de l'année sidérale actuelle est de 365 j. 6 h. 9 m. 11 s. ; notre année serait donc plus courte de 9 m. 45 s.

D'autre part, en multipliant l'un par l'autre les deux nombres 80 et 500, on a le cycle harmonique de 24 000 ans, la Grande Année de toutes les anciennes Universités asiatiques ; ce cycle se rapporte à la précession des équinoxes, c'est-à-dire au temps que met l'axe terrestre à reprendre la même position après avoir décrit, d'Orient en Occident, un cône dont la trace sur la sphère céleste est un petit cercle ayant pour pôle géométrique le pôle de l'Écliptique, et pour rayon un arc de 23°27' ; pendant cette période, toutes les étoiles situées sur ce petit cercle jouent successivement le rôle d'étoile polaire[562]. Il y avait encore d'autres nombres employés à la mesure de la Grande Année, par exemple le *Van* des anciennes Universités tartares, 180, qui, multiplié par le carré de 12, soit 144, donne 25 920, l'un des chiffres indiqués par les modernes ; les autres sont 25 765 et 26 000[563].

Dans l'Archéomètre, le point de départ de l'année est situé à Noël et au solstice d'Hiver, et les planètes sont placées au 15ème degré de leurs maisons diurnes et nocturnes ; chacune des douze maisons correspond à l'espace occupé par un signe zodiacal, espace qui est par conséquent de 30 degrés. Ce n'est que plus tard que l'année commença en mars (dans le signe du Bélier), à l'équinoxe de Printemps, lorsque *Krishna*, pour mettre fin à l'anarchie dont l'Empire Universel des Patriarches était alors ébranlé (schisme d'*Irshou* et début du *Kali-*

---

[562] Nous devons ajouter que ce cycle harmonique de 24000 ans (dont la moitié, soit 12000 ans, était le nombre représentant symboliquement la durée d'un monde chez les anciens Perses) ne vise pas seulement la précession des équinoxes, mesurée musicalement, mais aussi un certain rapport de Saturne dans le 15ème degré du Capricorne, rapport cosmique très mystérieux, dont on ne trouve pas de traces dans l'astronomie moderne.

[563] Le chiffre 26 000, souvent employé pour simplifier les calculs, est trop fort en réalité ; si le déplacement annuel du point équinoxial était exactement de 50 secondes, on aurait un déplacement d'un degré en 72 ans, ce qui donnerait pour le cycle total une durée de 360 × 72 = 25 920 ans. Mais le déplacement annuel, au lieu d'être de 50 secondes, est de 50",3, de sorte que le nombre d'années qui correspond au déplacement d'un degré est 71,57 au lieu de 72 ; par suite, d'après les données astronomiques actuelles, la durée exacte du cycle de la précession des équinoxes est de 360 × 71,57 = 25 765 ans.

Youga), inversa toute l'Archéométrie primordiale[564] ; c'est de cette époque que date, sous sa forme actuelle, la *Trimourti* des Brahmes[565]. *Krishna* donna satisfaction aux Naturalistes en subversant la Trinité du Principe, celle du Verbe, IPhO, celle de Jésus-Roi, IShWa-Ra, au profit du deuxième trigone, MaRiaH, qu'il lut avec la planétaire lunaire BRaHMâ[566], tandis que IShWa devenait ShIVa, le Transformateur, et, lu dans l'autre sens, VIShnou, le Conservateur de l'Univers[567].

Le plus ancien calendrier des Grecs, qui est certainement venu de l'Asie par les Phéniciens (à la suite du schisme d'*Irshou*), place les points cardinaux du ciel au 15ème degré des constellations, ainsi qu'on peut le voir dans Hipparque, Eudoxe, Achille Tatius, et divers autres auteurs. Le solstice d'Hiver y est au 15ème degré du Capricorne, le solstice d'Été au 15ème degré du Lion, l'équinoxe de Printemps au 15ème degré du Bélier, l'équinoxe d'Automne au 15ème degré de la Balance. Les Suédois antiques faisaient partir leur année solaire du solstice d'Hiver, les Chinois également ; il correspond chez les Hindous à la fête de *Krishna*.

Or le Soleil au 15ème degré du Capricorne ne répondait au commencement de l'année astronomique qu'en 1353 avant notre ère. Il n'est pas admissible que

---

[564] C'est à ce rôle de *Krishna* que nous avons fait allusion précédemment (p. 189[(n° 9 1909-1910)]).

[565] La *Trimourti* se compose de trois aspects du Verbe, envisagé dans sa triple action par rapport au Monde : comme Créateur (*Brahmâ*), comme Conservateur (*Vishnou*), et comme Transformateur (*Shiva*).

[566] Il faut remarquer que le nom de *Brahmâ* s'obtient en lisant le triangle de *MaRiaH* à partir de la lettre planétaire du solstice Sud, au lieu de partir de la lettre M. Dans le *Véda*, ou du moins dans sa rédaction postérieure à *Krishna*, ce nom signifie l'Élément sacré du Rite, l'Être dans sa passivité (indiquée non seulement par les lettres qui composent le mot, mais aussi par sa terminaison féminine *â*), le Substanteur et le Sustenteur fluidique. Il n'y a qu'à ouvrir la Loi de *Manou*, refondue par *Krishna*, pour voir que *Brahmâ* a pour milieu originel les Eaux Vives et leur triangle embryogénique. Enfin, nous reviendrons plus tard sur le rapport qui existe entre le nom de *Brahmâ* et celui d'*Abraham*. – Pour la formation des noms dans les deux triangles principaux de l'Archéomètre, voir p. 190[(n° 9 1909-1910)].

[567] De là la distinction des *Shaivas* et des *Vaishnavas*, se consacrant particulièrement au culte de l'un ou de l'autre de ces deux principes complémentaires, que l'on peut regarder comme les deux faces d'*Ishwara*.

l'Archéomètre ait été inventé à cette époque, où l'on trouve, au contraire, toute la Science et toutes les données archéométriques bouleversées partout. Donc, si cat instrument plus qu'humain de la Synthèse des Organicités et des Harmonicités Universelles, rattachées au Verbe Créateur, a jamais été révélé aux hommes dans son intégrité, il faut tourner la roue de la Grande Année au moins une fois, ce qui donne 25 353 avant notre ère si on fixe la durée de ce cycle à 24 000 ans, 27 118 si on la fixe à 25 765 ans, 27 273 si on la fixe à 25 920 ans, 27 353 si on la fixe à 26 000 ans. Ainsi, on peut attribuer à l'Archéomètre une antiquité de 25 000 à 30 000 ans, ce qui nous reporte à l'époque de la civilisation des Atlantes, ainsi que nous le verrons plus tard. Il est donc à peu près prouvé par ces dates, et d'ailleurs nous avons encore d'autres raisons de l'affirmer, que l'Archéomètre se rattache à la tradition de la race rouge, que nous pouvons regarder comme la plus importante pour nous, non que les autres traditions n'aient pas en elles-mêmes une aussi grande valeur, mais parce que c'est celle à laquelle nous nous rattachons le plus naturellement et le plus directement.

(*À suivre.*)

L'ARCHÉOMÈTRE (suite)[568]

On pourrait dire que ce qui va suivre explique, théoriquement du moins, l'origine et la raison d'être de la diversité des conditions humaines ; bien que ce sujet ne semble pas se rattacher directement à l'étude de l'Archéomètre, il est cependant nécessaire de le traiter ici.

Toutes les traditions s'accordent à enseigner que l'humanité terrestre descend de quatre races primordiales, dont le mélange a formé un grand nombre de races secondaires ; nous laisserons momentanément de côté, pour la reprendre dans la suite, la question de savoir si ces quatre races ont eu une souche commune ou sont entièrement distinctes dans leurs origines[569]. Nous

---

[568] [Paru en janvier 1911.]

[569] À l'époque contemporaine, certains auteurs ont écrit sur cette question des races les choses les plus fantastiques ; le nombre est grand, aujourd'hui plus que jamais, des gens qui aiment à parler surtout de ce qu'ils ignorent. Nous pouvons affirmer, d'autre part, que

rappellerons simplement que leurs traditions respectives ont pour symbole quatre fleuves issus d'une même source principielle, et coulant vers les quatre points cardinaux, le long des flancs d'une montagne sur laquelle repose le Livre de Vie qui contient la Doctrine Sacrée, et quelquefois certains autres symboles sur lesquels nous aurons l'occasion de revenir. On peut dire, en employant une expression biblique, que cette montagne sainte est celle sur laquelle s'est arrêtée, à une époque que nous laissons indéterminée, l'Arche de la Tradition, dans laquelle est contenu le Palladium de l'Empire Synarchique Universel[570].

Nous ne chercherons pas davantage, pour le moment, si ces races sont apparues sur la Terre simultanément ou s'y sont formées successivement, ni quelles sont les régions et les conditions dans lesquelles elles ont pu prendre naissance. Pour en venir plus rapidement au but que nous nous proposons actuellement, nous négligerons beaucoup de détails, que nous pourrons ensuite développer amplement.

Tout ce que nous dirons, c'est que ces quatre races sont distinguées par une couleur qui est attribuée à chacune d'elles, et qui est symbolique en même temps qu'elle se rapporte à la couleur de peau propre à cette race, d'après les différences corporelles déterminées dans les hommes par leurs tempéraments respectifs[571] ; il est donc permis de supposer que, dans bien des cas, les hommes ont dû se grouper d'après leurs affinités plus encore que d'après leurs origines. Tout le monde sait que l'on distingue les races blanche, jaune, noire et rouge, et Fabre d'Olivet a montré, dans son *Histoire philosophique du Genre humain* (qu'il avait présentée d'abord comme une étude de l'*État social de l'Homme*), que chaque race a eu à son tour une civilisation prédominante. Il en est résulté naturellement, à diverses reprises, des déplacements des centres des Universités principales ou particulières dans lesquelles se conservaient les traditions. On

---

l'institution des castes, base naturelle de l'organisation synarchique, n'a jamais été comprise dans l'Europe moderne, dont les historiens l'ont ridiculement défigurée.

[570] Nous reviendrons également sur le symbolisme de l'Arche, envisagée sous ses divers aspects, et en particulier comme signe d'Alliance.

[571] La classification des tempéraments est trop connue pour qu'il soit nécessaire de la rappeler ici ; elle est quaternaire comme celle des races (voir Polti et Gary, *Théorie des Tempéraments*).

admet le plus ordinairement que la Métropole Sacrée (symbolisée par la montagne dont nous avons parlé plus haut) est située en Asie depuis le commencement des temps dits historiques, qui coïncide avec la période connue sous le nom de Cycle de *Ram*[572], période que certains ont appelée l'Âge d'Or, ou encore le Règne de Saturne, nous verrons plus loin pourquoi. À partir de ce centre, la race blanche s'étendait au Nord, la race jaune à l'Orient, la race noire au Midi, et la race rouge à l'Occident[573].

L'Université centrale était toujours située dans une région appartenant à la race dominante, qui donnait à cette région le nom de Terre du Principe, *Asiah*[574], et celui de Terre Sainte par excellence, ou de Terre Noble, *Âryavarta* ; de là partaient les instructeurs chargés de donner des lois aux divers peuples suivant les caractères spéciaux de ceux-ci, et aussi des envoyés auxquels étaient confiées d'autres missions[575]. Les hommes de la race dominante s'appelaient *Âryas*, nobles[576], et, dans d'autres langues, *Anakim*[577] ou *Giborim*[578], forts,

---

[572] Voir Saint-Yves d'Alveydre, *Mission des juifs*.

[573] C'est du moins la répartition la plus générale, mais il est évident qu'elle n'a rien d'absolu.

[574] Ce nom אסיה devient par matérialisation עשיה, désignation du quatrième Monde de la Kabbale, qui est le Monde des Formations corporelles.

[575] Le premier cas est celui des Législateurs, qui adaptaient la Tradition à la mentalité de chaque peuple, et qui pouvaient aussi avoir été instruits dans des centres secondaires ; le second cas est celui de certains envoyés revêtus d'un caractère plus exceptionnel. Il faut remarquer que le mot *envoyé* se traduit en grec par ἄγγελος, dont on a fait *ange*, et en hébreu, par מלך, qui a aussi le sens de *roi* (la raison en sera donnée plus loin) ; ces envoyés sont aussi ce que Saint-Martin appelle des *Agens*, mot qui est d'ailleurs l'anagramme d'*Anges*.

[576] Cette dénomination n'exprime qu'une qualité, qui a été possédée à tour de rôle par les diverses races ; elle ne peut donc pas servir à désigner une race déterminée, comme l'ont cru à tort les ethnologistes modernes, qui l'ont d'ailleurs appliquée à une race tout hypothétique (voir plus loin). – Il ne faut pas confondre ce mot *Ârya* avec *arya*, laboureur (en latin *arator*), dont l'*a* initial est bref.

[577] Ce mot se retrouve avec une signification analogue dans le grec Ἄναξ, chef ou prince (mot employé par Homère) ; par contre, en hébreu אנש, qui signifie proprement l'homme dans son individualité corporelle, est employé dans le langage courant avec une acception quelque peu méprisante, pour désigner un homme du vulgaire (par opposition à איש, qui signifie l'homme intellectuel, et qui sert à désigner un homme remarquable à un titre quelconque).

[578] Dans la Genèse, au chapitre VI, cette dénomination de גברים est appliquée aux

puissants, et on leur donnait un grand nombre d'épithètes différentes[579] ; mais tout ce qui se rapporte à eux ne doit pas être considéré comme se rapportant toujours à la même race, puisque chaque race a dominé dans certains temps ou dans certains pays.

Ainsi, nous ne chercherons point quelle fut la situation géographique de l'*Âryavarta* à telle ou telle époque[580], mais nous dirons que, indépendamment du partage général de la Terre entre les quatre races, il se forma fréquemment entre celles-ci des sortes d'associations, constituant des sociétés en apparence hétérogènes, mais strictement organisées par une législation qui, à l'origine, interdisait toujours l'union de ces éléments différents, pour des raisons d'ordre et de sélection (s'il est permis d'employer ici une expression aussi moderne). Parfois, c'était toute une nation, comme le peuple hébreu, à qui son législateur, pour les mêmes raisons, interdisait les unions avec les peuples étrangers, et ce peuple se subdivisait lui-même en un certain nombre de tribus nettement séparées[581]. Comme chaque race ou chaque tribu formait une classe sociale exerçant une catégorie de fonctions déterminées, de même que, dans un corps vivant, chaque organe exerce sa fonction propre, il est naturel que les hommes, au début de chaque organisation, se soient groupés d'après les affinités de leurs natures individuelles. Peu à peu, les différences entre ces groupements se sont

---

descendants des בני האלהים ou Fils des Dieux, dont il sera d'ailleurs question plus tard ; pas plus que celle de *Titans* dans d'autres traditions, elle ne désigne, comme certains l'ont cru, des Géants au sens matériel et vulgaire du mot.

[579] Le mot *Héros* n'est que la forme grecque (Ἥρως) du mot *Ârya*, de même que *Herr* en est la forme germanique ; les Héros sont aussi considérés comme Fils des Dieux.

[580] C'est une erreur de croire, comme le font beaucoup d'orientalistes, que ce nom d'*Âryavarta* a toujours désigné l'Inde, et qu'il n'a pas été employé précédemment pour qualifier d'autres contrées ; il est vrai que cela nous reporte à des époques complètement ignorées des historiens modernes.

[581] À une époque où il n'existait pas de nationalités artificielles comme celles de l'Europe actuelle, dont les divers éléments n'ont souvent à peu près rien de commun, il y avait une étroite solidarité (par affinité) entre tous les hommes qui constituaient un peuple, et il a même pu arriver que ce peuple entier portât le caractère d'une catégorie sociale déterminée, n'exerçant que certaines fonctions ; les descendants du peuple hébreu ont conservé quelque chose de ce caractère jusqu'à notre époque, où pourtant, en Occident du moins, la solidarité dont nous venons de parler n'existe même plus dans la famille (ce qui est un des signes du *Kali-Youga*).

accentuées et fixées, de manière à prendre le caractère de distinctions ethniques, qu'elles n'avaient pas tout d'abord ; c'est là une origine très vraisemblable, sinon pour les races primordiales, du moins pour les races secondaires qui se sont formées ultérieurement[582].

Ceci indique le point de départ ou le principe de l'institution des castes, sur laquelle repose toute société établie synarchiquement, c'est-à-dire en accord avec les règles organiques et harmoniques de notre Univers. La caste (en sanscrit *varna*) est déterminée pour chaque individu par sa nature propre[583], c'est-à-dire par l'ensemble des qualités potentielles qu'il apporte en naissant (*djâtî*), et qui passeront en acte dans le cours de son existence terrestre[584]. Cette nature particulière, qui est le germe ou la racine de l'individualité actuelle, est elle-même la résultante de deux éléments distincts : d'une part, les affinités du milieu ambiant, dont une grande partie constituent ce qu'on appelle habituellement l'hérédité ; d'autre part, les influences des Forces cosmiques en action sur ce milieu, Forces qu'étudie spécialement l'Astrologie, et qui déterminent en puissance, c'est-à-dire par des tendances, la destinée individuelle, indépendamment de la façon particulière dont celle-ci se réalisera, laquelle relève à la fois de la liberté humaine et des circonstances concomitantes ; d'ailleurs, il faut reconnaître que la liberté, en fait, joue souvent dans les événements un rôle bien faible, sinon tout à fait nul. Pour déterminer la condition de l'individu, on a donc : d'une part, ce qui appartient d'une manière générale à la race ou à la famille (*gôtrika*, de *gôtra*, lignée), élément qui, dans les sociétés régulières, se synthétisait dans une épithète collective et ordinairement héréditaire, devenant bientôt un nom familial ; d'autre part, les qualités propres à l'individu (*nâmika*, de *nâma*, nom), qui déterminaient le

---

[582] Voir plus loin pour l'attribution des couleurs symboliques aux quatre castes, établissant une nouvelle analogie entre celles-ci et les quatre races fondamentales.

[583] Le mot *varna* désigne proprement l'essence individuelle, qui résulte de l'union des deux éléments dont nous allons parler (*gôtrika* et *nâmika*, dénominations que les *Djainas* ont détournées de leur sens primitif et traditionnel). Notons que le mot *Savarni* (semblable à, qui procède de) a la même racine ; il pourrait être traduit littéralement par *coessentiel* (au sujet de ce mot *Savarni*, voir 1ère année, n° 9, p. 181, note 2[(note 4)])

[584] On traduit le plus souvent le mot *djâtî* par naissance, ce qui ne rend que très imparfaitement l'idée exprimée par le sanscrit ; certains ont même cru devoir le traduire par nouvelle naissance, contresens que rien ne peut justifier.

nom spécial qui lui était donné, nom dont l'attribution était toujours accompagnée d'une cérémonie rituélique consacrant l'admission de l'enfant dans la collectivité à laquelle il devait appartenir. L'attribution du nom ne doit pas être confondue, comme elle l'a été plus tard dans les religions exotériques, avec l'initiation ou seconde naissance, lors de laquelle l'individu reçoit un deuxième nom, en même temps qu'il revêt une nouvelle individualité, distincte de son individualité profane[585].

Ceci montre que, si la caste, déterminant la fonction sociale de chacun, est souvent héréditaire en fait, par un effet de la sélection dont nous avons parlé, elle ne l'est pas en principe ni dès l'origine. D'autre part, on doit regarder comme irrégulière toute société où les castes ne sont pas distinctes, défaut d'organisation qui entraine la destruction de toute hiérarchie véritable, et, par suite, le règne du despotisme, tyrannie d'un seul homme, ou de l'anarchie, tyrannie de la multitude[586].

Il est évident que, dans les sociétés irrégulières, la formation archéométrique et la valeur hiéroglyphique des noms étant ignorées, les règles que nous venons d'indiquer ne sont nullement appliquées dans leur attribution. Si cependant elles le sont parfois en fait, ainsi qu'on le constate par certaines déductions onomantiques, c'est d'une façon purement instinctive et inconsciente[587], tandis que, dans les collectivités régulièrement organisées et

---

[585] Dans le Christianisme, la seconde naissance est figurée par le baptême, qui, d'ailleurs, n'est autre chose que l'épreuve de l'eau des initiations antiques. Dans le Brahmanisme, l'initiation, qui confère la qualité de *Dwidja* (deux fois né) est réservée aux membres des trois premières castes (voir plus loin). Sur la signification et la valeur de l'expression « seconde naissance », nous renverrons à l'étude sur *Le Démiurge*, publiée dans les premiers numéros de cette Revue (1ère année, n° 3, p. 47).

[586] C'est là le défaut que l'on trouve à la base de toutes les sociétés occidentales modernes ; mais les principes seuls nous intéressent, et nous ne voulons pas insister ici sur les applications particulières que l'on pourrait en faire, surtout lorsque ces applications risqueraient de nous entraîner sur le terrain de la sociologie pratique, qui n'est pas le nôtre (voir, en tête de ce numéro, la déclaration de la Direction).

[587] Dans ces conditions, on ne peut accorder que peu de valeur à certains arts divinatoires, et il convient de laisser aux occultistes l'emploi de telles pratiques, qui sont par trop dénuées de tout fondement sérieux.

hiérarchisées, la caste est déterminée consciemment ; d'où il résulte que, sauf quelques erreurs toujours possibles dans l'application humaine de la Loi, chaque individu occupe dans la société la situation qui convient à sa nature[588].

Ceci étant établi, nous ferons remarquer qu'il doit y avoir normalement quatre castes, d'ailleurs susceptibles de subdivisions plus ou moins nombreuses, et correspondant aux quatre classes principales en lesquelles se divise naturellement la société synarchique[589]. C'est précisément ce que nous trouvons dans l'Inde, où les quatre castes sont établies suivant cette division[590] : les *Brâhmanes*, autorité spirituelle et intellectuelle, sacerdoce et enseignement ; les *Kshatriyas*, pouvoir royal et administratif, à la fois militaire et judiciaire ; les *Vaishyas*, pouvoir économique et financier, industrie et commerce[591] ; enfin, les *Çoûdras*, c'est-à-dire le peuple[592], la masse des paysans, des ouvriers et des

---

[588] Cette situation peut être déterminée par l'horoscope, mais, bien entendu, à la condition qu'il soit établi suivant les véritables lois de l'Astrologie traditionnelle, et qu'il tienne compte des qualités qui proviennent du milieu (héréditaires et autres), aussi bien que de celles qui appartiennent en propre à l'individu naissant (ces dernières étant déterminées, comme nous l'avons dit, par les Forces astrales en action sur le milieu).

[589] Voir l'exposé de la *Synarchie* par Barlet (1ère année, n° 5). Les trois premières castes correspondent aux trois éléments de la vie sociale qui y sont distingués ; quant à la quatrième caste, son rôle se borne à produire les choses nécessaires à la subsistance matérielle de la société, ce qui constitue, non une fonction vitale, mais une activité purement mécanique.

[590] Voir plus loin pour ce qui concerne l'origine de ces quatre castes.

[591] Il importe de remarquer que, dans une société régulière, la richesse n'est jamais regardée comme une supériorité ; au contraire, elle appartient surtout aux *Vaishyas*, c'est-à-dire à la troisième caste, qui ne peut posséder qu'une puissance purement matérielle. Ceci doit être rapproché des divers passages de l'Évangile où il est parlé des riches et de la difficulté pour eux de pénétrer dans le Royaume des Cieux.

[592] Cependant, la désignation collective du peuple, ou de la masse, en sanscrit, est *vish*, qui se retrouve dans *vishwa*, tout, et qui est la racine du nom des *Vaishyas* ; il désigne le vulgaire, mais en ne considérant que les hommes procédant de *Manou* par la participation à la Tradition (ce qui est la signification du sanscrit *Manava* ; à ce sujet, voir 1ère année, n° 9, p. 181, note 1[(note 3)]), c'est-à-dire les membres des trois premières castes, la participation directe et effective (conséquence de l'initiation, à la condition qu'elle soit réelle, et non pas seulement symbolique) étant interdite aux *Çoûdras* et aux hommes sans caste par leur propre nature individuelle. D'ailleurs, le mot *vish* peut être pris dans un sens supérieur, pour désigner l'ensemble de tous ceux qui procèdent de *Manou* ; il faut remarquer que *Vishwa* désigne aussi l'Univers (comme son synonyme *Sarva*), et que les trois lettres qui forment le

serviteurs, dont le travail est nécessaire pour assurer la subsistance matérielle de la collectivité, mais qui ne font pas partie intégrante de l'organisme social, ne participent pas directement à sa vie, et ne sont pas admis à l'initiation, par laquelle les hommes des trois premières castes deviennent deux fois nés (*Dwidjas*) ; enfin, il faut ajouter à ces quatre castes tous les individus qui, pour des raisons quelconques, se trouvent complètement en dehors de l'organisation sociale régulière.

D'autre part, l'initiation comporte plusieurs degrés, auxquels tous ne peuvent pas parvenir ; la distinction des grands mystères et des petits mystères est trop connue pour qu'il soit besoin d'y insister. Les *Vaishyas* ne sont admis qu'aux petits mystères, qui s'étendent seulement au domaine individuel ; la Connaissance universelle constitue les grands mystères, réservés aux deux premières castes, et qui, envisagés au point de vue des applications, comprennent l'initiation sacerdotale, celle des *Brâhmanes*, et l'initiation royale, celle des *Kshatriyas*[593]. La constitution de la société synarchique montre avec évidence la supériorité des fonctions des *Brâhmanes* sur celles des *Kshatriyas*, donc la suprématie de l'initiation sacerdotale sur l'initiation royale, suprématie qui est caractéristique de l'organisation théocratique[594]. La révolte des *Kshatriyas* contre l'autorité des *Brâhmanes* a donné naissance, depuis le début du *Kali-Youga*, à un grand nombre d'hérésies, dont les principales, dans l'Inde,

---

mot *vish* sont celles du Triangle de la Terre des Vivants, lues dans le sens où elles servent également à former le nom de *Vishnou* (voir 1ère année, n° 11, p. 248). Cette dernière remarque indique peut-être la raison pour laquelle ce mot désigne habituellement le vulgaire ; en effet, les *Vaishnavas* sont plus nombreux que les *Shaivas* (ces derniers appartenant surtout aux castes supérieures), et attachent plus d'importance aux rites extérieurs que ceux-ci, qui donnent la prépondérance à la contemplation intérieure.

[593] Cela ne veut pas dire que les membres de toutes les castes, et même les individus sans caste, ne puissent pas être admis à tous les degrés d'enseignement ; mais ils ne peuvent pas remplir également toutes les fonctions, et il est impossible aux *Çoûdras* et aux *Chândâlas* de réaliser les grades initiatiques dans leur individualité terrestre, en raison des conditions mêmes de cette individualité.

[594] Il est facile de comprendre, d'après cela, pourquoi les rois n'étaient à l'origine que des envoyés ou des représentants des Collèges initiatiques, dans lesquels l'enseignement était donné par des membres de la caste sacerdotale, dépositaire de la Tradition ; ce caractère est celui qu'eurent les rois dans l'ancienne Égypte et chez les Hébreux.

sont celles des *Djainas* et des *Bauddhas* (Bouddhistes) ; les uns et les autres rejettent la Doctrine traditionnelle contenue dans les Livres Sacrés, et les derniers vont même jusqu'à supprimer complètement la distinction des castes, qui, nous ne saurions trop le répéter, est la base et la condition essentielle de toute organisation régulière[595].

Si l'on considère en particulier les attributions des deux premières castes, on voit que la caste sacerdotale a pour emblèmes le bâton augural, signe de l'esprit prophétique[596], et la coupe sacrificielle, signe des fonctions sacerdotales proprement dites[597], tandis que les emblèmes de la caste royale sont l'épée, symbole du pouvoir militaire, et la balance, symbole du pouvoir judiciaire[598]. Ajoutons que les fonctions sacerdotales sont rattachées à la sphère de *Sani* ou Saturne, et les fonctions royales à celle de *Brihaspati* ou Jupiter pour le pouvoir judiciaire[599], et à celle de *Mangala* ou Mars pour le pouvoir militaire ; ceci, bien

---

[595] La confusion des castes, avec toutes ses conséquences, est encore un des signes du *Kali-Youga*, tel qu'il est décrit en particulier dans le *Vishnou-Pourâna*.

[596] Le bâton augural, appelé *lituus* par les Romains, qui le tenaient des Étrusques, est devenu plus tard la crosse épiscopale ; c'était l'attribut qui caractérisait l'interprète de la Volonté divine ; sa forme est celle de la lettre qui, dans l'alphabet watan, correspond au צ hébraïque, et il est bon de remarquer ici que cette lettre est la planétaire de Mercure.

[597] L'union de l'épée et de la balance symbolise la Force au service du Droit, comme on le voit dans la huitième lame du Tarot ; le rôle des rois est essentiellement le maintien de la justice, c'est-à-dire de l'équilibre social. C'est pourquoi le pouvoir royal est représenté hiéroglyphiquement par la racine hébraïque חק, dont la signification exacte est « justice distributive » ; la lettre ח correspond ici à la balance, et la lettre ק à l'épée. C'est également ce qu'indique le nom de מלכי-צדק (*Melki-Tsédek*), qui signifie « Roi de justice » (en sanscrit *Dharma-Râdja*) ; d'autre part, *Melki-Tsédek* est roi de שלם (*Salem*), c'est-à-dire de la Paix, et, lorsqu'il remplit des fonctions présentant un caractère sacerdotal, comme on le voit au chapitre XIV de la Genèse, c'est pour transmettre à Abraham (par délégation de l'Autorité Synarchique suprême) un signe traditionnel, qui deviendra plus tard le symbole de la Nouvelle Alliance.

[598] La coupe, qui contenait le *Sôma* dans le rite védique, est devenue le *Saint-Graal* dans la tradition chrétienne et rosicrucienne ; elle est un des signes de la Nouvelle Alliance (voir la note suivante), et nous aurons l'occasion d'y revenir. Rappelons que le bâton est un symbole masculin, et que la coupe est un symbole féminin (voir 1ère année, n° 9, p. 188, note[(note 10)]).

[599] Jupiter est appelé en hébreu צדק, comme manifestant le principe de justice.

entendu, doit être pris dans un sens purement symbolique.

Nous devons maintenant revenir au fait, posé par nous dès le début, que les hommes sont divisés en quatre races, de même qu'ils sont répartis en quatre castes, et peut-être pour les mêmes raisons, c'est-à-dire par suite des conditions auxquelles sont soumises les individualités terrestres. À tous ceux qui savent ce que fut le Cycle de *Ram*, il sera facile de comprendre, d'après ce qui précède, que, à cette époque, et à la suite d'événements dont le récit nous entraînerait trop loin de notre sujet, il fut établi dans l'Empire Synarchique Universel une loi assimilant les peuples et tribus de race blanche aux *Brâhmanes*, ceux de race rouge aux *Kshatriyas*, ceux de race jaune aux *Vaishyas*[600], et ceux de race noire aux *Çoûdras*. Nous pouvons dire tout de suite que ce fut là, dans l'Inde, l'origine des castes telles qu'elles y existent encore aujourd'hui, du moins pour tous ceux qui se rattachent à la Tradition orthodoxe et régulière.

Il en fut sans doute ainsi en principe, sinon en vertu d'une loi expressément formulée dès le début, à partir du moment où, à la suite de la disparition de l'Atlantide[601], la race rouge perdit la suprématie, et où sa tradition, à la réserve de quelques centres particuliers (tels que les Temples de l'Égypte et de l'Étrurie), passa aux mains des Druides Préramites, c'est-à-dire du Sacerdoce de la race blanche. Cependant, la distinction entre les deux races dut s'effacer par suite d'une fusion presque complète, fusion qui ne se produisit d'ailleurs qu'après une lutte dont on retrouve la trace dans l'histoire de *Paraçou-Râma*[602], mais qui était un fait accompli à l'époque de *Ram* (*Çri-Râma* ou *Râma-Chandra*). C'est donc plutôt symboliquement que la couleur blanche

---

[600] Il y aurait cependant une réserve à faire en ce qui concerne cette troisième caste, comme nous le verrons plus loin, à propos du symbolisme des couleurs correspondantes ; mais ce que nous disons ici est vrai tout au moins pour l'Inde, dont la tradition est notre principal guide, pour la raison que nous avons déjà indiquée précédemment (1ère année, n° 9, p. 180, note 1).

[601] Nous indiquerons plus tard comment on peut déterminer la date de ce cataclysme, d'après les données archéométriques sur la durée des cycles, données dont nous avons déjà parlé précédemment (1ère année, n° 11).

[602] *Paraçou-Râma*, ou *Râma* à la hache (que l'on figure comme un *Brâhmane* armé de la hache de pierre des Hyperboréens ou peuples de race blanche) est la sixième manifestation de *Vishnou* dans le cycle actuel.

est attribuée à la caste sacerdotale, et la couleur rouge à la caste royale[603] ; d'ailleurs, la race rouge ne représente pas primitivement l'élément guerrier, et elle ne prend ce rôle que par suite de la déchéance de la race noire, que *Râma*[604] atteignit jusque dans ses derniers refuges (guerre contre *Râvana*, tyran de *Lankâ*).

Ajoutons que les deux premières castes, les *Brâhmanes* et les *Kshatriyas*, portent en commun la dénomination d'*Âryas*, qui n'est accordée qu'avec certaines restrictions aux *Vaishyas*, et qui est toujours refusée aux *Çoûdras*, aussi bien qu'aux individus sans caste (*Chândâlas*). Cette dénomination n'est donc pas autre chose qu'une sorte de titre, un qualificatif de certaines catégories sociales ; ce qualificatif finit par correspondre à certains caractères ethniques, par suite des conditions que nous avons définies précédemment, mais l'existence originelle d'une prétendue race âryenne n'est qu'une hypothèse fantaisiste de certains savants modernes[605].

Si nous considérons les fonctions des différentes castes dans la société envisagée comme un organisme, ou plus exactement comme un être vivant, nous voyons que les *Brâhmanes* constituent la tête, qui correspond dans l'individualité totale à l'esprit ou principe pneumatique[606], les *Kshatriyas* la

---

[603] Voir un peu plus loin pour ce qui concerne la signification de ces couleurs.

[604] Lorsque le nom de *Râma* est employé sans épithète, il s'agit toujours de *Râma-Chandra* ou du second *Râma* (le premier étant *Paraçou-Râma*), c'est-à-dire de la septième manifestation de *Vishnou* ; il est d'ailleurs bien entendu que ce nom ne désigne nullement un individu, mais caractérise toute une époque. – Il y a encore un troisième *Râma*, qui est le frère de *Krishna*, *Bala-Râma* ou le fort *Râma*, appelé aussi *Balabhadra* ; ce dernier est regardé habituellement comme une manifestation de *Shiva*.

[605] Il en est d'ailleurs de même des autres races (sémitique, touranienne, etc.), imaginées par les ethnologistes, dont la classification a le tort de ne reposer sur aucune réalité historique.

[606] Il ne s'agit pas ici de l'Esprit Universel (*Âtmâ*), mais seulement de l'esprit individuel, que certains ont appelé aussi l'âme intellectuelle ; c'est le νοῦς des Grecs, le נשמה hébraïque. – Nous avons aussi indiqué la distinction, dans l'individualité humaine, des trois principes pneumatique, psychique et hylique (voir l'étude sur *Le Démiurge*) ; cette division du Microcosme correspond, dans ses trois tenues, à celle du Macrocosme, dont il a été question précédemment (1ère année, n° 10, p. 215).

poitrine, qui correspond à l'âme ou principe psychique[607], et les *Vaishyas* le ventre, qui correspond au corps ou principe hylique[608]. Ces derniers élaborent le produit du travail purement matériel et mécanique des *Çoûdras*, de façon à le rendre assimilable à l'organisme social ; pour ce qui est du rôle des deux castes supérieures, on peut dire que celui des *Brâhmanes* consiste essentiellement dans la contemplation (théorie), et celui des *Kshatriyas* dans l'action (pratique)[609]. C'est pourquoi, en considérant les castes, non plus seulement dans le plan individuel et social, mais, en raison de leur principe même, dans la totalité des états d'être de l'Homme Universel (qui contient en soi toutes les possibilités d'être), on regarde le *Brâhmane* comme le type et le représentant de la catégorie des êtres immuables, c'est-à-dire supérieurs au changement et à toute activité, et le *Kshatriya* comme celui des êtres mobiles, c'est-à-dire des êtres qui appartiennent au domaine de l'action[610].

On sait que l'Homme Universel, l'*Adam-Kadmôn* de la Kabbale, est identique à *Adhi-Manou*, et que celui-ci, considéré comme manifestation de *Brahmâ* (ou du Verbe Créateur), est *Pradjâpati*, le Seigneur des créatures, qu'il contient toutes en principe, et qui sont considérées comme constituant sa descendance[611]. Il est donc facile de comprendre la raison pour laquelle, selon le *Véda*, *Pradjâpati* engendra le *Brâhmane* de sa bouche[612], le *Kshatriya* de son

---

[607] Ce second principe est ce qu'on appelle l'âme animale, la ψυχή des Grecs, le חוּר hébraïque.

[608] Au corps (גוּף), il faut joindre ici l'âme végétative (נפש) c'est-à-dire le principe de la vie purement matérielle. – L'analogie de la société avec l'être vivant permet d'assimiler le déséquilibre social au déséquilibre vital, c'est-à-dire à la maladie ; ce déséquilibre se produit lorsque chacun des éléments de l'individu (ou de la société) n'accomplit plus les fonctions qui conviennent à sa nature propre.

[609] Les mots *théorie* et *pratique* sont pris ici dans leur sens strictement étymologique ; il est bien entendu que la contemplation dont nous parlons est métaphysique, et non mystique. Nous renverrons encore à l'étude sur *Le Démiurge* (1ère année, nos 1 à 4) pour ce qui concerne l'état du *Yogi*, ou de l'être affranchi de l'action (état assimilable à la fonction du *Brâhmane*).

[610] C'est pourquoi on étend à tous les êtres, animés et inanimés, une classification qui correspond à la distinction des castes parmi les êtres humains.

[611] Voir 1ère année, n° 10, p. 181, note 2[(note 4)], et p. 187, note 3[(note 9)].

[612] En effet, le *Brâhmane* est le dépositaire de la Parole sacrée, qui constitue la Tradition ;

bras, le *Vaishya* de sa hanche, puisqu'on retrouve ici la correspondance avec la division ternaire du corps, telle que nous venons de l'indiquer ; quant au *Çoûdra*, il naquit, sous les pieds de *Pradjâpati*, de la terre, qui est l'élément dans lequel s'élabore la nourriture corporelle.

Il nous reste à parler maintenant de la signification des couleurs qui correspondent aux différentes castes ; mais nous ne donnerons ici sur ce sujet que les indications les plus essentielles, car il nous faudra y revenir dans la suite de notre étude. Tout d'abord, le blanc, couleur synthétique qui contient toutes les autres en puissance, comme l'Unité contient tous les nombres, est la couleur qui symbolise le Principe avant toute manifestation, dans son unité primordiale indifférenciée ; il représente le Père dans la Trinité chrétienne ; il correspond à la lettre א et au centre du cercle dans l'Archéomètre. Sa première manifestation, son affirmation extérieure (sur la circonférence), est le jaune, couleur du Verbe (la Parole sacrée) ou du Fils, qui occupe le sommet du Trigone de la Terre des Vivants : il symbolise la Lumière spirituelle, manifestée au sommet du *Mérou* sous la forme du Triangle d'or, forme qui est celle du ב watan, la lettre zodiacale correspondante, celle du Capricorne, domicile de Saturne, et porte des migrations ascendantes des âmes (par le pôle Nord)[613], au solstice d'Hiver[614].

---

cette Parole, considérée comme initiatrice des hommes, est appelée *Ilâ*, et elle est dite fille de *Vaivaswata*, le *Manou* actuel, chaque *Manou* jouant dans son cycle particulier (*Manvântara*) le même rôle qu'*Adhi-Manou* dans la totalité du *Kalpa*. Ici, nous considérons seulement *Adhi-Manou* dans sa manifestation par rapport à un *Kalpa* (dans le *Kalpa* actuel, cette manifestation est *Swayambhouva*), cycle au cours duquel se développe une série indéfinie de possibilités d'être, constituant une possibilité particulière, telle que la possibilité matérielle (comprise dans toute son extension). – Le nom de *Pallas*, chez les Grecs, n'est pas autre chose que *Pa-Ilâ*, le préfixe *Pa* ayant ici la même signification hiéroglyphique que la lettre ב (lettre du Verbe) dans les alphabets watan et hébraïque.

[613] Par contre, au solstice d'Été, le signe du Cancer, domicile de la Lune (au fond des Eaux), est la porte des migrations descendantes des âmes (par le pôle Sud) ; on peut dire qu'il est la porte des Enfers (états inférieurs), tandis que le Capricorne est la porte des Cieux (états supérieurs). Le conducteur des âmes montantes et descendantes est *Hermès Psychopompe*, l'*Anépou* (*Anubis*) égyptien, « le guide des chemins d'outre-tombe ».

[614] C'est l'époque de *Noël*, le *New-Hail* druidique (nouveau salut ou nouvelle paix),

C'est pourquoi le blanc est la couleur de l'Autorité spirituelle, la couleur sacrée des centres initiatiques qui conservent la Tradition dans toute son intégrité originelle ; il est donc celle des *Brâhmanes*, comme il fut celle des Druides à l'époque de *Ram*[615]. Le jaune est la couleur des envoyés du centre principal chez les peuples appartenant à des races autres que celle qui est actuellement dépositaire de la Tradition ; il est aussi la couleur sacrée des centres secondaires que ces envoyés ont établis chez ces peuples[616].

Dans le Trigone de la Terre des Vivants (où l'on pénètre par la naissance initiatique), les deux autres couleurs sont le rouge, couleur du Saint-Esprit, et le bleu, couleur de la Vierge Céleste. Le rouge représente ici le Pouvoir administratif, qui, pour être régulier, doit procéder de l'Autorité spirituelle, comme le Saint-Esprit procède du Père[617] ; il est donc la couleur des *Kshatriyas*, et il représente l'élément actif[618]. Le bleu, d'autre part, représente l'élément

---

célébration de la naissance d'Emmanuel, ou du principe divin involué en nous (c'est la signification exacte de l'hébreu אלוּעמנ) : « Et le Verbe est devenu chair, et il a établi sa demeure en nous », dit littéralement l'Évangile de saint Jean.

[615] L'Église Romaine a réservé la couleur blanche au Pape, à qui elle attribue l'autorité doctrinale ; d'ailleurs, comme nous le verrons, la tiare et les clefs sont aussi des symboles empruntés au Brahmanisme.

[616] En Chine, le jaune est la couleur attribuée d'abord à *Fo-Hi*, et ensuite à tous ses successeurs dans l'Empire du Milieu. Au Thibet, les couleurs sacrées visibles sont le jaune et le rouge ; c'est là un point sur lequel nous reviendrons plus tard. Quant aux Bouddhistes, si l'adoption de la couleur jaune leur donne une apparence extérieure de régularité, il n'en est pas moins vrai que, étant hérétiques, ils ne peuvent revendiquer aucune dérivation régulière des centres orthodoxes. – Ce qui vient d'être dit au sujet de la couleur jaune montre pourquoi elle ne peut pas symboliser les *Vaishyas* ; on va voir que ceux-ci ont pour couleur symbolique le bleu, même lorsqu'ils descendent des *Dasyous* jaunes. Ce nom de *Dasyous* est la dénomination commune donnée à tous les peuples qui occupaient l'Inde avant le Cycle de *Ram*, et dont les uns étaient de race jaune (assimilés aux *Vaishyas*), et les autres de race noire (assimilés aux *Çoûdras*).

[617] Nous n'ajoutons pas « et du Fils », car ce ne serait vrai que dans la manifestation extérieure, c'est-à-dire, dans l'application actuelle, pour les peuples qui ne relèvent pas directement du centre principal. Il est à remarquer que cette adjonction, introduite assez tard dans le *Credo* de l'Église Romaine, ne figure pas dans celui de l'Église Grecque.

[618] Ce n'est qu'après le schisme d'*Irshou* que le rouge devint l'emblème des révolutions, parce qu'il fut alors celui des *Kshatriyas* qui se révoltèrent contre l'autorité des *Brâhmanes*, et qui,

plastique, c'est-à-dire, dans ce cas, matériel ; par suite, il est la couleur des *Vaishyas*[619]. Enfin, le noir, qui n'est que la négation de la lumière, symbolise la caste des *Coûdras*, celle qui n'existe pas au point de vue spirituel, puisqu'elle ne participe pas à la Tradition, ou, pour employer un autre langage, n'est pas admise dans la Communion des Saints. Ce sont les Hyliques, qui, n'étant point marqués du sceau de l'initiation, seront jetés dans les Ténèbres Extérieures, selon l'Évangile, tandis que ceux qui ont reçu la Parole sacrée, ayant été baptisés d'eau et d'esprit (c'est-à-dire étant parvenus à l'état de Psychiques, puis à celui de Pneumatiques), pénétreront dans le Royaume des Cieux, où, comme il est dit dans l'Apocalypse, « ils se tiendront devant le Trône de l'Agneau, avec qui ils vivront et régneront dans les siècles des siècles ».

(*À suivre.*)

---

au Bélier de *Ram* (devenu l'Agneau de *Lam*), voulurent substituer le Taureau, qu'ils placèrent en tête de leur alphabet désarchéométré. – On sait que le rouge correspond à la lettre ١ et au signe du Taureau, tandis que le bleu correspond à la lettre ٢ et au signe de la Vierge.

[619] Du blanc, du rouge et du bleu, symbolisant les trois premières castes, on voulut, lors des événements qui précédèrent immédiatement la Révolution française, faire les symboles respectifs des trois classes correspondantes de la nation : Clergé, Noblesse et Tiers-État (et c'est là l'origine véritable du drapeau tricolore de la France) ; mais, malheureusement, ces classes n'avaient aucun des caractères des véritables castes. C'est également sur les trois plans correspondants que l'on doit comprendre les trois termes : *Liberté* (spirituelle et intellectuelle), *Égalité* (morale ou sentimentale), *Fraternité* (sociale au sens purement matériel) . Il ne faut pas oublier que ces trois mots constituèrent une devise maçonnique, c'est-à-dire une formule initiatique, avant d'être livrés à l'incompréhension de la foule, qui n'en a jamais connu ni le sens réel, ni la véritable application.

L'ARCHÉOMÈTRE[620] (suite)[621]

Au précédent exposé de l'institution des castes, envisagée comme la base essentielle de l'organisation synarchique, on ne doit pas objecter, comme certains le font, que le Christianisme supprime ces distinctions et leur enlève leur raison d'être, car il n'a évidemment pas fait disparaître les différences de nature individuelle entre les hommes, différences desquelles résultent précisément les distinctions dont nous parlons[622]. D'ailleurs, si le principe *Christos*, c'est-à-dire le Verbe Rédempteur (aspect de *Vishnou*)[623], s'est manifesté aux hommes il y a dix-neuf siècles[624], c'est, d'après les paroles mêmes

---

[620] Un personnage auquel nous ne ferons pas l'honneur de le nommer s'est permis de reproduire dans une certaine revue, sans en indiquer la source, des fragments de la présente étude déjà publiés ici, en les dénaturant d'ailleurs par des fautes grossières, qui les rendent à peu près incompréhensibles. Nous méprisons trop les gens de cette sorte pour accorder la moindre attention à leurs procédés plus qu'incorrects ; il nous suffit de les signaler à nos lecteurs, afin de mettre ceux-ci en garde contre de pareilles élucubrations. (*Note de la Rédaction.*)

[621] [Paru en février 1911.]

[622] L'égalité au point de vue matériel et social est évidemment impossible ; nous avons d'ailleurs indiqué quels sont les différents domaines auxquels s'appliquent respectivement les trois termes : Liberté, Égalité, Fraternité (2ème année, n° 1, p. 20, note [(note 107)]).

[623] La racine du mot grec Χριστός se retrouve dans le sanscrit *Çri*, qui exprime une idée d'excellence (*çreyas*), dont la consécration de l'individu par l'onction sacerdotale ou royale est le signe sensible. Le mot *Çri* se place devant certains noms propres comme une sorte de titre, assez analogue à l'hébreu קדש, que l'on traduit par « saint », et qui implique également l'idée de consécration ; d'autre part, משיח, Messie, signifie littéralement « oint », comme Χριστός. Employé seul, (*Çri* est plus particulièrement une désignation de *Vishnou* ; de même, sa forme féminine *Çri* est un des noms de *Lakshmî*, la *Shaktî* ou Énergie productrice de *Vishnou*. – Il ne faut pas oublier que la lettre grecque χ, initiale de Χριστός, équivaut phonétiquement, non pas à *k*, mais au *ch* doux allemand.

[624] On traduit habituellement ce mot *Mlechhas* par « Barbares », mais il n'a pas, comme cette dernière expression, un sens défavorable ; la racine verbale *mlechh* signifie simplement « parler d'une façon inintelligible » (pour celui qui emploie ce mot), c'est-à-dire parler une langue étrangère. D'après la tradition brahmanique, la neuvième manifestation de *Vishnou* dans le cycle actuel devait être un *Mlechha-Avatâra*, une descente parmi les peuples occidentaux ; ceci s'oppose à la prétention des Bouddhistes, qui ont voulu voir cette manifestation en *Çakya-Mouni*. Nous aurons à revenir dans la suite sur les *Avatâras* ou manifestations de *Vishnou* ; le mot *Avatâra*, dérivé de *ava*, en bas, et *tri*, traverser, signifie

de l'Évangile, « pour accomplir la Loi, et non pour la détruire ». Or cet accomplissement de la Loi consiste dans son universalisation pour les *Mlechhas* de l'Occident[625], parmi lesquels les Juifs seuls étaient alors chargés de sa conservation ; les applications de la Loi doivent sans doute varier suivant les circonstances, mais la Loi elle-même n'en est pas moins une, et, s'il est vrai que les prescriptions spéciales au peuple juif n'auraient aucune raison d'être chez d'autres peuples[626], il ne peut en être ainsi des principes fondamentaux qui constituent l'essence même de la Loi.

Une autre remarque importante, que nous devons encore faire ici, c'est que l'investiture royale, conférée par les représentants directs de la Tradition, c'est-à-dire par la caste sacerdotale[627], constitue à proprement parler le Droit divin[628], sans lequel il ne peut y avoir aucune royauté régulière. Si cette idée du

---

proprement descente (du Principe dans l'Univers manifesté).

[625] L'année 1912 terminera une période de 10 siècles, ou 100 *Saros* (voir 1ère année, n° 11, p. 246), depuis la première manifestation du Christ aux Docteurs de la Loi juive. D'autre part, avec l'année 1910 s'est terminée une autre période de 1840 ans, commençant à la destruction de Jérusalem par les Romains, en l'an 70 de l'ère chrétienne (voir 1ère année, n° 9, p. 189, note 2[(note 12)]), la demi-durée de la précession des équinoxes, qui est de 12882 ans ½, comprend sept périodes de 1840 ans, plus 2 ans ½ ; nous dirons plus tard ce que représente ce cycle de 12 882 ans ½, et particulièrement celui dont la septième et dernière partie (de 1840 ans) correspond aux dates que nous venons d'indiquer ; en y ajoutant les 2 ans ½ qui restent après la division par 7, on obtient encore la date finale de 1912. Nous prions les lecteurs de ne considérer ces dates et ces cycles que comme se rapportant à des nombres symboliques, ne correspondant pas nécessairement à des événements extérieurs, et de n'y voir par conséquent rien de prophétique ; d'ailleurs, nous n'avons en aucune façon à nous occuper de l'application possible des nombres à la divination.

[626] Mais, bien entendu, ces prescriptions ne sont nullement abolies pour le peuple juif. D'autre part, chez celui-ci, il serait facile de trouver la correspondance des quatre castes fondamentales et leur répartition dans la division zodiacale des douze tribus ; c'est encore là un point sur lequel nous aurons l'occasion de revenir plus tard.

[627] Il faut avoir bien soin de remarquer que les *Brâhmanes* ne sont nullement des « prêtres », dans le sens ordinaire de ce mot, car il ne pourrait y avoir de prêtres que s'il y avait quelque chose d'analogue aux religions occidentales, ce qui n'existe pas en Orient (voir *La Religion et les religions*, 1ère année, n° 10). Les fonctions de la caste sacerdotale consistent essentiellement dans la conservation de la Doctrine traditionnelle, et dans l'enseignement initiatique par lequel se transmet régulièrement cette Doctrine.

[628] Remarquons à ce propos que le « Droit divin », dans son sens le plus universel, est désigné

Droit divin a subi en Occident, à des époques récentes, certaines déviations d'autant plus regrettables qu'elles tendent à légitimer les abus de l'absolutisme, la faute en est, non à la Tradition, mais à l'incompréhension d'individus qui, n'étant pas les possesseurs immédiats de cette Tradition, s'attribuent cependant le droit de l'appliquer, et naturellement l'appliquent mal[629] ; ceci est d'ailleurs vrai dans tous les cas où il s'agit d'une atteinte quelconque portée à l'orthodoxie.

Mais il nous faut maintenant quitter ce sujet, sur lequel beaucoup de choses resteraient encore à dire, pour revenir à des considérations se rapportant plus directement à l'Archéomètre. On verra cependant par la suite que les indications que nous venons de donner étaient nécessaires, et nous devrons encore y ajouter plus tard d'autres notions générales sur la Doctrine traditionnelle et sa conservation à travers les différentes périodes successives de l'humanité terrestre, jusqu'à l'époque actuelle.

---

en arabe par le mot *El-Haqqu* (voir *Épître sur la manifestation du Prophète*, note 6 : 2ème année, n° 1, p. 22), et que ce mot est identique à la racine hébraïque חק, qui est, comme nous l'avons dit, le signe hiéroglyphique du pouvoir royal (2ème année, n° 1, p. 15, note 3[(note 86)]).

[629] Le sacre des rois fut, dans l'Occident moderne, un souvenir et un reste de l'investiture du Droit divin ; mais il est facile de comprendre les inconvénients qui devaient fatalement résulter, d'une part, du fait que cette investiture était conférée par un clergé n'ayant aucun des caractères de la véritable caste sacerdotale, et, d'autre part, de l'hérédité posée en principe, au lieu de n'être qu'accidentelle, et non nécessaire en droit (voir 2ème année, n° 1, p. 12). – Le véritable Droit divin donne à l'individu qui en est revêtu un caractère qui le rend participant de la Volonté divine (conçue comme Vouloir universel), et il ne peut être séparé de l'expression de cette Volonté, à laquelle il est indissolublement associé, selon la formule connue : *Deus meumque Jus*, « Dieu et mon Droit » (devise du 33ème degré de la Maçonnerie Écossaise).

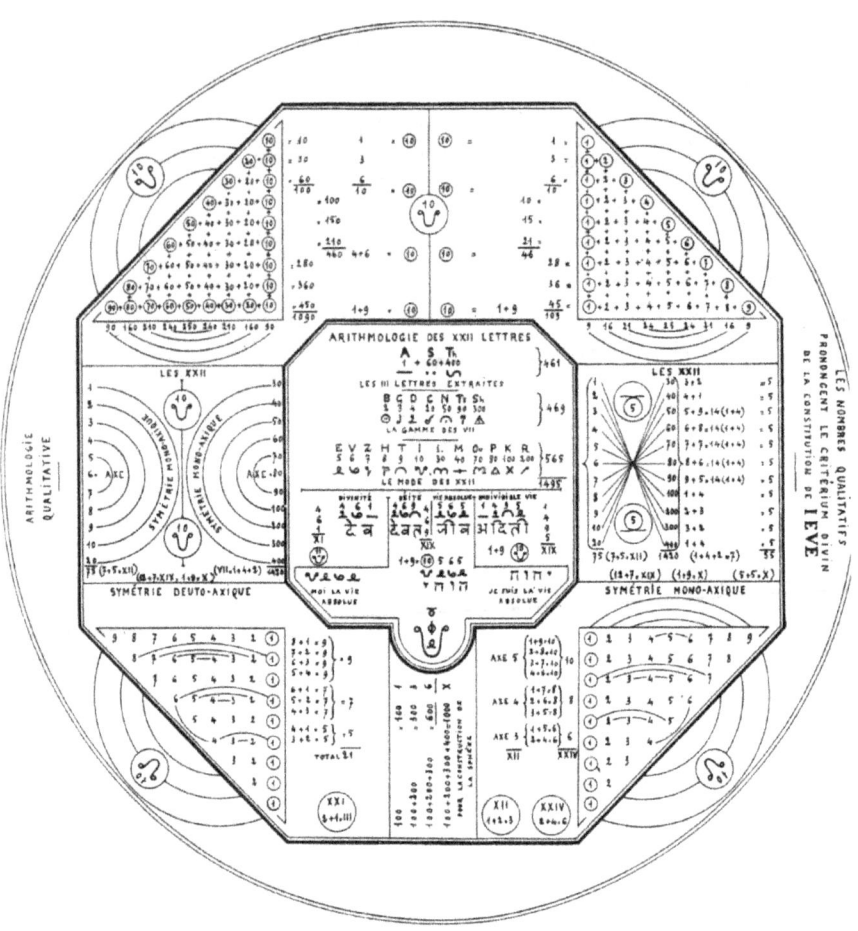

La première question que nous ayons à étudier maintenant se rapporte à l'arithmologie des XXII lettres de l'alphabet watan ; nous donnons ici la figure synthétique résumant cette arithmologie, et montrant comment les nombres, envisagés qualitativement, prononcent le critérium divin de la constitution de IEVE[630]. Au centre sont indiquées les valeurs numériques des XXII lettres, réparties en trois catégories, comme nous l'avons indiqué précédemment[631] : les III lettres extraites, qui sont les lettres mères ou constitutives[632], et les XIX

---

[630] Voir la planche hors texte contenue dans le présent numéro ; pour tout ce qui va suivre, c'est à cette planche qu'on devra se reporter.

[631] Voir 1ère année, n° 10, p. 210.

[632] Une étude particulière a déjà été consacrée à ces trois lettres (1ère année, n° 10, pp. 213 à 219).

lettres figurant dans l'Archéomètre, ces dernières comprenant elles-mêmes la Gamme des VII planétaires et le Mode des XII zodiacales[633]. Ce nombre 19, égal à 12 + 7, donne 10 par réduction, c'est-à-dire par addition des chiffres dont il est formé[634]. Au-dessous des lettres sont inscrites leurs valeurs numériques[635], avec la somme des valeurs des lettres de chacune des trois catégories, et la somme totale : 461 + 469 + 565 = 1495[636], nombre qui donne encore (ainsi, d'ailleurs, que son second élément 469) 19 par une première réduction, et 10 par une seconde. Nous n'avons pas à revenir sur ce point, l'ayant déjà expliqué, ainsi que la signification des mots sanscrits qui sont formés par les lettres correspondant aux chiffres respectifs de ces quatre sommes, et qui, dans la figure, sont écrits au-dessous de ces chiffres, transcrits eux-mêmes dans l'alphabet watan[637]. Rappelons seulement que ces mots sont : *Dêva*, divinité ; *Dêvata*, déité ; *Jîva*, vie universelle, ou vie absolue (envisagée en principe, indépendamment de ses manifestations individualisées) ; *Aditî*, indivisible vie.

---

[633] Ces expressions *gamme* et *mode* se rapportent aux correspondances musicales, indiquées dans la figure principale de l'Archéomètre (planche hors texte contenue dans le n° 9 de la 1ère année), mais dont nous n'avons pas encore parlé jusqu'ici, réservant leur étude pour plus tard (voir le même n° 9. p. 184).

[634] On donne habituellement à cette opération le nom de « réduction théosophique », dénomination bizarre que rien ne nous paraît justifier. D'autre part. on appelle aussi « racine théosophique » d'un nombre la somme de tous les nombres entiers pris consécutivement (progression arithmétique de raison 1) depuis l'unité jusqu'à ce nombre inclusivement ; en général on réduit cette somme jusqu'à ce qu'on ait à sa place un des dix premiers nombres. En effet, par des réductions successives, dont chacune est effectuée sur le résultat de la précédente, on peut toujours arriver à obtenir un nombre d'un seul chiffre ; s'il faut pour cela plusieurs réductions, on pourra les considérer comme des réductions à différents degrés, et le degré de chacune d'elles sera déterminé par l'ordre de succession des opérations effectuées.

[635] Ces valeurs numériques, qui sont les mêmes que celles des lettres hébraïques correspondantes, sont indiquées dans la seconde colonne (à partir de la gauche) du tableau qui figure à la p. 186 (1ère année, n° 9). Il faut remarquer que, pour chaque lettre, l'ordre alphabétique et la valeur numérique donnent le même nombre par réduction ; la valeur numérique ne comporte qu'un chiffre significatif, seul pour les neuf premières lettres, suivi d'un zéro pour les neuf suivantes, et de deux zéros pour les quatre dernières.

[636] Dans les trois sommes partielles, dont chacune contient trois chiffres, le chiffre du milieu est le même : 6, sur le caractère conjonctif duquel nous aurons à revenir.

[637] Pour cette explication, voir 1ère année, n° 10, pp. 212 et 213.

Enfin, 469, somme des valeurs des VII planétaires, se réduisant à 10, nombre de la lettre י, et les chiffres de 565, somme des valeurs des XII zodiacales, correspondant respectivement aux trois lettres הוה, on a ainsi le Tétragramme divin יהוה, qui, dans la figure, est écrit dans les alphabets watan et hébraïque, et est interprété par « Moi, la Vie absolue », ou « Je suis la Vie absolue ».

En effet, la lettre י et ses équivalentes marquent l'affirmation de l'Être : *Ya, Je* ; elles appellent le Verbe. En hébreu, le nom *Iah* (יה) désigne Dieu s'affirmant, entrant en acte par son Verbe, c'est-à-dire la Puissance divine se manifestant[638]. En sanscrit, *Ya* indique la Puissance unitive, la Puissance donatrice, la Puissance de la Méditation sacrée, l'Émissive de l'Aller et la Rémissive du Retour. C'est aussi la Puissance principielle féminine, et, dans un sens inférieur, la désignation du sexe féminin (symbolisé par la *Yoni*), car cette lettre (équivalente à Y ou I consonne)[639] est, comme nous l'avons déjà dit à plusieurs reprises, un signe féminin : elle correspond à la Sagesse divine, à la Reine du Ciel des anciens Patriarches et des Litanies de Marie Assomptionnée.

Nous avons dit aussi que la lettre י est la Royale des alphabets archéométriques, solaires et solaro-lunaires[640], et ceci est rendu manifeste par la figure arithmologique que nous étudions actuellement. C'est la première lettre des noms du Père et du Fils : ils sont consubstantiels en elle. Sa note est *sol* fondamental, sur lequel sont constitués toute la sonométrie et tout le système musical de l'Archéomètre, que nous aurons à étudier dans la suite. Sa couleur

---

[638] Sur ce nom יה et son nombre 15, voir aussi 1ère année, n° 11, p. 240, note[(note 35)].

[639] En sanscrit, toute consonne écrite sans modification est considérée comme suivie de la voyelle *a*, dont le son est défini comme celui qu'émettent les organes de la parole lorsqu'ils sont dans leur position normale ; tous les autres sons procèdent donc de ce son primordial *a*, car ils sont produits par des modifications diverses des organes de la parole à partir de cette position normale, qui est naturellement leur position de repos. C'est pourquoi la lettre A est la première de l'alphabet et représente l'Unité suprême ; ceci est très important à considérer pour l'explication de la syllabe sacrée trigrammatique AUM, dont nous aurons à parler plus tard.

[640] Voir 1ère année, n° 9, p. 190.

est le bleu[641], son signe zodiacal la Vierge[642], sa planète Mercure, son Archange *Raphaël Trismégiste*, nommé aussi *Hamaliel* par les Kaldéens. Dans l'année liturgique, elle correspond à l'époque de l'Assomption (15 août)[643].

La lettre ׳ a pour antagoniste la lettre מ, la Royale des alphabets lunaires et désarchéométrés ; c'est là la clef du *Livre des Guerres de IEVE*, « guerres de la Royale I ou Y contre l'usurpatrice M ».[644] Cette lettre מ ne répond plus au *Ya*, au *Je*, qui commande le Verbe, mais au *Me*, au *Moi*, qui se replie sur lui-même. Elle correspond, non plus au Principe divin ni à la Biologie divine où toute vie immane pour l'Éternité, mais à l'Origine naturelle et à la Physiologie embryogénique du Monde, d'où toute existence émane temporellement. Elle ne se rapporte plus à la Sagesse de Dieu, en qui toute pensée est un être principiel, mais à la Mentalité humaine, en qui toute conception est abstraite[645] : c'est la *Pallas* de la doctrine orphique[646], la *Menerva* ou *Minerva*, le *Manou* féminin de la doctrine étrusque[647]. En sanscrit, *Ma* indique le Temps,

---

[641] Remarquons, à ce propos, qu'on a toujours attribué, même par la simple inspiration, la couleur bleue à la robe de la Sainte Vierge Assomptionnée, de même que le blanc et le jaune à celle de Jésus enfant, et le rouge à la Colombe Ionique et aux sept langues de feu du Saint-Esprit (ces sept langues de feu symbolisent ce que les théologiens appellent les sept dons du Saint-Esprit).

[642] Ce signe est représenté aujourd'hui par ♍, c'est-à-dire par la lettre M, initiale de *Mariah* (substituée ici à la Vierge Céleste dont elle est la manifestation), à laquelle est joint un épi.

[643] Pour la correspondance des fêtes liturgiques avec les signes zodiacaux, se reporter à la figure de la p. 244 (1ère année, n° 11).

[644] Saint-Yves d'Alveydre, *Notes sur la Tradition Cabalistique*. – Il y a ici quelque chose d'analogue au *Yi-King* de *Fo-Hi*, qui est le « Livre des changements dans la Révolution circulaire ». On sait que le nombre 13, qui correspond à מ, indique la destruction et aussi, par suite, le changement, la transformation (destruction de la forme). Il faut remarquer aussi que les lettres ׳ et מ occupent des positions symétriques par rapport au milieu de l'alphabet (voir plus loin, sur la symétrie mono-axique).

[645] En grec, le mot Μήνη désigne la Lune, qui réfléchit la lumière du Soleil, comme la Mentalité réfléchit la Lumière intellectuelle et spirituelle. – La différence indiquée ici entre les principes symbolisés par les lettres ׳ et מ (qui, pour l'alphabet watan, sont deux principes féminins) est analogue à celle qui existe entre l'Homme Universel et l'homme individuel.

[646] Pour la signification du nom de *Pallas*, voir 2ème année, n° 1, p. 18, note 2[(note 100)].

[647] Pour la signification du nom de *Manou*, voir 1ère année, n° 9, p. 181, note 1[(note 3)].

la Mesure, la Mère (en hébreu אם), la Passivité, la Lumière réfléchie, la Réflexion, la Mort. *Mâ*[648] exprime la négation[649] ; comme racine verbale[650], il signifie mesurer, distribuer, donner, façonner, produire, résonner, retentir. En hébreu, la lettre מ indique la Puissance embryogénique, le développement dans le Temps et dans l'Espace ; cette même lettre exprime aussi la possibilité, l'interrogation[651] ; enfin, nous avons vu qu'elle représente l'élément eau (מים)[652]. Sa note est *ré* sa couleur le vert de mer, son signe zodiacal le

---

[648] La voyelle *â* (A long) est, en sanscrit, le redoublement du son primordial a ; elle est le plus souvent une terminaison féminine, de même que la voyelle *î*, qui est également un redoublement de *i* bref (voir 1ère année, n° 10, p. 213, note 1[(note 21)]). Nous pouvons ajouter que, au point de vue idéographique, *i* désigne l'élan de la Prière et de l'Adoration, et aussi l'action de commencer, d'aller et de revenir (aller se dit aussi *ire* en latin) ; *î* indique l'action de prier et d'adorer, ainsi que sa correspondance avec l'Être qu'on prie et le Principe qu'on adore ; ceci doit être joint à ce que nous avons dit un peu plus haut au sujet de la consonne *Ya*.

[649] En grec, la négation s'exprime également par μή.

[650] La racine verbale est appelée en sanscrit *dhâtou*, forme fixée ou cristallisée ; en effet, elle est l'élément fixe ou invariable du mot, qui représente son essence immuable, et auquel viennent s'adjoindre des éléments secondaires et variables, représentant des accidents (au sens étymologique) ou des modifications de l'idée principale.

[651] De là les pronoms interrogatifs מי, qui ? et מה, quoi ? D'autre part, la lettre מ, employée comme préfixe, indique l'origine, la provenance. – Remarquons encore que les deux lettres י et מ s'unissent pour former la terminaison ים du pluriel masculin, la seconde, sous sa forme finale ם, devenant un signe collectif.

[652] Voir ce que nous avons dit sur les trois lettres formant le mot אמש (1ère année, n° 10, p. 218, note 2[(note 33)]). En arabe, *Ma* désigne aussi l'eau. – La forme hébraïque מים est un duel : les doubles Eaux, c'est-à-dire, au sens métaphysique, les Eaux supérieures et les Eaux inférieures ; au sens physique, on sait que l'eau est composée chimiquement de deux éléments : hydrogène et oxygène. Il y a lieu de faire à ce propos une remarque assez curieuse : la formule constitutive de l'eau (en ne prêtant d'ailleurs, bien entendu, à la notation chimique qu'une valeur purement symbolique) est H2O, ou mieux H.OH, le premier élément H pouvant être remplacé (indirectement en pratique) par un métal (ce qui donne naissance à une base), tandis que le radical OH reste intact ; si l'on représente ici l'oxygène, élément actif, par י, et l'hydrogène, élément passif, par מ, cette formule H.OH devient précisément identique au mot מים, l'élément isolé et remplaçable H étant alors représenté par l'initiale מ, et le radical OH par la terminaison ים.

Scorpion⁶⁵³, sa constellation complémentaire le Dragon des Eaux Célestes, sa planète Mars. Son Ange est double : *Kamaël*⁶⁵⁴, l'Amour physique de l'Espèce, président à la Génération ; *Samaël*, président à la Mort qui en est la conséquence⁶⁵⁵. Dans l'année liturgique, elle correspond à l'époque de la Toussaint et de la célébration des Âmes désincarnées (1ᵉʳ et 2 novembre).

Après cette digression, revenons à la figure qui résume toute l'arithmologie qualitative, et dont nous n'avons encore considéré que la partie centrale⁶⁵⁶.

(*À suivre.*)

L'ARCHÉOMÈTRE (suite)⁶⁵⁷

De part et d'autre du centre de la figure⁶⁵⁸, les XXII lettres, ou plutôt leurs

---

⁶⁵³ Ce signe est représenté aujourd'hui par ♍, qui rappelle encore la lettre M.

⁶⁵⁴ En sanscrit, *Kâma* signifie le Désir (voir 1ᵉʳᵉ année, n° 10, p. 215, note 2[(note 27)]) ; il est dit fils de *Mâyâ*.

⁶⁵⁵ Il y a en sanscrit, pour signifier l'Amour, deux mots de sens opposés, qui contiennent tous deux, comme consonnes, les lettres M et R, c'est-à-dire les deux premières zodiacales du Triangle des Grandes Eaux. Le premier mot est *Mâra*, qui signifie aussi la Mort (de la racine *mri*, mourir) ; l'Amour est ici l'Attraction cosmique, donc fatale, des sexes dans l'unité banale de l'Espèce ; celle-ci n'a pas pour objet le bonheur des individus, mais la reproduction corporelle, et, conséquemment, la mortalité des règnes végétal, animal et humain.
Le second mot est *Amra*, qui signifie littéralement l'Immortalité (de *a* privatif, et *mri*, mourir) ; l'Amour est ici l'Attraction divine, donc providentielle, des âmes bisexuées, à travers le corps ; cette puissance n'a en vue que le bonheur des individus par leur libre élection mutuelle ; elle les libère des fatalités héréditaires de l'Espèce. C'est pourquoi Moïse dit : « Tu quitteras ton père et ta mère pour suivre ta femme, et vous ne serez tous deux qu'un seul être organique. » C'est donc de la suprême individuation et de l'Autonomie de l'Homme et de la Femme qu'il s'agit ici, et, par conséquent, de leur immortalité dans le Dieu Vivant lui-même. – À proprement parler, le mot « Amour » ne devrait être employé que dans le second sens, car le latin *Amor* est identique au sanscrit *Amra*.

⁶⁵⁶ Le manque de place nous oblige à renvoyer la suite de l'explication de cette planche au prochain numéro.

⁶⁵⁷ [Paru en mars 1911.]

⁶⁵⁸ Se reporter à la planche hors texte contenue dans le précédent numéro.

valeurs numériques, sont disposées suivant deux symétries, l'une mono-axique, à droite, et l'autre deuto-axique, à gauche. Dans l'une et dans l'autre, elles sont rangées en deux colonnes, contenant chacune les valeurs de onze lettres[659] : la somme des valeurs des onze premières est 75, qui se réduit à 7 + 5 = XII, et celle des valeurs des onze dernières est 1420, qui se réduit à 1 + 4 + 2 = VII ; on a encore, pour l'ensemble, 12 + 7 = XIX, et, par une nouvelle réduction, 1 + 9 = X, de sorte que tout se ramène finalement au dénaire[660]. Ce qu'il importe de remarquer, c'est que nous avons retrouvé ici le duodénaire et le septénaire, sur les rapports desquels nous allons d'ailleurs donner maintenant quelques indications.

Nous devons tout d'abord remarquer, à ce sujet, que l'octave, c'est-à-dire l'ensemble des sept notes de la gamme, comprend douze demi-tons, ce que l'on peut représenter par un cercle divisé en douze intervalles égaux, formant un zodiaque, dans lequel on placera, suivant leurs intervalles respectifs, les sept notes, qui correspondent aux sept planètes.

Dans la gamme majeure, les intervalles successifs des notes, en prenant le ton pour unité, sont :

$$1, 1, \tfrac{1}{2}, 1, 1, 1, \tfrac{1}{2}.$$

Dans la gamme mineure, ces mêmes intervalles sont :

$$1, \tfrac{1}{2}, 1, 1, \tfrac{1}{2}, 1\tfrac{1}{2}, \tfrac{1}{2}.$$

On voit que la gamme majeure est symétrique par rapport à l'intervalle

---

[659] Le nombre 11 est donné d'autre part par la réduction de 461, somme des valeurs numériques des trois lettres constitutives (voir 1ère année, n° 10, p. 212) ; c'est également le nombre de la seconde moitié du Tétragramme (וה) ; le Pentagramme יהשוה a pour nombre 326, qui se réduit encore à 11 ; nous ne faisons qu'indiquer ces diverses correspondances, nous réservant d'y revenir plus tard.

[660] C'est le résultat déjà indiqué précédemment pour la réduction du nombre 1495 (= 75 + 1420), somme totale des valeurs numériques des XXII lettres (voir 2ème année, n° 2, p. 51).

central, tandis qu'il n'y a aucune symétrie de ce genre dans la gamme mineure.

D'autre part, dans la gamme ordinaire, qui est la gamme majeure en *do*, la série montante des dièzes, de quinte en quinte, est la suivante :

fa do sol ré la mi si

La série descendante des bémols, de quarte en quarte, est la même série prise dans l'ordre inverse[661] :

si mi la ré sol do fa

Les notes étant disposées autour d'un cercle comme nous l'avons dit, si l'on veut avoir la série des dièzes ou celle des bémols, il faut joindre ces notes de façon à former un heptagone étoilé non fermé, de telle sorte que l'intervalle entre les deux notes qui sont aux extrémités d'un même côté soit toujours de deux tons et demi. Pour la gamme ordinaire, la figure ainsi obtenue sera la suivante.

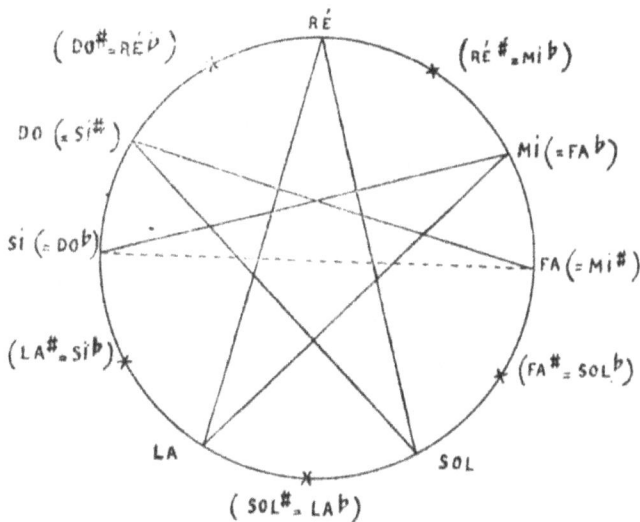

---

[661] On verra plus tard que, dans la gamme planétaire, cette série correspond à l'ordre de succession des jours de la semaine.

Les deux extrémités de la figure, qui sont aussi celles du diamètre horizontal, sont *fa* et *si* ; on voit que, à ce point de vue, la gamme majeure en *do* est symétrique par rapport au *ré*. On pourrait faire des remarques analogues pour une gamme majeure quelconque ; mais nous y reviendrons lorsque nous étudierons les correspondances musicales de l'Archéomètre, car notre but, pour le moment, n'était que d'indiquer comment la gamme septénaire se situe dans le mode duodénaire.

Une autre remarque qui se rattache plus directement à l'arithmologie est celle que nous devons faire sur la constitution même des nombres 7 et 12, qui sont respectivement la somme et le produit des deux mêmes nombres 3 et 4 : $3 + 4 = 7$; $3 \times 4 = 12$.

Rappelons à ce propos quelques lois arithmétiques connues : la somme de deux nombres est paire si ces nombres sont tous deux pairs ou tous deux impairs ; si l'un est pair et l'autre impair, la somme est impaire. D'autre part, pour que le produit de deux nombres soit impair, il faut que les deux facteurs soient impairs ; dans les autres cas (un facteur pair et un facteur impair, ou deux facteurs pairs), le produit est toujours pair.

On sait que, selon le Pythagorisme, les nombres impairs sont masculins, et les nombres pairs sont féminins[662]. Par suite, la multiplication d'un nombre pair par un nombre impair est assimilée à un mariage ; il en est ainsi, en particulier, lorsque les facteurs sont deux nombres entiers consécutifs, tels que le ternaire et le quaternaire, dont l'union produit le duodénaire. De même, l'union du binaire et du ternaire produit le sénaire, et, à ce point de vue, il y a entre les nombres 5 et 6 la même relation qu'entre les nombres 7 et 12 : $2 + 3 = 5$; $2 \times 3 = 6$. Remarquons que 5 correspond à l'étoile pentagrammatique, symbole du Microcosme, et 6 au double triangle, symbole du Macrocosme[663]. Le nombre 6 est le produit de 2, premier nombre pair, et de 3, premier nombre impair, l'unité n'étant pas considérée comme un nombre, parce qu'elle est le principe de tous les nombres et les contient tous ; c'est pourquoi 6 était appelé

---

[662] Voir le chapitre des *Philosophumena* relatif à Pythagore (pp. 6 et 7 de la traduction).

[663] Ces nombres 6 et 5 sont aussi ceux des deux dernières lettres du Tétragramme, dont la somme est égale 11, comme nous l'avons fait remarquer plus haut.

par toutes les écoles antiques le nombre du Mariage, d'où son caractère conjonctif[664]. Il représente aussi le Monde considéré comme engendré par l'union des deux principes masculin et féminin qui constituent l'Androgyne divin, et c'est pour cette raison qu'il est regardé comme le nombre de la Création[665].

Revenons aux valeurs numériques des XXII lettres disposées en deux colonnes : la symétrie mono-axique fait correspondre deux à deux les lettres équidistantes du centre de l'alphabet, de telle sorte que la somme des rangs alphabétiques de deux lettres correspondantes soit toujours égale à 23 :

$$1 + 22 = 2 + 21 = \cdots = 10 + 13 = 11 + 12 = 23$$

Cette correspondance est celle de la permutation kabbalistique appelée את-בש ; si l'on faisait correspondre les lettres qui occupent le même rang dans les deux colonnes, c'est-à-dire dont les valeurs numériques sont ici placées horizontalement l'une en face de l'autre, on aurait la permutation appelée בכ-אל [666]

---

[664] La lettre correspondante ו (O, V) est conjonctive ou conjugale dans toutes les langues solaires ; de même, sa couleur rouge est expérimentalement conjonctive du bleu et du jaune. La Colombe Ionique aux six ailes (נהוי, φοῖνιξ) symbolise l'Union conjugale des sexes dans l'Amour Psychique et dans le Dieu Vivant.

[665] Nous avons vu que l'Androgyne divin est désigné par la première moitié du Tétragramme, יה, dont le nombre est 15, qui, par réduction, donne ce même nombre 6 (1ère année, n° 11, p. 240, note[(note 35)]). – Nous aurons à revenir sur le sénaire considéré comme nombre de la Création, et aussi comme somme des trois premiers nombres : 1 + 2 + 3 = 6.

[666] On sait que la Kabbale littérale comprend trois sortes de procédés, qui constituent la *Gématria* (גמטריא), le *Notarikon* (ונוטריקון), et la *Thémourah* (רהותמ) ; c'est à cette dernière qu'appartiennent les permutations des lettres de l'alphabet, qui comportent 22 variations régulières, et une indéfinité de variations irrégulières. Les deux variations régulières les plus usitées sont celles que nous venons d'indiquer ; la variation irrégulière ordinaire est אט-בח, dans laquelle la somme des valeurs numériques des lettres échangées est toujours égale à 10, 100 ou 1000 ; on y regarde les cinq lettres finales comme des lettres distinctes, ayant leurs valeurs numériques particulières, tandis que, dans les variations régulières, on ne tient pas

Le nombre 23 se réduit à 5, et il en est de même de la somme des valeurs numériques de deux lettres correspondantes quelconques dans cette symétrie mono-axique ; il est facile de comprendre qu'il en soit ainsi, puisque, comme nous l'avons fait remarquer précédemment[667], l'ordre alphabétique de chaque lettre et sa valeur numérique donnent le même nombre par réduction. Comme il y a onze couples de lettres correspondantes, on a pour l'ensemble : 5 × 11 = 55, nombre formé de deux chiffres 5, qui représentent les deux ה du Tétragramme, puisque 5 est la valeur de la lettre ה ; et ce nombre 55 se réduit encore à 5+5=10.

Parmi les valeurs des couples de lettres, celles des deux premiers en partant du centre de l'alphabet se réduisent immédiatement à 5, ainsi que celles des quatre derniers ; celles des cinq autres se réduisent d'abord à 14. Ce dernier nombre correspond au rang alphabétique de la lettre נ, planétaire du Soleil, dont la valeur numérique, 50, est aussi la valeur des deux premiers couples כ et ל, י et מ.

Les lettres dont les valeurs occupent le milieu des deux colonnes et sont reliées par une ligne horizontale sont ג = 6[668] et פ = 80, c'est-à-dire les deux premières zodiacales du Triangle de la Terre des Vivants ; le nombre total 86 est la somme des valeurs numériques des lettres du mot אלהים (Elohim). On peut prendre ces nombres (0 et 80) pour axes respectifs de deux symétries mono-axiques partielles, dont chacune unira deux à deux les nombres équidistants du milieu de l'une des deux colonnes ; et l'ensemble de ces deux nouvelles symétries mono-axiques constituera une symétrie deuto-axique de l'alphabet.

Dans la première colonne, la somme des deux nombres extrêmes est 21 ; celle de chacun des quatre autres couples de nombres équidistants du milieu est 12 ; ces deux nombres (21 et 12) se réduisent l'un et l'autre à 3 ; enfin, le nombre du milieu est 6, moitié de 12. Dans la seconde colonne, la valeur totale

---

compte de cette distinction, dont l'introduction est relativement récente.

[667] Voir 2ème année, n° 2, p. 50, note 6[(note 122)].

[668] Cette position médiane et axique correspond encore au caractère conjonctif de la lettre ו.

de chaque couple de nombres se réduit à 7, indirectement pour le couple le plus voisin de l'axe, qui se réduit d'abord à 16, et directement pour les quatre autres couples ; le nombre du milieu, 80, se réduit à 8, moitié de 16. Si l'on additionne les nombres 3 et 7, auxquels se réduisent respectivement les valeurs des couples de nombres des deux Symétries mono-axiques[669], on a : 3 + 7 = 10. Ici encore, on retrouve donc finalement le dénaire qui est le nombre de la lettre ׳, l'initiale du Tétragramme divin, la première zodiacale du Triangle de la Terre des Vivants, la Royale des alphabets archéométriques[670].

Nous laisserons là, pour le moment du moins, l'étude de la partie moyenne de la figure, sur laquelle, cependant, bien des choses pourraient encore être dites, pour considérer les parties supérieure et inférieure, et, en particulier, les quatre triangles rectangles formés par leurs extrémités.

(À suivre.)

L'ARCHÉOMÈTRE (suite)[671]

Dans l'angle supérieur droit de la figure[672] sont indiquées les racines théosophiques des neuf premiers nombres, avec leur formation par addition de ces nombres pris consécutivement. Nous avons déjà défini précédemment ce qu'on appelle racine théosophique, en même temps que la réduction théosophique[673] ; nous conservons ici à ces opérations leur dénomination habituelle, malgré sa singularité et son insignifiance, mais il serait certainement facile d'en trouver une meilleure[674].

Nous indiquerons d'abord la formule générale qui donne la racine

---

[669] On a vu précédemment que les sommes des nombres contenus dans les deux colonnes se réduisent aussi respectivement à 12 (ou 3) et à 7.
[670] Voir 2ème année, n° 2, pp. 51 et 52.
[671] [Paru en mai 1911.]
[672] Se reporter encore à la planche hors texte du n° 2 (2ème année).
[673] 2ème année, n° 2, p. 50, note 5[(note 121)].
[674] Peut-être vaudrait-il mieux dire, par exemple, « opérations·kabbalistiques », à la condition de bien préciser qu'on n'entend par là rien d'autre que ce que nous avons défini.

théosophique d'un nombre quelconque ; c'est d'ailleurs une formule algébrique connue, puisque c'est celle qui permet de calculer la somme de tous les nombres entiers depuis 1 jusqu'à n, d'après la définition même de la racine théosophique. On a :

$$R = 1 + 2 + \cdots + (n-1) + n,$$

qu'on peut écrire aussi, en prenant les mêmes nombres en sens inverse :

$$R = n + (n-1) + \cdots + 2 + 1.$$

Dans les seconds membres de ces deux égalités, les nombres correspondants ont toujours pour somme $n + 1$, et, comme il y a n nombres dans chacun, il en résulte que l'on obtient par addition :

$$2R = n(n+1),$$

d'où :

$$R = \frac{n(n+1)}{2}$$

Comme l'un ou l'autre des deux nombres consécutifs n et $n+1$ est nécessairement pair, leur produit est pair aussi, et, par suite, le résultat obtenu est toujours un nombre entier.

Si nous voulons maintenant chercher à quel nombre la racine R se ramènera par réduction théosophique, nous aurons trois cas à considérer, suivant que n est égal, soit à un multiple de 3, soit à un multiple de 3 augmenté de l'unité, soit à un multiple de 3 diminué de l'unité.

Considérons d'abord le cas où $n = 3a + 1$, cas qui est celui des nombres pris de trois en trois à partir de l'unité : 4, 7, 10, etc. On a alors :

$$n(n+1) = (3a+1)(3a+2) = 9a^2 + 9a + 2 = 9a(a+1) + 2$$

d'où :

$$R = \frac{9a(a+1)}{2} + 1$$

Dans ce cas, la racine théosophique est donc égale à un multiple de 9 augmenté de l'unité, et, comme les multiples de 9 s'éliminent dans la réduction théosophique, qui n'est autre que l'opération donnant le reste de la division par 9, cette racine se réduira à l'unité, soit directement, soit, le plus souvent, en passant par le dénaire.

Si $n = 3a$, on a :

$$R = \frac{3a(3a+1)}{2}$$

et, si $n = 3a - 1$, on a :

$$R = \frac{3a(3a-1)}{2}$$

Dans ces deux cas, que nous pouvons réunir en un seul, on voit immédiatement que la racine théosophique est multiple de 3, puisque l'un ou l'autre des deux facteurs n et $n + 1$ est lui-même multiple de 3 ; comme la somme des chiffres d'un tel nombre est aussi divisible par 3, cette racine réduira toujours finalement à 3, 6 ou 9.

Reportons-nous maintenant à la figure ; nous y voyons que, si l'on prend les neuf premiers nombres trois à trois en suivant l'ordre naturel, les sommes des racines théosophiques correspondantes se réduisent toutes à 10.

Ainsi, on a d'abord, pour 1, 2 et 3 :

$$1 + 3 + 6 = 10$$

puis, pour 4, 5 et 6 :

$$10 + 15 + 21 = 46$$
$$4 + 6 = 10$$

et enfin, pour 7, 8 et 9 :

$$28 + 36 + 45 = 109$$
$$1 + 9 = 10.$$

Nous pouvons généraliser ce résultat, et démontrer que, si l'on considère trois nombres entiers consécutifs dont le premier est égal à un multiple de 3 augmenté de l'unité, la somme de leurs racines théosophiques se réduira toujours à 10.

En effet, nous avons vu que la racine théosophique R du nombre $n = 3a + 1$ est égale à $\frac{9a(a+1)}{2} + 1$; celle de $n + 1 = 3a + 2$ sera égale à $R + (3a + 2)$, et celle de $n + 2 = 3a + 3$ sera égale à $R + (3a + 2) + (3a + 3) = R + (6a + 5)$. La somme de ces trois racines sera, par suite, égale à $3R + (3a + 2) + (6a + 5) = 3R + (9a + 7)$, c'est-à-dire à $\left[\frac{27a(a+1)}{2} + 3\right] + (9a + 7) = \frac{9a(3a+5)}{2} + 10.$[675]

Sous cette dernière forme, la première partie de cette somme est un multiple de 9, qui s'éliminera par réduction, et il restera alors la seconde partie, qui n'est autre que le nombre 10.

Il nous reste à considérer la même partie de la figure, non plus suivant les lignes horizontales comme nous venons de le faire, mais suivant les colonnes verticales : la première à partir de la gauche contient 9 fois le nombre 1, la seconde contient 8 fois le nombre 2, et ainsi de suite, de telle sorte que, chaque colonne étant formée de chiffres qui sont tous de même valeur, le nombre de ces chiffres diminue d'une unité chaque fois que leur valeur augmente d'une unité également. Il en résulte une symétrie par rapport à la colonne du milieu, qui est la cinquième, puisqu'il y a neuf colonnes en tout ; la somme des nombres contenus dans deux colonnes équidistantes de celle-ci est la même. On a donc, pour la cinquième colonne, $5 \times 5 = 25$; pour la quatrième et la sixième, $4 \times 6 = 24$; pour la troisième et la septième, $3 \times 7 = 21$; pour la seconde et la huitième, $2 \times 8 = 16$; enfin, pour la première et la neuvième, $1 \times 9 = 9$.

---

[675] Nous n'indiquons pas les simplifications en détail ; ce calcul est facile à vérifier.

Ainsi, pour deux colonnes donnant la même somme, celle-ci est égale au produit des deux nombres indiquant le rang de ces colonnes, nombres qui sont aussi les valeurs respectives des chiffres contenus dans les mêmes colonnes.

La somme totale des nombres contenus dans les neuf colonnes est :

$$25 + 48 + 42 + 32 + 18 = 165,$$

nombre qui se réduit à 12, puis à 3. Ce même nombre est aussi la somme totale des racines théosophiques des neuf premiers nombres :

$$10 + 46 + 109 = 165 \,;$$

cette identité était d'ailleurs évidente, puisque, dans les deux cas, il s'agit de la somme de tous les nombres contenus dans le triangle rectangle que nous considérons, ces nombres étant seulement envisagés de deux façons différentes, suivant qu'on les répartit par lignes horizontales ou par colonnes verticales, ainsi que nous l'avons dit.

Les lignes et les colonnes étant naturellement en nombre égal, on peut dire que le triangle rectangle qu'elles forment est isocèle ; dans ce triangle, l'hypoténuse et le côté horizontal de l'angle droit contiennent tous deux la suite des neuf premiers nombres, et le côté vertical contient l'unité répétée neuf fois. La somme des neuf premiers nombres, c'est-à-dire la racine théosophique de 9, est égale à 45[676], qui se réduit à 9 ; la somme des chiffres de chacun des trois côtés du triangle donne donc 9, immédiatement pour un de ces côtés, et par réduction pour les deux autres.

Remarquons encore, à cette occasion, que le nombre 45, qui s'obtient comme nous venons de le dire, et qui, en outre, est aussi le nombre des chiffres contenus dans le triangle considéré, est la somme des valeurs numériques des trois lettres hébraïques qui forment le nom אדם (*Adam*). En ajoutant le dénaire à ce nombre, on a la somme des dix premiers nombres, ou la racine

---

[676] $\frac{9\times 10}{2} = 9\times 5 = 45$

théosophique de 10 : 45 + 10 = 55 ; ce nouveau nombre[677], dont nous avons déjà eu à parler précédemment[678], se réduit à 10, conformément à ce que nous avons dit en général pour les racines des nombres de la forme $3a + 1$, cas qui est celui du nombre 10.

L'angle supérieur gauche de la figure reproduit pour les neuf premières dizaines tout ce que le droit, dont nous venons de parler, indique pour les neuf premiers nombres, avec cette remarque, cependant, que les totaux des lignes horizontales ne sont plus ici des racines théosophiques, comme le sont les totaux correspondants de droite, puisque les nombres n'y sont plus pris consécutivement, mais seulement de dix en dix. Tous les résultats ne diffèrent des précédents que par l'adjonction d'un zéro à la droite de chaque nombre, adjonction qui, d'ailleurs, ne change rien pour ce qui concerne la réduction théosophique, puisque la somme des chiffres n'en est évidemment pas altérée. Nous n'aurions donc qu'à répéter les mêmes considérations que nous avons déjà exposées, ou plutôt des considérations entièrement analogues, en tenant compte de la réserve que nous venons de formuler. Comme cette répétition serait inutile, nous arrêterons ici l'étude de la partie supérieure de la figure, pour passer maintenant à celle de sa partie inférieure.

Là encore, nous retrouvons, à droite et à gauche, les neuf premiers nombres dans la même disposition triangulaire[679], inversée seulement suivant l'orientation des différentes parties de la figure. Les indications que l'on y voit nous montrent une propriété des nombres qui, d'une façon générale, peut s'énoncer ainsi : dans la suite des nombres entiers rangés dans leur ordre naturel, deux nombres équidistants d'un troisième ont une somme égale au

---

[677] $\frac{10 \times 11}{2} = 5 \times 11 \times 55$

[678] $2^{\text{ème}}$ année, n° 3, p. 92.

[679] Cette disposition a fait donner quelquefois aux racines théosophiques la dénomination de « nombres triangulaires » ; au lieu de disposer les nombres en triangle rectangle, on peut aussi les disposer en triangle équilatéral ; dans ce cas, les racines théosophiques se forment encore suivant les lignes horizontales, et, comme précédemment, deux des côtés contiennent la suite naturelle des nombres, le troisième étant formé par la répétition de l'unité. Cette nouvelle disposition, si on la borne aux quatre premiers nombres, donne le symbole pythagoricien de la *Tétraktys* (voir la traduction des *Philosophumena*, p. 7, note 2[(note 12)]).

double de ce dernier, proposition qui devient évidente lorsqu'on la met sous cette forme : $(n - a) + (n + a) = 2n$. On sait d'ailleurs que le troisième nombre, celui qui est pris pour axe, est ici ce que, par définition, on appelle ordinairement la « moyenne arithmétique » entre les deux autres ; mais ce que nous venons de dire suppose que la somme de ceux-ci soit paire, c'est-à-dire que tous deux soient simultanément pairs ou impairs[680]. Dans le cas contraire, celui d'un nombre pair et d'un nombre impair, donnant une somme impaire, la « moyenne arithmétique » ne pourra pas être un nombre entier, ce qui revient à dire qu'il n'y aura pas de nombre équidistant de ceux-là, pouvant être pris pour axe ; mais on trouvera deux nombres entiers consécutifs dont la somme sera égale à celle des deux premiers, et, en s'éloignant également de part et d'autre de ces deux nombres consécutifs, comme, dans le premier cas, on le faisait à partir du nombre pris pour axe, on trouvera encore des couples de nombres se correspondant et donnant une somme constante.

Les indications de l'angle inférieur droit se rapportent au premier de ces deux cas, tandis que celles de l'angle inférieur gauche se rapportent au second. En effet, à droite, nous voyons les nombres 5, 4 et 3 (ayant pour total 12, qui se réduit à 3) pris successivement pour axes, ce qui donne des couples de nombres ayant des sommes respectivement égales à 10, 8 et 6, nombres doubles des précédents (ayant pour total le double de 12, soit 24, qui se réduit à 6). Dans la suite complète des neuf premiers nombres, 5 est le nombre central[681], et deux nombres équidistants de ce milieu (et aussi, par suite, équidistants respectivement des extrémités 1 et 9) ont pour somme 10 ; c'est ce qui est indiqué aux quatre angles de la figure. À gauche sont indiqués les couples de nombres donnant des sommes impaires, qui sont successivement 9, 7 et 5 (ayant pour total 21, qui se réduit à 3 comme 12, dont il ne diffère que par la position inverse de ses deux chiffres) ; chacune de ces trois sommes est égale à

---

[680] Voir 2ème année, n° 3, p. 90.
[681] Le nombre 5 occupe également le centre dans les « carrés magiques » formés par les neuf premiers nombres ; on sait que, dans cette disposition, les lignes horizontales, les lignes verticales et les diagonales du carré contiennent toutes des nombres donnant un même total (qui est 15 = יה quand on considère les neuf premiers nombres). La dénomination de « carrés magiques » est tout aussi impropre et dépourvue de signification que celle d « opérations théosophiques ».

une des trois sommes de droite diminuée de l'unité (ce qui donne bien, pour le total, 24 - 3 = 21).

Les deux chiffres 1 et 2, dont nous venons d'avoir à considérer incidemment les combinaisons[682], représentent l'unité et le binaire formant le ternaire ; 21 et 12 figurent ainsi deux ternaires dont le second est le reflet inversé du premier, comme les deux triangles opposés du Sceau de Salomon. La somme de ces deux nombres est 33, dont les deux chiffres représentent encore les deux mêmes ternaires ; 33 = 3 × 11, multiplication du ternaire par le nombre 11, qui est le binaire (33 se réduit à 6 = 3 × 2) extériorisé dans sa polarité affirmative-négative (point de départ de la seconde dizaine, ou de la distinction ordonnatrice de l'Univers manifesté), et équilibré selon la loi de l'analogie (toujours en sens inverse entre le supérieur et l'inférieur). Cet quilibre est celui de la Balance du *Siphra D'sénioutha*[683] ; le nombre 11 représente aussi la Force Divine[684] maintenant l'équilibre entre la justice (דין) et la Miséricorde (חסד), les deux Colonnes Séphirothiques du Temple Universel. Cet équilibre se résout en תיפארת (la 6ème *Séphirah*), centre de l'Harmonie parfaite, Soleil de Gloire dont la Splendeur (שכינה, la Paix Profonde)[685] illumine l'Invariable Milieu (le Saint des Saints)[686], projetant ses rayons suivant la Voie qui conduit de תו [687] (10 ou la manifestation cyclique) à כתר [688](1 ou l'immanation dans le Principe).

Si l'on considère 11 comme formé de 10 + 1, 10 y représentera, par rapport à 1, la réfraction du Principe Éternel dans l'Embryogénie Temporelle ; c'est le sommet du triangle renversé, par rapport à celui du triangle droit[689]. Il faut

---

[682] Sur ces deux nombres 21 et 12, voir aussi 2ème année, n°3, p. 92.
[683] « Livre du Mystère », titre d'une des sections du *Sépher ha-Zohar*.
[684] Voir 1ère année, n° 10, p. 212, et 2ème année, n° 3, p. 88, note 2[(note 145)].
[685] En arabe *Es-Sakînah* (voir *El-Malâmatiyah*, 2ème année, n° 3, p. 101).
[686] Voir *Le Symbolisme de la Croix*, 2ème année, n° 4, p. 119.
[687] Le Royaume du Monde Élémentaire.
[688] La Couronne Zodiacale de la Vierge Céleste (voir l'Apocalypse, ch. XII, v. I : תיפארת y est représentée par le Soleil, et תומלכ par la Lune).
[689] Si l'on considère de même 33 comme formé de 30 + 3, les deux lettres correspondantes : L = 30, G = 3, sont la zodiacale (Balance) et la planétaire (Vénus) du sommet du trigone

remarquer que le premier chiffre, logiquement, est en réalité celui de droite, et que, par suite, c'est 12 qui représente le triangle renversé (comme on le voit dans la 12ème lame du Tarot, dont le schéma s'obtient en inversant le symbole alchimique du Soufre, au milieu du duodénaire zodiacal)[690] : 12 = 2 + 10, allant de la distinction principielle à la totale manifestation dans laquelle se reflète le Principe (au fond des Grandes Eaux). D'autre part, 21 correspond à l'autre ternaire (figuré par la forme de la lettre hébraïque ש, et aussi par la forme triangulaire du caractère correspondant de l'alphabet watan) : 21 = 1 + 20, allant du Principe (du sommet de la Terre des Vivants)[691] à la distinction dans la manifestation totale.

Ceci marque la différence entre les finalités qui correspondent aux deux trigones principaux de l'Archéomètre : dans le trigone inférieur, la seule finalité des âmes est d'attendre dans l'Embryogénie cosmique une nouvelle embryogénie individuelle. Retourner dans les Limbes des Eaux Vives de la Grâce, c'est s'endormir dans le sein d'*Abraham*, car le nom d'aBRaHaM (ou BRaHMâ)[692] désigne le Patriarche des Limbes, d'où descendent et où remontent les âmes organiques, origines des Eaux Vives. Les étymologies fournies par les lettres du Triangle de Jésus, c'est-à-dire du trigone supérieur, ouvrent aux âmes une tout autre finalité : celle de la Terre de Gloire, de la Vie immortelle, consciente à jamais, affranchie de la chute dans le Monde Astral et Temporel, celle de la Personnalisation autonome de la Séité reconstituée à l'image de Dieu : Homme et Femme en *Adam-Héveh* (י et ה en יהוה et יהשוה), disent Moïse et Jésus. « L'Homme n'est pas sans la Femme en Notre Seigneur (*Ishwara*), ni la Femme sans l'Homme », a dit saint Paul. Comme nous l'avons déjà vu, la Terre des Vivants est le *Mérou*, le Pôle Spirituel de

---

d'air (extrémité droite du diamètre horizontal, à l'équinoxe d'Automne), et constituent la racine de Λόγος (le Verbe Divin). – Remarquer l'identité de cette racine avec le nom chinois du Dragon (*Long*), symbole du Verbe (voir Matgioi, *La Voie Métaphysique*, p. 51).

[690] Voir chapitre XII du *Tableau Naturel* de L.-Cl. de Saint-Martin ; nous aurons d'ailleurs à revenir sur ce point dans la suite.

[691] On sait que le planétaire de ce sommet est précisément la lettre ש.

[692] Voir 1ère année, n° 9, p. 190, et n° 11, p. 248, note[2 (note 55)].

l'Univers⁶⁹³, le Monde de *Mahâ-Dêva* ou d'IShWara (ShIVa-VIShnou)⁶⁹⁴, le séjour des Élus, de ceux qui ont entendu la Parole Divine (l'Affirmation du Principe). Nous renverrons à ce qui est dit dans l'Apocalypse au sujet de la Jérusalem Céleste⁶⁹⁵, et aussi au sujet du dénombrement des Élus, qui, dans un Cycle (Αἰών), sont au nombre symbolique de 144 mille, tirés des 12 Tribus d'*Ishwara-El*, soit 12 mille de chaque Tribu⁶⁹⁶, et marqués du *Tau*, signe de l'*Agneau* (ou du *Swastika*, signe d'*Agni*)⁶⁹⁷.

Si l'on considère les deux triangles (comparés aux nombres 21 et 12) dans le sens ascendant (nous les avons précédemment considérés dans le sens descendant), le triangle inférieur va des faits, dans toute leur particularité de manifestations spécialisées, aux lois, c'est-à-dire aux causes secondes, ce qui est la méthode de la science analytique (ce triangle marquant ainsi le domaine de la Physique, dans son sens le plus étendu), sans pouvoir atteindre la Cause première ou le Principe Un : la Synthèse Universelle ne peut se déduire de l'analyse individuelle, qui n'aboutit qu'aux philosophies dualistes et aux religions naturalistes.

Le triangle supérieur conduit de l'extrême distinction (dans l'Univers) à la Suprême Unité (en Dieu), sans perdre de vue ni l'une ni l'autre⁶⁹⁸ : il marque le domaine de la Métaphysique, c'est-à-dire de la Connaissance Synthétique totale, dont la réalisation intégrale implique la Plénitude de l'Être, c'est-à-dire

---

⁶⁹³ On pourrait dire, analogiquement, que le fond des Grandes Eaux en est le Pôle Matériel, ou mieux le Pôle Substantiel ; on pourrait même appeler alors le premier, malgré la singularité apparente de l'expression, le Pôle Essentiel, en prenant ce mot dans son sens strictement étymologique.

⁶⁹⁴ Voir 1ère année, n° 9, p. 185, et n° 11, p. 248.

⁶⁹⁵ La Cité Divine, appelée en sanscrit *Nisha* ; Dionysos est *Dêva-Nisha*.

⁶⁹⁶ Remarquer que 144 × 3 = 432 : on sait que ce nombre 432 est pris pour base de certaines périodes cycliques ; au sujet du nombre 144 = 12², voir aussi 1ère année, n° 11, p. 247.

⁶⁹⁷ *Krishna*, figuré comme le Bon Pasteur (*Gôpala* ou *Gôvinda*), porte souvent des *Swastikas* au bas de sa robe ; on a vu, d'autre part, que le *Swastika* est aussi un emblème de *Ganésha* (1ère année, n° 11, p. 245).

⁶⁹⁸ Voir *Pages dédiées au Soleil*, 2ème année, n° 2, p. 61, *Le Symbolisme de la Croix*, 2ème année, n° 3, p. 99, et *L'Universalité en l'Islam*, 2ème année, n° 4, p. 126.

l'Identité suprême avec le Principe Divin en l'Homme Universel.

(À suivre.)

L'ARCHÉOMÈTRE (suite)[699]

L'interprétation que nous avons donnée du nom d'*Abraham*[700], exprimant les finalités des âmes dans le trigone des Eaux Vives, comme ce que nous avions dit précédemment au sujet du nom de *Brahmâ*[701], se déduit immédiatement de sa formation dans ce trigone, par l'union des trois zodiacales précédées de la planétaire lunaire, et auxquelles est jointe la lettre du centre, A, placée en initiale dans la forme hébraïque (involution), et en terminaison dans la forme sanscrite (évolution)[702]. Ce nom désigne la Puissance qui préside à la seconde naissance (initiation baptismale ou régénération par les Eaux)[703], celle de l'âme

---

[699] [Paru en juillet 1911.]

[700] Voir l'article précédent, 2ème année, n° 5, p. 147.

[701] 1ère année, n° 11, p. 248, note 2[(note 55)].

[702] En sanscrit, toute voyelle longue doit être considérée comme un redoublement de la voyelle brève correspondante, de sorte que *â*, en particulier, équivaut à *aa* contracté, ainsi qu'on le voit dans la formation des mots composés ; et c'est là une particularité à laquelle il importe d'autant plus de faire attention que, souvent, le remplacement d'un *a* bref ou simple par un *a* long ou double (*â*) dans un tel mot composé équivaut au remplacement d'une affirmation par une négation, cet *a* long étant le produit de la contraction d'un *a* final du premier élément du composé avec un *a* privatif ajouté en préfixe au second élément (comme ἀ en grec, avec la même signification). D'autre part, on sait que, en sanscrit, toute consonne écrite en entier et sans aucune modification ou adjonction doit toujours être regardée comme suivie de la voyelle *a*, qui est le son primordial ou fondamental, ainsi que nous l'avons déjà dit (2ème année, n° 2, p. 51, note 4[(note 126)]) ; la voyelle *â* est figurée par l'adjonction d'un trait vertical placé à la suite de la consonne, pour marquer l'adjonction du second *a* qui se contracte avec le premier. On peut donc dire que, dans les deux noms aBRaHaM et BRaHMâ, il y a trois *a* simples, dont un seul, le premier en hébreu et le dernier en sanscrit, est représenté par un signe distinct dans les écritures de l'une et l'autre langue ; les deux autres *a*, n'étant pas figurés (si ce n'est, en hébreu, par l'addition postérieure des points-voyelles, dont il n'y a pas lieu de tenir compte hiéroglyphiquement), ne doivent pas être considérés séparément des consonnes qui les supportent, et n'entrent pas dans le calcul des valeurs numériques.

[703] Voir 2ème année, n° 1, p. 12, note 1[(note 73)].

par la Foi, par la Grâce[704], le Père des Croyants[705]. En lisant en sens inverse le nom aBRaHaM, il devient MaHâ-RaBa, la Grande Maîtrise[706] ; c'est aussi MaHâ-BaRa, la grande création par la Parole, et son résultat, l'Acte, le poème divin. En hébreu comme en sanscrit, la racine BRA exprime l'idée de création[707] : ces trois lettres forment le second mot de la Genèse, ברא, répétition de la première moitié du premier mot, בראשית, sur la formation archéométrique duquel nous aurons à revenir encore.

Nous devons faire remarquer ici que, en formant dans le Trigone de la Terre des Vivants le nom exactement homologue de celui de BRaHMâ (par l'union de la planétaire du sommet, qui est ici celle de Saturne, avec les trois zodiacales et l'*a* terminal), on obtient SOPhIa (Σοφία). la Sagesse Divine[708]. Le serpent, qui est un des symboles de la Sagesse[709], est appelé en grec OPhIS (ὄφις), nom formé des mêmes lettres que celui de SOPhIa (moins l'*a* final), la lettre initiale S (ou Σ) devenant ici terminale[710]. On sait, d'autre part, que OPhI,

---

[704] La Foi (Πίστις) caractérise le degré atteint par la seconde naissance, celui des Psychiques, comme la Connaissance (Γνῶσις) caractérise celui qui est atteint par la troisième, la naissance spirituelle, c'est-à-dire celui des Pneumatiques.

[705] En hébreu, arabe, persan, etc., le nom aBRaHaM ou iBRaHiM a toujours cette signification.

[706] Voir Saint-Yves d'Alveydre, *Mission des Juifs*.

[707] Et aussi d'extension ou d'expansion : la racine verbale *brih*, en sanscrit, signifie s'étendre.

[708] Voir *Notes sommaires sur le Gnosticisme*, 1ère année, n° 5, p. 97.

[709] « Soyez prudents comme des serpents » est-il dit dans l'Évangile ; cette parole suffirait à prouver que le symbole du serpent n'est pas toujours pris dans une acception défavorable, et c'est d'ailleurs ce que nous expliquerons un peu plus loin.

[710] La lettre grecque Σ, bien que phonétiquement équivalente au ס hébraïque, correspond en réalité, par son rang alphabétique, au ש, qui a d'ailleurs les deux consonances *sh* et *s* ; c'est la lettre Ξ qui, dans l'alphabet grec, tient la place du ס. D'ailleurs, la forme majuscule Σ n'est que le redressement vertical de W, qui est l'une des formes du ש phénicien ; par contre, la forme minuscule σ est le retournement du ס hébraïque, retournement que l'on constate également pour d'autres caractères, et qui est dû à ce que les deux langues s'écrivent en sens inverse l'une de l'autre. De même, la forme majuscule C, qui se rencontre fréquemment aussi pour la même lettre, est le retournement du כ hébraïque ; sous cette forme, identique à celle du C latin, la lettre σ équivaudrait en français au *c* doux (ou *ç*), tandis que le כ hébraïque équivaudrait au *c* dur. On voit par là qu'il s'est produit des confusions entre

ou, lu dans l'autre sens, IPhO, est aussi l'un des noms du Verbe[711], et plus particulièrement du Verbe considéré sous son aspect de Rédempteur. Le même rapport symbolique est marqué par la figure biblique du Serpent d'Airain, image du Sauveur Crucifié [712] ; cette figure peut être représentée schématiquement par l'union des deux lettres S et T, dont les correspondantes hébraïques ש et ת, les deux dernières lettres de l'alphabet, forment le nom de שת (Sheth), et sur la signification hiéroglyphique desquelles nous aurons à revenir.

Le Serpent, pris dans cette acception, est l'Ἀγαθοδαίμων des Grecs, le *Kneph* égyptien, tandis que, dans sa signification inférieure et maléfique[713], il est le Κακοδαίμων, l'*Apap* égyptien [714], le נחש biblique [715], le *Vritra* védique[716] ; il est l'Hydre des Ténèbres, *Typhon* ou *Python*, vaincu finalement

---

différents caractères dans l'alphabet grec, ou plutôt, tout d'abord, dans l'alphabet phénicien qui lui donna naissance, et qui, désarchéométré, n'eut primitivement que 16 lettres au lieu de 22, mais pour revenir plus tard à ce dernier nombre. Enfin, pour terminer ici les considérations relatives à la lettre grecque σ, nous devons encore faire remarquer que sa forme finale ς est identique à la lettre latine S, sur la valeur hiéroglyphique de laquelle nous reviendrons par la suite, et qui correspond précisément à la représentation du serpent symbolique.

[711] Voir 1ère année, n° 9, p. 190.

[712] Ce symbole doit être rapproché également de celui de *Quetzalcohuatl* dans la tradition des Aztèques, qui, comme on le sait, dérivait directement de celle des Atlantes.

[713] Tout symbole est ainsi susceptible de deux interprétations opposées, qui s'équilibrent et s'unissent dans sa signification totale et universelle. Le nom de שת a aussi les deux acceptions contraires : dans son sens défavorable, il est la racine de שתן (*Shathan*), l'Adversaire ; de même, *Set* était aussi l'un des noms de *Typhon* chez les Égyptiens (voir Fabre d'Olivet, *La Langue Hébraïque restituée*).

[714] Voir *Notes sommaires sur le Gnosticisme*, 1ère année, n° 10, p. 230.

[715] Cependant, le symbole de נחש même n'a pas forcément un sens mauvais, lorsqu'il est pris simplement comme symbole cyclique (voir 1ère année, n° 11, p. 243), mais il a toujours une signification limitative.

[716] *Vritra* est foudroyé par *Indra* (appelé aussi *Shakra*), considéré comme manifestant le principe lumineux (*Dyaus*, Ζεύς) dans l'Atmosphère, *Antariksha*, ou la région transparente qui est intermédiaire entre le Ciel (*Swar*) et la Terre (*Bhû*) ; dans les *mantras*, cette région est aussi désignée par le nom de *Bhûva*.

et tué par le Héros solaire, *Osiris, Apollon, Héraklès, Mikaël*[717]. Réunis, les deux Serpents symboliques représentent les deux courants ascendant et descendant (évolution et involution) de la Force Universelle, qui, s'enroulant autour de l'Axe du Monde, forment la figure du Caducée, dont on connaît l'importance dans le symbolisme gréco-romain[718]. Nous aurons encore l'occasion de revenir sur ce symbole du Serpent, mais ce que nous venons d'en dire ici suffit pour faire comprendre que, pris dans son sens supérieur et bénéfique, il ait joué un grand rôle dans certaines traditions gnostiques, telles que, en particulier, celle des *Ophites*, à laquelle il a donné son nom[719].

(*À suivre.*)

L'ARCHÉOMÈTRE (suite)[720]

Avant de reprendre l'étude des mots formés par les lettres des divers Trigones, nous indiquerons l'application de l'Archéomètre à l'interprétation du commencement du premier chapitre de la Genèse.

Mais, tout d'abord, il nous faut rappeler ici les correspondances idéographiques indiquées par Fabre d'Olivet pour les vingt-deux lettres de l'alphabet hébraïque, et qui sont les suivantes :

---

[717] Le Serpent enroulé sur lui-même (*revolutus*) est un symbole de « révolution », dans toutes les acceptions différentes de ce mot.

[718] Le Serpent ascendant ou évolutif figure seul autour du bâton d'Esculape (*Asklêpios*), le principe de la Médecine spirituelle (*Dhanvantari*) ; le symbole ainsi formé est hiéroglyphiquement identique à l'union des deux lettres I et S, dont nous aurons à reparler un peu plus tard.

[719] Dans ces traditions, le Serpent est souvent figuré avec la tête du lion, animal solaire ; il est alors regardé comme un symbole du Rédempteur.

[720] [Paru en novembre 1911.]

א	la puissance.
ב	la création.
ג	l'enveloppement organique.
ד	l'abondance divisionnelle.
ה	la vie.
ו	la conjonction.
וֹ	la lumière.
ו	le convertissement.
ז	le lien.
ח	l'existence élémentaire.
ט	la protection.
י	la puissance potentielle.
כ	l'assimilation.
ל	l'épanchement.
מ	la multiplication.
נ	l'individualité.
ס	la limite.
ע	la matière.
פ	l'action de faire paraître.
צ	la forme.
ק	la compression.
ר	le mouvement.
ש	la durée relative.
ת	la réciprocité.

Ces correspondances nous serviront en particulier pour l'interprétation des valeurs numériques, traduites en lettres, des divers mots du texte.

Le premier mot, בראשית, donne son nom au Livre de la Genèse (ספר בראשית), suivant l'usage adopté généralement en hébreu pour la désignation des Livres Sacrés. Il faut remarquer que, bien que ce Livre soit le premier, il commence par la lettre ב, seconde de l'alphabet, ce qui indique qu'il devrait être en réalité le second. En effet, ses dix premiers chapitres, qui contiennent la Cosmogonie, devaient, suivant Fabre d'Olivet, être précédés de dix autres chapitres, contenant la Théogonie ; ceux-ci n'ont sans doute jamais été écrits, et l'enseignement qu'ils renfermaient faisait partie de la tradition orale[721].

Le mot בראשית est formé de six lettres, correspondant au signe du Macrocosme, qui est l'Hexagramme ou le double triangle de Salomon[722] ; les chapitres en tête desquels il est placé contiennent en effet l'étude du Macrocosme.

La formation du Macrocosme va être divisée en six phases, désignées symboliquement comme autant de jours ou de périodes, ou plus exactement de « manifestations phénoméniques lumineuses », suivant la traduction de Fabre d'Olivet.

Ce nombre 6, qui se présente ici dès le début, comme caractérisant la Création, est la somme des trois premiers nombres : $1 + 2 + 3 = 6$. Il s'obtient donc en considérant, dans le Ternaire principiel (ou la Tri-Unité), les trois termes comme distincts et ayant une existence indépendante, ce qui donne naissance à un second ternaire qui est le reflet du premier[723] ; c'est l'apparition de ce second ternaire, existant seulement en mode réfléchi (et non par lui-même comme le premier), qui constitue proprement la Création[724].

Le mot בראשית signifie littéralement « dans le Principe » ; c'est d'ailleurs également le sens propre du grec ἐν Ἀρχῇ et du latin *in Principio*, bien qu'on les traduise vulgairement par « au commencement ».

La lettre ב, employée comme préfixe, équivaut à la préposition « dans », et marque le rapport du contenu au contenant ; d'ailleurs, le nom même de cette lettre n'est autre que le mot בית, qui signifie maison, demeure, et qui est précisément formé par la première lettre et les deux dernières du mot בראשית. Celui-ci peut donc, par interversion, se lire בית-ראש, demeure

---

[721] Voir Fabre d'Olivet, *La Langue hébraïque restituée*.
[722] Voir *Remarques sur la production des Nombres*, 1ère année, n° 9, pp. 191 et 192.
[723] Voir *Remarques sur la production des Nombres*, 1ère année, n° 8, p. 155.
[724] Il importe de remarquer que le second ternaire est inversé par rapport au premier, comme le montre le symbole des deux triangles opposés ; cette remarque est indispensable pour formuler correctement la loi de l'analogie, et c'est pourquoi nous ne saurions trop y insister.

principielle, ou principe-contenant.

Le mot ראש ou ראשית signifie tête, et par suite principe ; mais le principe dont il s'agit ici n'est pas le Principe Suprême et Premier, qui n'est désigné, avant toute manifestation, que par la lettre י, signe de la puissance potentielle (en dehors de toute détermination), dont l'expansion primordiale est marquée par la lettre א.

La lettre י se trouve bien dans la terminaison ית, ajoutée ici au mot ראש ; mais elle y est suivie de la lettre ת, qui, placée ainsi à la fin d'un mot, implique généralement l'idée d'un collectif féminin ; on sait en effet que le pluriel féminin est marqué par la terminaison ות. Ainsi, l'ensemble des deux lettres ית marque l'idée de puissance féminine universelle, et ת indique encore que cette puissance agit en mode réciproque, c'est-à-dire par une réaction correspondante à l'action en mode direct du Principe supérieur, qui est désigné par י.

De tout ceci, il résulte donc que le mot ראשית peut être considéré, dans son ensemble, comme désignant un Principe féminin, qui contient en puissance les éléments dont le passage en acte (ou à l'état manifesté) constitue la Création ; et ceci se rapporte précisément au rôle cosmogonique de la Vierge Céleste[725].

Nous disons que la Création est constituée par le passage de la puissance à l'acte ; cependant, à proprement parler, elle n'en est que la détermination première et initiale, tandis que le développement intégral dans la manifestation, qui en résulte, constitue l'œuvre de la Formation.

Si nous considérons encore le mot ראש, nous voyons de plus qu'il peut être regardé comme formé de l'union des deux racines אר et אש, dans lesquelles la lettre centrale de ce mot est jointe respectivement aux deux lettres extrêmes. Selon Fabre d'Olivet, אר représente le mouvement rectiligne, et אש

---

[725] Voir *Le Symbolisme de la Croix*, 2ème année, n° 5, p. 149, note 1[(note 38)].

le mouvement circulaire[726]. Ces deux racines désignent aussi deux principes ignés ; d'ailleurs, il y a d'étroits rapports entre les idées de feu et de mouvement, qui sont toutes deux figurées hiéroglyphiquement par le serpent[727].

La résultante des deux mouvements rectiligne et circulaire est le mouvement hélicoïdal, dont on trouve une représentation dans la figure du Serpent d'Airain, s'enroulant autour de l'axe vertical du Tau. Nous avons déjà indiqué précédemment le rapport de ce symbole avec la signification hiéroglyphique du nom de שת (Sheth)[728], dont les deux lettres, qui sont les deux dernières de l'alphabet, se retrouvent aussi dans le mot ראשית, séparées par י, la lettre du Principe.

De plus, les trois lettres centrales du même mot ראשית sont, disposées dans un autre ordre, les trois lettres du mot איש qui est formé par la lettre י placée au centre de la racine אש ; ce mot איש, qui signifie littéralement « intelligence lumineuse », est un de ceux qui désignent l'homme, et il s'applique plus particulièrement à l'homme intellectuel.

Dans אשה, féminin de איש, la lettre י, masculine en hébreu, a disparu, et elle est remplacée par la terminaison féminine ה ; ce mot אשה désigne, d'après Fabre d'Olivet, la faculté volitive de l'homme.

Enfin, dans le mot איש, la lettre א, première de l'alphabet, est jointe à י et ש, qui sont les deux premières des trois lettres du nom de Jésus-Verbe, (ישׁו, formé comme nous l'avons indiqué dans le Triangle de la Terre des Vivants[729].

On peut encore remarquer que, en retranchant dans בראשית les deux lettres centrales, c'est-à-dire la racine אש, on obtient le motברית qui signifie

---

[726] Voir *La Langue hébraïque restituée*.
[727] Sur le symbole du serpent, voir 2ᵉᵐᵉ année, n° 7, pp. 191 à 193.
[728] Voir 2ᵉᵐᵉ année, n° 7, p. 192.
[729] Voir 1ʳᵉ année, n° 9, p. 192.

Alliance.

(*À suivre.*)

L'ARCHÉOMÈTRE (suite)[730]

D'autre part, et à un point de vue différent de celui auquel nous nous sommes placé jusqu'ici, le mot בראשית peut être décomposé en deux parties de trois lettres chacune, ברא-שית ; c'est ce qu'indique sa formation archéométrique, qui peut être représentée par la figure suivante.

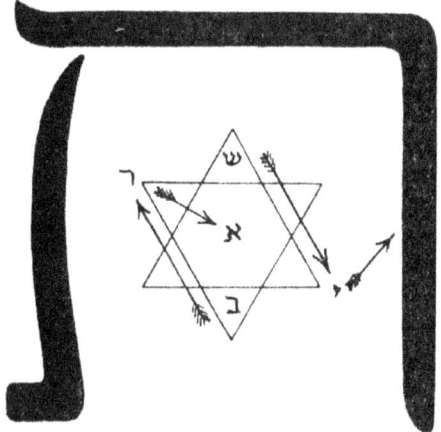

Considérons les deux Trigones de Terre et d'Eau : le point de départ est au fond des Grandes Eaux Célestes, où se trouve la planétaire ב, la lettre de la Lune ; de là, un mouvement ascendant vers la gauche aboutit à ר, zodiacale des Poissons, puis un mouvement de concentration vers l'intérieur donne la lettre centrale א.

Dans cette première phase est formé le verbe ברא, « Il créa », qui donne naissance au mot בריה, « Création », désignation du second des quatre Mondes de la *Qabbalah*[731] ; c'est aussi la racine du nom de *Brahmâ*, le

---

[730] [Paru en décembre 1911.]

[731] Si, dans ce mot בריה on remplace le ה final par ת, on obtient le mot ברית, « Alliance »,

Créateur[732].

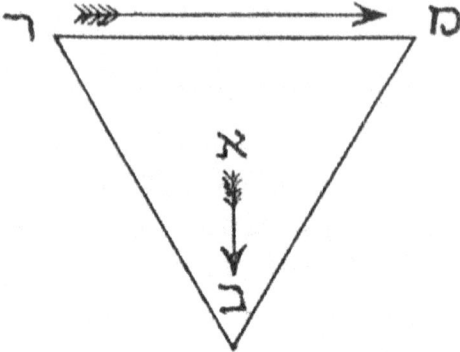

Cette phase se produit dans le domaine de l'Embryogénie Temporelle, qui est le domaine de אברם ou אברהם, le Patriarche des Limbes, dont le nom se forme suivant le triangle descendant, comme l'indique la figure ci-dessus[733].

Si l'on partage ce nom en deux parties, dont la première se lit ici verticalement (en descendant) et la seconde horizontalement (de gauche à droite), אב-רם, on voit que, en hébreu, il signifie littéralement « Père élevé »[734].

La seconde partie de ce nom est aussi le nom de *Ram* ou *Râma* ; elle se compose des deux lettres ר et מ, dont la première est masculine et la seconde est féminine. La lettre ר produit le mot égyptien *Râ*, qui désigne le Soleil, d'où le nom divin d'*Amoun-Râ*, Soleil caché ou invisible[735], c'est-à-dire, suivant l'expression de Platon, Soleil du Monde Spirituel. La lettre מ produit le mot *Mâ* ou *Mauth*, qui est un des noms égyptiens de la Vierge Céleste, considérée

---

dont nous avons déjà parlé (2ème année, n° 11, p. 292).

[732] Voir 1ère année, n° 9, p. 190, et n° 11, p. 248, note 2[(note 55)].

[733] Sur le nom d'*Abraham*, voir 2ème année, n° 5, p. 147, et n° 7, pp. 190 et 191.

[734] Comparer le rôle d'*Ab-Ram* à celui que joue, dans la tradition hindoue, *Yama*, le Régent du Monde des *Pitris*. – Sur les *Pitris* (Ancêtres spirituels de l'humanité actuelle), voir *Les Néo-Spiritualistes*, 2ème année, n° 11, p. 297, note[(note 49)], et, dans le présent n°, *La Constitution de l'être humain et son évolution posthume selon le Védânta*. p. 323, note[(note 113)].

[735] Le mot égyptien *Amoun* est identique à l'hébreu אמן (*Amen*), dans le sens de « Mystère ».

comme la Mère Divine[736].

Si nous revenons au mot ברא, nous voyons que les trois lettres dont il est formé sont les initiales respectives des noms des trois Hypostases de la Trinité Divine :

בן	le Fils,
רוח	l'Esprit,
אב	le Père.

Il faut remarquer que la seconde Hypostase, le Fils, est ici nommée la première, tandis que le Père n'est nommé que le troisième, parce que c'est du Fils ou du Verbe que procède le pouvoir créateur. Ceci correspond encore au fait que la première lettre du ספר בראשית est la lettre ב, comme nous l'avons signalé précédemment[737].

Les mêmes initiales se retrouvent dans le nom de אברם ou אברהם, mais placées dans l'ordre normal, et suivies de la lettre מ, initiale de מריה :

אב	le Père,
בן	le Fils,
רוח	l'Esprit,
הקדש	Saint,
מריה	*Mariah* (manifestation de la ViergeCéleste dans le domaine de l'Embryogénie Temporelle)[738].

Si, dans le mot ברא, on remplace א par ע, qui en est la matérialisation, et si l'on retourne ce mot, on obtient ערב, l'*Érèbe* ou l'Occident[739].

---

[736] Sur la signification des racines *Ma*, *Mâ*, etc., voir 2ème année, n° 2, pp. 53 et 54.
[737] Voir 2ème année, n° 11, p. 290.
[738] Voir 1ère année, n° 9, p. 190.
[739] En hébreu ce mot désigne aussi le corbeau, dont la couleur noire est le symbole des

Les mêmes lettres forment aussi, dans un autre ordre, le nom du Patriarche עבר, d'où est dérivé celui des *Hébreux*, et aussi des Arabes, peuples situés à l'Occident de l'Asie.

Revenons maintenant à la formation archéométrique du mot בראשית : la première phase peut être considérée comme marquant l'action (en mode réfléchi) du Père par la Vierge Céleste, manifestée en *Mariah* ou *Mâyâ* ; la seconde phase marque plus spécialement l'action du Fils ou du Verbe dans l'Univers.

En effet, pour obtenir la seconde moitié de ce mot, il faut partir du sommet du Triangle de la Terre des Vivants, où se trouve la planétaire ש, la lettre de Saturne ; de là, un mouvement descendant vers la droite aboutit à י, zodiacale de la Vierge, puis un mouvement d'expansion vers l'extérieur donne la lettre périphérique ת.

Ainsi, on a, dans la première phase, un mouvement ascendant suivi d'une concentration, et, dans la seconde, un mouvement descendant suivi d'une expansion ; d'ailleurs, le mouvement descendant de la seconde phase est parallèle, mais en sens inverse, au mouvement ascendant de la première. La première phase aboutit à א, qui est la première lettre de l'alphabet, et la seconde aboutit à ת, qui en est la dernière ; de même, si on considère les initiales des deux moitiés du mot, la lettre ב est la seconde de l'alphabet, et la lettre ש en est l'avant-dernière.

L'ensemble des trois lettres obtenues dans la seconde phase, שית, peut être considéré comme désignant l'Hexade, qui représente ici le Verbe agissant dans l'Univers ; il faut se souvenir que le Triangle de la Terre des Vivants est le Trigone du Verbe.

On retrouve donc ici le nombre 6, qui caractérise la Création, et qui est, comme nous l'avons fait remarquer précédemment, le nombre total des lettres

---

Ténèbres Extérieures.

du mot בראשית.⁷⁴⁰

Ce nombre 6 est désigné en hébreu par le mot שש, qui est formé de deux ש ; comme la lettre ש a un sens ternaire, ainsi que l'indique sa forme (et aussi sa valeur numérique 300), on trouve dans ce mot deux ternaires en opposition, correspondant aux deux chiffres du nombre 33, et aux deux triangles du Sceau de Salomon, symbole de l'Hexade⁷⁴¹.

L'ensemble des deux mots ברא-שית, considérés comme distincts, peut signifier : « Il créa les six » ; c'est alors ce qu'on appelle communément « l'œuvre des six jours »⁷⁴², mais le sujet du verbe « créer », c'est-à-dire Celui qui crée, reste indéterminé.

On peut aussi considérer שית comme sujet de ברא : « l'Hexade créa », l'Hexade désignant ici, comme nous venons de le dire, un aspect du Verbe : c'est alors l'expression du rôle du Verbe dans la Nature.

Cependant, il ne faut pas envisager ici l'Hexade seulement, mais aussi le Septénaire ; c'est ce que nous verrons par la suite, et plus particulièrement au sujet du rôle des אלהים (Elohim), dont nous n'avons pas encore eu à parler jusqu'ici.

La figure qui représente la formation archéométrique du mot בראשית doit être rapprochée de celle qui est tracée par la disposition bien connue de la douzième Lame du Tarot ; mais, dans cette dernière, il y a sous le ת qui en enveloppe l'ensemble, non plus les deux triangles opposés, mais seulement le triangle descendant surmonté de la croix.

---

⁷⁴⁰ Voir 2ème année, n° 11, pp. 290 et 291.
⁷⁴¹ Voir 2ème année, n° 5, pp. 145 et 146.
⁷⁴² Voir 2ème année, n° 11, p. 291.

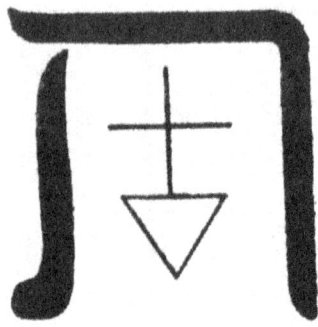

On sait que cette figure, que nous retrouverons d'ailleurs par la suite, n'est autre que le symbole alchimique du Soufre, mais inversé[743] ; voici de quelle façon elle peut se former à partir de la figure principale de l'Archéomètre[744].

Si l'on considère le cercle zodiacal, et si l'on décrit, sur les deux moitiés de son diamètre vertical prises comme diamètres, deux circonférences égales tangentes au centre du grand cercle, les côtés des quatre Trigones et leurs axes de symétrie déterminent dans chacune de ces deux circonférences, de la façon indiquée par la figure ci-après, le double triangle et la croix ; Si l'on considère plus particulièrement la croix dans la circonférence supérieure et le triangle inversé dans la circonférence inférieure, on a précisément la figure schématique de la douzième Lame du Tarot ; le ∏ qui enveloppe cette figure correspond ici au rectangle circonscrit à l'ensemble des deux circonférences, rectangle dont la hauteur (ou la longueur) est égale au double de la largeur, et sur les côtés verticaux duquel se projettent les douze Signes du Zodiaque, six sur chaque côté[745].

---

[743] Voir le chapitre XII du *Tableau Naturel* de L.-Cl. de Saint-Martin, et aussi *Le Symbolisme Hermétique*, par le F∴ Oswald Wirth. Nous avons déjà dit précédemment quelques mots au sujet de ce symbole (2ème année, n° 5, p. 146). – Il peut être intéressant de noter en passant que c'est là, dans le symbolisme catholique, la forme primordiale et schématique de la figure du Sacré-Cœur ; on y ajoute d'ordinaire sept flammes entourant le pied de la croix, qui sont inversement analogiques des sept langues du feu du Saint-Esprit, et qui correspondent aussi, symboliquement, aux sept petits du Pélican rosicrucien.

[744] Se reporter à la planche hors texte contenue dans le n° 9 de la 1ère année.

[745] Le « carré long », ou rectangle formé par la juxtaposition de deux carrés, est aussi la forme

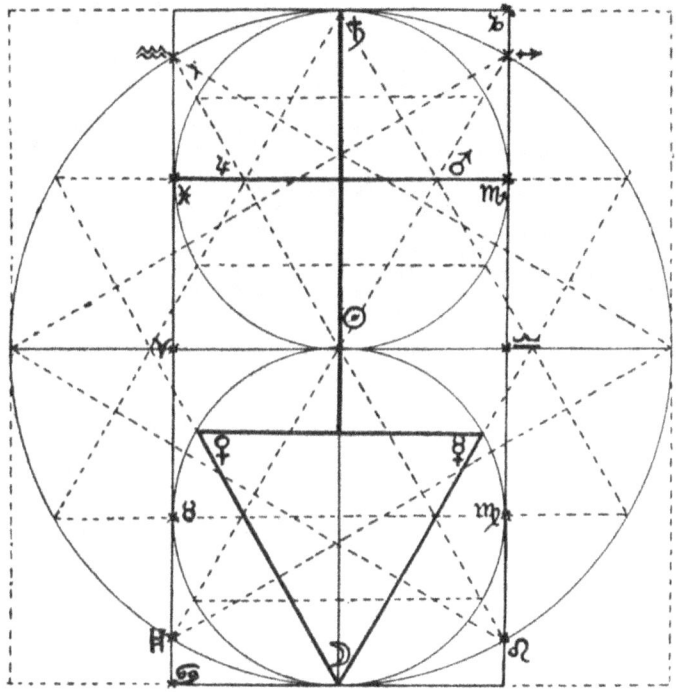

Comme l'ensemble de la croix et du triangle forme la figure d'un septénaire, les trois Planètes inférieures se placent aux angles du triangle, le Soleil au centre, et les trois Planètes supérieures aux extrémités des autres branches de la croix ; la Lune occupe naturellement le fond des Grandes Eaux, Saturne le sommet de la Terre des Vivants, et les situations respectives des quatre autres Planètes prises deux à deux se déterminent par correspondance avec la position de leurs domiciles dans les deux Trigones principaux.

---

de la Loge, qui symbolise l'Univers, et autour de laquelle les Signes du Zodiaque sont figurés par les douze nœuds de la Houppe Dentelée. – Certains Maçons américains ont proposé récemment de remplacer l'expression de « carré long » (*oblong square*), consacrée par la tradition, par celle de « parallélépipède » (*parallelopipedon*), soi-disant plus correcte au point de vue géométrique ; les promoteurs de cette idée, qui a trouvé aussi quelques partisans en Angleterre, font ainsi preuve d'une singulière ignorance du symbolisme.

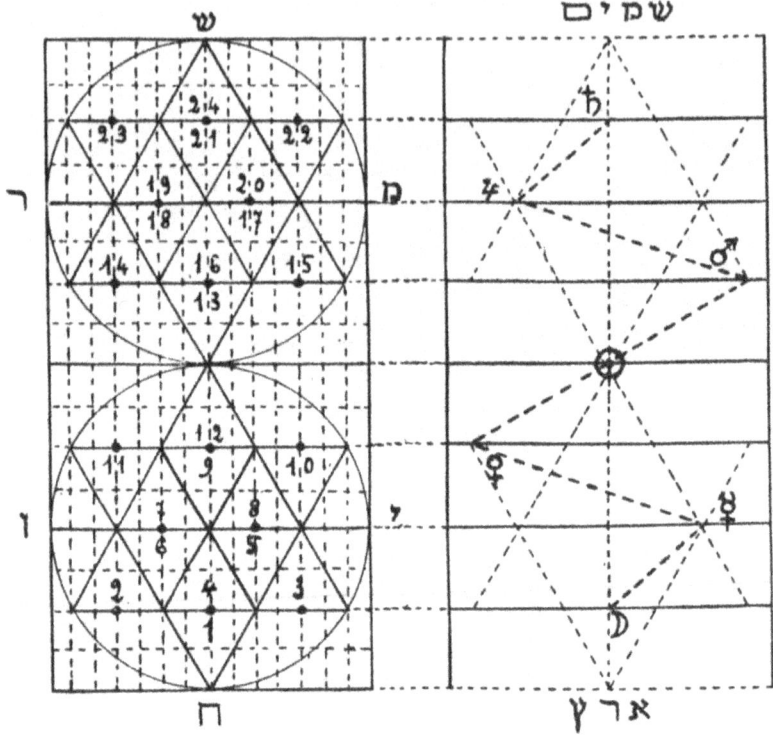

Le Septénaire Planétaire, ainsi suspendu au milieu du Duodénaire Zodiacal, y trace la figure de l'Homme Céleste, dans la position involutive représentée par la douzième Lame du Tarot. Soutenu par le Quaternaire des Éléments, le reflet inversé du Ternaire Spirituel flotte en équilibre instable au sein des Grandes Eaux ; et, dans le domaine de l'Embryogénie Temporelle, il répand les germes essentiels des êtres, qui y développeront toutes les possibilités formelles, se déployant jusqu'aux confins de l'indéfini à travers les multiples manifestations de la Vie Universelle. Ce reflet de l'Esprit Divin, se manifestant en mode actif dans le Monde de l'Existence Élémentaire, est assimilé à un principe igné involué, et son action détermine dans le Chaos cosmique, jusque-là informe et dénué de toute propriété actuelle et positive, pure « puissance contingente d'être dans une puissance d'être », la vibration lumineuse par laquelle se traduit le *Fiat Lux* dans l'ordre des Organicités et des Harmonicités

Universelles[746].

L'idée de l'expansion ou du déploiement dans la manifestation est exprimée hiéroglyphiquement, dans l'alphabet hébraïque, par la lettre ל, qui correspond également à la douzième Lame du Tarot, et qui, par son rang, se rapporte au Duodénaire Zodiacal.

D'autre part, si l'on considère encore le double triangle formé comme nous l'avons dit dans chacune des deux circonférences superposées, chacune de ces figures peut se décomposer en douze triangles plus petits, ce qui fait en tout vingt-quatre de ces triangles, tous égaux entre eux, comme le montre la partie gauche de la figure précédente. Ce sont là, d'après la Théogonie égyptienne, les vingt-quatre parties du corps d'Osiris, qui furent dispersées dans le Zodiaque (*disjecta membra*)[747] par *Typhon*, son meurtrier.

On voit aussi, d'après la même figure, que ces vingt-quatre triangles peuvent être rattachés à seize centres, qui reproduisent partout le symbole hexagrammatique de la Création ; huit de ces centres correspondent à deux des triangles considérés, et les huit autres à un seul chacun. Le nombre 16 est le rang alphabétique de la lettre ע, qui exprime hiéroglyphiquement l'idée d'involution, au sens de descente de l'Esprit, par sa réflexion en sens inverse, dans le Monde des Formes ; c'est d'ailleurs ce qu'indique la seizième Lame du Tarot, qui correspond à cette lettre.

Par cette disposition, le rectangle circonscrit aux deux circonférences, et qu'on peut regarder comme formé par l'ensemble de deux carrés superposés, se trouve partagé horizontalement en seize parties, et verticalement en quatorze parties. Si l'on considère seulement les huit zones horizontales principales, d'égale hauteur, déterminées par les lignes sur lesquelles sont placés les centres dont nous venons de parler, ces sept lignes peuvent être regardées comme sept échelons, sur lesquels se disposent les sept Planètes dans leur ordre ascendant,

---

[746] Cf. Simon et Théophane, *Les Enseignements secrets de la Gnose*, p. 9. Voir *Le Symbolisme de la Croix*, 2ème année, n° 5, p. 149, note 2.

[747] Cf. la dissociation de l'*Adam Qadmon* (Simon et Théophane, *Les Enseignements secrets de la Gnose*, p. 31).

comme le montre la partie droite de la figure ci-dessus, dans laquelle on a tenu compte, pour la position respective des Planètes, des indications de celle qui la précède[748]. La figure ainsi formée est la représentation de l'Échelle de Jacob, dont le pied repose sur la Terre (ארץ), et dont le sommet atteint les Cieux (שמים) ; ces deux extrémités sont ici marquées par les lignes horizontales qui ferment le rectangle en bas et en haut[749].

Autour du rectangle, les lettres du Trigone supérieur forment le nom d'OShI-ri, et celles du Trigone inférieur forment le nom d'HiRaM[750]. Nous retrouvons, en effet, le même symbolisme dans la Légende d'*Hiram*, mais un point qu'il importe de faire remarquer ici est le changement d'orientation qui résulte de la substitution du Trigone de Feu au Trigone de Terre, faisant commencer l'année à l'Équinoxe de Printemps, au lieu de la faire partir du Solstice d'Hiver. Par suite de ce changement, la longueur du rectangle, devenu le cercueil d'*Hiram*, se trouve dirigée, non plus comme précédemment suivant l'axe qui va du Sud au Nord, mais suivant celui qui va de l'Occident à l'Orient. Dans cette nouvelle disposition, pour la figure de l'Échelle de Jacob, l'Occident correspondrait à la Terre, et l'Orient aux Cieux ; c'est d'ailleurs là une correspondance que nous retrouverons dans tout le symbolisme postérieur au début du *Kali-Youga*[751].

---

[748] Voir la figure de la page 310.

[749] Si l'on compte les deux extrémités du rectangle, l'Échelle a neuf échelons au lieu de sept, et ces neuf échelons correspondent alors aux neuf Chœurs des Anges.

[750] Le nom d'HiRaM est identique à celui d'HeRMès ; sur la formation de ce nom et de celui d'OShI-ri ou IShWa-ra, voir 1ère année, n° 9, p. 190. – En hébreu, le nom חי-רם signifie littéralement « Vie élevée ».

[751] C'est en effet à cette époque que remonte le changement dont il est ici question (voir 1ère année, n° 11, p. 247).

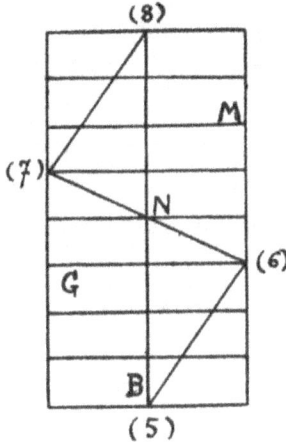

La figure ci-dessus représente le cercueil d'*Hiram*, sur lequel le pas de la Maîtrise trace effectivement la forme de la lettre hébraïque ל ; il est encore divisé en seize parties, par les sept lignes équidistantes tracées comme précédemment dans le sens de la largeur, et par la ligne médiane tracée dans le sens de la longueur. D'après le symbolisme que nous avons exposé, le corps d'*Hiram* doit avoir la tête vers l'Occident, et les pieds vers l'Orient ; sur sa poitrine, du côté du cœur, brille la lettre G∴, planétaire de Vénus (ceci étant dit indépendamment des autres correspondances de cette lettre, qui tient dans le Delta Flamboyant la place du י hébraïque, et de ses diverses significations symboliques). Sur la même figure sont marquées les lettres M∴ B∴ N∴, initiales des trois syllabes du mot sacré du grade de Maître, dont le sens est synthétisé par le symbole de l'Acacia : מ, zodiacale du Scorpion, correspondant au nombre 13, signe de Mort et de Transformation (treizième Lame du Tarot) ; נ, planétaire du Soleil, correspondant au nombre 14, signe de Régénération ou de nouvelle Naissance (quatorzième Lame du Tarot), consécutive de cette Transformation ; enfin, ב, planétaire de la Lune et lettre du Binaire, placée entre les deux précédentes dans le mot sacré, et indiquant la passivité de l'être individuel dans cette Régénération, dont l'Agent sera désigné par le mot sacré du grade de Rose-Croix. Cet Agent, qui est symbolisé par le Feu (représenté ici par נ), ne doit pas être confondu avec l'Élément sacré du Rite, dont le signe sensible est l'Eau (représentée par מ)[752] ; toutes les initiations et toutes les Liturgies ont soigneusement établi et conservé cette distinction, de même qu'elles ont eu soin de ne pas confondre cette seconde Naissance, qui correspond seulement à la descente de la Grâce dans l'individu humain, avec la plénitude de l'illumination[753], dans laquelle l'être, ayant transmué sa passivité en activité lorsque les Eaux de l'Océan sentimental ont été volatilisées et transformées par le Feu du Désir ascensionnel[754], s'identifie à l'Agent spirituel de la Transformation, dont l'opération, devenue immédiate, se traduit alors par la réalisation en mode positif de l'Homme Universel, qui préexistait seulement en mode négatif, comme somme (au sens d'intégrale) des puissances virtuelles de l'être humain[755].

Il y a encore une remarque importante à faire sur la signification symbolique de la marche du grade de Maître : on arrive devant le cercueil d'*Hiram* par le cinquième pas, et l'ensemble de ces cinq premiers pas (marche des grades d'Apprenti et de Compagnon) indique la constitution de l'individu humain, qui, dans son état actuel, est représenté par le nombre 5. Le sixième pas traverse le cercueil vers la droite, côté de l'activité : c'est en traversant le domaine de la Mort que l'être accomplit la Création, à laquelle correspond le nombre 6. Le septième pas revient vers la gauche, côté de la passivité, en passant au-dessus de la partie centrale du cercueil : cette traversée, en sens inverse de la première, représente la seconde Naissance, dans laquelle l'être est passif, comme nous l'avons dit, et par laquelle cet être, enveloppé dans la Forme, symbolisée par le nombre 7, prend conscience de lui-même en tant que conditionné par son état actuel ; c'est précisément là le but de la Vie. Enfin, le huitième et dernier pas, parallèle au sixième, conduit au-delà du cercueil, au point diamétralement opposé, suivant la longueur, à celui où l'on était arrivé

---

[752] Sur le Baptême ou l'épreuve de l'Eau comme symbole de la seconde Naissance, voir 2ème année, n° 1, p. 12, note 1[(note 73)]. Il faut remarquer que les lettres ר et מ sont les initiales des mots רוּח et מים, qui, en hébreu, désignent respectivement le Feu et l'Eau.

[753] C'est la distinction du Baptême d'Eau et du Baptême de Feu ou de Lumière (la Confirmation catholique), et aussi, dans le rituel gnostique, celle des grades d'Association et des grades de Perfection.

[754] Voir Simon et Théophane, *Les Enseignements secrets de la Gnose*, p. 48.

[755] Voir Simon et Théophane, *Les Enseignements secrets de la Gnose*, p. 24.

par le cinquième pas : l'être, devenu conscient de lui-même, traverse une dernière fois le domaine de la Mort ; pour parvenir enfin à l'Équilibre (image de la Perfection dans l'état d'être considéré), marqué par le nombre 8 ; il y parvient par le développement intégral de son individualité, envisagée dans l'indéfinité de son extension, et, par là, il acquiert l'immortalité, figurée par l'Acacia ou la Palme, qui équivaut au Rameau d'Or de l'Initiation antique[756].

(À suivre.)

L'ARCHÉOMÈTRE (suite)[757]

Nous devons revenir encore au mot בראשית, qui a été l'occasion de la digression précédente, car il nous reste à considérer maintenant les valeurs numériques des lettres qui composent ce mot. Pour cela, nous le partagerons de nouveau en ses deux moitiés, ברא-שית, et nous considérerons d'abord chacune d'elles séparément.

Pour les trois lettres de la première moitié, ברא, laquelle est aussi le second mot du texte moïsiaque, comme nous le verrons par la suite, on a les valeurs suivantes :

$$\begin{aligned}
ב &= 2 \\
ר &= 200 \\
א &= \underline{1} \\
&\,203
\end{aligned}$$

Ce nombre se réduit à 2 + 0 + 3 = 5, qui correspond à la lettre ה ; cette lettre doit être regardée, dans la correspondance que nous signalons ici, comme le second ה (la lettre finale) du Divin Tétragramme יהוה, ainsi que nous allons le voir un peu plus loin.

---

[756] Pour les correspondances numériques indiquées ici, voir *Remarques sur la production des Nombres*, 1ère année, n° 9.
[757] [Paru en janvier 1912.]

D'autre part, le nombre 5 est ici formé du Binaire et du Ternaire, et le Binaire précède le Ternaire (de même que, par sa lettre ב, il se présente dès l'ouverture du Livre)[758], parce que ce n'est qu'au cours de la seconde des deux phases que nous avons indiquées, dans la Création, comme correspondant à celles de la constitution archéométrique du mot בראשית (et aussi au cours de l'œuvre de la Formation, qui en est la suite), ce n'est, disons-nous, qu'au cours de la seconde de ces deux phases qu'apparaît (dans le Monde extérieur) l'action vivifiante (ou plutôt agissant comme telle dans sa fonction spéciale par rapport à nous) du Verbe[759], se traduisant par la réflexion (en sens inverse), dans le Grand Océan de la Passivité Universelle[760], du Principe Spirituel Divin (אלהים חור), symbolisé par le Ternaire, et qui plane au-dessus de cet Océan[761], dans les Eaux (מים)[762] duquel flotte l'Œuf du Monde[763], germe d'indéfinie puissance

---

[758] Voir 2ème année, n° 11, p. 290. – Sur le Quinaire considéré comme l'union du Binaire et du Ternaire, sur la signification de ce nombre, et sur sa représentation symbolique par l'Étoile Flamboyante, voir *Commentaires sur le Tableau Naturel de L.-Cl. de Saint-Martin*, 1ère année, n° 8, p. 173 ; *Remarques sur la production des Nombres*, 1ère année, n° 9, p. 191 ; *Notes sommaires sur le Gnosticisme*, même n°, p. 202 ; *L'Archéomètre*, 2ème année, n° 3, p. 91, et n° 12, p. 326. – Il faut remarquer aussi que, dans le symbolisme du nombre 203, le Binaire et le Ternaire sont séparés par l'abîme (métaphysiquement immense, puisqu'il est au-delà de toute mesure, limitation, définition, attribution, « détermination » ou « assignation » quelconque) de l'Inexprimable Zéro (voir *Remarques sur la production des Nombres*, 1ère année, n° 8, p. 153).

[759] Cette action, envisagée dans l'universalité de son extension, peut s'exprimer (du moins autant qu'il est possible à l'individu humain de la concevoir actuellement) par cette parole de l'Évangile : « Je suis la Voie, la Vérité et la Vie » ; sur l'interprétation de ces trois termes par rapport à la réalisation de l'Homme Universel, voir *Le Symbolisme de la Croix*, 2ème année, n° 4, p. 120.

[760] Voir *Le Symbolisme de la Croix*, 2ème année, n° 5, p. 149, note 1[(note 38)].

[761] Voir *Le Symbolisme de la Croix*, 2ème année, n° 5, p. 149, note 2[(note 39)].

[762] Voir 2ème année, n° 2, p. 53, note 7[(note 139)].

[763] Voir 1ère année, n° 9, p. 187, et n°10, pp. 216 à 219. – Il est à remarquer que, dans toutes les traditions, le Principe Divin qui plane au-dessus des Grandes Eaux est symbolisé par un oiseau : la Colombe (נהוי) du Saint-Esprit, qui doit être rapprochée du Phénix, et dont la couleur rouge indique un principe igné, actif par rapport à l'élément aqueux (voir 2ème année, n° 1, p. 19 ; n° 3, p. 91, note 2[(note 151)], et n° 12, p. 314 ; de même, le Cygne (*Hamsa*) de Brahmâ, symbolisant le Souffle, véhicule de la Parole, qui n'est elle-même que l'affirmation extérieure du Verbe Créateur.

(*Hiranyagarbha*, « l'Embryon d'Or », en tant que manifestation du Verbe, « manifestation » qui n'implique évidemment aucune « incarnation »)[764] contenant toutes les virtualités de la Possibilité Formelle, symbolisée par le Binaire, et qui, étant seulement le principe plastique (ou plus exactement ce sur quoi s'exerce la faculté plastique active, c'est-à-dire l'action formatrice)[765], n'est encore (tant que cette action fécondante et germinative ne s'y est pas exercée) qu'une pure « puissance contingente d'être dans une puissance d'être » (והבו ותהו)[766] ; c'est ce que nous montrera la suite du texte même de la Genèse.

D'autre part, si l'on regarde le nombre 203 comme partagé en deux parties qui sont respectivement 20 et 3, on obtient, comme correspondance hiéroglyphique de ces deux nombres considérés comme représentant des valeurs numériques, les lettres כ et ג, dont l'union signifie : force productrice ou germinative[767] ; il est à remarquer que ces deux lettres (dont la première est masculine et la seconde féminine) sont respectivement les planétaires de Mars et de Vénus[768].

Considérons maintenant la seconde moitié du mot בראשית, c'est-à-dire

---

[764] Voir *La Constitution de L'être humain et son évolution posthume selon le Védanta*, 2ème année, n° 10, p. 266, et n° 12, p. 320 ; voir aussi *Les Néo-Spiritualistes*, 2ème année, n° 12, p. 299.

[765] À ce sujet, voir la note de Matgioi placée à la suite des *Remarques sur la production des Nombres*, 1ère année, n° 9, p. 194.

[766] Voir 2ème année, n° 12, pp. 311 et 312.

[767] כ désigne la Force Spirituelle, et plus particulièrement lorsqu'on la considère comme agent d'assimilation des êtres aux conditions de chacun de leurs états, tandis que ר se rapporte à la Puissance Matérielle, qui ne peut se réaliser et se perpétuer que dans le domaine de la confusion et de la division. – ג exprime, en même temps que l'enveloppement organique, point de départ de l'existence individuelle extérieure, la germination qui lui est consécutive, et qui n'est que le développement des potentialités qui y étaient virtuellement impliquées.

[768] À un autre point de vue, on pourrait aussi faire remarquer que, dans le Monde terrestre, et parmi les êtres vivants, le principe masculin représenté par Mars correspond plus spécialement au Règne Animal, tandis que le principe féminin représenté par Vénus correspond alors au Règne Végétal ; ceci est à rapprocher des significations indiquées dans la note précédente.

l'ensemble des trois dernières lettres, שית ; pour ces trois lettres nous avons les valeurs suivantes :

$$
\begin{align*}
ש &= 300 \\
י &= 10 \\
ת &= \underline{400} \\
& 710
\end{align*}
$$

Ce nombre se réduit à 7 + 1 + 0 = 8, correspondant à la lettre ח, qui peut être regardée ici comme représentant la matérialisation du ה obtenu précédemment, pour la valeur numérique totale de la première moitié du même mot, c'est-à-dire comme impliquant une effectuation dans le domaine de l'Existence Élémentaire[769].

On peut aussi regarder le nombre 710 comme formé de 7 et 10, nombres qui (considérés comme des valeurs numériques, ainsi que nous l'avons déjà fait pour d'autres nombres), donnent respectivement, comme correspondance hiéroglyphique, les lettres ז et י [770]; on trouve donc ici le Septénaire, nombre

---

[769] Voir 1ère année, n° 11, p. 243, note 3[(note 43)]. – La matérialisation dont nous parlons est représentée par le fait que la ligne horizontale, qui était placée au-dessus des extrémités des deux lignes verticales dans la lettre ה, touche ces extrémités dans la lettre ח, qui est ainsi complètement fermée par le haut. En abaissant encore cette ligne horizontale, on obtient la lettre latine H, dans laquelle elle joint les milieux des deux lignes verticales ; cette lettre, par sa forme, symbolise le Binaire équilibré, marquant ainsi la Loi fondamentale qui régit le domaine de l'Existence Élémentaire. – Dans le nombre 710, on pourrait considérer les chiffres comme placés dans un ordre hiérarchique ascendant : 7 procède de 1, qui n'est que 0 affirmé, mais qui s'interpose entre 7 et 0 comme le prisme différenciateur de l'Homogène Primordial ; de plus, l'union des deux extrêmes forme le nombre 70, qui est la valeur numérique de la lettre ע, signe d'involution et de matérialisation, représentant l'activité réfractée dans les modalités indéfinies de la Différenciation Universelle.

[770] ז, dans sa signification hiéroglyphique, désigne les Forces de la Nature comme constituant le lien qui unit, en un tout harmonique, les multiples éléments essentiels (noms) et substantiels (formes) de l'existence (individuelle, particulière ou collective) dans le Monde extérieur ; dans le cas d'un individu particulier, ce tout constitue l'agrégation des cinq *skandhas*. Sur ceux-ci, ainsi que sur le « nom » (*nâma*) et la « forme » (*rûpa*), voir *La Constitution de l'être humain et son évolution posthume selon le Védânta*, 2ème année, n° 10,

des Forces de la Nature (synthétisées dans les *Elohim*), uni au nombre du Principe, dont elles ne sont (comme Lois régissant un Cycle) que des déterminations particulières, en mode manifesté, dans le Monde extérieur ; la multiplicité indéfinie de ces déterminations (le Septénaire n'étant, bien entendu, qu'une représentation symbolique se rapportant au rôle formateur des *Elohim*)[771] n'altère d'ailleurs évidemment en rien l'Unité Suprême de ce Principe[772].

---

pp. 261 et 262, et n° 12, p. 318. – י représente surtout le Principe Suprême conçu comme la Puissance Universelle, c'est-à-dire comme le lieu métaphysique de toutes les potentialités (mais envisagé en mode actif et comme pure Essence) ; et cette Puissance s'affirme en א, par une « assignation » primordiale qui est logiquement antérieure, non seulement à toute Création, mais même à toute Émanation, puisqu'elle est la première « détermination » du Verbe Divin comme l'Être Universel, indépendamment de toute attribution particulière se rapportant à l'un quelconque des modes spéciaux de l'être, manifestés et non-manifestés, qui constituent l'indéfinité des « degrés » de l'Existence Totale. Sur א considéré comme figurant l'expansion quaternaire de י, ainsi que le montre d'ailleurs sa forme (comparable à celle du *Swastika*), voir 2ème année, n° 11, p. 291, et aussi *Le Symbolisme de la Croix*, 2ème année, n° 5, p. 151 (note 4 de la page précédente[(note 46)]). – Remarquons aussi que א est l'initiale du nom divin אהיה, dont nous aurons à reparler, et qui signifie « Je suis » ; il s'agit donc bien, suivant ce que nous venons de dire, de l'affirmation pure et simple de l'Être, dans la totalité de son extension universelle, et indépendamment de quelque attribution que ce soit (distincte de l'Être), quoique les contenant toutes en principe. Si l'on envisageait seulement le déploiement de l'Être (alors spécialisé) dans la manifestation, la conception la plus étendue que nous puissions nous en former (dans l'indéfinité de l'Existence Élémentaire) est représentée par le nom אל, dans lequel la même lettre א est unie à ל, signe d'expansion (voir 2ème année, n° 12, pp. 309 à 315, les considérations relatives au symbolisme de la douzième Lame du Tarot), et dont אלהים est la forme plurielle collective ; nous reviendrons également sur ces noms, car nous y serons amené par la suite même du texte du premier verset de la Genèse.

[771] Sur le Septénaire considéré comme nombre de la Formation, voir *Remarques sur la production des Nombres*, 1ère année, n° 9, pp. 191 et 192. – Sur le rôle formateur des *Pitris*, analogue dans la tradition hindoue à celui des *Élohim* dans la tradition hébraïque, mais considéré plus spécialement par rapport au Cycle actuel, voir *Les Néo-Spiritualistes*, 2ème année, n° 11, p. 297, note[(note 49)], et *La Constitution de l'être humain et son évolution posthume selon le Védanta*, 2ème année, n° 12, p. 323, note[(note 113)].

[772] Voir *La Constitution de l'être humain et son évolution posthume selon le Védanta*, 2ème année, n° 9, pp. 244 et 245, et aussi *L'Identité Suprême dans l'Ésotérisme musulman*, 2ème

Considérons maintenant l'ensemble des deux nombres 203 et 710 que nous avons obtenus, et, à chacun des chiffres dont ils sont formés, substituons la lettre hébraïque correspondante, en remplaçant le zéro, regardé comme signe de la multiplication par 10, par la lettre י, qui correspond à ce nombre. On obtient ainsi ב׳ג pour le premier des deux nombres considérés, et ז׳אי pour le second ; voici quelle en est l'interprétation hiéroglyphique :

ב׳ג   Dans le Principe est contenu le germe (c'est-à-dire l'Œuf du Monde),

ז׳אי   lié (dans sa détermination primordiale et essentielle) à l'expansion quaternaire du Principe (dont il constitue lui-même l'achèvement ou l'aboutissement).

Ainsi, l'Œuf du Monde est d'abord contenu dans le Principe, envisagé alors comme le lieu passif et réceptif (étendue) ou le milieu substantiel et embryogénique de toutes les possibilités d'être ; ce germe y existe à l'état potentiel, et contient une indéfinité de virtualités différenciées en puissance, et dont chacune est également susceptible d'un développement indéfini. Le développement de toutes ces existences virtuelles et relatives (puisque réfractées dans le domaine de *Mâyâ* ou de l'Illusion), passant de la puissance à l'acte pour parcourir la « Roue de Vie », c'est-à-dire le cycle temporel (ou du moins envisagé par nous temporellement, c'est-à-dire sous l'aspect de la succession) de leurs modifications extérieures et substantielles (lesquelles n'altèrent en rien leur unité et leur identité intimes et essentielles), ce développement, disons-nous, termine (en mode manifesté) l'expansion quaternaire du Principe, envisagé cette fois comme la Cause Suprême active et productrice (le point dont l'irradiation illimitée remplit toute l'étendue, laquelle n'a de réalité actuelle que par lui, et n'est sans lui, ou plutôt sans son activité, qu'une pure possibilité « vide et sans forme »)[773]. Et cette expansion cruciale, traçant dans tous les Mondes le Schéma du Divin Tétragramme, n'est pas autre chose, métaphysiquement, que la réalisation totale de l'Homme Universel, réalisation qui a son point de départ au-delà de tous les Mondes et

---

année, nos 6, 7 et 8.

[773] Voir *Le Symbolisme de la Croix*, 2ème année, nos 2 à 6.

de tous les Cycles (de Création et d'Émanation), à l'originelle et primordiale affirmation du Verbe Éternel.

Analogiquement, le Tétragramme יהוה, qui est le développement quaternaire de י, hiéroglyphe de la Puissance Suprême[774], se termine de même par le second ה[775], qui représente effectivement l'Œuf du Monde (conçu de l'Esprit-Saint par la Vierge Céleste, et, comme tel, identifié à *Hiranyagarbha*, ainsi que nous l'avons dit), les trois premières lettres représentant respectivement les trois Hypostases Divines (comme les trois lettres de ברא, mais dans l'ordre logiquement normal, et d'ailleurs à un point de vue tout différent, beaucoup plus universellement applicable)[776].

Enfin, le nombre total donné par les valeurs numériques des six lettres du mot בראשית est : 203 + 710 = 913 ; les trois chiffres dont se compose l'expression figurative de ce nombre correspondent hiéroglyphiquement aux trois lettres טאג, dont l'ensemble signifie l'enveloppement initial du germe[777], c'est-à-dire de l'Œuf du Monde, lorsqu'il se trouve dans l'état, actuellement indifférencié, de détermination potentielle (étant dès lors créé, mais sans aucune effectuation formelle), au sein du Principe féminin dont la nature a été étudiée précédemment par nous[778].

Le nombre 913 se réduit à 9 + 1 + 3 = 13, correspondant, comme rang alphabétique, à la lettre מ, qui représente encore le même Principe féminin,

---

[774] Voir la planche hors texte contenue dans le n° 2 de la 2ème année, ainsi que l'explication s'y rapportant (notamment pp. 50 et 51). – À ce point de vue, le Tétragramme entier est synthétisé schématiquement dans la lettre א, de la façon que nous avons indiquée plus haut.

[775] Nous avons trouvé précédemment cette lettre ה comme synthétisant la valeur numérique totale des trois lettres ברא.

[776] Sur cette correspondance des trois lettres de ברא, voir 2ème année, n° 12, p. 307.

[777] Le sens hiéroglyphique de la lettre ט est : envelopper (circulairement ou sphériquement, comme l'indiquent à la fois sa forme et sa valeur numérique 9), couvrir (en latin *tegere*, mot dans la racine duquel on trouve les lettres équivalentes à ט et ג, que nous avons précisément à considérer ici), et, par suite, protéger ; de là dérive le symbolisme du Silence et de l'Isolement initiatiques (neuvième Lame du Tarot).

[778] Voir 2ème année, n° 11, pp. 291 et 292.

c'est-à-dire, suivant nos explications antérieures, la Vierge Céleste envisagée dans son rôle cosmogonique, dans le Triangle des Grandes Eaux, qui représente le domaine de l'Embryogénie Temporelle[779].

Le nombre 13 exprime en outre l'idée, non seulement de la Transformation définitive (ou du passage au-delà de la Forme), mais aussi des modifications multiples que les êtres traversent (dans le Courant des Formes) pour parvenir finalement à ce but dernier de toute existence manifestée ; et l'ensemble de ces modifications, s'enchaînant logiquement et se correspondant analogiquement dans tous les Mondes et dans tous les Cycles, constitue précisément, comme somme indéfinie d'une indéfinité d'éléments, le déploiement intégral de la Création accomplie par l'opération du Verbe Universel.

Enfin, dans la figuration du nombre 13 (qui se trouve aussi, précédé du chiffre « circonférentiel » 9, dans 913), l'Unité est immédiatement suivie du Ternaire, qui est son « assignation » extérieure, conçue comme objet de connaissance distinctive (quoique encore synthétique et universelle) ; de plus, ce nombre 13 se réduit à 1 + 3 = 4, et le Quaternaire, auquel on aboutit ainsi comme dernière synthèse, et qui, comme on le sait, est le nombre de l'Émanation, c'est-à-dire de la manifestation principielle du Verbe en l'*Adam Qadmon*[780], nous montre ici dans la Création la réalisation en mode positif des potentialités illimitées de l'Homme Universel[781].

Telles sont les principales considérations que l'on peut déduire de l'étude du mot בראשית, par lequel s'ouvre le Livre de la Genèse.

(*À suivre.*)

---

[779] Sur la lettre מ, et sur son « antagonisme » par rapport à la lettre י, voir 2ème année, n° 2, pp. 52 à 54.
[780] Voir *Remarques sur la production des Nombres*, 2ème année, n° 8, p. 156.
[781] Voir 2ème année, n° 12, p. 314.

L'ARCHÉOMÈTRE (suite)[782]

Nous devons maintenant considérer dans son ensemble le premier verset de la Genèse :

בראשית ברא אלהים את השמים ואת הארץ

Ce verset se compose de sept mots, de sorte que nous trouvons tout d'abord ici le Septénaire, nombre qui, comme nous l'avons dit précédemment, représente les Forces de la Nature, principiellement synthétisées dans les *Elohim*[783], quant à leur essence spirituelle, et exerçant leur action sur le principe substantiel au sein duquel s'accomplit la détermination potentielle qui constitue la Création[784], l'opération initiale de l'Organisation Cosmique.

D'autre part, le nombre total des lettres composant ces sept mots est de 28 (= 4 × 7), nombre qui se rapporte à la durée du mois lunaire[785], ce qui rattache l'« actuation » formatrice (déterminée en principe par la Création)[786] au Cycle qui précède immédiatement le nôtre dans l'ordre causal (de dépendance logique, non de succession chronologique) de la manifestation universelle, et qui, par rapport au Cycle actuel, est représenté symboliquement comme le Monde de la Lune[787]. Il faut aussi remarquer le rapport de ce nombre lunaire 28 avec la lettre initiale ב, qui est précisément la planétaire de la Lune.

On voit en outre que le verset considéré peut, suivant la disposition ci-

---

[782] [Paru en février 1912.]

[783] Voir 2ème année, n° 12, p. 308, et 3ème année, n°1, pp. 4 et 5.

[784] Voir 2ème année, n° 11, pp. 291 et 292.

[785] Cf. les 28 lettres de l'alphabet arabe.

[786] Il est évident que l'action créatrice principielle est indépendante de tout Cycle spécial d'existence ; au contraire, le développement en mode manifesté (qu'elle implique en puissance seulement) s'effectue pour chaque Cycle suivant la Loi déterminée par l'accomplissement du Cycle causateur.

[787] Sur cet enchaînement causal des Cycles de manifestation, et sur le rapport des *Elohim* formateurs avec les *Pitris* lunaires, voir 3ème année, n° 1, p. 5, note 1[(note 252)], et aussi *Les Néo-Spiritualistes*, 2ème année, n° 11, p. 297, et *La Constitution de l'être humain et son évolution posthume selon le Védânta*, 2ème année, n° 12, p. 323, note[(note 113)].

dessus, se partager exactement en deux moitiés, comprenant respectivement, la première trois mots, composés de 6 + 3 + 5 = 14 lettres, et la seconde quatre mots, composés de 2 + 5 + 3 + 4 = 14 lettres également. Cette division montre la décomposition du Septénaire en un Ternaire supérieur, exprimant l'action essentielle des Forces créatrices, et un Quaternaire inférieur, désignant la réalisation substantielle qui y correspond[788] ; elle est d'ailleurs indiquée ici par le sens, en même temps que par le nombre des lettres, qui est égal de part et d'autre. Nous aurons à revenir sur ce nombre 14, en étudiant le nom אלהים ; pour le moment, nous nous bornerons à faire remarquer qu'il représente le rang alphabétique de la lettre נ, planétaire du Soleil, dont la signification hiéroglyphique se rapporte à l'idée de rénovation, appliquée ici à la manifestation de chaque Cycle relativement au précédent[789].

Ce nombre 14 se réduit à 1 + 4 = 5, de même que le nombre 203, qui, comme nous l'avons vu, est la valeur totale des trois lettres ברא, composant le second mot du verset, en même temps que la première moitié du premier mot בראשית [790].

Le nombre total des lettres, 28, se réduit de même à 2 + 8 = 10, valeur numérique de la lettre י, qui représente la Puissance Universelle[791], contenant toutes choses dans leur détermination principielle, en essence et en substance ; et le même nombre 10 est donné également par réduction de la somme des valeurs numériques des quatre lettres du mot בריה, « Création »[792] :

---

[788] Cf. le symbole alchimique du Soufre (voir 2ème année, n° 12, p. 309). –En remplaçant, sous le triangle, la croix, signe du Quaternaire envisagé dynamiquement, par le carré, signe du même Quaternaire envisagé statiquement, on obtient la figure (en coupe verticale) de la Pierre Cubique, figure qui est également celle du Septénaire en équilibre.

[789] Cf. le symbole cyclique du Phénix, rattaché à la conception de la Grande Année dans l'ancienne tradition égyptienne. – Cf. également cette parole de l'Apocalypse : « Il y aura des Cieux (שמים) nouveaux et une Terre (ארץ) nouvelle. »

[790] Voir 3ème année, n° 1, pp. 1 et 2.

[791] Voir 3ème année, n° 1, p. 4, note 2[(note 251)].

[792] Voir 2ème année, n° 12, p. 306.

$$\begin{aligned}
\beth &= 2\\
\resh &= 200\\
\yod &= 10\\
\he &= \underline{5}\\
&\ 217
\end{aligned}$$

Ce nombre 217 se réduit, en effet, à 2 + 1 + 7 = 10, et le Dénaire correspond ici au développement complet de l'Unité principielle[793]. D'ailleurs, en remplaçant dans le même total chaque chiffre par la lettre hébraïque correspondante, on obtient בא‎י, signifiant les Forces en action (potentielle) dans l'expansion de l'Unité primordiale, expansion quaternaire qui, en principe, implique le Dénaire[794].

Nous pouvons encore partager le nombre 217 en deux parties, auxquelles nous ferons correspondre les lettres dont elles marquent les rangs alphabétiques respectifs, et cela de deux façons différentes : d'une part, 2 et 17, soit ב, représentent le principe passif et substantiel de la Création, et פ, zodiacale du Verbe ; d'autre part, 21 et 7, soit ש, planétaire du Verbe, et ז, représentent le principe actif et essentiel de la Création ; il faut remarquer la symétrie analogique et le complémentarisme de cette double correspondance.

Revenons maintenant au verset partagé en ses deux moitiés : au point de vue du nombre des lettres, on peut encore diviser chacune de celles-ci en deux septénaires, ce qui fait naturellement quatre septénaires pour l'ensemble. Le premier septénaire comprend le mot בראשית, plus la lettre ב, première du mot ברא, de sorte qu'il commence et finit par cette même lettre ב. Le second

---

[793] Voir *Remarques sur la production des Nombres*, 1ère année, n° 9, p. 193. On sait que 10 est le nombre des *Séphiroth*, dont l'ensemble représente en effet ce développement.

[794] Voir encore *Remarques sur la production des Nombres*, 1ère année, n° 8, p. 156. En remplaçant ici א par ע (signe de matérialisation), on obtient le mot בעז, nom d'une des deux Colonnes du Temple, qui, d'après la même interprétation, désigne les Forces supérieures agissant dans le domaine de la manifestation.

septénaire comprend les deux dernières lettres du mot ברא, plus le mot אלהים ; on y trouve ainsi le mot *Râ*, nom égyptien du Soleil[795], uni au nom des *Elohim*. Le troisième septénaire comprend les deux mots את השמים ; et, enfin, le quatrième comprend les deux mots ואת הארץ.

Dans l'ensemble du verset, considéré comme septénaire quant au nombre des mots, la première partie, c'est-à-dire le Ternaire supérieur, désigne à la fois Ce qui crée et l'acte créateur, car l'Agent (en tant que tel) et l'acte (impliquant d'ailleurs ce sur quoi il s'accomplit) ne peuvent pas être envisagés séparément l'un de l'autre ; la seconde partie, c'est-à-dire le Quaternaire inférieur, désigne ce qui est créé, le résultat de la Création ou son produit, sous l'aspect de la distinction principielle des Cieux, ensemble des possibilités informelles, et de la Terre, ensemble des possibilités formelles, distinction que nous aurons à considérer avec plus de détails par la suite.

Quant à la première partie du verset, nous en avons déjà étudié le premier mot, בראשית, et nous avons vu que sa formation archéométrique se partage en deux phases[796], dont la première se reproduit ensuite pour donner naissance au second mot, ברא « Il créa », verbe exprimant l'acte de détermination principielle et potentielle, suivant l'interprétation de Fabre d'Olivet.

Nous ne reviendrons pas sur la valeur numérique de ce mot ברא, puisque nous avons déjà eu à l'étudier sous ce rapport, en le regardant comme la première moitié du mot בראשית [797].

En intervertissant les deux premières lettres de ברא, on obtient רבא, qui signifie la Maîtrise spirituelle[798] ; cette interversion équivaut à remplacer, dans la formation archéométrique du mot considéré, le mouvement ascendant par

---

[795] Voir 2ème année, n° 12, p. 307. – Il faut aussi remarquer que רא est l'inversion de la racine אר, dont nous avons parlé précédemment (2ème année, n° 11, p. 292).
[796] Voir 2ème année, n° 12, pp. 305 à 308.
[797] Voir 3ème année, n° 1, pp. 1 à 3.
[798] Voir 2ème année, n° 7, p. 191. – Le même mot רבא signifie « grand » en araméen. – Le déplacement des lettres du mot בריה donne aussi הרבי, le Maître spirituel.

un mouvement descendant, ainsi qu'on peut s'en rendre compte immédiatement en se reportant à la figure qui indique la formation du mot בראשית [799].

Suivant ce que nous avons vu en partageant la première moitié du verset en deux septénaires de lettres, on peut encore considérer le mot בראשית comme formé de ב, lettre de la Lune, et רא, nom du Soleil ; ainsi, les deux éléments complémentaires masculin et féminin s'y trouvent réunis, mais l'élément féminin y figure le premier, ce qui s'explique, comme nous l'avons déjà indiqué dans tout ce qui précède, par le rôle cosmogonique de la Vierge Céleste.

Le verbe ברא a pour sujet le troisième mot, אלהים, et, bien que celui-ci soit un pluriel, ce verbe est au singulier, cela parce que אלהים est un nom collectif ; c'est pourquoi Fabre d'Olivet, l'envisageant à ce point de vue, le traduit par « Lui-les-Dieux », et c'est ce nom que nous allons maintenant avoir à étudier.

Mais, auparavant, nous considérerons encore la somme des valeurs numériques totales des deux premiers mots : 913 + 203 = 1116 ; ce nombre montre la Tri-Unité envisagée sous le point de vue distinctif, puis le Sénaire qui, par réflexion, résulte de ce point de vue, et qui est en même temps, par là même, le nombre caractéristique de la Création[800].

Les deux moitiés de ce nombre (qui sont aussi les nombres formés respectivement par les deux chiffres centraux et par les deux chiffres extrêmes), 11 et 16, sont les rangs alphabétiques des lettres כ et ע, dont l'ensemble désigne la Force Spirituelle en action involutive.

Enfin, 1116 se réduit à 1 + 1 + 1 + 6 = 9, nombre de la lettre ט [801], que

---

[799] 2ème année, n° 12, p. 306 (première figure[(de l'article)]).

[800] Voir 2ème année, n° 11, p. 291, et aussi *Remarques sur la production des Nombres*, 1ère année, n° 8, p. 155.

[801] Sur la signification hiéroglyphique de cette lettre, voir 3ème année, n° 1, p. 6, note 5[(note

nous retrouverons encore par la suite, et qui désigne ici l'enveloppement (circulaire ou sphérique), dans la détermination potentielle primordiale de l'Œuf du Monde, des principes élémentaires constituant les germes organiques de la manifestation cyclique universelle.

(*À suivre.*)

---

258)].

DÉJÀ PARUS

Omnia Veritas Ltd présente :

RENÉ GUÉNON
Aperçus sur l'ésotérisme chrétien

« Ce changement qui fit du Christianisme une religion au sens propre du mot et une forme traditionnelle... »

Les vérités d'ordre ésotérique, étaient hors de la portée du plus grand nombre...

Omnia Veritas Ltd présente :

RENÉ GUÉNON
Aperçus sur l'ésotérisme islamique et le Taoïsme

« Dans l'Islamisme, la tradition est d'essence double, religieuse et métaphysique »

On les compare souvent à l'« écorce » et au « noyau » (el-qishr wa el-lobb)

Omnia Veritas Ltd présente :

RENÉ GUÉNON
APERÇUS SUR L'INITIATION

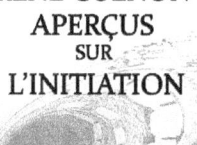

«Nous nous étendons souvent sur les erreurs et les confusions qui sont commises au sujet de l'initiation...»

On se rend compte du degré de dégénérescence auquel en est arrivé l'Occident moderne...

OMNIA VERITAS

Omnia Veritas Ltd présente :

**RENÉ GUÉNON
AUTORITÉ SPIRITUELLE
ET POUVOIR TEMPOREL**

« la distinction des castes constitue, dans l'espèce humaine, une véritable classification naturelle à laquelle doit correspondre la répartition des fonctions sociales »

L'égalité n'existe nulle part en réalité

OMNIA VERITAS

OMNIA VERITAS LTD PRÉSENTE :

**RENÉ GUÉNON
ÉTUDES SUR L'HINDOUISME**

« En considérant la contemplation et l'action comme complémentaires, on se place à un point de vue déjà plus profond et plus vrai »

... la double activité, intérieure et extérieure, d'un seul et même être

OMNIA VERITAS

Omnia Veritas Ltd présente :

**RENÉ GUÉNON
INITIATION
ET
RÉALISATION SPIRITUELLE**

« Sottise et ignorance peuvent en somme être réunies sous le nom commun d'incompréhension »

Le peuple est comme un « réservoir » d'où tout peut être tiré, le meilleur comme le pire

Omnia Veritas Ltd présente :

RENÉ GUÉNON

INTRODUCTION GÉNÉRALE
À L'ÉTUDE DES DOCTRINES HINDOUES

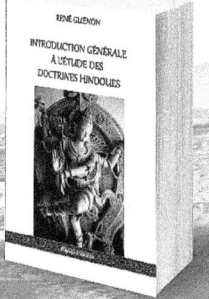

« Bien des difficultés s'opposent, en Occident, à une étude sérieuse et approfondie des doctrines hindoues »

... ce dernier élément qu'aucune érudition ne permettra jamais de pénétrer

Omnia Veritas Ltd présente :

RENÉ GUÉNON

LE RÈGNE DE LA QUANTITÉ
ET LES SIGNES DES TEMPS

« Car tout ce qui existe en quelque façon que ce soit, même l'erreur, a nécessairement sa raison d'être »

... et le désordre lui-même doit finalement trouver sa place parmi les éléments de l'ordre universel

Omnia Veritas Ltd présente :

RENÉ GUÉNON

LE ROI DU MONDE

« Un principe, l'Intelligence cosmique qui réfléchit la Lumière spirituelle pure et formule la Loi »

Le Législateur primordial et universel

Omnia Veritas Ltd présente :

RENÉ GUÉNON
L'ERREUR SPIRITE

« Il y a, à notre époque, bien des « contrevérités », qu'il est bon de combattre... »

Parmi toutes les doctrines « néo-spiritualistes », le spiritisme est certainement la plus répandue

Omnia Veritas Ltd présente :

RENÉ GUÉNON
ORIENT & OCCIDENT

« La civilisation occidentale moderne apparaît dans l'histoire comme une véritable anomalie...»

... cette civilisation est la seule qui se soit développée dans un sens purement matériel

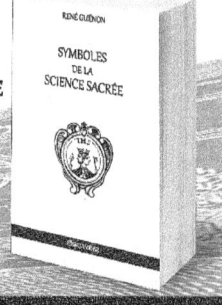

OMNIA VERITAS LTD PRÉSENTE :

RENÉ GUÉNON
SYMBOLES DE LA SCIENCE SACRÉE

« Ce développement matériel a été accompagné d'une régression intellectuelle qu'il est fort incapable de compenser »

Qu'importe la vérité dans un monde dont les aspirations sont uniquement matérielles et sentimentales

«L'Infini est, suivant la signification étymologique du terme qui le désigne, ce qui n'a pas de limites»

La notion de l'Infini métaphysique dans ses rapports avec la Possibilité universelle

«La difficulté commence seulement lorsqu'il s'agit de déterminer ces différentes significations, surtout les plus élevées ou les plus profondes...»

La Divine Comédie, dans son ensemble, peut s'interpréter en plusieurs sens

«Quand nous considérons ce qu'est la philosophie dans les temps modernes, son absence dans une civilisation n'a rien de particulièrement regrettable.»

Le Vêdânta n'est ni une philosophie, ni une religion

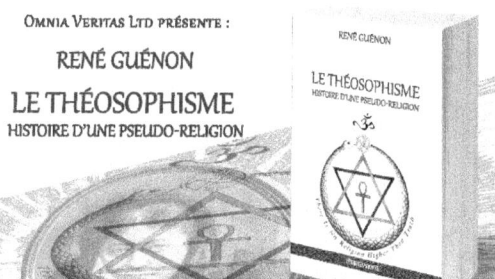

« Notre but, disait alors Mme Blavatsky, n'est pas de restaurer l'Hindouïsme, mais de balayer le Christianisme de la surface de la terre »

Le vocable de théosophie servait de dénomination commune à des doctrines assez diverses

« ... on voit une barque portée par le poisson, image du Christ soutenant son Église » ; or on sait que l'Arche a souvent été regardée comme une figure de l'Église... »

Le Vêda, qu'il faut entendre comme la Connaissance sacrée dans son intégralité

« ... ce terme de « réincarnation » ne s'est introduit dans les traductions de textes orientaux que depuis qu'il a été répandu par le spiritisme et le théosophisme... »

... la « réincarnation » a été imaginée par les Occidentaux modernes...

OMNIA VERITAS LTD PRÉSENTE :

RENÉ GUÉNON

COMPTES-RENDUS DE REVUES & NOTICES NÉCROLOGIQUES

« On tient d'autant plus à ne voir que de l'« humain » dans les doctrines hindoues que cela faciliterait grandement les entreprises « annexionnistes » dont nous avons déjà parlé »

Il s'agit en fait de deux traditions, qui comme telles sont d'essence également surnaturelle

OMNIA VERITAS LTD PRÉSENTE :

RENÉ GUÉNON

CORRESPONDANCE I

« ... l'état suprême n'est pas quelque chose à obtenir par une « effectuation » quelconque ; il s'agit uniquement de prendre conscience de ce qui est. »

... l'éloignement du Principe, nécessairement inhérent à tout processus de manifestation

OMNIA VERITAS LTD PRÉSENTE :

RENÉ GUÉNON

CORRESPONDANCE II

« ... Vous me demandez s'il y a quelque chose de changé depuis la publication de mes ouvrages; certaines portes, du côté occidental, se sont fermées d'une façon définitive »

Quant à l'Islam politique, mieux vaut n'en pas parler, car ce n'est plus qu'un souvenir historique

Écrits sous la signature de Palingénius

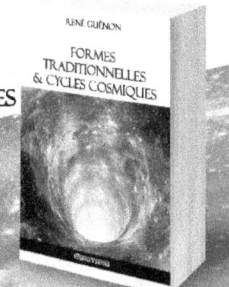

OMNIA VERITAS LTD PRÉSENTE :

RENÉ GUÉNON

FORMES TRADITIONNELLES
& CYCLES COSMIQUES

« Les articles réunis dans le présent recueil représentent l'aspect le plus original de l'œuvre de René Guénon »

Fragments d'une histoire inconnue

OMNIA VERITAS LTD PRÉSENTE :

RENÉ GUÉNON

LES PRINCIPES DU
CALCUL INFINITÉSIMAL

«... il nous a paru utile d'entreprendre la présente étude pour préciser et expliquer plus complètement certaines notions du symbolisme mathématique... »

un exemple frappant de cette absence de principes qui caractérise les sciences profanes...

OMNIA VERITAS LTD PRÉSENTE :

RENÉ GUÉNON

ÉCRITS POUR

REGNABIT

*Revue universelle
du Sacré-Cœur*

«... Cette coupe se substitue donc au Cœur du Christ comme réceptacle de son sang, et n'est-il pas encore plus remarquable, que le vase ait été déjà anciennement un emblème du cœur ? »

Le Saint Graal est la coupe qui contint le précieux sang du Christ...